Werner Gress
Guntram Mahl
Heinrich Strasser
Klaus Franke

Die Neue Handwerker-Fibel

Dipl.-Kaufmann Werner Gress
Dr. Guntram Mahl
Heinrich Strasser
Ass. Klaus Franke

Die Neue Handwerker-Fibel

für die Vorbereitung auf
die Meisterprüfung

**Band 3   Berufs-
und Arbeitspädagogik**

mit programmierten und textlich gestalteten, offenen Übungs-,
Wiederholungs- und Prüfungsfragen

33., völlig neubearbeitete Auflage

Holzmann Buchverlag

Die Handwerker-Fibel enthält in der Regel Berufsbezeichnungen, Gruppenbezeichnungen usw. nur in der männlichen Form. Wir bitten diese sinngemäß als Doppelbezeichnungen wie zum Beispiel Frau/Mann, Handwerksmeisterin/Handwerksmeister, Betriebsinhaberin/Betriebsinhaber usw. zu interpretieren und anzuwenden, um auch dem Anteil der weiblichen Berufsangehörigen des Handwerks zu entsprechen.

Impressum
33., völlig neubearbeitete Auflage 1993
Art.-Nr. 1700
ISBN 3-7783-0340-6 (3 Bände)
© 1993 by Hans Holzmann Verlag, Bad Wörishofen
Alle Rechte, auch des auszugsweisen Nachdrucks und der Übersetzung
bei Hans Holzmann Verlag
Umschlaggestaltung: Atelier Günter Egger, Bad Wörishofen
Herstellung: Holzmann Druck, Bad Wörishofen

Vorwort

Seit drei Jahrzehnten ist die Handwerker-Fibel das Lehrbuch, das bei der Vorbereitung auf die Meisterprüfung im Handwerk am häufigsten zum Einsatz kommt. Sie ist sowohl Grundlage für das Selbststudium, das für jeden Lernerfolg unentbehrlich ist, als auch das wichtigste Lernmittel und Begleitmaterial für Meistervorbereitungskurs oder Meisterschule.
Darüber hinaus hat sich die Handwerker-Fibel auch als Handbuch für die wirtschaftliche Betriebs- und Unternehmensführung des Praktikers nach der Meisterprüfung, sei es als selbständiger Unternehmer oder als angestellte Führungskraft im Handwerk, bewährt.
Jährlich wurde der Inhalt der Handwerker-Fibel überarbeitet, aktualisiert und an die neuesten Entwicklungen in der Praxis der Handwerkswirtschaft, in der Wissenschaft und in der Gesetzgebung und Rechtsprechung angepaßt.
Trotzdem haben sich Verlag und Autoren entschlossen, eine grundlegende Neugestaltung der bewährten Handwerker-Fibel vorzunehmen. Wir freuen uns, das Ergebnis mit dieser Neufassung vorlegen zu können.
Für die Neugestaltung gab es mehrere Gründe: Einmal die Forderung der Handwerksorganisationen nach einer inhaltlichen Modernisierung der Meistervorbereitung in den Prüfungsteilen III und IV im Sinne einer noch praxisnäheren Ausrichtung. Zum zweiten die Notwendigkeit einer besseren Gliederung und einer besseren optischen Gestaltung mit gestrafften Texten, großzügigerer Aufteilung der Texte, mehr Abbildungen und farblichen Hervorhebungen sowie einem größeren Format, weil nachgewiesenermaßen dadurch die Aufnahmefähigkeit und Lernfähigkeit erheblich gesteigert werden kann. Wir leben in einer Zeit stärkerer visueller Ausrichtung des Menschen ganz allgemein und im besonderen im Einsatz der Lehr- und Lernmittel.
Ferner gab es für die Neubearbeitung der Handwerker-Fibel noch einen besonderen, wichtigen Anlaß:
1992 und 1993 wurden vom Deutschen Handwerkskammertag in Zusammenarbeit mit Praktikern der Handwerksorganisationen, Lehrkräften an Meisterschulen und vor allem mit den zuständigen Handwerksinstituten neue Rahmenstoffpläne bzw. Lernzielkataloge für die Vorbereitung auf Teil III und IV der Meisterprüfung erarbeitet und zur Anwendung empfohlen, womit letztlich die oben genannten inhaltlichen Zielsetzungen erreicht werden sollen. Insbesondere durch die Lernzielfixierung und die den Anforderungen der Praxis entsprechenden Schwerpunktbildungen ist es möglich, bei der Lehrstoffvermittlung die sachgerechten Akzente zu setzen.
Die „Neue Handwerker-Fibel" ist nach diesen Vorgaben aufgebaut und gestaltet. Gegenüber der bisherigen Handwerker-Fibel wurden zahlreiche Kapitel stofflich entlastet. Neuen Anforderungen der Praxis wurde durch inhaltliche Erweiterungen, wo erforderlich, Rechnung getragen. Die Gliederung (Überschriften und Numerierungen) der Kapitel und der Abschnitte erfolgte nach den bundeseinheitlichen Rahmenstoffplänen für die Vorbereitung auf die Teile III und IV der Meisterprüfung im Handwerk. Den einzelnen Abschnitten wurden die Lernziele nach den Empfehlungen des Deutschen Handwerkskammertages und der Handwerksinstitute vorangestellt. Die folgenden Textdarstellungen decken die Lernzielanforderungen in verdichteter Form ab. Der Umfang und die inhaltliche sowie stoffliche Aufbereitung des Textes der neuen Handwerker-Fibel berücksichtigt die im Lernzielkatalog formulierten unterschiedlichen Anforderungsgrade an Kennen, Wissen, Verstehen, Können, Beherrschen. Dabei wurde der Schwerpunkt nicht nur auf fachsystematisches Begriffswissen, sondern auf Einsicht in Zusammenhänge und vor

allem auf die Vermittlung von anwendungsbezogenem Handlungswissen für die Praxis gelegt. Deshalb enthält der Textteil der Neuen Handwerker-Fibel zahlreiche Handlungsanleitungen.

Nach den größeren Abschnitten folgen jeweils zur Lernkontrolle programmierte und textlich gestaltete, offene Übungs-, Wiederholungs- und Prüfungsfragen, die wiederum auf die wichtigen Lernziele ausgerichtet sind.

Der Programm- bzw. Frageteil ermöglicht in sachlicher und inhaltlicher Abstimmung und Ergänzung zum Textteil ein systematisches Lernen, Üben und Wiederholen der wichtigsten Stoffgebiete und somit für den Prüfling eine rationelle Vorbereitung auf die Meisterprüfung und eine den Lernprozeß begleitende Kontrolle.

Die programmierten Fragen, die durch Ankreuzen einer der fünf vorgegebenen richtigen Auswahlantworten zu lösen sind, ermöglichen eine denkwirksame Aneignung der Kenntnisse, eine Wiederholung der Lerninhalte im Unterricht oder im Selbststudium, fördern die persönliche Lernaktivität und Konzentration und bringen durch Vergleich mit den richtigen Lösungen, die am Schluß eines jeden Bandes abgedruckt sind, eine Lernstandskontrolle. Die programmierten Fragen geben ferner Prüfungssicherheit für die von den meisten Handwerkskammern durchgeführten teilprogrammierten Prüfungen.

Die textlich gestalteten, offenen Fragen ohne Auswahlantworten haben neben dem Übungs-, Wiederholungs- und Kontrolleffekt den Sinn, wenn sie schriftlich beantwortet werden, bestimmte Stoffgebiete textlich zutreffend zu Papier zu bringen. Dabei kann man in der Meisterprüfung feststellen, inwieweit der Prüfling in der Lage ist, sein Wissen textlich klar und in entsprechender Formulierung darzustellen und wie groß sein Wissen und Können in die Tiefe geht. Schließlich sind die textlich formulierten Fragen auch eine gute Vorbereitung auf mündliche Prüfungen.

Bei beiden Formen der Fragestellung kann der Lernende durch die bei jeder Frage am Schluß angebrachte Rückverweisung zum Textteil die noch festgestellten Lücken beim Verstehen, Wissen und Können nachlesen bzw. den Stoff nacharbeiten. Dies führt zur Absicherung des Lernerfolges.

Die Übersicht, die Lesbarkeit und die Lernbarkeit der Inhalte werden zusätzlich erhöht durch ein tief gegliedertes Inhaltsverzeichnis, großzügig und zahlreich gestaltete Überschriften, farblich hervorgehobene Texte, farbig gestaltete Abbildungen und farblich abgesetzte Randbemerkungen sowie ein umfangreiches Stichwortverzeichnis.

Schließlich wurde der Gesamtstoff zur Vorbereitung auf die Teile III und IV der Meisterprüfung in der Handwerker-Fibel von bisher einem Band auf drei Bände mit einem größeren Format aufgeteilt. Dies ermöglichte eine großzügigere platzmäßige Anordnung der Texte, eine größere, leicht lesbare Schrifttype, die Aufnahme zahlreicher Abbildungen und eine bessere „Handlichkeit" beim Umgang mit den Büchern.

Der Unterrichtsstoff für den Prüfungsteil III (wirtschaftliche und rechtliche Kenntnisse) ist enthalten in:

Band 1: Rechnungswesen
Wirtschaftslehre

Band 2: Rechts- und Sozialwesen

Der Unterrichtsstoff für Prüfungsteil IV (berufs- und arbeitspädagogische Kenntnisse) findet sich in:

Band 3: Berufs- und Arbeitspädagogik

Alle drei Bände bilden ein einheitliches Werk, also eine inhaltliche Gesamtheit, die für die Vorbereitung auf Teil III und IV der Meisterprüfung notwendig ist.

Um Doppeldarstellungen bei stofflichen Überschneidungen von Teil III und IV (zum Beispiel beim Arbeits- und Tarifrecht) insgesamt zu vermeiden, wird in den Bänden gegenseitig verwiesen, der Stoff also nur einmal behandelt.

Die bisher in 32 Auflagen mit bestem Erfolg eingesetzte einbändige Handwerker-Fibel wurde in den letzten drei Jahrzehnten von vielen Hunderttausenden jungen Handwerkern angeschafft und der erfolgreichen Prüfungsvorbereitung zugrunde gelegt.

So dürfte auch die völlig neubearbeitete, in nunmehr drei Bänden vorliegende „Neue Handwerker-Fibel" künftig vielen Tausenden jungen Handwerkern einen erfolgreichen Weg in die Meisterprüfung und in die weitere berufliche Zukunft eröffnen.

Möge die Neue Handwerker-Fibel die alten Freunde zufriedenstellen und neue hinzugewinnen.

November 1993

Die Verfasser
Holzmann Buchverlag

Erwerben Sie zusätzliche Sicherheit für die erfolgreiche Ablegung der Meisterprüfung: Verwenden Sie nach der Lektüre der „NEUEN HANDWERKER-FIBEL" die vom HANDWERKER-FIBEL-Autorenteam als lehrbuchzugehöriges Arbeitsmittel entwickelten und erprobten
Übungssätze für die Lösungstechnik von programmierten Prüfungsfragen zur Meisterprüfung (Teile III und IV),
mit denen Sie sich zum Lehrgangsende bzw. kurz vor der Prüfung die Lösungstechnik der teilprogrammierten Meisterprüfung in allen sieben Prüfungsfächern der Teile III und IV aneignen bzw. vervollständigen können.

Zweckmäßigerweise geben Sie zusammen mit den Kollegen Ihrer Meisterklasse bzw. Ihres -kurses und nach Absprache mit den zuständigen Lehrkräften eine Sammelbestellung auf an den Holzmann Buchverlag, Postfach 1342, 86816 Bad Wörishofen, sofern Sie die ÜBUNGSSÄTZE nicht automatisch vom Kurs- oder Schulträger bzw. von den Lehrkräften erhalten.

1 Grundfragen der Berufsbildung ... 1

1.1 Berufsbildung im Bildungssystem ... 1

1.1.1 Grundstruktur des Bildungswesens der Bundesrepublik Deutschland ... 1
- 1.1.1.1 Allgemeiner Überblick über die Grundstruktur des Bildungswesens ... 1
- 1.1.1.2 Struktur des beruflichen Bildungswesens ... 3

1.1.2 Bildungs- und gesellschaftspolitische Forderungen an das berufliche Bildungswesen ... 3
- 1.1.2.1 Öffentliche Verantwortung ... 3
- 1.1.2.2 Transparenz, Chancengleichheit und Durchlässigkeit ... 4
  - *Transparenz* ... 4
  - *Chancengleichheit* ... 4
  - *Durchlässigkeit des Bildungswesens* ... 4
- 1.1.2.3 Differenzierung und Individualisierung ... 5
- 1.1.2.4 Gleichwertigkeit von Berufsbildung und Allgemeinbildung ... 5
- 1.1.2.5 Offenheit des dualen Systems ... 6
- 1.1.2.6 Gewährleistung beruflicher Weiterbildung ... 7
  - *Gründe für die Weiterbildung* ... 7
  - *Vorteile der Weiterbildung* ... 7
  - *Träger der Weiterbildungsmaßnahmen* ... 7

1.1.3 Die Bedeutung der Berufsbildung für den einzelnen Menschen und die Gesellschaft ... 7
- 1.1.3.1 Die Bedeutung der Berufsbildung für den einzelnen Menschen ... 7
- 1.1.3.2 Die Bedeutung der Berufsbildung für die Gesellschaft ... 9
  - *Wirtschaftspolitische Bedeutung der Berufsbildung* ... 9
  - *Arbeitsmarktpolitische Bedeutung der Berufsbildung* ... 10
  - *Sozialpolitische Bedeutung der Berufsbildung* ... 11
  - *Handwerkspolitische und einzelbetriebliche Bedeutung der Berufsbildung* ... 11

Programmierte und textlich gestaltete, offene Übungs-, Wiederholungs- und Prüfungsfragen ... 12

1.2 Das duale System der Berufsausbildung ... 15

1.2.1 Organisatorisch-institutionelle Struktur des dualen Systems ... 15
- 1.2.1.1 Der Betrieb als Ausbildungsstätte ... 15
  - *Pflicht des Ausbildungsbetriebs* ... 15
  - *Inhalt der betrieblichen Ausbildung* ... 16
- 1.2.1.2 Die Berufsschule als Ausbildungsstätte ... 17
  - *Gesetzliche Bestimmungen zur Berufsschulpflicht* ... 17
  - *Formen des Berufsschulunterrichts* ... 18
  - *Das Berufsgrundbildungsjahr* ... 19
  - *Weitere berufliche Schulen* ... 19
- 1.2.1.3 Berufsausbildung in überbetrieblichen Ausbildungsstätten ... 21

	1.2.1.4	Kosten und Finanzierung im dualen Berufsausbildungssystem	21
	1.2.1.5	Zuständigkeiten, Aufsicht und Kontrolle im Ausbildungssystem	24
		Die Zuständigkeit von Bund und Ländern	24
		Die Zuständigkeit der Wirtschaft	24
		Das Bundesinstitut für Berufsbildung	25
	1.2.1.6	Planung und Statistik der beruflichen Bildung	25
		Die Berufsbildungsplanung	25
		Die Berufsbildungsstatistik	26
1.2.2		Vergleich des dualen Ausbildungssystems mit alternativen Ausbildungsformen bzw. -systemen in Deutschland und Europa	26
1.2.3		Die ausbildungsdidaktischen Aufgabenschwerpunkte von Ausbildungsbetrieb, überbetrieblicher Ausbildungsstätte und Berufsschule; Möglichkeiten der Abstimmung und Kooperation	27
	1.2.3.1	Aufgabenschwerpunkte des Ausbildungsbetriebes	27
	1.2.3.2	Aufgabenschwerpunkte überbetrieblicher Ausbildungsstätten	28
	1.2.3.3	Aufgabenschwerpunkte der Berufsschule	29
	1.2.3.4	Möglichkeiten der Abstimmung und Kooperation zwischen den Lernorten	30
1.2.4		Vorteile und potentielle Schwachstellen des dualen Systems; Ansatzpunkte zur Sicherung und Weiterentwicklung der Ausbildungsqualität	31
	1.2.4.1	Vorteile des dualen Systems	31
	1.2.4.2	Schwachstellen des dualen Systems	32
	1.2.4.3	Ansatzpunkte zur Sicherung und Weiterentwicklung der Ausbildungsqualität	32

Programmierte und textlich gestaltete, offene Übungs-, Wiederholungs- und Prüfungsfragen 34

1.3 Der Ausbilder im Handwerksbetrieb 39

1.3.1		Der Begriff des „Ausbilders" im Handwerk	39
	1.3.1.1	Der „Ausbildende" als Ausbilder und der Ausbilder als Ausbildungsbeauftragter	39
		Der Ausbildende	39
		Der Ausbilder als Ausbildungsbeauftragter	40
		Der „Unterweiser" als Ausbildungshilfskraft	40
	1.3.1.2	Gesetzliche Bestimmungen über die fachliche und persönliche Eignung des Ausbilders	40
	1.3.1.3	Das Qualifikationsprofil des Ausbilders	40
1.3.2		Die pädagogischen Aufgaben des Ausbilders	41
	1.3.2.1	Lehren und Erziehen	42
		Lehren	42
		Erziehen	42
	1.3.2.2	Beurteilen und Bewerten	43
	1.3.2.3	Überwachen und Beraten	43
		Überwachen	43
		Beraten	43

		1.3.2.4 Innovieren 44
		1.3.2.5 Die besondere Bedeutung der Vorbildfunktion des Ausbilders 45
	1.3.3 Stellung und Funktionen des Ausbilders im Handwerksbetrieb . 46
		1.3.3.1 Stellung des Ausbilders 46
		1.3.3.2 Funktionen des Ausbilders im Handwerksbetrieb 48
			Der Ausbilder als Fachmann 48
			Der Ausbilder als Organisator der Ausbildung 48
			Der Ausbilder als Psychologe 48
			Der Ausbilder als Vertreter des Auszubildenden 49
			Der Ausbilder als Vorgesetzter und Führungskraft 49
			Der Ausbilder in seiner Verwaltungstätigkeit 49
		1.3.3.3 Arbeits- und Ausbildungsbedingungen des Ausbildenden bzw. des Ausbilders 50
			Der Ausbildende 50
			Ausbildungshilfskräfte 50
			Hauptberuflicher Ausbilder 50
			Ausbildungsmeister und Gesellen 51
		1.3.3.4 Der Ausbilder im Spannungsfeld unterschiedlicher Ansprüche und Erwartungen 51
		1.3.3.5 Das Selbstverständnis des Ausbilders 53
	1.3.4 Kontakte und Kooperation des Ausbilders mit außerbetrieblichen Einrichtungen 53
		1.3.4.1 Zusammenarbeit mit der Berufsschule 53
		1.3.4.2 Zusammenarbeit mit der überbetrieblichen Unterweisungsstätte 55
		1.3.4.3 Zusammenarbeit mit der Handwerkskammer 56
		1.3.4.4 Zusammenarbeit mit der Innung 56
		1.3.4.5 Zusammenarbeit mit der Arbeitsverwaltung 57
		1.3.4.6 Zusammenarbeit mit dem Gewerbeaufsichtsamt 58
		1.3.4.7 Zusammenarbeit mit den Eltern des Lehrlings 58
		Programmierte und textlich gestaltete, offene Übungs-, Wiederholungs- und Prüfungsfragen ... 59

2 Planung und Durchführung der Ausbildung 63

2.1 Planung und Organisation der Ausbildung 63
	2.1.1 Allgemeine Zielsetzung und Aufgaben für die betriebliche Berufsausbildung 63
		2.1.1.1 Ziele und Aufgaben nach dem Berufsbildungsgesetz ... 63
		2.1.1.2 Förderung der beruflichen Handlungskompetenz 64
		2.1.1.3 Begriff und Bedeutung von Schlüsselqualifikationen 64
		2.1.1.4 Befähigung zum selbständigen Planen, Durchführen und Kontrollieren 66
	2.1.2 Betriebliche Ausbildungsplanung 67
		2.1.2.1 Rechtliche Verpflichtung zur planmäßigen Berufsausbildung 67
		2.1.2.2 Anforderungen an die betriebliche Ausbildungsplanung 67

	2.1.2.3	Planungsbedarf und Grenzen der Planbarkeit	68
	2.1.2.4	Rechtliche Vorgaben durch die Ausbildungsordnung ..	68
		Das Ausbildungsberufsbild	69
		Der Ausbildungsrahmenplan	69
		Ausbildungspläne der Fachlichen Vorschriften	70
	2.1.2.5	Der rechtliche Handlungsspielraum bei der Umsetzung der Ausbildungsordnung	71
2.1.3	Das Methodenkonzept des auftragsorientierten Lernens und Lehrens		71
	2.1.3.1	Auftragsbegriff	71
	2.1.3.2	Auftragsorientiertes Arbeiten und Lernen im Handwerksbetrieb	71
	2.1.3.3	Struktur, Gestaltungsprinzipien und didaktisches Regulationssystem einer auftragsorientierten Ausbildungsorganisation im Handwerksbetrieb	72
	2.1.3.4	Lernen am Arbeitsplatz	75
2.1.4	Ausbildungsdidaktische Kriterien zum Aufbau und Ablauf der Ausbildung		76
	2.1.4.1	Die Gestaltung der Einführung in den Betrieb	77
	2.1.4.2	Gestaltung der Probezeit	78
	2.1.4.3	Hinweise zur Aufstellung eines betrieblichen Ausbildungsplanes	78
	2.1.4.4	Versetzungsplan (Durchlaufplan)	84
2.1.5	Beschaffung, Auswahl, rechtsförmliche Einstellung und Einführung von Lehrlingen		85
	2.1.5.1	Beschaffung (Akquisition) von Lehrlingen	85
	2.1.5.2	Die Auswahl von Lehrlingen	87
		Festlegung des Anforderungsprofils	87
		Zusammenarbeit mit der Berufsberatung	87
		Bewerbungsunterlagen	88
		Vorstellungsgespräch	88
		Eignungstests	89
		Rechtsförmliche Einstellung	90
		Die Einführung von Lehrlingen	90
2.1.6	Probleme und Prävention (Verhinderung) von Ausbildungsabbrüchen		90
	2.1.6.1	Gründe für einen Ausbildungsabbruch	90
	2.1.6.2	Empfehlungen zur Vermeidung von Ausbildungsabbrüchen	91
	Programmierte und textlich gestaltete, offene Übungs-, Wiederholungs- und Prüfungsfragen		93

2.2 Lerntheoretische Grundlagen der Ausbildung 99

2.2.1	Grundzusammenhänge		99
	2.2.1.1	Lernbegriff	99
	2.2.1.2	Lernsituation	99
	2.2.1.3	Grundformen des Lernens	100
	2.2.1.4	Lernen als Handeln	100
	2.2.1.5	Lernarten	101

2.2.2 Lernprozeß 103
    2.2.2.1 Stufen bzw. Phasen im Ablauf des Lernprozesses 103
        Vorbereiten und Auslösen des Lernprozesses 103
        Auseinandersetzung mit dem Lerngegenstand 104
        Vervollkommnung und Festigung des Erlernten 104
    2.2.2.2 Typische Lernanforderungen und Lernschwierigkeiten im Lernablauf und darauf bezogene Lernhilfen 104

2.2.3 Lernmotivation 106
    2.2.3.1 Begriff 106
    2.2.3.2 Arten 106
    2.2.3.3 Faktoren und Bedingungen 107
    2.2.3.4 Maßnahmen und Hilfen zur Förderung der Lernmotivation 107

2.2.4 Die Bedeutung von Üben und Anwenden für den Lern- und Ausbildungserfolg 108

2.2.5 Lernziele und Lernzielplanung 110
    2.2.5.1 Lernzielklassifikationen 110
    2.2.5.2 Lernzielniveaus 112
    2.2.5.3 Lernzielbeschreibung (Operationalisierung) 113

Programmierte und textlich gestaltete, offene Übungs-, Wiederholungs- und Prüfungsfragen ... 115

2.3 Die Lehrtätigkeit des Ausbilders 117

2.3.1 Grundzusammenhänge und methodische Grundbegriffe 117
    2.3.1.1 Lehren als Lernhilfe 117
    2.3.1.2 Lehren in und außerhalb der produktiven Arbeitstätigkeit 117
    2.3.1.3 Aktionsformen 118
    2.3.1.4 Organisationsformen des Lehrens und Lernens (Lehr- und Lernformen) 118
    2.3.1.5 Methodensysteme und Methodenkonzeptionen 118
    2.3.1.6 Lehrverfahren 119
    2.3.1.7 Sozialformen 120
    2.3.1.8 Didaktische Prinzipien 121

2.3.2 Kriterien für die Zuordnung des Lehrlings zu den objektiven Arbeitsaufgaben, für die Auswahl und Bestimmung der angemessenen Mitwirkungsform und für die bei der Erfüllung der Arbeitsaufgaben erforderlichen Lernunterstützungen (Lernhilfen) 122

2.3.3 Kriterien zur Einplanung, Vorbereitung, Durchführung und Auswertung von systematischen Arbeitsunterweisungen, Lehrgesprächen, Lernaufträgen und anderen Lehr- und Lernverfahren 122
    2.3.3.1 Systematische Arbeitsunterweisung 122
        Zum Konzept 122
        Methoden der systematischen Arbeitsunterweisung 123
        Vermeidung typischer Unterweisungsfehler 126
    2.3.3.2 Lehrgespräche 127
    2.3.3.3 Lernaufträge 128
    2.3.3.4 Demonstration 128

2.3.3.5 Programmierte Unterweisung, programmierter Unterricht, mediengestützte Aus- und Fortbildung 128
Grundlagen des programmierten Lernens und Lehrens .. 128
Formen der Programme 129
Anwendung der Programme 129

2.3.4 Planungs- und Vorbereitungsinstrumente 130
2.3.4.1 Auftragsstrukturanalyse 131
2.3.4.2 Arbeitsaufgabenanalyse (Arbeitszergliederung) 131
2.3.4.3 Unterweisungsentwürfe und Lehrgesprächsskizzen 134

2.3.5 Unterweisungstraining zur Vorbereitung auf die Unterweisungsprobe im Teil IV der Meisterprüfung 134

2.3.6 Möglichkeiten zur Förderung der Arbeits- und Lernmotivation unter besonderer Berücksichtigung der auftragsorientierten Lernsituation am Arbeitsplatz 134

2.3.7 Einsatz und Gestaltung von Ausbildungsmitteln (Medieneinsatz) 135
2.3.7.1 Erscheinungsformen 135
2.3.7.2 Didaktisch-methodische Funktionen 137
2.3.7.3 Allgemeine Hinweise für den Einsatz und die Gestaltung von Ausbildungsmitteln 137

Programmierte und textlich gestaltete, offene Übungs-, Wiederholungs- und Prüfungsfragen 139

2.4 Ausbildungserfolgskontrolle (Beurteilen und Bewerten) 145

2.4.1 Begriff, Arten und Funktionen der Ausbildungserfolgskontrollen 145

2.4.2 Allgemeine Anforderungen an Ausbildungserfolgskontrollen ... 145

2.4.3 Durchführung von innerbetrieblichen Ausbildungserfolgskontrollen 146
2.4.3.1 Übungsarbeiten (Arbeitsproben) 146
2.4.3.2 Schriftliche Erfolgskontrollen 146
2.4.3.3 Verhaltensbeurteilung 147

2.4.4 Bewerten und Beurteilen 153
2.4.4.1 Aussageformen 153
2.4.4.2 Beobachtungs- und Beurteilungskategorien 154
2.4.4.3 Bewertungssysteme 154
2.4.4.4 Beurteilungs- bzw. Bewertungsmaßstäbe 155
2.4.4.5 Subjektive Beurteilungsfehler 156

2.4.5 Das Berichtsheft (Ausbildungsnachweis) als Hilfsmittel der Ausbildungserfolgskontrolle 158

2.4.6 Außerbetriebliche Erfolgskontrollen: Zweck, Prüfungsgegenstand, Organisation und Ablauf von Zwischenprüfungen und Gesellenprüfungen 158

Programmierte und textlich gestaltete, offene Übungs-, Wiederholungs- und Prüfungsfragen 159

3 Der Jugendliche in der Ausbildung (Mitarbeiterführung in der Berufsbildung) ... 163

3.1 Entwicklungs- und Lebenssituation der Lehrlinge ... 163

- 3.1.1 Grundzusammenhänge ... 163
  - 3.1.1.1 Handeln und Verhalten als Funktion von Person und Umwelt ... 163
  - 3.1.1.2 Entwicklungsbegriff ... 163
  - 3.1.1.3 Faktoren der Entwicklung ... 164
  - 3.1.1.4 Entwicklung von habituellen Personeneigenschaften ... 164
  - 3.1.1.5 Begabungsbegriff ... 165
  - 3.1.1.6 Berufseignung und Berufswahl ... 165
    - *Berufseignung* ... 165
    - *Berufswahl* ... 165
    - *Berufsentscheidung* ... 167
  - 3.1.1.7 Didaktisches Prinzip der Individualisierung und Differenzierung ... 168
- 3.1.2 Notwendigkeit einer entwicklungsgemäßen Berufsausbildung und Menschenführung ... 169
  - 3.1.2.1 Die Berücksichtigung der besonderen Lebenssituation ... 169
  - 3.1.2.2 Die Entwicklung vom Kind zum Erwachsenen (Jugendalter) ... 169
  - 3.1.2.3 Die Beachtung entwicklungspsychologischer und arbeitsmedizinischer Erkenntnisse ... 172
    - *Leistungsprofil im Tagesablauf* ... 172
    - *Leistungsfähigkeit im Wochenablauf* ... 174
    - *Leistungsprofil im Ablauf des Lebens* ... 174
- 3.1.3 Die sozial-kulturelle Lebenssituation des Jugendlichen und jungen Erwachsenen und ihre pädagogischen Konsequenzen ... 175
  - 3.1.3.1 Jugend und junge Erwachsene als besondere gesellschaftliche Gruppe ... 175
  - 3.1.3.2 Der Einfluß der Umwelt auf das Verhalten der Jugendlichen und jungen Erwachsenen ... 176
  - 3.1.3.3 Wichtige pädagogische Hinweise und Grundregeln für den Ausbilder ... 177
- 3.1.4 Besondere Personengruppen in der Berufsausbildung und Möglichkeiten der Individualisierung und Differenzierung ... 178
  - 3.1.4.1 Lernbeeinträchtigte ... 179
  - 3.1.4.2 Ausländer ... 179
  - 3.1.4.3 Frauen in „Männerberufen" ... 180
  - 3.1.4.4 Behinderte ... 180
  - 3.1.4.5 Abiturienten ... 181
  - 3.1.4.6 Möglichkeiten der Individualisierung und Differenzierung ... 181
- 3.1.5 Verhalten des Ausbilders bei extremen Verhaltensauffälligkeiten und Erziehungsschwierigkeiten des Lehrlings ... 182

Programmierte und textlich gestaltete, offene Übungs-, Wiederholungs- und Prüfungsfragen ... 184

3.2 Sozial- und Führungsverhalten des Ausbilders 191

3.2.1 Grundzusammenhänge 191
    3.2.1.1 Begriff des Sozialverhaltens 191
    3.2.1.2 Führungsbegriff 191
    3.2.1.3 Begriff und Arten der „Autorität" 191
    3.2.1.4 Einfluß des Sozial- und Führungsverhaltens auf die Berufs- und Ausbildungszufriedenheit und das Betriebsklima 192
    3.2.1.5 Sozialverhalten und Führung als interpersonelle Sachverhalte 192

3.2.2 Ausbildungs- und Führungsstile 192
    3.2.2.1 Unterscheidungsmerkmale 192
    3.2.2.2 Auswirkungen auf Verhalten und Leistung der Lehrlinge und Mitarbeiter 193
    3.2.2.3 Die Frage nach dem „richtigen" Stil 195
    3.2.2.4 Notwendigkeit einer situativen Anpassung 195
    3.2.2.5 Veränderung und Trainierbarkeit des eigenen Verhaltensstils 195
    3.2.2.6 Managementkonzepte (betriebliche Führungsmodelle) im Kontext von Berufsausbildung und Menschenführung 196

3.2.3 Ausbildungsangemessener Einsatz und Gestaltung der allgemeinen Führungsmittel 198
    3.2.3.1 Anweisungen und Beauftragungen (Kompetenzübertragung) 198
    3.2.3.2 Gebote und Verbote 199
    3.2.3.3 Beaufsichtigung und Kontrolle 200
    3.2.3.4 Beratung 200
    3.2.3.5 Anerkennung und Beanstandung (Kritik) 200
        Anerkennung 200
        Beanstandung (Kritik) 201
    3.2.3.6 Information (Orientierung, Aufklärung) 202
    3.2.3.7 Gegenseitiges Feedback 202

Programmierte und textlich gestaltete, offene Übungs-, Wiederholungs- und Prüfungsfragen 203

3.3 Sozial-kommunikative Grundlagen der Menschenführung 205

3.3.1 Grundzusammenhänge 205
    3.3.1.1 Verbale und nonverbale Kommunikation 205
    3.3.1.2 Kommunikation und Interaktion 205
    3.3.1.3 Einfaches Modell einer Kommunikationssituation 206
    3.3.1.4 Kommunikationsaspekte (Sachaspekt und Beziehungsaspekt) 207

3.3.2 Bewältigung von Gesprächssituationen 207
    3.3.2.1 Gesprächsanlässe und Gesprächsarten 207
    3.3.2.2 Gesprächsaufbau 209
    3.3.2.3 Gesprächsverhalten und Gesprächsführung 210

3.3.3 Gruppenführung (Arbeits- und Lerngruppen) 210
    3.3.3.1 Gruppenbeziehungen und Gruppendynamik 212

3.3.3.2 Kooperationsstrukturen und Gruppengestaltung im Kontext eines handwerksangemessenen Konzepts der Organisationsentwicklung 213
Arbeitsstrukturierung 214
Teambildung 215
Methode der Projektarbeit 215
Qualitätszirkel 215

3.3.4 Konflikte und Konfliktbewältigung 216
3.3.4.1 Konfliktbegriff 216
3.3.4.2 Ursachen und Anlässe von Konflikten (Konfliktarten) 216
3.3.4.3 Konfliktbewertung (Funktionen) 217
3.3.4.4 Möglichkeiten der Konfliktlösung 218
3.3.4.5 Strategien (Regeln) zur Bewältigung von Konfliktsituationen 220

Programmierte und textlich gestaltete, offene Übungs-, Wiederholungs- und Prüfungsfragen ... 222

4 Rechtsgrundlagen der Berufsbildung 225

4.1 Orientierungsrahmen 225

4.1.1 Berufsbildungsrecht 225
4.1.1.1 Stellung der Berufsbildung im Rechtssystem 225
4.1.1.2 Bildungsrelevante Gesetze und Verordnungen im Überblick 226

4.1.2 Die Bedeutung des Grundgesetzes und der Landesverfassungen für die berufliche Bildung 227
4.1.2.1 Grundgesetz 227
4.1.2.2 Landesverfassungen 227

4.1.3 Berufsbildungsgesetz, Berufsbildungsförderungsgesetz, Handwerksordnung 228
4.1.3.1 Das Berufsbildungsgesetz 228
Ausbildung 229
Fortbildung 229
Umschulung 229
Inhalt des Berufsbildungsgesetzes 229
4.1.3.2 Das Berufsbildungsförderungsgesetz 230
4.1.3.3 Die Handwerksordnung 231

Programmierte und textlich gestaltete, offene Übungs-, Wiederholungs- und Prüfungsfragen ... 232

4.2 Rechtliche Voraussetzungen zur Lehrlingsausbildung 233

4.2.1 Berechtigung zum Einstellen und Ausbilden von Lehrlingen 233
4.2.1.1 Persönliche Eignung für die Einstellung 233
4.2.1.2 Fachliche Eignung für die Ausbildung 233
Fachliche Eignung für die Ausbildung in Handwerksberufen 234

	Fachliche Eignung für die Ausbildung in nicht-handwerklichen Berufen	235
	Bestellung eines Ausbilders	235

4.2.2 Betriebliche Eignung für die Ausbildung 236
4.2.3 Kontrolle und Entziehung der Ausbildungs- und Einstellungsbefugnis 237
    4.2.3.1 Maßnahmen der Handwerkskammer zur Beseitigung von Mängeln der Eignung 237
    4.2.3.2 Entziehung der Einstellungs- und Ausbildungsbefugnis . 237

Programmierte und textlich gestaltete, offene Übungs-, Wiederholungs- und Prüfungsfragen 238

4.3 Das Berufsausbildungsverhältnis (Berufsausbildungsvertrag) . 241

4.3.1 Der Rechtscharakter des Berufsausbildungsverhältnisses 241
4.3.2 Vertragsabschluß, Formvorschriften, gesetzliche Mindestinhalte 241
    4.3.2.1 Der Abschluß des Ausbildungsvertrages 241
    4.3.2.2 Formvorschriften 242
    4.3.2.3 Gesetzliche Mindestinhalte und ergänzende Regelungen 242
    4.3.2.4 Eintragung in das Verzeichnis der Berufsausbildungsverhältnisse (Lehrlingsrolle) 244
4.3.3 Gesetzliche und vertragliche Pflichten des Ausbildenden und des Auszubildenden 245
    4.3.3.1 Die Pflichten des Ausbildenden 245
    4.3.3.2 Die Pflichten des Auszubildenden (Lehrlings) 247
4.3.4 Rechtliche Regelung der Ausbildungsvergütung 248
    4.3.4.1 Vergütungsanspruch 248
    4.3.4.2 Rechtsgrundlagen für die Höhe der Vergütung 248
        Tarifvertragliche Regelungen 248
        Einzelvertragliche Regelungen 249
    4.3.4.3 Höhe der Vergütung in Sonderfällen 250
    4.3.4.4 Anrechnung von Sachleistungen 251
    4.3.4.5 Fälligkeit der Vergütung 251
    4.3.4.6 Fortzahlung der Vergütung 251
        Freistellung 251
        Ausfall der Ausbildung 251
        Krankheit 252
        Unverschuldete Verhinderung 252
    4.3.4.7 Vergütung bei zusätzlicher Arbeit 252
4.3.5 Beginn und Beendigung des Berufsausbildungsverhältnisses ... 252
    4.3.5.1 Beginn des Berufsausbildungsverhältnisses und Probezeit 252
        Ausbildungsbeginn 252
        Probezeit 252
    4.3.5.2 Abkürzung und Verlängerung der Ausbildungszeit, Anrechnung auf die Ausbildungszeit 253
        Abkürzung der Ausbildungszeit 253
        Anrechnung auf die Ausbildungszeit 254
        Verlängerung der Ausbildungszeit 255

Beendigung der Ausbildungszeit 256
Schadensersatz bei vorzeitiger Beendigung des Berufsausbildungsverhältnisses 259

4.3.6 Form und Inhalt des Ausbildungszeugnisses 259

4.3.7 Rechtliche Regelungen bei Streitigkeiten zwischen Ausbildendem und Lehrling 262

Programmierte und textlich gestaltete, offene Übungs-, Wiederholungs- und Prüfungsfragen ... 263

4.4 Die Ausbildungsordnung als Rechtsgrundlage für die Durchführung der Ausbildung 267

4.4.1 Das ordnungsrechtliche Konzept der Ausbildung in staatlich anerkannten Ausbildungsberufen 267

4.4.2 Zweck, Rechtscharakter, Verordnungsgeber von Ausbildungsordnungen 268

4.4.3 Mindestinhalte einer Ausbildungsordnung (Ausbildungsberufsbezeichnung, Ausbildungsdauer, Ausbildungsberufsbild, Ausbildungsrahmenplan, Prüfungsanforderungen) 269

4.4.4 Grundtypen von Ausbildungsordnungen 270
Berufe mit Spezialisierung 270
Stufenausbildung 270
Ausbildungsordnung für mehrere Berufe 270

4.4.5 Die rechtliche Bedeutung von Ausbildungsberufsbild und Ausbildungsrahmenplan für die betriebliche Ausbildungsplanung . 271

Programmierte und textlich gestaltete, offene Übungs-, Wiederholungs- und Prüfungsfragen ... 272

4.5 Regelung, Überwachung und Förderung der betrieblichen Berufsausbildung 275

4.5.1 Die Aufgaben von Handwerkskammern und Innungen 275
4.5.1.1 Die Aufgaben der Handwerkskammer in der Berufsausbildung 275
Berufsbildungsausschuß 276
Ausbildungsberater 277
4.5.1.2 Die Aufgaben der Innung in der Berufsausbildung 278
Der Lehrlingswart 278

4.5.2 Rechtsgrundlagen für das Prüfungswesen im Handwerk 279
4.5.2.1 Die Zwischenprüfung 279
Rechtsgrundlagen für die Zwischenprüfung 279
Ziel der Zwischenprüfung 280
Zwischenprüfungsausschuß 280
Prüfungsgegenstand 280
Prüfungsgebühr 281
4.5.2.2 Die Gesellenprüfung 281
Rechtsgrundlagen für die Gesellenprüfung 281
Ziel der Gesellenprüfung 282
Gesellenprüfungsausschüsse 282
Anmeldung und Prüfungszulassung 282

			Prüfungsgebühr	284

                Prüfungsgebühr 284
                Prüfungsgegenstand (Inhalt der Prüfung) 284
                Prüfungszeugnis 285
        4.5.2.3 Die Meisterprüfung 285
                Rechtsgrundlagen für die Meisterprüfung 285
                Ziel der Meisterprüfung 285
                Meisterprüfungsausschüsse 285
                Anmeldung und Prüfungszulassung 286
                Prüfungsgebühr 288
                Prüfungsgegenstand (Inhalt der Prüfung) 288
                Die Unterweisungsprobe in der Meisterprüfung 288
                Befreiungen von Teilprüfungen 290
                Prüfungszeugnis 291
                Wiederholungsprüfungen 291
                Meisterbrief und Meistertitel 291
                Aufsicht 291
        4.5.2.4 Die Ausbildereignungsprüfung 291
        4.5.2.5 Die Fortbildungsprüfung 292
    4.5.3 Der Ausbildungsnachweis (Berichtsheft) als Kontrollinstrument . 293
                Pflichten der Beteiligten 293
    4.5.4 Ordnungswidrigkeiten in der betrieblichen Berufsausbildung und ihre Ahndung 294

    Programmierte und textlich gestaltete, offene Übungs-, Wiederholungs- und Prüfungsfragen 295

4.6 Vorschriften des Arbeits- und Sozialrechts für die Berufsausbildung 301

    4.6.1 Einschlägige Vorschriften aus dem Arbeitsvertrags-, Tarifvertrags- und Betriebsverfassungsrecht 301
    4.6.2 Jugendarbeitsschutz- und Unfallschutzrecht 301
    4.6.3 Rechtliche Bestimmungen zur finanziellen Förderung in der Berufsbildung (Arbeitsförderungsrecht und Ausbildungsförderungsrecht) 301
                Das Arbeitsförderungsgesetz 302
                Das Bundesausbildungsförderungsgesetz 302
        4.6.3.1 Finanzielle Förderungsmaßnahmen für Auszubildende . 302
        4.6.3.2 Finanzielle Förderung der Umschulung 303
        4.6.3.3 Finanzielle Förderung der Fort- und Weiterbildung 303
                Förderung nach dem Arbeitsförderungsgesetz (AFG) ... 305
                Förderung nach dem Bundesausbildungsförderungsgesetz 306
                Ausbildungsförderungsgesetze der Länder 306
                Begabtenförderung „berufliche Bildung" des Bundesministers für Bildung und Wissenschaft 306
                Wichtiger Hinweis 306

    Programmierte und textlich gestaltete, offene Übungs-, Wiederholungs- und Prüfungsfragen 307

**Lösungen zu den programmierten Übungs-,
Wiederholungs- und Prüfungsfragen** 309
Stichwortverzeichnis 311

1 Grundfragen der Berufsbildung

1.1 Berufsbildung im Bildungssystem

Die berufliche Bildung ist ein wesentlicher Teilbereich des gesamten Bildungswesens.

1.1.1 Grundstruktur des Bildungswesens der Bundesrepublik Deutschland

1.1.1.1 Allgemeiner Überblick über die Grundstruktur des Bildungswesens

Im Rahmen der föderalen Ordnung der Bundesrepublik Deutschland haben die Länder die Kulturhoheit. Das bedeutet, daß sie das Bildungswesen im schulischen Bereich in eigener Zuständigkeit regeln können.

Kulturhoheit der Länder

Deshalb bestehen Unterschiede in den Schulsystemen einzelner Länder. Damit die Abweichungen nicht unvertretbar groß werden, bestehen Koordinierungsinstrumente und Koordinierungsgremien. Als wichtigste sind zu nennen:

Koordinierungsgremien

- die ständige Konferenz der Kultusminister der Länder
- die Bund-Länderkommission für Bildungsplanung
- Staatsabkommen der Länder zur Vereinheitlichung des Schulwesens.

Die nachfolgende Abbildung gibt einen Überblick über die Grundstruktur des Bildungswesens in der Bundesrepublik Deutschland. In den einzelnen Ländern bestehen Abweichungen. Außerdem sind einzelne Sonderschulformen weggelassen. Die allgemeine Schulpflicht ist unterschiedlich geregelt.

Überblick

1.1.1 Grundstruktur des Bildungswesens der Bundesrepublik Deutschland

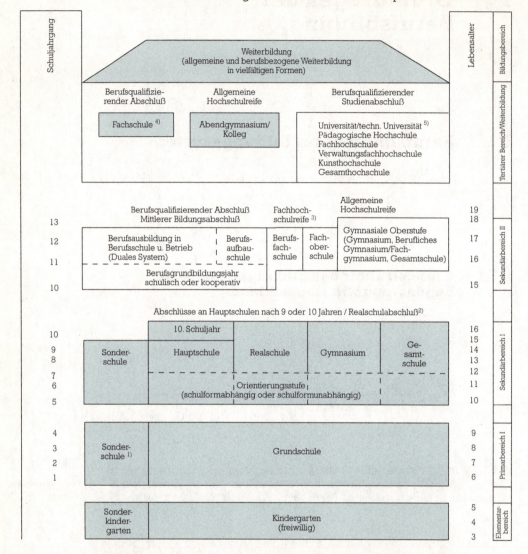

Durchlässigkeit zwischen den Schulformen ist bei Erfüllung bestimmter Voraussetzungen grundsätzlich gewährleistet. Vollzeitschulpflicht 9 Jahre (in BE und NRW 10 Jahre), Teilzeitschulpflicht 3 Jahre.

[1)] Sonderschulen mit verschiedenen Sparten entsprechend den Behinderungsarten im Bereich der allgemeinbildenden und beruflichen Schulen.
[2)] Nachträglicher Erwerb dieser Abschlüsse für Erwachsene an Abendhauptschulen und Abendrealschulen möglich.
[3)] Die Fachhochschulreife kann auch z. B. an Berufsfachschulen und Fachschulen erworben werden.
[4)] Dauer 1–3 Jahre; einschließlich Schulen des Gesundheitswesens, die für Berufe des Gesundheits- und Pflegedienstes eine berufliche Erstausbildung vermitteln.
[5)] Einschließlich Hochschulen mit einzelnen universitären Studiengängen (z. B. Theologie, Philosophie, Medizin, Verwaltungswissenschaften, Sport).

Quelle: Grund- und Strukturdaten des Bundesministers für Bildung und Wissenschaft

Abbildung 1

Erläuterung zu den in der Abbildung aufgeführten Bildungsbereichen:
- Elementarbereich: Hier sind familienergänzende Bildungs- und Erziehungsmaßnahmen nach Vollendung des 3. Lebensjahres bis zum Beginn der Schule vorgesehen.

- Primarbereich: Der in der Regel vier Jahre umfassende Primarbereich führt den Schüler zu den systematischen Formen des schulischen Arbeitens hin.
- Sekundarbereich I: Der Sekundarbereich I baut auf den Primarbereich auf und dauert bis zum 9. bzw. 10. Schuljahr.
- Sekundarbereich II: Der Sekundarbereich II umfaßt sowohl Bildungsgänge, die auf einen Beruf vorbereiten als auch studienbezogene Bildungsgänge und solche, die mit einer beruflichen Qualifikation weiterführende Bildungsgänge im tertiären Bereich eröffnen. Er umfaßt zwei bis drei Jahre.
- Tertiärer Bereich: Der tertiäre Bereich umfaßt die Hochschulen und andere Ausbildungsstätten mit berufsqualifizierenden Bildungsgängen.
- Weiterbildung: Die allgemeine und berufsbezogene Weiterbildung vollzieht sich in vielfältigen Formen.

Randnotizen: Primarbereich; Sekundarbereich I; Sekundarbereich II; Tertiärer Bereich; Weiterbildung

1.1.1.2 Struktur des beruflichen Bildungswesens

Die Struktur der beruflichen Bildung ergibt sich aus Abschnitt 4.1.3.1 „Das Berufsbildungsgesetz"; Aufbau und Gliederung des beruflichen Schulwesens sind in Abschnitt 1.2.1.2 „Die Berufsschule als Ausbildungsstätte" in diesem Band dargestellt.

Randnotizen: Berufsbildung; Berufliches Schulwesen

1.1.2 Bildungs- und gesellschaftspolitische Forderungen an das berufliche Bildungswesen

1.1.2.1 Öffentliche Verantwortung

> Die öffentliche Verantwortung für das gesamte Bildungswesen obliegt dem Staat. Er hat dafür zu sorgen, daß das Recht auf eine den individuellen Fähigkeiten entsprechende angemessene Bildung, die freie Wahl des Berufes und das Recht auf freie Entfaltung der Persönlichkeit seiner Bürger gewährleistet ist.

Randnotiz: Staatliche Verantwortung für das Bildungswesen

Die öffentliche Hand hat ferner Sorge zu tragen, daß das Bildungssystem eine wichtige Grundlage für eine leistungsfähige Volkswirtschaft ist.

Die öffentliche Verantwortung wird vom Staat selbst unmittelbar getragen oder aber in Teilbereichen auf andere Einrichtungen (zum Beispiel Kommunen, Selbstverwaltungseinrichtungen der Wirtschaft) übertragen. Zur Wahrnehmung der Verantwortung dienen unter anderem folgende Maßnahmen:

Randnotiz: Andere Einrichtungen

- Bau oder finanzielle Förderung von Schulen, Hochschulen und sonstigen Bildungseinrichtungen
- Unterhaltung von Bildungseinrichtungen
- Überwachung der allgemeinen Schulpflicht
- Schulaufsicht
- Aufsicht über sonstige Bildungseinrichtungen

Randnotiz: Verantwortungsbereiche

1.1.2 Bildungs- und gesellschaftspolitische Forderungen an das berufliche Bildungswesen

Verantwortung für Berufsausbildung

Die öffentliche Verantwortung für die Berufsausbildung ist entsprechend der Zuordnung im dualen System (Ausbildungsbetrieb und Berufsschule) zweigeteilt.

Verantwortungsbereiche für die Berufsausbildung

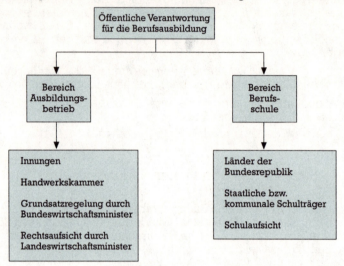

Abbildung 2

1.1.2.2 Transparenz, Chancengleichheit und Durchlässigkeit

Transparenz

Transparenz des Bildungswesens

Die Gesellschaftspolitik muß dafür sorgen, daß sowohl das allgemeine Bildungswesen als auch die Organisation der beruflichen Bildung überschaubar ist (Transparenz). Dies ermöglicht dem jungen Menschen, zum jeweils richtigen Zeitpunkt die richtige Wahl zu treffen.

Chancengleichheit

Chancengleichheit

Das allgemeine Recht des einzelnen auf Bildung setzt für seine Verwirklichung voraus, daß jedem, gleichgültig aus welcher sozialen Schicht und beruflichen Tätigkeit er kommt und unabhängig von der Lage seines Wohnortes oder seinen Einkommensverhältnissen, grundsätzlich die gleichen Chancen in den verschiedenen Bildungswegen eröffnet werden. Die Chancengleichheit kann durch Kostenfreiheit der Bildungseinrichtungen und/oder durch gezielte finanzielle Förderung aller Bildungsmaßnahmen erhöht werden.

Durchlässigkeit des Bildungswesens

Durchlässigkeit

Chancengleichheit setzt aber auch Durchlässigkeit der Bildungswege voraus. In diesem Zusammenhang spricht man von horizontaler und vertikaler Durchlässigkeit.

Durchlässigkeit im Bildungswesen

Abbildung 3

Unter **horizontaler Durchlässigkeit** versteht man die Möglichkeit, von beruflichen in allgemeinbildende Schulen überzuwechseln. Der erfolgreiche Wechsel setzt voraus, daß sich die Bildungseinrichtungen im Niveau nicht wesentlich unterscheiden.

Bei der **vertikalen Durchlässigkeit** besteht die Möglichkeit, von einer Stufe des Bildungswesens in eine höhere aufzusteigen (zum Beispiel von der Fachoberschule in die Fachhochschule oder von der Meisterschule in die Fachhochschule oder von der Berufsausbildung im dualen System in die Fachoberschule). Für die Erhaltung bzw. Herstellung der Wettbewerbsfähigkeit des dualen Ausbildungssystems mit dem System der allgemeinbildenden Einrichtungen ist es in der Zukunft notwendig, die vertikale Durchlässigkeit weiter zu verbessern.

Horizontale Durchlässigkeit

Vertikale Durchlässigkeit

1.1.2.3 Differenzierung und Individualisierung

Ein Bildungssystem ist nur dann chancengerecht, wenn durch Differenzierung und Individualisierung dem Leistungsstand, den Neigungen und den persönlichen Fähigkeiten des einzelnen entsprochen wird (Innere Differenzierung). Das bedeutet, daß innerhalb einer Lerngruppe dem Leistungsgefälle Rechnung getragen wird. Das bedeutet aber auch, daß besondere Begabungen und Leistungen in der Berufsausbildung anerkannt und öffentlich gefördert werden (Äußere Differenzierung), zum Beispiel durch Begabtenförderungsprogramme.

Innere und äußere Differenzierung

1.1.2.4 Gleichwertigkeit von Berufsbildung und Allgemeinbildung

Die Bildungspolitik der zurückliegenden Jahrzehnte, die schwerpunktmäßig auf die Förderung der Allgemeinbildung (Gymnasien) und der Hochschulbildung ausgerichtet war, hat dazu geführt, daß es mehr Studenten als Lehrlinge gibt. Die Folge ist ein Mangel an qualifizierten Facharbeitern und Meistern.

Mangel an Fachkräften

> Ein Land wie die Bundesrepublik, das nur wenige Rohstoffe besitzt, ist aber auf die Leistungsfähigkeit der arbeitenden Menschen in allen Bereichen angewiesen. Die Bewältigung des technischen Fortschritts, die Weiterentwicklung der Formgebung und die Einführung neuer Arbeitsverfahren erfordern den qualifizierten Praktiker genauso wie den Akademiker. Deshalb muß die berufliche Bildung aufgewertet und eine Gleichwertigkeit der beruflichen Bildung sichergestellt werden.

Aufwertung der beruflichen Bildung

Gleichwertigkeit Dies hat nichts mit Gleichheit der Bildungsinhalte zu tun, sondern Gleichwertigkeit bedeutet gleiche politische und gesellschaftliche Anerkennung der beruflichen Bildung.

Allgemeinbildung Nach dem klassischen Bildungsbegriff war Allgemeinbildung zunächst von der Auffassung getragen, man solle den Menschen zunächst zweckfrei bilden und ihn so zu Selbständigkeit und Fähigkeit der Lebensbewältigung im Privaten wie für eine berufliche Tätigkeit bringen.

Berufsbildung Berufsbildung dagegen heißt ja zunächst und vor allem Qualifizierung für einen bestimmten Beruf. Aber auch die Berufsbildung hat über die Vermittlung berufsspezifischen Wissens eine Bildungswirkung (zum Beispiel Einsichten, Urteile, Übertragung des Erlernten auf andere Bereiche).

Wenn unter Bildung vornehmlich die Entwicklung zur Selbständigkeit verstanden wird, und wenn durch Einsichten Urteilsfähigkeit, Wertorientierung und Verantwortung vermittelt werden, dann kann es keinen Gegensatz zwischen allgemeiner und beruflicher Bildung geben.

Zweckmäßige Maßnahmen Folgende Maßnahmen sind zur Herstellung der Gleichwertigkeit beruflicher Bildung zweckmäßig:

Herstellung der Gleichwertigkeit der beruflichen Bildung

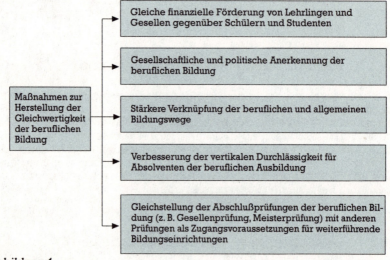

Abbildung 4

Das berufliche Bildungswesen wird auf Dauer nur dann konkurrenzfähig bleiben, wenn demjenigen, der eine praktische Berufsausbildung durchläuft, mit der Sicherheit eines erlernten Berufes grundsätzlich die gleichen oder sogar bessere Aufstiegschancen eingeräumt werden, wie demjenigen, der über den gymnasialen Bildungsweg kommt.

1.1.2.5 Offenheit des dualen Systems

Zugang zu Bildungseinrichtungen Der Grundsatz der Offenheit des gesamten Bildungssystems bedeutet, daß alle Bildungseinrichtungen allen Bürgern in allen Bildungsstufen zugänglich sein müssen. Allerdings können durch Rechtsvorschriften

Zugangsvoraussetzungen (zum Beispiel Nachweis des Abiturs für das Studium an einer Hochschule) festgelegt werden.

> Das duale System der Berufsausbildung steht grundsätzlich jedem Bürger offen.

1.1.2.6 Gewährleistung beruflicher Weiterbildung

Gründe für die Weiterbildung

> Das Wissen von heute genügt nicht mehr für den Erfolg von morgen. Die rasch fortschreitende technische Entwicklung, insbesondere die neuen Qualifikationsanforderungen an das Handwerk, die von den neuen Techniken verlangt werden, und sich verändernde Märkte zwingen zu ständiger, lebenslanger Fort- und Weiterbildung.

Gründe für Weiterbildung

Hinzu kommt, daß die Bewältigung des technischen Wandels angesichts der geburtenschwachen Jahrgänge und der damit verbundenen Probleme, den Nachwuchsbedarf zu sichern, zunehmend von Erwerbstätigen mittleren und höheren Alters geleistet werden muß, deren Ausbildung darauf noch nicht ausgerichtet war.

Vorteile der Weiterbildung

Berufliche Weiterbildung kommt nicht nur den Betrieben, sondern auch jedem einzelnen zugute. Die Erhaltung, ständige Erweiterung und laufende Anpassung der beruflichen Kenntnisse an den technischen Fortschritt sichert Arbeitsplätze und fördert den beruflichen Aufstieg. Deshalb sollte ein Teil der wachsenden Freizeit auch als Bildungszeit genutzt und außerdem überlegt werden, wie auch im Handwerk Weiterbildungszeiten im Rahmen der Flexibilisierung von Arbeitsorganisation und Arbeitszeiten erreicht werden können.

Auswirkungen der Weiterbildung

Träger der Weiterbildungsmaßnahmen

Die Weiterbildung wird von einer Vielfalt von Bildungseinrichtungen durchgeführt. Für jeden Handwerker ist die Weiterbildung gewährleistet. Die für Handwerker bestehenden wichtigsten Fortbildungsmöglichkeiten und die finanziellen Förderungsmaßnahmen sind in Abschnitt 2.6.3.2 „Fortbildung" in Band 1 sowie in Abschnitt 4.6.3.3 „Finanzielle Förderung der Fort- und Weiterbildung" in diesem Band dargestellt.

Vielfalt der Träger Weiterbildungsmöglichkeiten

1.1.3 Die Bedeutung der Berufsbildung für den einzelnen Menschen und die Gesellschaft

1.1.3.1 Die Bedeutung der Berufsbildung für den einzelnen Menschen

Die folgende Abbildung zeigt wichtige Gesichtspunkte für den Bereich der Ausbildung auf.

1.1.3 Die Bedeutung der Berufsbildung für den einzelnen Menschen und die Gesellschaft

Ausbildung

Berufsbildung für den einzelnen Menschen

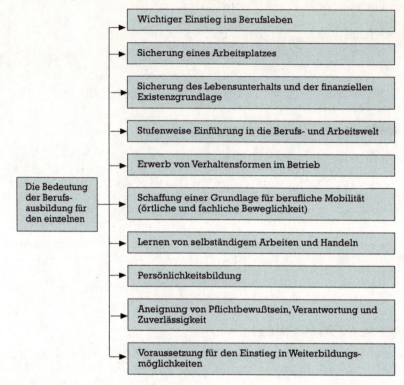

Abbildung 5

Die berufliche Weiterbildung eröffnet dem einzelnen verschiedene Möglichkeiten.

Weiterbildung

Berufliche Weiterbildung

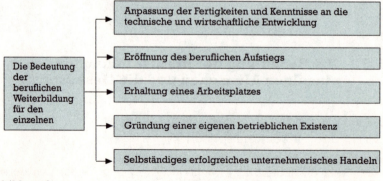

Abbildung 6

1.1.3.2 Die Bedeutung der Berufsbildung für die Gesellschaft

Jede Gesellschaft muß alle denkbar geeigneten Maßnahmen durchführen, um die berufliche Leistungsfähigkeit zu schaffen und zu erhalten. Die Leistungsfähigkeit des einzelnen ist auch für eine Gesellschaft aus wirtschaftlichen Gründen wichtig, weil Menschen, die ihre berufliche Leistungsfähigkeit vorzeitig verlieren, letztlich auf Kosten der übrigen arbeitenden Mitglieder der Gesellschaft mitgetragen werden müssen. Die Erhaltung der beruflichen Leistungsfähigkeit ist ferner ein wichtiges Element für die Stabilität einer Gesellschaftsordnung, weil Arbeitslosigkeit, die auf mangelnde berufliche Leistungsfähigkeit zurückzuführen ist, auf Dauer gesehen eine Gesellschaftsordnung gefährdet.

Berufliche Leistungsfähigkeit

Die berufliche Leistungsfähigkeit und somit die Stabilität einer Gesellschaftsordnung wird insbesondere erreicht und erhalten durch
- eine solide berufliche Ausbildung
- eine laufende berufliche Fortbildung und
- durch geeignete berufliche Umschulungsmaßnahmen im Bedarfsfall.

Zweckmäßige Maßnahmen

Wirtschaftspolitische Bedeutung der Berufsbildung

Der wichtigste Produktionsfaktor „Arbeit" hängt in einer Volkswirtschaft vom Niveau der Ausbildung aller arbeitenden Menschen ab.

Wirtschaftspolitische Bedeutung

In einem rohstoffarmen Land wie der Bundesrepublik nimmt somit die berufliche Bildung wirtschaftspolitisch die absolute Schlüsselrolle ein.

Sie ist die wichtigste Investition in „Humankapital", die genauso bedeutsam ist wie die Investition in Sachkapital (Maschinen, Werkzeuge usw.).

Wirtschaftspolitische Bedeutung der Berufsbildung

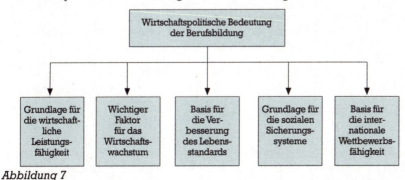

Abbildung 7

Die enge Verflechtung von Problemen der Bildungs-, Gesellschafts-, Arbeitsmarkt- und Sozialpolitik hat dazu geführt, daß Berufsbildungsfragen auch unter dem Gesichtspunkt sozial- und arbeitsmarktpolitischer

Gegenseitige Verflechtung

Entscheidungen gesehen werden müssen. Umgekehrt haben Maßnahmen der Berufsbildung entscheidende arbeitsmarkt- und sozialpolitische Auswirkungen. Eine enge Verknüpfung zwischen Förderung der Berufsbildung, Sozial- und Arbeitsmarktpolitik wurde zum Beispiel durch das Arbeitsförderungsgesetz herausgestellt.

Arbeitsmarktpolitische Bedeutung der Berufsbildung

Arbeitsmarktpolitik

Am Arbeitsmarkt treffen Angebot und Nachfrage nach Arbeitskräften zusammen. Das oberste Ziel der Arbeitsmarktpolitik muß der Ausgleich von Angebot und Nachfrage sein. Der Arbeitsmarkt wird dabei von einer Vielzahl von Faktoren beeinflußt.

Arbeitsmarktfaktoren

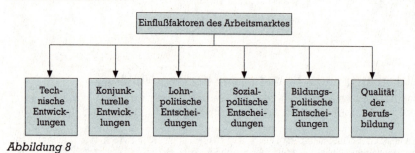

Abbildung 8

Bildungspolitik

Einer der stärksten Einflußfaktoren ist die Bildungspolitik und die qualitative und quantitative Situation in der beruflichen Bildung.

Qualitative Aufgaben beruflicher Bildung

Qualitativ gesehen muß das berufliche Bildungssystem dafür sorgen, daß deren Absolventen den technischen und ökonomischen Anforderungsprofilen der beruflichen Arbeit (Fertigkeiten, Kenntnisse, Verhaltensformen) in den Betrieben und somit am Arbeitsmarkt entsprechen. Dabei ist die Ausbildung auf größtmögliche Beweglichkeit (Mobilität) zwischen verschiedenen Arbeitsplätzen, Branchen und Regionen auszurichten. Quantitativ betrachtet muß in erster Linie die Bildungspolitik (zum Beispiel durch Aufwertung der beruflichen Bildung), aber auch der Bürger in seinem Berufswahlverhalten dafür sorgen, daß genügend fachlich vorgebildete Arbeitskräfte zur Verfügung stehen und der Arbeitsmarkt so ausgeglichen wie möglich ist.

Quantitative Aufgaben beruflicher Bildung

Ungleichgewichte am Arbeitsmarkt

Leider ist dieser Ausgleich in der Bundesrepublik nicht gegeben. Einer hohen Arbeitslosenzahl stehen andererseits unbesetzte Stellen in beachtlicher Zahl gegenüber, weil die Qualifikationen in Angebot und Nachfrage nicht zur Deckung gebracht werden können. Es ist daher mehr als zuvor notwendig, über eine gezielte Arbeitsmarkt- und Bildungspolitik die qualitativen und quantitativen Ungleichgewichte zu reduzieren. Ein wichtiges Instrument der Arbeitsmarktpolitik ist das Arbeitsförderungsgesetz, mit dem ein hoher Beschäftigtenstand erreicht, die volkswirtschaftliche

Instrument: Arbeitsmarktpolitik

1.1 Berufsbildung im Bildungssystem 11

Beschäftigtenstruktur verbessert und damit das gesamtwirtschaftliche Wachstum gefördert wird.

Sozialpolitische Bedeutung der Berufsbildung

> Auch für die Sozialpolitik hat die berufliche Bildung eine wichtige Bedeutung: Ein solides Berufsbildungssystem schafft die wirtschaftlichen Grundlagen für die Sozialpolitik eines Staates, weil nach sozialen Gesichtspunkten gesehen nur das verteilt werden kann, was vorher durch gut ausgebildete Arbeitskräfte erarbeitet wurde. Eine gute Berufsbildungspolitik ist somit auch der Schlüssel für die soziale Sicherung und die soziale Stellung, insbesondere auch sozial schwacher Schichten unserer Gesellschaft.

Sozialpolitische Bedeutung
Grundlage für Sozialpolitik
Soziale Sicherung

Wer eine qualifizierte Ausbildung und Weiterbildung durchläuft, kann in der Regel ein höheres persönliches Einkommen erreichen (zum Beispiel im Vergleich zum Ungelernten oder Angelernten). Darüber hinaus erschließt sie auch eine höhere soziale Stellung (zum Beispiel Selbständiger Handwerksmeister).

Einkommen

Soziale Stellung

Gesamtwirtschaftlich betrachtet führt eine qualifizierte berufliche Bildung zu hoher Wirtschaftsleistung sowie einem hohen Beschäftigungsgrad und somit zur Einsparung von sozialen Leistungen an sozial Schwache oder Arbeitslose.

Hoher Beschäftigungsgrad

Berufliche Bildung entlastet die Sozialpolitik auch durch berufliche Wiedereingliederung und Ausbildung körperlich und geistig Behinderter.

Berufliche Wiedereingliederung

Handwerkspolitische und einzelbetriebliche Bedeutung der Berufsbildung

> Gerade im Handwerk spielt das Niveau der Berufsausbildung eine entscheidende Rolle. Zwar ist auch im Handwerk der Maschineneinsatz in den letzten Jahren ständig angestiegen, und dieser Prozeß ist noch nicht abgeschlossen. Trotzdem bestimmt aber die menschliche Arbeitskraft im Handwerk noch weitgehend das Ergebnis der betrieblichen Leistung. Daher hat das Handwerk noch mehr als andere Wirtschaftszweige dafür zu sorgen, daß auch in der Zukunft eine ausreichende Zahl von Nachwuchsarbeitskräften vorhanden ist und das qualifizierte Niveau der Arbeitskräfte eine ausreichende Leistungsgarantie bietet.

Menschliche Arbeitskraft bestimmt die Leistung im Handwerk

Siehe auch die Abschnitte 1.2.4.3 „Ansatzpunkte zur Sicherung und Weiterentwicklung der Ausbildungsqualität" und 2.1.5 „Beschaffung, Auswahl, rechtsförmliche Einstellung und Einführung von Lehrlingen" in diesem Band.

Was die Qualität der beruflichen Bildung für den Wirtschaftszweig „Handwerk" bedeutet, gilt auch aus einzelbetrieblicher Sicht! Der Erfolg der Arbeit eines Handwerksbetriebes hängt in erster Linie vom fachlichen Können und den Arbeitstugenden seiner Mitarbeiter ab. Siehe hierzu auch Abschnitt 2.4.1 „Die menschliche Arbeit als Leistungs- und Kostenfaktor im Handwerksbetrieb" in Band 1.

Fachliches Können gewährleistet einzelbetrieblichen Erfolg

Programmierte und textlich gestaltete, offene Übungs-, Wiederholungs- und Prüfungsfragen

1. Welches Koordinierungsinstrument zur Abstimmung der Schulsysteme der Länder der Bundesrepublik ist das wichtigste?
- ☐ a) Das Bundesinstitut für Berufsbildung
- ☐ b) Die Bund-Länderkommission für Bildungsplanung
- ☐ c) Das Bundesministerium für Bildung und Wissenschaft
- ☐ d) Das Bundeswirtschaftsministerium
- ☐ e) Die Ständige Konferenz der Kultusminister der Länder

„Siehe Seite 1 des Textteils!"

2. Erläutern Sie die Grundstrukturen des Bildungswesens in der Bundesrepublik Deutschland!

„Siehe Seite 2 des Textteils!"

3. Unter Primarbereich im Bildungswesen versteht man:
- ☐ a) Die ersten vier Schuljahre, die den Schüler zu den systematischen Formen des schulischen Arbeitens führen
- ☐ b) Die familienergänzenden Bildungs- und Erziehungsmaßnahmen nach Vollendung des 3. Lebensjahres
- ☐ c) Die Bildungsphase zwischen dem 5. und 9. bzw. 10. Schuljahr
- ☐ d) Die allgemeine und berufsbezogene Weiterbildung nach der Ausbildung
- ☐ e) Die Hochschulen und andere Ausbildungsstätten mit berufsqualifizierenden Bildungsgängen.

„Siehe Seite 3 des Textteils!"

4. Was bedeutet Chancengleichheit im Bildungswesen?
- ☐ a) Daß jeder vom Staat finanziell in gleicher Weise gefördert wird
- ☐ b) Daß jeder gleiche Einstiegs- und Aufstiegschancen in den Bildungswegen hat
- ☐ c) Daß jeder einmal in seinem Berufsleben eine Führungsposition einnimmt
- ☐ d) Daß jeder ein Gymnasium besuchen kann
- ☐ e) Daß jeder an der Hochschule studieren kann.

„Siehe Seite 4 des Textteils!"

5. Erklären Sie, was horizontale und vertikale Durchlässigkeit im Bildungswesen bedeutet!

„Siehe Seite 4 des Textteils!"

6. Nennen Sie geeignete Maßnahmen zur Herstellung der Gleichwertigkeit der beruflichen Bildung!

„Siehe Seite 5 des Textteils!"

7. Welche Bedeutung hat die Berufsausbildung und die berufliche Fortbildung für den einzelnen?

„Siehe Seite 8 des Textteils!"

8. Welche wirtschaftspolitische Bedeutung hat die Berufsbildung?

„Siehe Seite 9 des Textteils!"

9. Erläutern Sie die arbeitsmarkt- und sozialpolitische Bedeutung der beruflichen Bildung!

„Siehe Seite 10 des Textteils!"

10. Im Handwerk spielt das Niveau der beruflichen Bildung
- ☐ a) eine größere Rolle als in der Industrie, weil im Handwerk die Produktivität der Arbeitskraft größer ist als in der Industrie.
- ☐ b) keine besondere Rolle, weil auch im Handwerk heute der zunehmende Maschineneinsatz allein entscheidet.
- ☐ c) keine besondere Rolle, weil die meisten Arbeitskräfte des Handwerks heutzutage in die Industrie abwandern.
- ☐ d) eine größere Rolle als in der Industrie, weil der Anteil der menschlichen Arbeitskraft an der Leistung größer ist.
- ☐ e) keine andere Rolle als in der Industrie bei Serienfertigung.

„Siehe Seite 11 des Textteils!"

1.2 Das duale System der Berufsausbildung

1.2.1 Organisatorisch-institutionelle Struktur des dualen Systems

Die Berufsausbildung erfolgt in der Bundesrepublik Deutschland im Handwerk nach dem „Dualen Ausbildungssystem".

Duales Ausbildungssystem

In diesem System erfolgt die Berufsausbildung institutionell getrennt im Ausbildungsbetrieb und in der Berufsschule.

Ausbildungsbetrieb Berufsschule

Schwerpunkt der praktischen Unterweisung ist der Betrieb. Die Berufsschule vermittelt Fachtheorie und allgemeinbildende Inhalte.

Praxis Theorie

Daneben entwickelt sich immer mehr die überbetriebliche Unterweisung als Ergänzung zur praktischen Ausbildung im Betrieb.

Überbetriebliche Unterweisung

Duales Ausbildungssystem

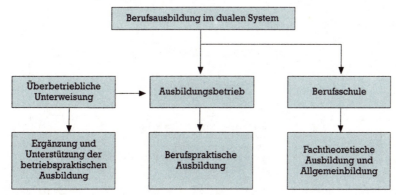

Abbildung 9

1.2.1.1 Der Betrieb als Ausbildungsstätte

Pflicht des Ausbildungsbetriebs

Die wesentliche Ausbildungspflicht für den Ausbildungsbetrieb ergibt sich aus § 6 Absatz 1 des Berufsbildungsgesetzes wie folgt:

Gesetzliche Ausbildungspflicht

> Der Ausbildende hat dafür zu sorgen, daß dem Auszubildenden die Fertigkeiten und Kenntnisse vermittelt werden, die zum Erreichen des Ausbildungsziels erforderlich sind und die Berufsausbildung in einer durch ihren Zweck gebotenen Form planmäßig, zeitlich und sachlich gegliedert so durchzuführen, daß das Ausbildungsziel in der vorgesehenen Ausbildungszeit erreicht werden kann.

Hinsichtlich der rechtlichen Anforderungen und persönlichen, fachlichen und betrieblichen Voraussetzungen sowie der Pflichten im einzelnen wird auf Abschnitt 4 „Rechtsgrundlagen der Berufsbildung" in diesem Band hingewiesen.

Inhalt der betrieblichen Ausbildung

Inhaltliche Schwerpunkte

Die inhaltlichen Schwerpunkte der betrieblichen Ausbildung ergeben sich für den einzelnen Ausbildungsberuf aus Ausbildungsberufsbild und Ausbildungsrahmenplan.

Schwerpunkte der betrieblichen Ausbildung

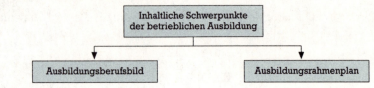

Abbildung 10

Betriebsgebundene Ausbildung

Die betriebsgebundene Ausbildung erfolgt schwerpunktmäßig durch Lernen am Arbeitsplatz (Erfahrungslernen). Die Mehrzahl der Auszubildenden lernt lieber am Arbeitsplatz als im Unterricht oder in der Lehrwerkstätte. 85 % der Auszubildenden bejahen nach einschlägigen Umfragen die betriebsgebundene Ausbildung.

Vorteile der Betriebsausbildung

Vorteile der betriebsgebundenen Ausbildung

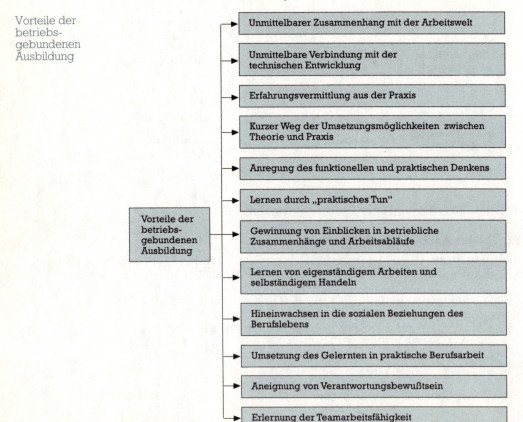

Abbildung 11

1.2.1.2 Die Berufsschule als Ausbildungsstätte

Bis ins 19. Jahrhundert war der Meisterbetrieb alleiniger Träger der Berufsausbildung im Handwerk. Die zunehmende Technisierung führt jedoch laufend in fast allen Handwerksberufen zu tiefgreifenden Veränderungen und schwierigeren technischen Zusammenhängen, die hohe Anforderungen an den Handwerker und seine Ausbildung stellen. Daher besteht die Notwendigkeit einer eingehenden Behandlung insbesondere der theoretischen Grundlagen.

Berufsschule

Gesetzliche Bestimmungen zur Berufsschulpflicht

Für den Berufsschulbesuch gelten gesetzliche Bestimmungen. Es handelt sich dabei um landesrechtliche Regelungen (Schulpflichtgesetze der Länder).

Schulpflichtgesetz

Für diese landesrechtlichen Regelungen hat die Ständige Konferenz der Kultusminister der Länder in der Bundesrepublik Empfehlungen zu Einzelregelungen für die Berufsschulpflicht beschlossen. Die nachstehend aufgeführten Regelungen gelten in den elf alten Bundesländern in etwa gleich. In den neuen Bundesländern sind teilweise noch Regelungen durch die einzelnen Landesregierungen erforderlich.

Berufsschulpflicht

Die Berufsschulpflicht beginnt in der Regel mit Beendigung der allgemeinbildenden Schule (Hauptschule, Realschule).

Beginn der Berufsschulpflicht

Aus folgender Abbildung ergeben sich die Regelfälle für die Beendigung der Berufsschulpflicht:

Ende der Berufsschulpflicht

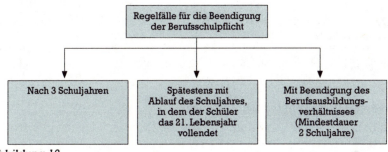

Beendigung der Berufsschulpflicht

Abbildung 12

Für die Beendigung der Berufsschulpflicht gibt es folgende weitere Möglichkeiten:
- Die Berufsschulpflicht endet auch, wenn die Schulaufsichtsbehörde feststellt, daß die bisherige Ausbildung des Berufsschulpflichtigen einen weiteren Besuch der Berufsschule entbehrlich macht.
- Die Berufsschulpflicht endet vorzeitig, wenn der Auszubildende die Gesellenprüfung, die Abschlußprüfung oder eine diesen gleichgestellte Prüfung mit Erfolg abgelegt hat. Bei Stufenausbildungsverhältnissen lebt die Berufsschulpflicht wieder auf, wenn ein weiterer Ausbildungsabschnitt begonnen wird.

Weitere Möglichkeiten
Feststellung der Schulaufsichtsbehörde
Vorzeitige Beendigung Erfolgreiche Prüfung

Sind für bestimmte Berufe längere als dreijährige Ausbildungszeiten zugelassen, so verlängert sich die Berufsschulpflicht über drei Jahre hinaus, und zwar auf die Dauer des Berufsausbildungsverhältnisses.

Verlängerung der Berufsschulpflicht

Die Berufsschulpflicht dauert jedoch in diesen Fällen höchstens dreieinhalb Jahre. Für Schwer- und Mehrfachbehinderte kann auf Antrag die Schulpflicht verlängert werden, wenn zu erwarten ist, daß der Schüler durch den verlängerten Schulbesuch gefördert werden kann. Die Berufsschulpflicht endet in diesen Fällen spätestens vier Jahre nach Ende der Hauptschulpflicht.

Berufswechsel

Wechselt ein Berufsschulpflichtiger den Ausbildungsberuf oder tritt ein Berufsschulpflichtiger ohne Berufsausbildungsverhältnis in ein solches ein, so beginnt die Berufsschulpflicht von neuem. Frühere Berufsschulzeiten können ganz oder teilweise angerechnet werden.

Anderweitige Erfüllung der Berufsschulpflicht

Die Berufsschulpflicht kann auch an Berufsfachschulen (zum Beispiel von zweijähriger oder dreijähriger Dauer), Fachakademien, Ergänzungsschulen und bestimmten geeigneten Berufsförderungseinrichtungen erfüllt werden. Das gleiche gilt für einen in der Regel ein Jahr dauernden Besuch der Berufsschule im Vollzeitunterricht, wenn kein Berufsausbildungsverhältnis eingegangen wird.

Berufsschulberechtigung

Personen, die nicht mehr berufsschulpflichtig sind, sich aber noch in Berufsausbildung befinden, sind zum Besuch der Berufsschule berechtigt.

Der Arbeitgeber (bzw. Ausbildende) hat den Berufsschulbesuch zu gestatten, das heißt, daß der Auszubildende einen Freistellungsanspruch hat. Nicht mehr berufsschulpflichtige Personen sind zum Besuch des Berufsgrundschuljahres berechtigt.

Pflichten des Ausbildungsbetriebes

Die Berufsschule ist Pflichtschule. Ihr Besuch unterliegt dem staatlichen Zwang. Der Ausbildende hat den Jugendlichen zum Besuch der Berufsschule anzumelden, anzuhalten und die hierfür notwendige Zeit zu gewähren. Die Schulzeit gilt als Arbeitszeit, Verstöße gegen das Schulpflichtgesetz werden mit Geldbußen geahndet.

Formen des Berufsschulunterrichts

Es gibt in der Regel zwei Formen, wie der Berufsschulunterricht organisiert sein kann.

Formen des Unterrichts

Formen des Berufsschulunterrichts

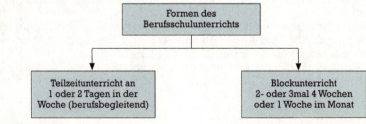

Abbildung 13

Der Blockunterricht hat den Vorteil, daß der Unterrichtsstoff zusammenhängend vermittelt werden kann.

1.2 Das duale System der Berufsausbildung

Entstehen den Berufsschülern Unterkunfts- und Verpflegungskosten beim Besuch überregionaler Fachklassen mit Blockunterricht, werden von einzelnen Ländern der Bundesrepublik Zuschüsse in unterschiedlicher Höhe gewährt. Manche Länder geben in diesen Fällen unter bestimmten Voraussetzungen auch Zuwendungen zu den Schulwegekosten.

Unterkunfts- und Verpflegungskosten

Schulwegekosten

> Der Ausbildungsbetrieb selbst hat für die Lehrlinge beim Besuch der Berufsschule nach der Rechtssprechung des Bundesarbeitsgerichts weder Fahrtkosten noch Unterkunfts- und Verpflegungskosten zu bezahlen (zum Beispiel bei Blockunterricht).

Das Berufsgrundbildungsjahr

In verschiedenen Ländern der Bundesrepublik wurde das Berufsgrundbildungsjahr eingeführt. Es gibt zwei Formen des Berufsgrundbildungsjahres.

Formen des Berufsgrundbildungsjahres

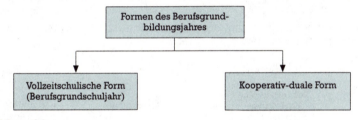

Formen des Berufsgrundbildungsjahres

Abbildung 14

- Die schulische Form vermittelt in einem Vollzeitschuljahr sowohl praktische Fertigkeiten als auch theoretische Kenntnisse für ein Berufsfeld (zum Beispiel Metall, Bau usw.) oder für einen Berufsfeldschwerpunkt (zum Beispiel Feinwerktechnik).

- Die kooperativ-duale Form vermittelt die praktischen Fertigkeiten im Betrieb oder in einer überbetrieblichen Unterweisungsstätte. Die theoretischen Kenntnisse eignet sich der Lehrling in der Berufsschule an.

Das kooperativ-duale Berufsgrundbildungsjahr gilt als erstes Ausbildungsjahr. Der erfolgreiche Besuch eines schulischen Berufsgrundbildungsjahres wird in der Regel als erstes Jahr der Berufsausbildung angerechnet. Eine Ausnahme gilt bei Schwerpunktwechsel. Hier beträgt die Anrechnung auf die Ausbildungszeit mindestens ein halbes Jahr.

Anrechnung

Weitere berufliche Schulen

Neben der Berufsschule als die betriebliche Ausbildung begleitende schulische Einrichtung gibt es weitere für Handwerker in Frage kommende berufliche Schulen.

Weitere berufliche Schulen

Berufliche Schulen

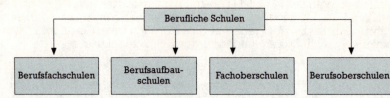

Abbildung 15

Berufsfachschulen
- Berufsfachschulen mit Vollzeitunterricht vermitteln je nach Dauer eine gesamte Berufsausbildung, einen Teil einer Berufsausbildung (einjährige Berufsfachschule) oder die Fachschulreife und einen Teil der Berufsausbildung. Der erfolgreiche Besuch einer einjährigen Berufsfachschule wird in der Regel als erstes Jahr der Berufsausbildung angerechnet, wenn der Lehrplan und der Unterricht den Voraussetzungen der Berufsgrundbildungsjahr-Anrechnungs-Verordnung entsprechen.

Berufsaufbauschulen
- An manchen Berufsschulen bestehen auch Berufsaufbauschulen. Diese Berufsaufbauschulen ermöglichen begabten Schülern, nach der Ausbildung die Fachschulreife zu erlangen.

Fachoberschulen
Berufsoberschulen
- Über Fachoberschulen kann die Fachhochschulreife, über Berufsoberschulen die fachgebundene Hochschulreife oder bei Ablegung einer Ergänzungsprüfung die allgemeine Hochschulreife erworben werden.

Die nachstehende Übersicht zeigt den Aufbau und die Gliederung des beruflichen Schulwesens am Beispiel Bayerns.

Aufbau des beruflichen Schulwesens

Aufbau des beruflichen Schulwesens

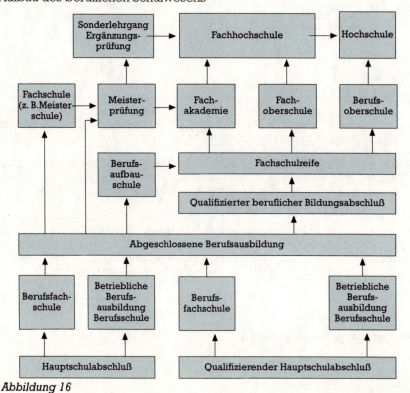

Abbildung 16

1.2.1.3 Berufsausbildung in überbetrieblichen Ausbildungsstätten

Überbetriebliche Unterweisung

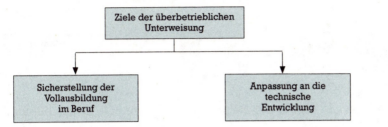

Ziele

Abbildung 17

Die Anforderungen an die Berufsausbildung unterliegen einem ständigen Wandel der Technik. Daher wird die betriebliche Ausbildung, wo notwendig, durch überbetriebliche Kurse ergänzt. Die überbetrieblichen Unterweisungslehrgänge, die in der Regel von Handwerkskammern und Innungen durchgeführt werden, haben das Ziel, bei Lehrlingen, die in spezialisierten Betrieben ausgebildet werden, die Vollausbildung in dem Ausbildungsberuf sicherzustellen. Hier werden also die Fertigkeiten und Kenntnisse ergänzt, die laut Ausbildungsrahmenplan zum Beruf gehören, aber im Betrieb nicht oder nicht vollständig vermittelt werden können. Darüber hinaus soll die überbetriebliche Unterweisung eine Anpassung an die technische Entwicklung in einzelnen Berufen erleichtern.

Ergänzung der Grundausbildung

Anpassung an technische Entwicklungen

Die Teilnahme an überbetrieblichen Unterweisungsmaßnahmen ist für den Lehrling Pflicht. Die anfallenden Kosten sind, soweit sie nicht anderweitig gedeckt werden, vom Ausbildenden zu tragen. Die Innungen und Handwerkskammern erhalten bei der Durchführung solcher Lehrgänge Zuschüsse des Bundes und der Länder.

Teilnahmepflicht
Kosten

Finanzierung

Während der Teilnahme an überbetrieblichen Ausbildungsmaßnahmen werden die Lehrlinge in der Regel vom Berufsschulunterricht beurlaubt. Die näheren Einzelheiten und die Dauer der Beurlaubung richten sich nach landesrechtlichen Bestimmungen (siehe auch die Empfehlung der Ständigen Konferenz der Kultusminister der Länder zur Beurlaubung von Berufsschülern).

Beurlaubung vom Berufsschulunterricht

1.2.1.4 Kosten und Finanzierung im dualen Berufsausbildungssystem

Die Gesamtkosten der Berufsausbildung werden sowohl im betrieblichen als auch im überbetrieblichen und schulischen Bereich in unterschiedlichen Anteilen von den Trägern der Berufsausbildung und durch Zuschüsse von Bund und Land finanziert.

Verschiedene Kostenträger

Kostenträger der Berufsausbildung

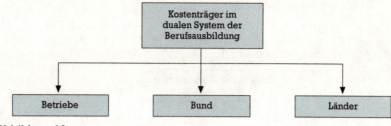

Abbildung 18

Der Betrieb trägt in der Regel voll die Kosten, die in der betrieblichen Ausbildungszeit anfallen.
Die wichtigsten sind aus folgender Abbildung ersichtlich.

Betriebliche Kosten der Ausbildung

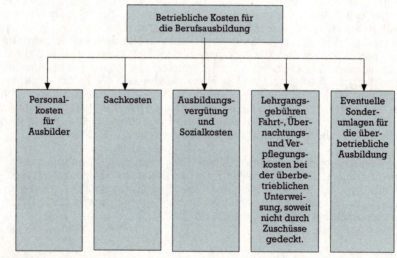

Abbildung 19

Die Brutto-Ausbildungskosten des deutschen Handwerks, die von den Betrieben getragen werden, belaufen sich entsprechend der Fortschreibung einer Untersuchung des Bundesinstituts für Berufsbildung und des Instituts der deutschen Wirtschaft derzeit auf jährlich ca. 11,8 Mrd. DM, die Netto-Ausbildungskosten (nach Abzug der Erträge, die von den Lehrlingen erwirtschaftet werden) auf rund 6,5 Mrd. DM. Dies ergibt pro Lehrling und Jahr für den Betrieb Brutto-Ausbildungskosten von bis zu 25.000,00 DM und Netto-Ausbildungskosten in Höhe von bis zu 14.000,00 DM. (Diese Zahlen gelten für die alten Bundesländer.)

Die Kosten für die Berufsschulanteile in der Ausbildung werden – soweit es den Schulbesuch betrifft – von den Berufsschulträgern, also vom Staat oder der Kommune bzw. kommunalen Zweckverbänden oder diesen gemeinsam, getragen. Die Ausbildungsvergütung während der Berufsschulzeit zahlt der Ausbildungsbetrieb.

1.2 Das duale System der Berufsausbildung

Für einige Handwerksberufe gibt es zwischenbetriebliche Finanzierungsregelungen. Eine Sonderregelung besteht für das Schornsteinfegerhandwerk auf der Grundlage des Schornsteinfegergesetzes und entsprechender „Ausgleichskassen-Verordnungen" der Länder. Danach muß jeder Bezirksschornsteinfegermeister eine Umlage an die Ausgleichskasse bezahlen. Jeder selbständige Schornsteinfegermeister, der einen Lehrling ausbildet, erhält als Ausgleichszahlung einen Prozentsatz des im Tarifvertrag vereinbarten Gesellenlohns der höchsten Lohnstufe, vollen Ersatz der Fahrt- und Internatskosten für den Berufsschulbesuch und für die überbetriebliche Unterweisung.

Zwischenbetriebliche Finanzierungsregelungen

Im Bereich des Handwerks bestehen in folgenden Berufen tarifvertragliche Finanzierungsregelungen:
- Baugewerbe (Maurer, Beton- und Stahlbetonbauer, Feuerungs- und Schornsteinbauer, Zimmerer, Betonstein- und Terrazzohersteller, Stukkateur, Fliesen-, Platten- und Mosaikleger, Estrichleger, Wärme-, Kälte- und Schallschutzisolierer, Straßenbauer, Brunnenbauer)
- Steinmetz- und Steinbildhauerhandwerk
- Dachdeckerhandwerk

Tarifvertragliche Finanzierungsregelungen

In allen aufgeführten Berufsbereichen müssen die Betriebe einen Beitrag auf der Basis der Brutto-Lohnsumme entrichten.

Beitrag der Betriebe

Im Regelfall werden die Mittel im wesentlichen zur Finanzierung der überbetrieblichen Unterweisung, der teilweisen Erstattung der Ausbildungsvergütung, der Fahrtkosten und der Internatsunterbringung verwendet.

Verwendung der Mittel

Die Abwicklung der Beitragserhebung und die Auszahlung der Zuwendungen erfolgen über Kassen, die von den Tarifvertragspartnern errichtet wurden. In den neuen Bundesländern gelten diese Regelungen nicht automatisch. Sie müssen gegebenenfalls von den zuständigen Tarifvertragsparteien übernommen werden.

Für Zwecke der Finanzierung der überbetrieblichen Unterweisung kann nach einhelliger Rechtsprechung die zuständige Handwerkskammer auf der Grundlage der Handwerksordnung eine **besondere Umlage** oder **Sonderabgabe** sowohl von Ausbildungsbetrieben als auch von Nichtausbildungsbetrieben bestimmter Handwerksberufe, für die überbetriebliche Unterweisungsmaßnahmen durchgeführt werden, erheben.

Umlage der Handwerkskammer

Innungen können sowohl von Innungsmitgliedern als auch von Nichtinnungsmitgliedern unter bestimmten Voraussetzungen eine Lehrlingsbetreuungsgebühr für die tatsächliche Benutzung ihrer Einrichtungen (zum Beispiel überbetriebliche Unterweisungsstätte) verlangen.

Lehrlingsbetreuungsgebühr der Innungen

Zur Erhöhung des Ausbildungsplatzangebotes in bestimmten Regionen, vor allem in den neuen Bundesländern, und zur Unterbringung von bestimmten Zielgruppen, wie zum Beispiel Sonderschüler, Schwerbehinderte, Behinderte, weibliche Jugendliche, Lehrlinge aus in Konkurs gegangenen Betrieben usw., haben einzelne Länder und der Bund Sonderprogramme geschaffen, nach denen Ausbildungsbetrieben und verschiedenen anderen Berufsausbildungseinrichtungen unter bestimmten Voraussetzungen staatliche Zuschüsse gewährt werden.

Zuschüsse des Bundes und der Länder

Nähere Einzelheiten sind insbesondere über die zuständigen Handwerkskammern zu erfahren.

1.2.1.5 Zuständigkeiten, Aufsicht und Kontrolle im Ausbildungssystem

Aus der unterschiedlichen Aufgabenstellung und institutionellen Struktur des dualen Systems ergeben sich entsprechende Unterschiede in der Zuständigkeit, Aufsicht und Kontrolle für die Ausbildungsträger.

Die Zuständigkeit von Bund und Ländern

Bund
Länder

Der Bundesgesetzgeber ist zuständig für die Regelung der betrieblichen Ausbildung. Den Ländern obliegt die Gesetzgebung für das Berufsschulwesen.

Zuständigkeit der Länder

Abbildung 20

Zuständigkeit des Bundes

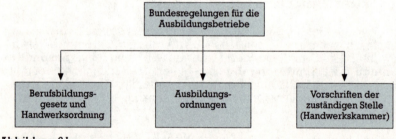

Abbildung 21

Die Zuständigkeit der Wirtschaft

Öffentliche Verantwortung

Hinsichtlich der öffentlichen Verantwortung für die Berufsausbildung sind für den betrieblichen Bereich vor allem die Selbstverwaltungseinrichtungen der Wirtschaft (zum Beispiel Industrie- und Handelskammern, Handwerkskammern und Innungen) zuständig. Für Aufsicht und Grundsatzregelung sind in erheblichem Umfange staatliche Behörden zuständig. Der Bereich der Berufsschule obliegt den staatlichen und kommunalen schulischen Verwaltungen.

Näheres zu Aufsicht und Kontrolle ergibt sich aus den Abschnitten 4.2.3 „Kontrolle und Entziehung der Ausbildungs- und Einstellungsbefugnis" und 4.5.4 „Ordnungswidrigkeiten in der betrieblichen Berufsausbildung und ihre Ahndung" in diesem Band.

Das Bundesinstitut für Berufsbildung

Zur Durchführung von bestimmten Aufgaben der Berufsbildung besteht ein Bundesinstitut für Berufsbildung.

Bundesinstitut für Berufsbildung

Das Institut hat unter anderem folgende wichtige Aufgaben:
- Mitwirkung an der Vorbereitung von Ausbildungsordnungen und sonstigen Rechtsverordnungen
- Mitwirkung an der Vorbereitung des Berufsbildungsberichts und an der Durchführung der Berufsbildungsstatistik
- Prüfung, Anerkennung und Förderung von berufsbildenden Fernlehrgängen
- Beratung der Bundesregierung in Fragen der beruflichen Bildung
- Durchführung der Berufsbildungsforschung
- Führung und Veröffentlichung eines Verzeichnisses über die anerkannten Ausbildungsberufe
- Unterstützung der Planung, Errichtung und Weiterentwicklung überbetrieblicher Berufsbildungsstätten.

Aufgaben
Ausbildungsordnungen
Berufsbildungsbericht
Fernlehrgänge
Beratung
Forschung
Verzeichnis der Ausbildungsberufe

Alle natürlichen und juristischen Personen sowie Behörden, die Berufsbildung durchführen, sind gegenüber dem Bundesinstitut für Berufsbildung auskunftspflichtig.

Auskunftspflicht

In diesem Rahmen müssen auch notwendige Unterlagen vorgelegt und Besichtigungen der Betriebsräume, der Betriebseinrichtungen und der Aus- und Weiterbildungsplätze gestattet werden. Die Auskünfte müssen grundsätzlich unentgeltlich gegeben werden.

1.2.1.6 Planung und Statistik der beruflichen Bildung

Die Berufsbildungsplanung und Berufsbildungsstatistik erfolgt auf der Grundlage des Berufsbildungsförderungsgesetzes.

Aufgaben der Berufsbildungsplanung

Die Berufsbildungsplanung

Durch die Berufsbildungsplanung sind Grundlagen für eine abgestimmte und den technischen, wirtschaftlichen und gesellschaftlichen Anforderungen entsprechende Entwicklung der beruflichen Bildung zu schaffen.

Die Berufsbildungsplanung hat insbesondere auch dazu beizutragen, daß
- die Ausbildungsstätten nach Art, Zahl, Größe und Standort ein qualitativ und quantitativ ausreichendes Angebot an beruflichen Ausbildungsplätzen gewährleisten und
- die Ausbildungsplätze unter Berücksichtigung der voraussehbaren Nachfrage und des langfristig zu erwartenden Bedarfs möglichst günstig genutzt werden.

Der zuständige Bundesminister hat die regionale und sektorale Entwicklung des Angebots an Ausbildungsplätzen und der Nachfrage ständig zu beobachten und darüber hinaus bis zum 1. März jeden Jahres der Bundesregierung einen Berufsbildungsbericht vorzulegen. In dem Bericht ist insbesondere die voraussichtliche Weiterentwicklung des Ausbildungsplatzangebotes der kommenden Jahre darzustellen. Erscheint die Siche-

Inhalte des Berufsbildungsberichts

Die Berufsbildungsstatistik

Inhalte der Berufsbildungsstatistik

Für Zwecke der Planung und Ordnung der Berufsbildung wird eine Bundesstatistik durchgeführt. Die jährliche Bundesstatistik erfaßt insbesondere Angaben über die Auszubildenden, die Ausbilder, die Prüfungsteilnehmer und die Ausbildungsberater. Außerdem sind die Untersagungen der Ausbildungstätigkeit, die Art von Ordnungswidrigkeiten und die Höhe der Geldbußen statistisch zu erfassen.

Auskunftspflicht

Auskunftspflichtig sind die nach dem Berufsbildungsgesetz zuständigen Stellen, das sind für den Bereich des Handwerks die Handwerkskammern.

1.2.2 Vergleich des dualen Ausbildungssystems mit alternativen Ausbildungsformen bzw. -systemen in Deutschland und Europa

Alternative Ausbildungseinrichtungen

Alternative Ausbildungssysteme in Deutschland

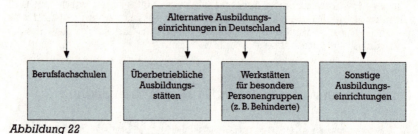

Abbildung 22

Geringe Bedeutung

Die nicht auf der Grundlage des dualen Systems in Deutschland durchgeführten Berufsausbildungen sind, gemessen an der Gesamtzahl aller für einen handwerklichen Beruf Ausgebildeten, gering.

Verschiedenartige Systeme im internationalen Vergleich

Aufgrund der unterschiedlichen Entwicklungen in technologischer, wirtschaftlicher, gesellschaftlicher und politischer Hinsicht bestehen in den Industriestaaten verschiedenartige Bildungssysteme. Gemeinsam ist bei allen diesen Ländern das Streben nach ständigen Reformen und Verbesserungen festzustellen.

Unterschiedliche Ausbildungssysteme

Unterschiede zwischen deutschen und europäischen Systemen

Abbildung 23

1.2 Das duale System der Berufsausbildung

Das berufliche Bildungswesen ist in den Mitgliedsstaaten der Europäischen Gemeinschaft recht verschieden gestaltet. Nach einer vergleichenden Studie des Europäischen Zentrums für die Förderung der Berufsbildung lassen sich vereinfacht dargestellt drei Hauptsysteme unterscheiden:
- Die Lehre, also ein Ausbildungsverhältnis. Bei einem Ausbildungsverhältnis sind praktische Ausbildung in einem Betrieb und in Ausbildungszentren mit theoretischer Ausbildung an Schulen verbunden.
- Die vollzeitschulische Berufsausbildung. Diese Ausbildung kann innerhalb des allgemeinen Bildungssystems, in Bildungsgängen des Sekundarbereichs oder in gesonderten Bildungszentren stattfinden.
- Mischformen.

Europäische Gemeinschaft

Drei Hauptsysteme
Ausbildungsverhältnis

Vollzeitschulische Berufsausbildung

Mischformen

Hauptsysteme der beruflichen Bildung

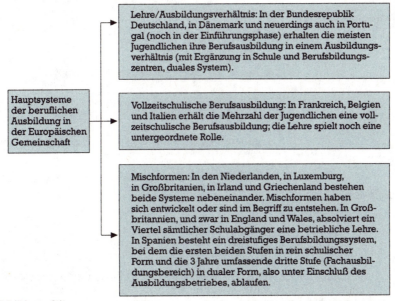

Abbildung 24

1.2.3 Die ausbildungsdidaktischen Aufgabenschwerpunkte von Ausbildungsbetrieb, überbetrieblicher Ausbildungsstätte und Berufsschule; Möglichkeiten der Abstimmung und Kooperation

1.2.3.1 Aufgabenschwerpunkte des Ausbildungsbetriebes

Der Ausbildungsbetrieb hat die notwendigen Fertigkeiten und Kenntnisse des jeweiligen Ausbildungsberufes zu vermitteln. Die betriebsgebundene Ausbildung durch Lernen am Arbeitsplatz hat pädagogische, didaktische und methodische Vorteile (siehe Abbildung 11 unter Abschnitt 1.2.1.1 „Der Betrieb als Ausbildungsstätte" in diesem Band). Die ausbildungsdidaktischen Aufgaben werden im Handwerksbetrieb handlungs- und auftragsorientiert umgesetzt.

Die wichtigsten Aufgabenschwerpunkte des Ausbildungsbetriebes sind:

Schwerpunkte der Ausbildung

Aufgabenschwerpunkte

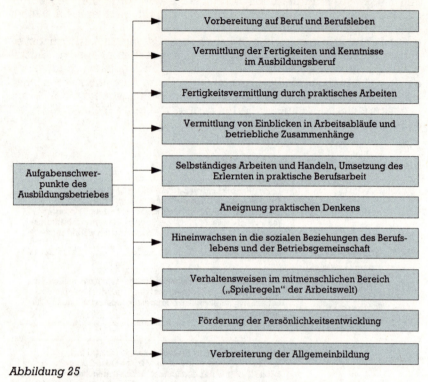

Abbildung 25

Aufgaben der überbetrieblichen Unterweisung

1.2.3.2 Aufgabenschwerpunkte überbetrieblicher Ausbildungsstätten

Die wirtschaftliche und technische Arbeitsteilung führt auch im Handwerk in manchen Berufen zu einer Spezialisierung. Das bedeutet, daß einzelne Ausbildungsbetriebe nicht mehr alle Fertigkeiten und Kenntnisse vermitteln können, die nach der Ausbildungsordnung vorgeschrieben sind. Außerdem schreiben Ausbildungsordnungen zum Teil über die einzelbetriebliche Ausbildung hinausgehende berufsfeldbezogene Ausbildungsinhalte vor (zum Beispiel Berufsgrundbildung in kooperativ-dualer Form), die nur überbetrieblich vermittelt werden können.

Spezialisierung

Berufsfeldbezogene Ausbildungsinhalte

Neue Ausbildungsinhalte

Ferner entstehen laufend neue Arbeitstechniken und durch die technische Entwicklung auch neue Berufs- und Ausbildungsinhalte (zum Beispiel EDV). Diese können nicht immer von den Ausbildungsbetrieben vermittelt werden.

Rationellere Fertigungsvermittlung

Des weiteren lassen sich bestimmte Fertigkeiten besser und rationeller in überbetrieblicher statt in betrieblicher Form vermitteln.

Schwerpunktvermittlung

Schließlich können in überbetrieblicher Form auch besser Ausbildungsschwerpunkte in bestimmten Fertigkeitsbereichen gesetzt werden.

Unfallverhütung

Nicht zuletzt werden auch in überbetrieblichen Spezialkursen in bestimmten Berufen Arbeitssicherheits- und Unfallverhütungskenntnisse vermittelt.

Aufgabenschwerpunkte

Um die aufgeführten Mängel zu beseitigen und die Ausbildungsziele zu erreichen, ergeben sich für die überbetrieblichen Ausbildungsstätten folgende Aufgabenschwerpunkte:

Überbetriebliche Ausbildungsstätten

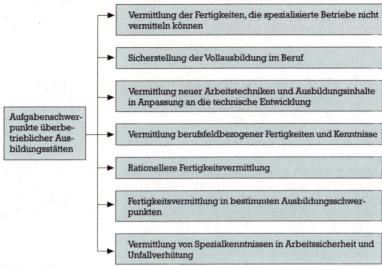

Abbildung 26

Die überbetriebliche Ausbildungsstätte hat gegenüber dem Ausbildungsbetrieb didaktisch-methodische Vorteile, weil in den überbetrieblichen Kursen systematisch und ausschließlich ausbildungsbezogen Fertigkeiten und Kenntnisse vermittelt werden können.

Didaktisch-methodische Vorteile

Die überbetriebliche Ausbildungsstätte ist aber kein eigenständiger Lernort, sondern seine Aufgabe ist, den Lernort Betrieb zu ergänzen.

Ergänzung des Lernortes Betrieb

1.2.3.3 Aufgabenschwerpunkte der Berufsschule

Die Berufsschule hat die Aufgabe, die Schüler in Abstimmung mit der betrieblichen Ausbildung oder unter Berücksichtigung ihrer beruflichen Tätigkeit beruflich zu bilden und zu erziehen und die Allgemeinbildung zu fördern. Dabei hat sie insbesondere die allgemeinen berufsübergreifenden sowie die für den Ausbildungsberuf oder die berufliche Tätigkeit erforderlichen fachtheoretischen Kenntnisse zu vermitteln und die fachpraktischen Kenntnisse und Fertigkeiten zu vertiefen. Die Vermittlung der fachtheoretischen Kenntnisse hat Vorrang gegenüber den übrigen Aufgaben.

Aufgaben der Berufsschule

Aufgaben der Berufsschule

Abbildung 27

Berufsbezogener Unterricht
Abgestimmter Bildungsraum

Aus diesem Bildungsauftrag ergibt sich, daß der Unterricht weitgehend berufs- oder berufsfeldbezogen und praxisnah sein muß. Betrieb und Berufsschule stellen in der grundsätzlichen Aufgabenstellung einen abgestimmten Bildungsraum dar.

1.2.3.4 Möglichkeiten der Abstimmung und Kooperation zwischen den Lernorten

Aus den unterschiedlichen Zuständigkeiten und Aufgabenstellungen der einzelnen Lernorte im dualen System ergeben sich Abstimmungs- und Koordinierungsprobleme.
Alle Ausbildungsträger haben die Aufgabe, zum Erreichen des gemeinsamen Ausbildungszieles beizutragen. Um unnötigen Leerlauf und Überschneidungen zu vermeiden, erfordert das bestehende System eine weitgehende gegenseitige Aufgeschlossenheit, Abgrenzung, Abstimmung und Kooperation zwischen den Beteiligten.

Ausbildungsstoff und Zeitablauf

Die Abgrenzung und Abstimmung bezieht sich auf den Ausbildungsstoff und den Zeitablauf der Ausbildung.
Dabei sind vorher die einzelnen Anteile und Funktionen unterschiedlicher Ausbildungsträger klar abzugrenzen.

Abstimmung und Kooperation zwischen den Ausbildungsträgern

Praktische Maßnahmen zur Abstimmung und Kooperation

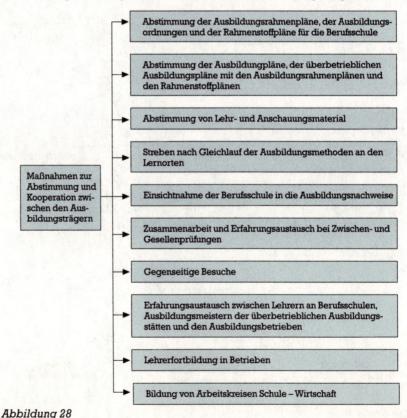

Abbildung 28

1.2.4 Vorteile und potentielle Schwachstellen des dualen Systems; Ansatzpunkte zur Sicherung und Weiterentwicklung der Ausbildungsqualität

1.2.4.1 Vorteile des dualen Systems

Die didaktischen Hauptvorteile des dualen Systems liegen in der Bewältigung von konkreten beruflichen Handlungsanforderungen, indem das Lernen direkt an betrieblichen Arbeitsplätzen stattfindet.

Das duale System ist das leistungsfähigste Ausbildungssystem, um das uns die ganze Welt beneidet. Unsere volkswirtschaftlichen Spitzenleistungen gründen zu einem wesentlichen Teil auf diesem Ausbildungssystem.

Didaktische Vorteile

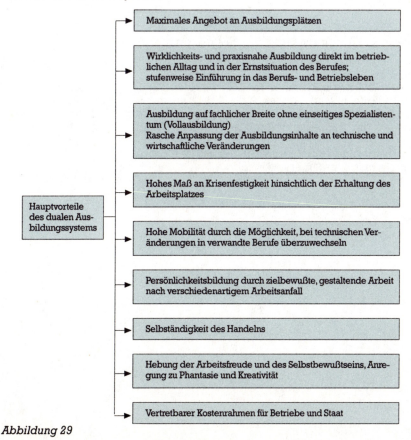

Abbildung 29

1.2.4.2 Schwachstellen des dualen Systems

Von extremen Kritikern wird manchmal das duale System und vor allem der Betrieb als Bildungseinrichtung in Frage gestellt.

Schwachstellen

Als Schwachstellen werden grundsätzlich genannt:
- mangelnde Systematik der Ausbildung
- produktions- und auftragsabhängiges Lernen
- nicht ausreichende Abstimmung und Kooperation zwischen den einzelnen Ausbildungsträgern
- ausbildungsfremde Arbeiten im Betrieb
- keine ausschließliche Ausrichtung der Arbeit im Betrieb auf den Ausbildungszweck.

Kritik am „dualen System"

Die bei diesem System in Einzelfällen zutage tretenden Mängel sind aber nicht im System als solchem begründet, sondern vielmehr im möglichen mangelhaften Vollzug in einzelnen Ausbildungsstätten.

Vernünftige Synthese

Alles in allem läßt sich dennoch feststellen, daß das duale Ausbildungssystem, so wie es auch im Handwerk praktiziert wird, eine vernünftige Synthese (Zusammenfügung) von betriebs- und schulgebundenen Ausbildungsabschnitten ist.

1.2.4.3 Ansatzpunkte zur Sicherung und Weiterentwicklung der Ausbildungsqualität

Ausbildungsqualität

Produktqualität

Die Ausbildungsqualität ist für das Handwerk in der Zukunft eine Existenzfrage. Aufgrund des hohen Anteils der menschlichen Arbeitskraft an der Produkterstellung oder der Erbringung der Dienstleistung kommt dem Niveau der Ausbildung zentrale Bedeutung auch für die Produktqualität zu.

Maßnahmen

Zur Sicherung und Weiterentwicklung der Ausbildungsqualität sind zahlreiche Maßnahmen erforderlich.

1.2 Das duale System der Berufsausbildung

Sicherung der Ausbildungsqualität

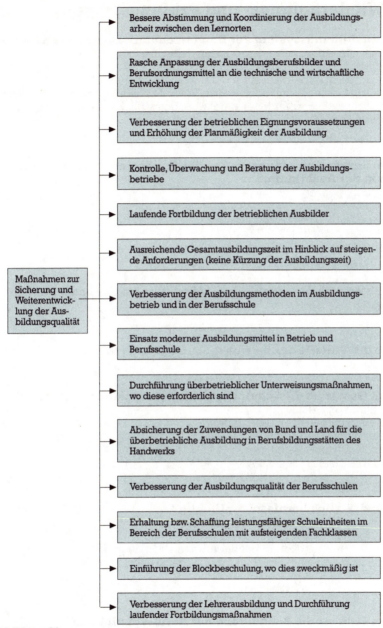

Abbildung 30

Programmierte und textlich gestaltete, offene Übungs-, Wiederholungs- und Prüfungsfragen

1. Das Berufsausbildungssystem der Bundesrepublik Deutschland besteht
- ☐ a) ausschließlich in einer betriebsgebundenen Berufsausbildung.
- ☐ b) ausschließlich in einer schulgebundenen Berufsausbildung.
- ☐ c) ausschließlich in überbetrieblichen Unterweisungsstätten.
- ☐ d) vorwiegend in betriebs- und schulgebundener Ausbildung (duales System).
- ☐ e) vorwiegend in schulgebundener und überbetrieblicher Ausbildung (außerbetriebliches System).

„Siehe Seite 15 des Textteils!"

2. Wo liegt im Berufsausbildungssystem der Bundesrepublik heute der Schwerpunkt der Ausbildung?
- ☐ a) Im Ausbildungsbetrieb
- ☐ b) In der Berufsschule
- ☐ c) In überbetrieblichen Ausbildungsstätten
- ☐ d) In der Berufsfachschule
- ☐ e) In Ausbildungsstudios.

„Siehe Seite 15 des Textteils!"

3. Wonach richten sich die inhaltlichen Schwerpunkte der betrieblichen Ausbildung?

„Siehe Seite 16 des Textteils!"

4. Nennen Sie die Vorteile der betriebsgebundenen Ausbildung!

„Siehe Seite 16 des Textteils!"

5. In welchem Gesetz ist die Schulpflicht der Auszubildenden geregelt?
- ☐ a) Im Berufsbildungsgesetz
- ☐ b) In den Schulpflichtgesetzen der Länder
- ☐ c) Im bundeseinheitlichen Schulpflichtgesetz
- ☐ d) Im Berufsschulgesetz des Bundes
- ☐ e) Im Jugendarbeitsschutzgesetz.

„Siehe Seite 17 des Textteils!"

6. Wer ist grundsätzlich berufsschulpflichtig?
- ☐ a) Nur Lehrlinge, die aus Sonderschulen kommen
- ☐ b) Nur Lehrlinge, die aus der Realschule kommen
- ☐ c) Lehrlinge, die ihre Ausbildung mit Beendigung der Hauptschulpflicht beginnen
- ☐ d) Alle Personen, die in einem Berufsausbildungsverhältnis stehen
- ☐ e) Lehrlinge, die das Abitur abgelegt haben.

„Siehe Seite 17 des Textteils!"

7. Was wissen Sie über die Beendigung der Berufsschulpflicht?

„Siehe Seite 17 des Textteils!"

8. Wie ist die Dauer der Berufsschulpflicht bei Berufswechsel geregelt?
- ☐ a) Die Berufsschulpflicht wird durch die Teilnahmeverpflichtung an überbetrieblichen Ausbildungsmaßnahmen ersetzt.
- ☐ b) Die Berufsschulpflicht beginnt grundsätzlich von neuem, weil auch die Berufsausbildung neu beginnt.
- ☐ c) Die Berufsschulpflicht beginnt von neuem, wobei frühere Berufsschulzeiten angerechnet werden können.

1.2 Das duale System der Berufsausbildung

☐ d) Die Berufsschulpflicht richtet sich nach dem ersten Ausbildungsverhältnis und bleibt vom Berufswechsel unberührt.
☐ e) Der Auszubildende muß im ersten Ausbildungsjahr nach dem Berufswechsel die doppelte Anzahl von Berufsschulstunden besuchen.

„Siehe Seite 18 des Textteils!"

9. In welchen Fällen verlängert sich die Berufsschulpflicht?

„Siehe Seite 17 des Textteils!"

10. Wer ist berufsschulberechtigt?
☐ a) Jeder, dem sein Arbeitgeber den Besuch der Berufsschule während der Arbeitszeit gestattet.
☐ b) Jeder, der am Lehrstoff der Berufsschule aus beruflichen Gründen interessiert ist.
☐ c) Jeder, der volljährig ist und sich beruflich verbessern will.
☐ d) Jeder, der eine Stufenausbildung im Handwerk durchläuft.
☐ e) Jeder, der nicht mehr berufsschulpflichtig ist, sich aber noch in Berufsausbildung befindet.

„Siehe Seite 18 des Textteils!"

11. Wie können Verstöße gegen das Schulpflichtgesetz geahndet werden?
☐ a) Durch Einleitung eines Strafverfahrens
☐ b) Durch Haftbefehl gegen die Eltern
☐ c) Durch Haftbefehl gegen den Berufsschulpflichtigen
☐ d) Durch Geldbußen
☐ e) Durch Entzug der Lernmittelfreiheit.

„Siehe Seite 18 des Textteils!"

12. Nennen Sie die zwei Formen der Organisation des Berufsschulunterrichts!

„Siehe Seite 18 des Textteils!"

13. Was bedeutet Blockunterricht?
☐ a) Besuch der Berufsschule an einem Tag in der Woche
☐ b) Besuch der Berufsschule an zwei Tagen in der Woche
☐ c) Besuch der Berufsschule in zusammenhängenden Teilabschnitten
☐ d) Ein Lehrsystem, das ein Pädagoge namens „Block" entwickelt hat
☐ e) Unterricht in der Organisationsform der überbetrieblichen Unterweisung.

„Siehe Seite 18 des Textteils!"

14. Wer hat grundsätzlich beim Besuch überregionaler Fachklassen mit Blockunterricht im Rahmen des Berufsschulunterrichts die anfallenden Unterhalts-, Verpflegungs- und Fahrtkosten zu tragen, soweit keine Zuschüsse gewährt werden?
☐ a) Die Innung
☐ b) Der Auszubildende
☐ c) Der Ausbildungsbetrieb
☐ d) Das Arbeitsamt
☐ e) Das Amt für Ausbildungsförderung.

„Siehe Seite 19 des Textteils!"

15. Ein Berufsgrundschuljahr hat die Aufgabe,
☐ a) zu Beginn der Berufsausbildung in einer schulischen Einrichtung Fertigkeiten und Kenntnisse für ein Berufsfeld oder einen Berufsfeldschwerpunkt zu vermitteln.

☐ b) die Allgemeinbildung als wesentlichste Grundlage bzw. Grundvoraussetzung für eine erfolgreiche spätere Berufsausbildung zu erweitern.
☐ c) nur praktische Fertigkeiten über den Zeitraum eines Jahres in schulischer Form zu vermitteln.
☐ d) vorwiegend theoretische Kenntnisse für einen Einzelberuf oder ein Berufsfeld zu vermitteln.
☐ e) die mittlere Reife als gute schulische Grundlage zu vermitteln.

„Siehe Seite 19 des Textteils!"

16. Welches sind die Hauptträger der überbetrieblichen Unterweisung im Handwerk?
☐ a) Berufsschulen
☐ b) Berufsfachschulen
☐ c) Betriebliche Arbeitsgemeinschaften
☐ d) Unterweisungsstätten des Bundes, des Landes und der Kommunen
☐ e) Die Ausbildungszentren der Handwerkskammern und der Innungen.

„Siehe Seite 21 des Textteils!"

17. Ist der Auszubildende grundsätzlich verpflichtet, an überbetrieblichen Unterweisungsmaßnahmen teilzunehmen?
☐ a) Ja, wenn der Betrieb die Kosten übernimmt.
☐ b) Ja, wenn der Staat die gesamten Kosten übernimmt.
☐ c) Ja, wenn die Ausbildungsmaßnahme verpflichtend angeordnet ist.
☐ d) Nein, weil er selbst beurteilen kann, ob die überbetriebliche Unterweisung notwendig ist.
☐ e) Nein, weil die Teilnahmepflicht durch vertragliche Vereinbarungen ausgeschlossen werden kann.

„Siehe Seite 21 des Textteils!"

18. Ist der Auszubildende verpflichtet, Gebühren für überbetriebliche Unterweisungslehrgänge zu entrichten?
☐ a) Ja, weil er von den Maßnahmen auch einen persönlichen Nutzen hat.
☐ b) Nein, weil es zur Pflicht des Ausbildenden gehört, eventuell Gebühren oder Umlagen zu entrichten.
☐ c) Nein, weil die Kosten in jedem Fall vom Staat in voller Höhe getragen werden.
☐ d) Nein, weil die Kosten immer von der zuständigen Handwerkskammer voll getragen werden.
☐ e) Nein, weil die Kosten immer von der zuständigen Innung übernommen werden.

„Siehe Seite 21 des Textteils!"

19. Muß der Auszubildende während des Besuchs einer überbetrieblichen Ausbildungsmaßnahme auch die Berufsschule besuchen?
☐ a) Ja, weil die überbetriebliche Ausbildungsmaßnahme nur eine Ergänzungsausbildung ist.
☐ b) Ja, weil die überbetriebliche Ausbildungsmaßnahme als Teil der betrieblichen Ausbildung angesehen wird.
☐ c) Ja, weil in überbetrieblichen Ausbildungsmaßnahmen nur die Fachpraxis vermittelt wird.
☐ d) Nein, weil der Lehrstoff der Berufsschule für den Berufsschultag in der überbetrieblichen Ausbildung vermittelt wird.
☐ e) Nein, weil der Lehrling in der Regel dafür vom Berufsschulunterricht freigestellt wird.

„Siehe Seite 21 des Textteils!"

1.2 Das duale System der Berufsausbildung

20. Nennen Sie die wichtigsten Kosten, die bei der betrieblichen Berufsausbildung anfallen!

„Siehe Seite 22 des Textteils!"

21. Wer trägt die Kosten für die Berufsschule?

„Siehe Seite 22 des Textteils!"

22. Gibt es im Handwerk für bestimmte Berufszweige tarifvertragliche Vereinbarungen in bezug auf zwischenbetriebliche Finanzierungsregelungen zur Berufsausbildung?
- ☐ a) Nein, weil es nach dem Tarifrecht nicht möglich ist, Fragen der Finanzierung der beruflichen Bildung zu regeln.
- ☐ b) Nein, weil das Bundesverfassungsgericht tarifvertragliche Finanzierungsregelungen als verfassungswidrig bezeichnet hat.
- ☐ c) Ja, aber nur für einige Berufszweige, wie zum Beispiel das Baugewerbe, das Steinmetz- und Steinbildhauerhandwerk und das Dachdeckerhandwerk.
- ☐ d) Ja, für alle Handwerksberufe, die mit den Gewerkschaften Lohn- und Gehaltstarifverträge abgeschlossen haben.
- ☐ e) Ja, für alle Handwerksberufe, die mit den Gewerkschaften Manteltarifverträge abgeschlossen haben.

„Siehe Seite 23 des Textteils!"

23. Auf welche Zielgruppen sind die Förderungsmaßnahmen (Sonderprogramme) des Bundes und einzelner Länder der Bundesrepublik zur Erhöhung des Ausbildungsplatzangebotes und zur Unterbringung von Problemgruppen in erster Linie ausgerichtet?
- ☐ a) Auf Absolventen von Realschulen und Gymnasien, da diese besondere Schwierigkeiten bei der Ausbildungsplatzsuche haben
- ☐ b) Auf Absolventen des Berufsgrundschuljahres, da diese Ausbildungsplätze zur anschließenden Fachausbildung am dringendsten benötigen
- ☐ c) Auf weibliche Jugendliche, auf behinderte und benachteiligte Jugendliche sowie auf Ausbildungsplätze in bestimmten Regionen
- ☐ d) Auf Berufsbewerber für die verschiedenen Berufe des Baugewerbes, da dort am meisten Berufsnachwuchs fehlt
- ☐ e) Auf Bewerber für die Elektroberufe, da dort wegen der zunehmenden Einführung der Mikroelektronik die günstigsten Berufsaussichten bestehen.

„Siehe Seite 23 des Textteils!"

24. Welche Zuständigkeiten bestehen für die Regelung der Berufsausbildung bei Bund und Ländern?

„Siehe Seite 24 des Textteils!"

25. Die öffentliche Verantwortung für die betriebliche Berufsausbildung besteht in
- ☐ a) der ausschließlichen Zuständigkeit der Selbstverwaltungseinrichtungen der Wirtschaft.
- ☐ b) der alleinigen Zuständigkeit staatlicher Behörden auf der unteren und mittleren Ebene.
- ☐ c) der Kontrolle durch den Deutschen Gewerkschaftsbund und die Einzelgewerkschaften.
- ☐ d) der Zuständigkeit der Gewerbeaufsichtsämter und der Ämter für öffentliche Ordnung.
- ☐ e) der Aufteilung von Zuständigkeiten zwischen Staat und Selbstverwaltung der Wirtschaft.

„Siehe Seite 24 des Textteils!"

26. Nennen Sie die Hauptsysteme der beruflichen Ausbildung in der Europäischen Gemeinschaft!

„Siehe Seite 27 des Textteils!"

27. Welche Aufgabenschwerpunkte hat der Ausbildungsbetrieb im Rahmen des dualen Systems?

„Siehe Seite 27 des Textteils!"

28. Die überbetriebliche Unterweisung hat die Aufgabe,
- ☐ a) die allgemeine Bildung des Lehrlings zu erweitern.
- ☐ b) staatsbürgerliche Bildung zu vermitteln, die die wichtigste Grundlage für das Arbeitsleben darstellt.
- ☐ c) die Grundausbildung zu ergänzen und eine Anpassung an die technische Entwicklung zu ermöglichen.
- ☐ d) den theoretischen Lehrstoff der Berufsschule zu ergänzen.
- ☐ e) die betriebliche Ausbildung zu ersetzen.

„Siehe Seite 28 des Textteils!"

29. Welche Aufgaben hat die Berufsschule insbesondere?
- ☐ a) Sie soll in erster Linie die Auszubildenden zu kritischen Bürgern erziehen.
- ☐ b) Sie hat nur allgemeine Bildungsinhalte zu vermitteln.
- ☐ c) Sie hat vorwiegend die Fertigkeiten zu vermitteln.
- ☐ d) Sie soll in erster Linie fachtheoretische Kenntnisse vermitteln.
- ☐ e) Sie hat ausschließlich in der Fertigkeitsvermittlung den Betrieb zu ergänzen.

„Siehe Seite 29 des Textteils!"

30. Mit welchen Maßnahmen kann die Abstimmung und Kooperation zwischen den Ausbildungsträgern im dualen System erreicht bzw. verbessert werden?

„Siehe Seite 30 des Textteils!"

31. Welches sind die Hauptvorteile des dualen Systems?
- ☐ a) Keine Eintönigkeit durch umfassende Beschäftigung auch mit ausbildungsfremden Arbeiten
- ☐ b) Überwiegende Ausbildung in überbetrieblichen Unterweisungsstätten der Wirtschaft
- ☐ c) Überwiegende Ausbildung in berufsbildenden Schulen
- ☐ d) Bestmögliche Umsetzung abstrakter pädagogischer Erkenntnisse
- ☐ e) Praxisnähe, Anpassungsfähigkeit, Einführung in die Arbeitswelt.

„Siehe Seite 31 des Textteils!"

32. Welche Schwachstellen des dualen Systems kennen Sie?

„Siehe Seite 32 des Textteils!"

33. Durch welche Maßnahmen kann die Ausbildungsqualität gesichert und weiterentwickelt werden?

„Siehe Seite 32 des Textteils!"

1.3 Der Ausbilder im Handwerksbetrieb

Vorbemerkung

In der Einführung zum „Rahmenstoffplan für Vorbereitungslehrgänge auf Teil IV der Meisterprüfung im Handwerk" wird ausgeführt, daß im Abschnitt „Grundfragen der Berufsbildung" den Themen, die sich auf die Person des Ausbilders im Handwerk beziehen, ein größeres Gewicht beigemessen wurde.

Es sollen dabei insbesondere die vom Ausbilder zu erfüllenden Aufgaben und Funktionen konkret herausgestellt und die sich aus der Sonderstellung des Ausbilders im Handwerksbetrieb ergebenden Fragenkreise stärker berücksichtigt werden.

Da viele konkrete Aufgaben und Funktionen des Ausbilders aber gerade bei der Planung und Durchführung der Ausbildung in der Praxis umgesetzt werden müssen, wurden sie logischerweise schwerpunktmäßig auch in Abschnitt 2 dieses Bandes und in anderen Abschnitten behandelt. Aus diesem Grunde können die nachfolgenden Ausführungen in Abschnitt 1.3, soweit zutreffend, kürzer gefaßt werden.

1.3.1 Der Begriff des „Ausbilders" im Handwerk

1.3.1.1 Der „Ausbildende" als Ausbilder und der Ausbilder als Ausbildungsbeauftragter

Eine klare Definition des Begriffs „Ausbilder" bzw. ein offizielles Berufsbild gibt es weder im Gesetz noch in der einschlägigen Fachliteratur. Bei der Durchführung der Ausbildung im Handwerksbetrieb können je nach Aufgabenstellung oder betrieblichen Verhältnissen drei Begriffe auftreten.

Begriffe für die Ausbildungstätigkeit

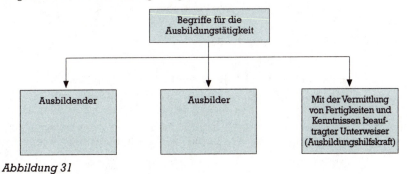

Drei Begriffe für die Ausbildungstätigkeit

Abbildung 31

Der Ausbildende

Ausbildender im Sinne des Gesetzes ist, wer Lehrlinge einstellt.

Ausbildender

Dies kann auch eine juristische Person (zum Beispiel GmbH) sein. Der Ausbildende ist Vertragspartner des Lehrlings. Ihm obliegen alle Pflichten zur ordnungsgemäßen Ausbildung des Lehrlings. Im kleinen Handwerksbetrieb führt er die Ausbildung selbst durch, das heißt, er ist auch zugleich der Ausbilder. In den meisten Fällen besitzt der Ausbildende im Handwerksbetrieb auch die Ausbildereigenschaft (persönliche und fachliche Eignung).

Der Ausbilder als Ausbildungsbeauftragter

Mit zunehmender Betriebsgröße kann der Ausbildende nicht zugleich Ausbilder in dem Sinne sein, daß er die Ausbildung selbst durchführt. Das gleiche gilt für juristische Personen.

Ausbilder als Ausbildungsbeauftragter

> Will der Ausbildende dennoch Lehrlinge ausbilden, muß er einen Ausbilder einstellen und diesen mit der Ausbildung ausdrücklich beauftragen. Der beauftragte Ausbilder muß persönlich und fachlich für die Ausbildung geeignet sein.

Der bestellte Ausbilder oder Ausbildungsleiter ist innerbetrieblich gegenüber der Betriebsleitung und nach außen gegenüber der Handwerkskammer für die Ausbildung verantwortlich.

Der „Unterweiser" als Ausbildungshilfskraft

„Unterweiser" als Ausbildungsbeauftragter

> Führt aufgrund der gegebenen Betriebsgröße und der Zahl der Lehrlinge weder der Ausbildende noch der bestellte Ausbilder die Ausbildung in vollem Umfange selbst durch, kann er zur praktischen Ausbildung am Arbeitsplatz eine qualifizierte und geeignete Fachkraft (zum Beispiel Geselle) als „Unterweiser" (Ausbildungshilfskraft) beauftragen, der nach Vorgabe und Weisung tätig ist.

Verantwortlichkeit

Der Ausbilder muß dem Unterweiser die für die Fertigkeits- und Kenntnisvermittlung notwendige Zeit einräumen. Der Ausbildende bzw. der Ausbilder tragen bei allen diesen „Beauftragungen" von „Unterweisern" selbst in vollem Umfange die Verantwortung für alle Ausbildungsmaßnahmen.

1.3.1.2 Gesetzliche Bestimmungen über die fachliche und persönliche Eignung des Ausbilders

Fachliche und persönliche Eignung

Dazu wird auf die Ausführungen in Abschnitt 4.2.1 „Berechtigung zum Einstellen und Ausbilden von Lehrlingen" in diesem Band verwiesen.

1.3.1.3 Das Qualifikationsprofil des Ausbilders

Der „Ausbilder" muß eine Reihe von Voraussetzungen für seine Qualifikation erfüllen.

1.3 Der Ausbilder im Handwerksbetrieb

Qualifikationsprofil des Ausbilders

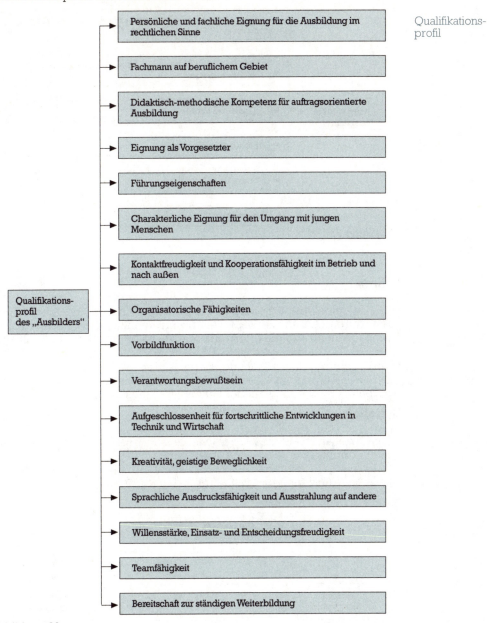

Abbildung 32

1.3.2 Die pädagogischen Aufgaben des Ausbilders

Aus diesem Gebiet gliedern sich die Aufgaben des Ausbilders wie in der folgenden Abbildung dargestellt.

1.3.2 Die pädagogischen Aufgaben des Ausbilders

Pädagogische Aufgaben des Ausbilders

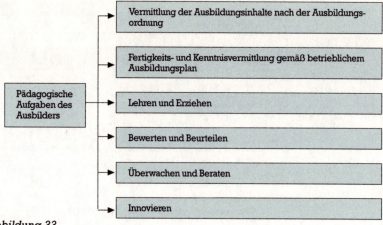

Abbildung 33

1.3.2.1 Lehren und Erziehen

Lehren

Lehren heißt Lernen bewirken. Das bedeutet für den Ausbilder vor allem, durch Lehren die Fertigkeiten und Kenntnisse nach der Ausbildungsordnung und die erforderlichen Verhaltensformen zu vermitteln.

Diese Aufgabe, deren Planung, Organisation, Methodik, das Verfahren, die Durchführung und Gestaltung des Lehrens ist in einem eigenen Abschnitt 2.3 „Lehrtätigkeit des Ausbilders" in diesem Band dargestellt.

Erziehen

Das Erziehen ist auf die körperliche, geistige, seelische und charakterliche Formung der Menschen ausgerichtet.

Die wichtigsten Ziele der Erziehungsarbeit des Ausbilders sind:

Hauptziele der Erziehung

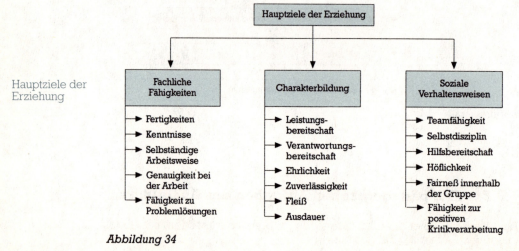

Abbildung 34

1.3.2.2 Beurteilen und Bewerten

Im Rahmen der Ausbildungserfolgskontrollen, die während des gesamten Ausbildungsprozesses notwendig sind, kommen den Bereichen Beurteilen und Bewerten wichtige Aufgaben zu. Sie beziehen sich ausbildungsbegleitend auf erworbene Fertigkeiten, Kenntnisse und Verhaltensweisen. *Erfolgskontrollen im gesamten Ausbildungsprozeß*

> Die Ergebnisse von planmäßigem Beurteilen und Bewerten ermöglichen rechtzeitig erforderliche Verbesserungen im gesamten Lernprozeß. *Bewertungs- und Beurteilungsgebiete*

Die für den Ausbilder wichtigen Maßnahmen des Beurteilens und Bewertens sind in Abschnitt 2.4 „Ausbildungserfolgskontrolle (Beurteilen und Bewerten)" in diesem Band ausführlich dargestellt.

1.3.2.3 Überwachen und Beraten

Überwachen

> Der Ausbilder hat den gesamten Ausbildungsprozeß zu überwachen. Dabei sind die einzelnen Unterweisungsvorgänge sachlich wie zeitlich nach den im betrieblichen Ausbildungsplan festgelegten Zielen zu prüfen und bei auftretenden Abweichungen einzugreifen, um die Planung und Steuerung der Ausbildung neu auszurichten. *Prüfung und Steuerung des Ausbildungsprozesses*

Die Überwachungsaufgabe des Ausbilders erstreckt sich unter anderem auf: *Überwachungsaufgaben*

- die Einhaltung von gesetzlichen Bestimmungen (Berufsbildungsgesetz, Handwerksordnung, Jugendarbeitsschutzgesetz und andere) *Gesetzliche Bestimmungen*
- die Beachtung der Anordnungen der Handwerkskammer und der Innung *Anordnungen*
- die Anmeldung zu Zwischen- und Gesellenprüfungen *Prüfung*
- die Teilnahme der Lehrlinge an überbetrieblichen Unterweisungskursen und am Berufsschulunterricht *Überbetriebl. Unterweisung*
- die Führung der Ausbildungsnachweise der Lehrlinge *Ausbildungsnachweise*
- die Ausbildungsmaßnahmen, die an betriebliches Ausbildungspersonal (Unterweiser) übertragen sind. *Unterweiser*

Hinsichtlich der Ausbildungskontrollmaßnahmen siehe Abschnitt 2.4 „Ausbildungserfolgskontrolle – Beurteilen und Bewerten" in diesem Band.

Beraten

Beraten durch den Ausbilder bedeutet: Handlungsempfehlungen für die nachfolgend dargestellte Bereiche geben. *Beraten*

*Handlungs-
empfehlungen*

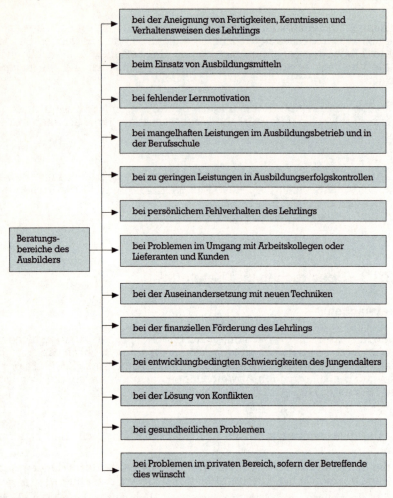

Abbildung 35

1.3.2.4 Innovieren

*Einführung von
Neuem*

Innovieren bedeutet, die „Einführung von Neuem" zum Ziel haben.

Durch die rasche technologische Entwicklung in fast allen Berufsbereichen des Handwerks (zum Beispiel Computertechniken, neue Werkstoffe, neue Arbeitsverfahren) ändern sich die Berufsinhalte und somit auch die Ausbildungsinhalte und Ausbildungsmethoden.

*Anpassung
der Ausbil-
dungsinhalte*

Die Ausbilder haben dabei die wichtige Aufgabe, diese Änderungen laufend in den Ausbildungsprozeß einfließen zu lassen und die Neuerungen bei der Fertigkeits- und Kenntnisvermittlung umzusetzen. Sie haben sich selbst ununterbrochen fortzubilden (zum Beispiel durch Kurse und Fachzeitschriften).

Wichtige Aufgaben des Ausbilders sind dabei im einzelnen:

Innovationsaufgaben des Ausbilders

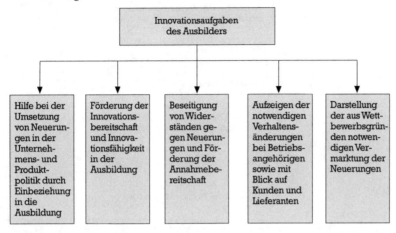

Abbildung 36

1.3.2.5 Die besondere Bedeutung der Vorbildfunktion des Ausbilders

Jeder junge Mensch sucht Vorbilder, denen er nacheifern kann. Der Ausbilder muß daher sein gesamtes Handeln auf einwandfreies Verhalten im persönlichen und im beruflichen Lebensbereich ausrichten. Vorbildliches Verhalten setzt beim jungen Menschen besondere Wertmaßstäbe.

Vorbildliches Verhalten

Wertmaßstäbe

Die Auswahl der richtigen Persönlichkeit als Ausbilder für einen Betrieb ist eine wesentliche Voraussetzung für den Ausbildungserfolg.

Neben den fachlichen Voraussetzungen kommt es vor allem auf menschliche Eigenschaften an wie unter anderem:

Menschliche Eigenschaften des Ausbilders

- Menschenkenntnis, Fähigkeit zur Menschenbeurteilung
- positive Grundeinstellung zu jungen Menschen
- Mitgehen mit der Jugend und die Fähigkeit, für Ideale zu begeistern
- Vertrauenswürdigkeit.

Nur wer vorbildliche Eigenschaften hat, kann als Vorbild Maßstäbe setzen.

Vorbildfunktionen

Vorbildfunktion des Ausbilders

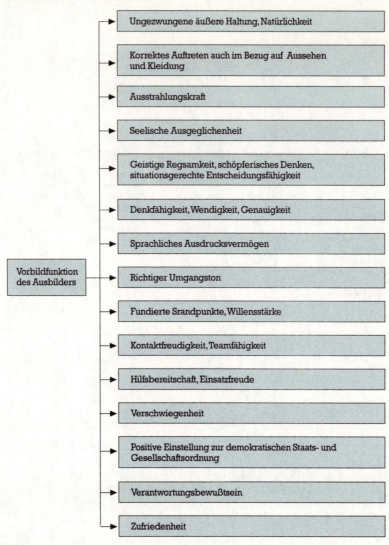

Abbildung 37

1.3.3 Stellung und Funktionen des Ausbilders im Handwerksbetrieb

1.3.3.1 Stellung des Ausbilders

Schlüsselstellung des Ausbilders

Bei der betrieblichen Ausbildung nimmt der Ausbilder eine wichtige Schlüsselstellung ein. Von seinen Fähigkeiten und Eigenschaften hängt es ab, ob die betriebliche Ausbildung systematisch und erfolgreich durchgeführt wird.

Er hat heute mehr denn je dazu beizutragen, daß nicht nur die fachlichen Fertigkeiten und Kenntnisse vermittelt werden, sondern darüber hinaus der junge Mensch auf die Wandlungen in der Berufswelt fachlich und geistig vorbereitet wird. Dadurch kann erreicht werden, daß die Lern- und Denkfähigkeit sowie die Umstellungsbereitschaft und die Anpassungsfähigkeit entwickelt werden.

Der Ausbilder trägt für seine Arbeit in der Berufsausbildung eine hohe Verantwortung.

Verantwortungsbereiche des Ausbilders

Abbildung 38

Verantwortungsbereiche des Ausbilders

Die Verantwortung **gegenüber dem Ausbildungsbetrieb** bezieht sich unter anderem auf:
- die Einhaltung aller Ausbildungsvorschriften und gesetzlichen Regelungen
- die gründliche und vollständige Ausbildung der Lehrlinge entsprechend der Ausbildungsordnung
- die Schaffung von qualifiziertem Berufsnachwuchs für den Betrieb
- die Erhaltung der Leistungsfähigkeit des Betriebes
- die wirtschaftliche Gestaltung der Ausbildungskosten im Betrieb.

Verantwortung gegenüber dem Ausbildungsbetrieb

Gegenüber dem Lehrling ist der Ausbilder insbesondere verantwortlich, daß
- ihm die bestmögliche Ausbildung gewährleistet wird
- er in seiner Persönlichkeitsentwicklung gefördert wird
- er weder körperlich noch sittlich gefährdet wird
- er einen guten Einstieg in die Berufs- und Arbeitswelt erhält.

Verantwortung gegenüber dem Lehrling

Die Verantwortung **gegenüber Wirtschaft und Gesellschaft** besteht
- in der Ausbildung qualifizierten Berufsnachwuchses zur Erhaltung der Leistungsfähigkeit der gesamten Volkswirtschaft
- in der Ausbildung und Erziehung zu leistungsfähigen Bürgern
- in der Erhaltung und Steigerung des Lebensstandards der Menschen durch hohe Qualifikationen
- in der Mithilfe zur Absicherung der sozialen Sicherungssysteme
- im Beitrag zur Erhaltung unserer freiheitlichen Staats- und Gesellschaftsordnung.

Verantwortung gegenüber Wirtschaft und Gesellschaft

1.3.3.2 Funktionen des Ausbilders im Handwerksbetrieb

Der Ausbilder hat wichtige Funktionen und vielfältige Aufgaben zu erfüllen, die im folgenden erläutert werden.

Funktionen des Ausbilders

Abbildung 39

Funktionen des Ausbilders

Der Ausbilder als Fachmann

Fachliche Qualifikation Berufserfahrung

Fachliche Qualifikation kann nur vermitteln, wer selbst beste fachliche Kenntnisse und Fertigkeiten besitzt. Der Ausbilder hat daher in der Regel die Meisterprüfung und eine mehrjährige berufliche Praxis und Berufserfahrung. Betriebserfahrung im Ausbildungsbetrieb ist zusätzlich von Nutzen, weil dann die betriebsspezifischen Erfordernisse bekannt sind. Die Kenntnisse der neuesten Werkstoffe und der modernsten Arbeitsverfahren müssen neben den Standardtechniken in der betrieblichen Ausbildung umgesetzt werden. Fachliche Kompetenz schafft Autorität gegenüber den Lehrlingen.

Der Ausbilder als Organisator der Ausbildung

Organisatorische Aufgaben

Auf organisatorischem Gebiet stellen sich dem Ausbilder unter anderem folgende Aufgaben:
- Planung der Ausbildung (Ausbildungs- und Versetzungspläne)
- Festlegung der Lernorte
- Durchführung der Ausbildung
- Vorbereitung auf Zwischen- und Abschlußprüfungen
- Zusammenarbeit mit außerbetrieblichen Einrichtungen in verschiedenen Aufgabenbereichen (siehe auch Abschnitt 1.3.4 „Kontakte und Kooperation des Ausbilders mit außerbetrieblichen Einrichtungen" in diesem Band).

Der Ausbilder als Psychologe

Psychologische Aufgaben

Zu den wichtigsten psychologischen Aufgaben des Ausbilders gehören unter anderem:
- Förderung der Persönlichkeitsentwicklung des Auszubildenden
- charakterliche Förderung

- Entwicklung der Beweggründe für Leistung (Leistungsmotivation)
- Entwicklung zum selbständigen Mitarbeiter
- Erziehung zu unternehmerischem Denken und schöpferischem Verhalten
- Förderung von Eigenverantwortlichkeit und partnerschaftlichem Verhalten
- Erziehung zu Arbeitstugenden.

Der Ausbilder als Vertreter des Auszubildenden

Der Ausbilder hat die berechtigten Belange der Auszubildenden und vor allem der Jugendlichen innerhalb des Ausbildungsbetriebes zu vertreten, ohne dabei in die gesetzlichen Mitwirkungsrechte des Betriebsrates und der Jugendvertretung im Betrieb unberechtigt einzugreifen.

Interessenvertreter für Lehrlinge

Er muß gerade den Jugendlichen gegenüber viel Verständnis aufbringen. Bei der „Interessenvertretung" der Lehrlinge muß er aber stets kritisch prüfen, ob an ihn herangetragene Anliegen auch tatsächlich im Interesse der Lehrlinge sind. Dabei muß er sich kritisch mit den Lehrlingen auseinandersetzen.
Haben die Lehrlinge das Gefühl, daß sich „ihr" Ausbilder für ihre Interessen einsetzt, haben sie zu ihm Vertrauen. Dieses Vertrauen erleichtert die Ausbildungsarbeit.

Der Ausbilder als Vorgesetzter und Führungskraft

Der Ausbilder muß Führungseigenschaften besitzen. Da er mit jungen Menschen umzugehen hat, sind Führungsaufgabe und Führungsstil anders geartet als bei der Vorgesetztenfunktion gegenüber erwachsenen Mitarbeitern und anderen Aufgabenstellungen innerhalb des Betriebes. Nähere Einzelheiten dazu in Abschnitt 3.2 „Sozial- und Führungsverhalten des Ausbilders" in diesem Band.

Führungseigenschaften Vorgesetztenfunktion

Zu seinen Funktionen als Vorgesetzter gehören unter anderem auch
- die Erteilung von Weisungen
- glaubhaftes und überzeugtes Handeln
- einleuchtende Begründungen
- Ausbildungserfolgskontrollen.

Der Ausbilder in seiner Verwaltungstätigkeit

Die verwaltungstechnischen Aufgaben umfassen unter anderem:
- Meldung offener Lehrstellen beim Arbeitsamt
- Abschluß des Berufsausbildungsvertrages
- Antrag auf Eintragung des Berufsausbildungsvertrages bei der Handwerkskammer und Innung
- Anmeldung der Lehrlinge bei der Berufsschule
- Anmeldung zur überbetrieblichen Ausbildung
- Anmeldung zu Zwischen- und Gesellenprüfungen

Verwaltungstechnische Aufgaben

- Bescheinigung über Pflichtuntersuchung nach dem Jugendarbeitsschutzgesetz
- Ausfertigung von Zeugnissen.

1.3.3.3 Arbeits- und Ausbildungsbedingungen des Ausbildenden bzw. des Ausbilders

Unterschiedliche Arbeits- und Ausbildungsbedingungen

Entsprechend der unter Abschnitt 1.3.1.1 „Der ‚Ausbildende' als Ausbilder und der Ausbilder als Ausbildungsbeauftragter" in diesem Band aufgeführten Begriffseinteilung in
- Ausbildender
- Ausbilder
- Ausbildungshilfskraft (Unterweiser)

sind die Arbeits- und Ausbildungsbedingungen in den jeweiligen Funktionen unterschiedlich.

Der Ausbildende

Ausbildender

Wenn der Ausbildende, der im Handwerksbetrieb durchschnittlicher Größe auch Betriebsinhaber mit Meisterprüfung oder gleichwertiger Prüfung (zum Beispiel Dipl.-Ing.) ist, selbst ausbildet, bestimmt er allein die Ausbildungs- und Arbeitsbedingungen im Betrieb nach den rechtlichen Vorgaben und ist in seiner Person als Ausbilder für die gesamte Lehrlingsausbildung verantwortlich.

Ausbildungshilfskräfte

Ausbildungshilfskräfte

Da der Ausbildende die gesamten Aufgaben der Betriebsführung zu bewältigen hat und dadurch zeitlich stark beansprucht ist, kann er auch Ausbildungshilfskräfte (zum Beispiel Gesellen) mit der Unterweisung nach entsprechender Vorgabe beauftragen. Dieses Hilfspersonal hat sich an die vom Ausbildenden festgelegten Ausbildungsvorgaben zu halten. Der ausbildende Geselle hat in der Regel aber noch andere betriebliche Arbeitsaufgaben zu erledigen, das heißt, er ist sozusagen nebenberuflicher Unterweiser. Bei dieser Organisationsform hat der Ausbildende die volle Verantwortung für die Ausbildung im Betrieb und nach außen.

Hauptberuflicher Ausbilder

Hauptberuflicher Ausbilder

Bei einer größeren Zahl von Lehrlingen im Betrieb kann der Ausbildende einen hauptberuflichen Ausbilder bestellen, der ausschließlich Ausbildungs- und Unterweisungsmaßnahmen durchführt. Er ist dem Ausbildenden nach den festgelegten Ausbildungsbedingungen betriebsintern, aber auch in vollem Umfange nach außen (zum Beispiel gegenüber der Handwerkskammer, Innung usw.) verantwortlich für eine ordnungsgemäße Ausbildung der Lehrlinge.

Ausbildungsmeister und Gesellen

Kann der bestellte Ausbilder im Hinblick auf die Zahl der Lehrlinge und aufgrund der gegebenen Betriebsgröße nicht selbst unterweisen, können weitere Ausbildungsmeister oder Gesellen in vollem Umfange oder mit einem Teil ihrer Arbeitskraft mit der Unterweisung beauftragt werden. In diesem Falle fungiert der bestellte Ausbilder als Ausbildungsleiter. Er entscheidet über den Einsatz der weiteren Ausbilder und Ausbildungshilfskräfte.

Weitere Ausbildungsmeister und Gesellen

Besondere Regelungen in Mantel-, Lohn- und Gehaltstarifverträgen gibt es im Handwerk für das Ausbildungspersonal nicht. Die Arbeitsvertragsbedingungen erfolgen daher nach einzelvertraglichen Vereinbarungen.

1.3.3.4 Der Ausbilder im Spannungsfeld unterschiedlicher Ansprüche und Erwartungen

Spannungsfelder bestehen für das Ausbildungspersonal im Ausbildungsbetrieb und im Verhältnis zu außerbetrieblichen Kooperationsstellen (zum Beispiel Berufsschule, Handwerkskammer, Innung).

Inner- und außerbetriebliche Spannungsfelder

Innerbetriebliche Spannungsfelder

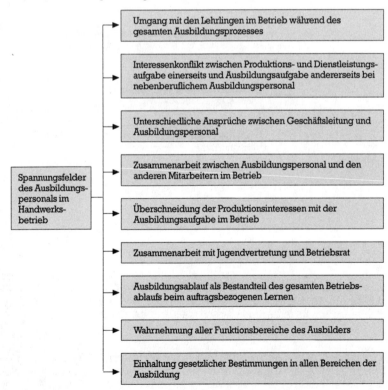

Abbildung 40

Außerbetriebliche Spannungsfelder

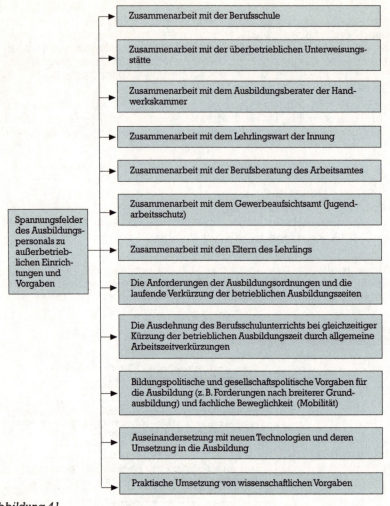

Abbildung 41

Problemlösungen

Für den Ausbilder ist es wichtig, alle Ursachen für die Spannungen zu erkennen, festzustellen und Wege zu suchen, wie die auftretenden Probleme und Konflikte reduziert bzw. gelöst werden können.

Die gesamte Vorbereitung auf Teil IV der Meisterprüfung und auch dieses Buch ist in allen Abhandlungen darauf ausgerichtet, in den einzelnen Abschnitten aufzuzeigen, wie die geschilderten Spannungsfelder entschärft und Spannungen verhindert werden können.

1.3.3.5 Das Selbstverständnis des Ausbilders

Wie bei jeder beruflichen Tätigkeit ist auch das auf Selbstvertrauen basierende Selbstverständnis des Ausbilders ein wichtiges Element für eine erfolgreiche Arbeit in der betrieblichen Ausbildung.

Das Selbstverständnis gründet auf einer Reihe von Faktoren, so unter anderem auf:

- der Anerkennung der Arbeit im gesamten Ausbildungsbetrieb
- der Anerkennung der Arbeit bei den außerbetrieblichen Kooperationspartnern
- der Anerkennung durch die Gesellschaft
- fachlicher, organisatorischer, pädagogischer und psychologischer Kompetenz
- vorbildlichem Verhalten und positiven menschlichen Eigenschaften
- Ausstrahlungskraft, geistige Beweglichkeit, Teamfähigkeit und Überzeugungskraft als Vorgesetzter
- Verantwortungsbewußtsein gegenüber Betrieb, Lehrling, Wirtschaft und Gesellschaft.

Faktoren des Selbstverständnisses des Ausbilders

1.3.4 Kontakte und Kooperation des Ausbilders mit außerbetrieblichen Einrichtungen

1.3.4.1 Zusammenarbeit mit der Berufsschule

> Der Erfolg der Berufsausbildung im dualen System ist ganz entscheidend davon abhängig, wie gut die Lernorte Ausbildungsbetrieb und Berufsschule als Partner des dualen Systems zusammenarbeiten.

Zusammenarbeit Ausbilder – Berufsschule

Gegenseitige Vorurteile sollten im Interesse der gemeinsamen Aufgabe abgebaut werden, denn letztlich stellen Berufsschule und Ausbildungsbetrieb einen gemeinsamen Bildungsraum dar (siehe auch die Abschnitte 1.2.1.2 „Die Berufsschule als Ausbildungsstätte" und 1.2.3.3 „Aufgabenschwerpunkte der Berufsschule" in diesem Band). Eine wichtige Voraussetzung für eine parallel laufende theoretische und praktische Ausbildung in Berufsschule und Betrieb ist die inhaltliche und zeitliche Abstimmung der Ausbildungsrahmenpläne bzw. Ausbildungspläne der Betriebe mit den Lehrplänen der Berufsschule.

Gemeinsamer Bildungsraum

Inhaltliche und zeitliche Abstimmung

Dies geschieht
- auf Bundesebene
- auf Landesebene
- zwischen Ausbildungsbetrieb und der zuständigen Berufsschule.

Die wichtigsten Aufgabenbereiche der Zusammenarbeit des Ausbilders mit der Berufsschule gehen aus der folgenden Abbildung hervor.

1.3.4 Kontakte und Kooperation des Ausbilders mit außerbetrieblichen Einrichtungen

Zusammenarbeit des Ausbilders mit der Berufsschule

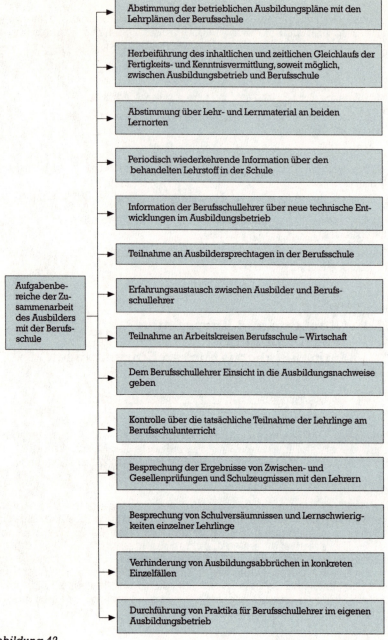

Abbildung 42

Zusätzliche Aufgaben des Ausbilders

Neben den in der obigen Abbildung aufgeführten klassischen Funktionen des Ausbilders können sich zusätzliche Aufgaben bei der Zusammenarbeit mit der Berufsschule ergeben.

Blockunterricht
- Wenn der Berufsschulunterricht nicht im Teilzeitunterricht, sondern in Form der Blockschulung erfolgt, ergeben sich weitere Zuordnungsabstimmungen, die der Ausbilder mit der Berufsschule besprechen muß.

1.3 Der Ausbilder im Handwerksbetrieb

- Wird das erste Ausbildungsjahr als kooperativ-duales Berufsgrundbildungsjahr durchgeführt, ist eine besondere inhaltliche, zeitliche und methodische Abstimmung mit der Berufsschule erforderlich.
- Weiteren Abstimmungsbedarf gibt es bei Absolventen des Berufsgrundschuljahres und der einjährigen Berufsfachschule.

Zu den oben genannten Punkten siehe auch Abschnitt 1.2.1.2 „Die Berufsschule als Ausbildungsstätte" in diesem Band.

Kooperativ-duales Berufsgrundbildungsjahr
Berufsgrundschuljahr
Berufsfachschule

1.3.4.2 Zusammenarbeit mit der überbetrieblichen Unterweisungsstätte

Die überbetrieblichen Unterweisungsstätten der Innungen und Handwerkskammern dienen der Ergänzung und Unterstützung der betrieblichen Ausbildung (siehe auch die Abschnitte 1.2.1.3 „Berufsausbildung in überbetrieblichen Ausbildungsstätten" und 1.2.3.2 „Aufgabenschwerpunkte überbetrieblicher Ausbildungsstätten" in diesem Band).

Ergänzung der betrieblichen Ausbildung

Wichtige Aufgabenbereiche des Ausbilders für die Zusammenarbeit mit der überbetrieblichen Unterweisungsstätte ergeben sich aus folgender Abbildung.

Zusammenarbeit des Ausbilders mit der überbetrieblichen Unterweisungsstätte

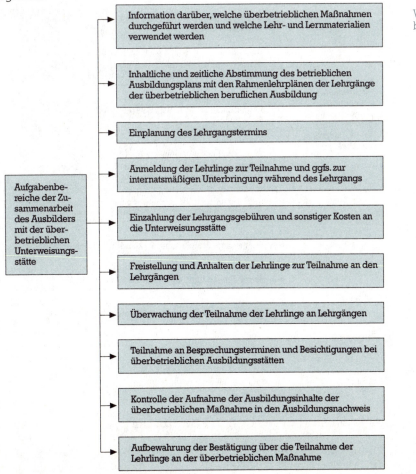

Wichtige Aufgabenbereiche

Abbildung 43

1.3.4.3 Zusammenarbeit mit der Handwerkskammer

Zuständige Stelle

Die Handwerkskammer ist die für die Berufsausbildung und deren Förderung und Überwachung zuständige Stelle, mit der der Ausbilder eng zusammenarbeiten muß (siehe auch Abschnitt 4.5.1.1 „Die Aufgaben der Handwerkskammer in der Berufsausbildung" in diesem Band).

Wichtige Aufgabenbereiche der Zusammenarbeit sind:

Zusammenarbeit des Ausbilders mit der Handwerkskammer

Aufgabenbereiche der Zusammenarbeit

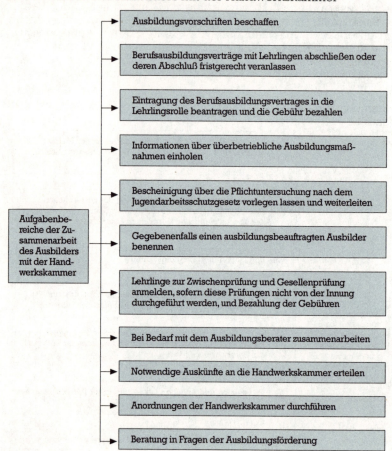

Abbildung 44

1.3.4.4 Zusammenarbeit mit der Innung

Die Innung erfüllt wichtige Aufgaben im Rahmen der Berufsausbildung im Handwerk (siehe auch Abschnitt 4.5.1.2 „Die Aufgaben der Innung in der Berufsausbildung" in diesem Band).

1.3 Der Ausbilder im Handwerksbetrieb

In nachstehend aufgeführten Bereichen ergeben sich Aufgaben des Ausbilders zur Zusammenarbeit mit der Innung.

Zusammenarbeit des Ausbilders mit der Innung

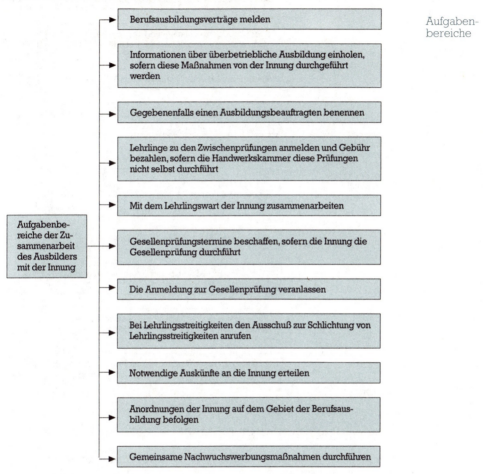

Abbildung 45

1.3.4.5 Zusammenarbeit mit der Arbeitsverwaltung

Das Arbeitsamt ist die zuständige Stelle für die Beratung, Auswahl und Vermittlung von Lehrlingen. Leider funktioniert die Zusammenarbeit mit den Ausbildern in den Betrieben nicht immer reibungslos, weil sich Handwerksbetriebe häufig bei der Vermittlung junger Menschen benachteiligt fühlen. Diese Kooperationsvorbehalte sollten rasch beseitigt werden.

Berufsberatung

Die Zusammenarbeit mit der Berufsberatung des Arbeitsamtes umfaßt viele Bereiche.

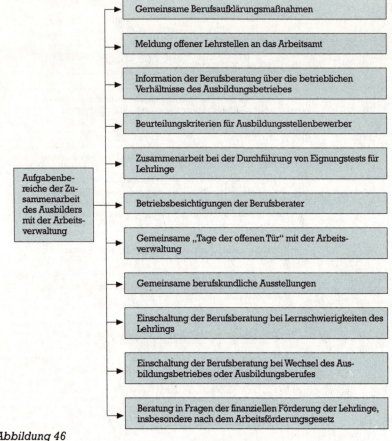

Abbildung 46

1.3.4.6 Zusammenarbeit mit dem Gewerbeaufsichtsamt

Arbeitssicherheit
Jugendarbeitsschutz

Der Ausbilder hat auch mit dem Gewerbeaufsichtsamt Kontakte zu pflegen. Dabei geht es schwerpunktmäßig um Fragen der Arbeitssicherheit und um die gesetzlichen Bestimmungen, die für die Beschäftigung von Jugendlichen maßgebend sind (z. B. Jugendarbeitsschutzgesetz).

1.3.4.7 Zusammenarbeit mit den Eltern des Lehrlings

Der Ausbildungserfolg kann wesentlich verbessert werden, wenn der Ausbilder mit dem Elternhaus des Lehrlings Kontakt hält und mit den Eltern zusammenarbeitet.

Wichtige Kontaktbereiche

Wichtige Bereiche für Kontakte sind unter anderem:
- die Teilnahme der Eltern am Vorstellungsgespräch
- Betriebsbesichtigung durch die Eltern
- regelmäßige Kontakte in zeitlichen Abständen zwischen Eltern und Ausbilder
- besondere Kontaktgespräche bei Lernschwierigkeiten und Fehlverhalten des Lehrlings in Ausbildungsbetrieb oder Berufsschule
- Elternmitteilungen des Ausbilders in regelmäßigen Abständen.

Programmierte und textlich gestaltete, offene Übungs-, Wiederholungs- und Prüfungsfragen

1. Ausbildender im Sinne des Gesetzes ist:
- ☐ a) Wer Lehrlinge einstellt
- ☐ b) Nur wer Lehrlinge selbst unterweist
- ☐ c) Nur wer alle Lehrlinge selbst betreut
- ☐ d) Wer die Ausbildung in jedem Falle allein durchführt
- ☐ e) Nur wer hauptberufliche Ausbilder beschäftigt.

„Siehe Seite 39 des Textteils!"

2. Eine Ausbildungshilfskraft (Unterweiser) muß für die Ausbildung im Handwerksbetrieb
- ☐ a) die Meisterprüfung im Ausbildungsberuf bestanden haben.
- ☐ b) die Meisterprüfung in einem verwandten Ausbildungsberuf abgelegt haben.
- ☐ c) die Ingenieurprüfung in einer dem Ausbildungsberuf entsprechenden Fachrichtung bestanden haben.
- ☐ d) die Ausbildereignungsprüfung bestanden haben.
- ☐ e) keine Meisterprüfung im Ausbildungsberuf abgelegt haben.

„Siehe Seite 40 des Textteils!"

3. Wenn der Ausbildende die Ausbildung in einem Handwerksberuf im Betrieb nicht selbst durchführt, aber dennoch Lehrlinge ausbilden will, muß er
- ☐ a) eine Person mit bestandener Ausbildereignungsprüfung beschäftigen.
- ☐ b) einen Ausbilder einstellen, der persönlich und fachlich für die Ausbildung geeignet ist.
- ☐ c) einen Lehrgesellen mit Gesellenprüfung im Betrieb mit der Ausbildung beauftragen.
- ☐ d) einen Industriemeister mit bestandener vergleichbarer Prüfung einstellen.
- ☐ e) einmal monatlich den Lehrlingswart der Innung oder den Ausbildungsberater der Handwerkskammer zur Beratung beiziehen.

„Siehe Seite 40 des Textteils!"

4. Beschreiben Sie das Qualifikationsprofil des Ausbilders!

„Siehe Seite 40 des Textteils!"

5. Welches sind die wichtigsten pädagogischen Aufgaben des Ausbilders?

„Siehe Seite 41 des Textteils!"

6. Lehren bedeutet
- ☐ a) ausschließlich Fertigkeiten vermitteln.
- ☐ b) ausschließlich Kenntnisse vermitteln.
- ☐ c) ausschließlich Verhaltensweisen vermitteln.
- ☐ d) Lernen bewirken.
- ☐ e) körperliche Formung des Menschen.

„Siehe Seite 42 des Textteils!"

7. Erziehen ist ausgerichtet auf
- ☐ a) körperliche Formung des Menschen.
- ☐ b) geistige Formung des Menschen.
- ☐ c) körperliche, geistige, seelische und charakterliche Formung des Menschen.
- ☐ d) körperliche und geistige Formung des Menschen.

☐ e) seelische und charakterliche Formung des Menschen.

„Siehe Seite 42 des Textteils!"

8. Beurteilen und Bewerten des Lehrlings ist erforderlich
☐ a) nur bei der Vorstellung eines Lehrstellenbewerbers.
☐ b) nur bei der Einstellung eines Lehrlings.
☐ c) nur bei innerbetrieblichen Ausbildungserfolgskontrollen.
☐ d) nur bei der Zwischenprüfung.
☐ e) während des gesamten Ausbildungsprozesses.

„Siehe Seite 43 des Textteils!"

9. Nennen Sie wichtige Überwachungsaufgaben des Ausbilders!

„Siehe Seite 43 des Textteils!"

10. Auf welchen Gebieten hat der Ausbilder den Lehrling zu beraten?

„Siehe Seite 43 des Textteils!"

11. Innovieren bei der Ausbildung hat zum Ziel:
☐ a) Einführung von Neuem
☐ b) Nur neue Werkstoffe einführen
☐ c) Nur neue Arbeitsverfahren einführen
☐ d) Computergesteuerte Maschinen einsetzen
☐ e) Ausbildungsinhalte aus den Berufsbildungszentren des Handwerks übernehmen.

„Siehe Seite 44 des Textteils!"

12. Vorbildliches Verhalten des Ausbilders
☐ a) setzt heutzutage keine Wertmaßstäbe bei den Lehrlingen.
☐ b) setzt deutliche Wertmaßstäbe bei den Lehrlingen.
☐ c) ist heutzutage nicht mehr gefragt.
☐ d) bezieht sich nur auf fachliche Eigenschaften.
☐ e) bezieht sich nur auf charakterliche Eigenschaften.

„Siehe Seite 45 des Textteils!"

13. Warum nimmt der Ausbilder im Betrieb eine Schlüsselstellung ein?

„Siehe Seite 46 des Textteils!"

14. Nennen Sie wichtige Verantwortungsbereiche des Ausbilders
a) gegenüber dem Ausbildungsbetrieb
b) gegenüber dem Lehrling
c) gegenüber Wirtschaft und Gesellschaft!

„Siehe Seite 47 des Textteils!"

15. Welche der nachstehenden Aufgaben gehört nicht zu den Funktionsbereichen des Ausbilders?
☐ a) Fachmann in der Ausbildung
☐ b) Organisator der Ausbildung
☐ c) Psychologe in der Ausbildung
☐ d) Vorgesetzter und Vertreter des Lehrlings
☐ e) Erzieher im privaten Lebensbereich des Lehrlings.

„Siehe Seite 48 des Textteils!"

1.3 Der Ausbilder im Handwerksbetrieb   61

16. Erläutern Sie die im Handwerksbetrieb möglichen Arbeits- und Ausbildungsbedingungen des Ausbildenden, des Ausbilders und der Ausbildungshilfskräfte!

„Siehe Seite 50 des Textteils!"

17. Welches sind die wesentlichen Spannungsfelder unterschiedlicher Ansprüche und Erwartungen des Ausbildungspersonals
a) im Ausbildungsbetrieb
b) zu außerbetrieblichen Einrichtungen?

„Siehe Seite 51 des Textteils!"

18. Nennen Sie einige Faktoren des Selbstverständnisses des Ausbilders!

„Siehe Seite 53 des Textteils!"

19. Der Ausbilder im Handwerksbetrieb muß nach außen zusammenarbeiten mit
☐ a) der Innung und der Handwerkskammer.
☐ b) der Berufsschule und der überbetrieblichen Unterweisungsstätte.
☐ c) der Arbeitsverwaltung und dem Gewerbeaufsichtsamt.
☐ d) den Fachhochschulen und Universitäten.
☐ e) allen unter a) bis c) aufgeführten Einrichtungen.

„Siehe Seite 53 des Textteils!"

20. Welches sind die wichtigsten Aufgabenbereiche des Ausbilders bei der Zusammenarbeit mit
a) der Berufsschule
b) der überbetrieblichen Unterweisungsstätte
c) der Handwerkskammer
d) der Innung
e) der Arbeitsverwaltung
f) dem Gewerbeaufsichtsamt?

„Siehe Seite 54 des Textteils!"

2 Planung und Durchführung der Ausbildung

2.1 Planung und Organisation der Ausbildung

Angesichts der hohen Bedeutung einer qualifizierten beruflichen Ausbildung muß diese auch entsprechend geplant und organisiert werden.

2.1.1 Allgemeine Zielsetzung und Aufgaben für die betriebliche Berufsausbildung

2.1.1.1 Ziele und Aufgaben nach dem Berufsbildungsgesetz

In der Bundesrepublik wurden mit dem 1969 beschlossenen Berufsbildungsgesetz umfassende und einheitliche Grundlagen für die betriebliche Berufsausbildung geschaffen. Dabei wurden auch Ziele und Aufgaben des Ausbildungsbetriebes bzw. des Ausbildenden festgelegt.

Umfassende Grundlagen der Berufsausbildung

§ 1 des Berufsbildungsgesetzes besagt:

> „Die Berufsbildung hat eine breit angelegte berufliche Grundbildung und die für die Ausübung einer qualifizierten beruflichen Tätigkeit notwendigen fachlichen Fertigkeiten und Kenntnisse in einem geordneten Ausbildungsgang zu vermitteln. Sie hat ferner den Erwerb der erforderlichen Berufserfahrungen zu ermöglichen."

Neben dieser fachlichen Aufgabenbestimmung wird im Berufsbildungsgesetz ein weiteres, persönlichkeitsbezogenes Ziel vorgegeben (§ 6):

> „Der Ausbildende hat dafür zu sorgen, daß der Auszubildende charakterlich gefördert sowie sittlich und körperlich nicht gefährdet wird."

Gesetzlich vorgegebene Ziele des Ausbildungsbetriebes

Abbildung 47

Die Berufsausbildung übernimmt damit wichtige Aufgaben im gesamten Bildungs- und Erziehungsprozeß junger Menschen.

> Das oberste Ziel bleibt, den Auszubildenden dazu zu befähigen, sein Leben zu bewältigen und ständig den jeweiligen Anforderungen entsprechende Verhaltensformen zu entwickeln.

Oberstes Ziel der Ausbildung

Belange der Gemeinschaft

Neben den persönlichen Möglichkeiten des einzelnen muß das erzieherische Handeln dabei stets auch die Belange der Gemeinschaft im Auge haben. In Wissenschaft und Praxis wurden seit Verabschiedung des Berufsbildungsgesetzes zahlreiche konkrete Aufgaben und Zielsetzungen für die Berufsausbildung herausgearbeitet.

2.1.1.2 Förderung der beruflichen Handlungskompetenz

Technischer und wirtschaftlicher Wandel

Der rasche und umfangreiche technische und wirtschaftliche Wandel wird das Arbeitsleben auch zukünftig beeinflussen und ständig verändern. Technisches Wissen und einmal erworbene berufliche Kenntnisse veralten heute rascher als jemals zuvor. Die Arbeitsteilung in unserer Volkswirtschaft wird weiter zunehmen. Damit sind zugleich erhebliche Veränderungen bezüglich der beruflichen Qualifikation während eines Arbeitslebens verbunden.

Lebenslanges Lernen

> Die Berufsausbildung kann verständlicherweise nicht bereits alle möglichen Veränderungen eines Arbeitslebens vorwegnehmen und berücksichtigen. Aber sie soll den Auszubildenden befähigen, sich besser mit Veränderungen auseinanderzusetzen und die dadurch hervorgerufenen Anforderungen bewältigen zu können. Sie soll ihn damit darauf vorbereiten, sein Leben lang zu lernen.

Handlungskompetenz

In diesem Zusammenhang spricht die moderne Berufs- und Arbeitspädagogik von der beruflichen Handlungskompetenz. Diese berufliche Handlungskompetenz bezieht sich nicht nur auf die rein fachliche Kompetenz (vielfach auch Methodenkompetenz genannt), sondern auch auf persönliche Eigenschaften und den Umgang mit Kollegen, Kunden sowie Vorgesetzten.

Teilbereiche der beruflichen Handlungskompetenz

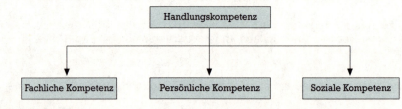

Abbildung 48

Die einzelnen Kompetenzbereiche können wiederum mit den vielfältigsten Eigenschaften charakterisiert werden. Man nennt sie auch Schlüsselqualifikationen.

2.1.1.3 Begriff und Bedeutung von Schlüsselqualifikationen

Schlüsselqualifikationen

> Schlüsselqualifikationen sind Kenntnisse, Fertigkeiten und Fähigkeiten, die nicht nur mit dem eigentlichen Beruf, sondern auch mit anderen Berufsfeldern, Tätigkeiten und Funktionen zusammenhängen, also berufsübergreifend sind.

2.1 Planung und Organisation der Ausbildung

Schlüsselqualifikationen aus dem Bereich der Fachkompetenz

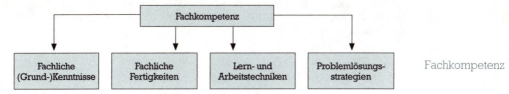

Abbildung 49

Schlüsselqualifikationen aus dem Bereich der Persönlichkeitskompetenz

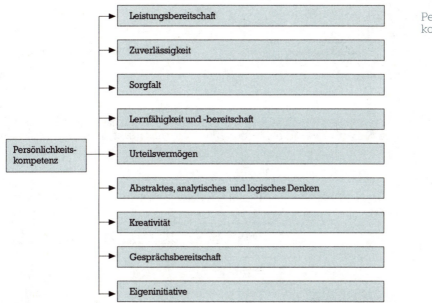

Abbildung 50

Schlüsselqualifikationen aus dem Bereich der Sozialkompetenz

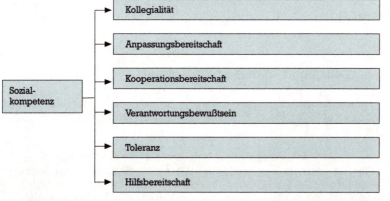

Abbildung 51

**Handlungs-
kompetenz**

Handlungskompetenz ist nicht bereits dann gegeben, wenn ein Bereich möglichst gut ausgeprägt ist, sondern sie erfordert fachliche, persönliche und soziale Schlüsselqualifikationen.

Anforderungen an Arbeitskräfte mit Handlungskompetenz

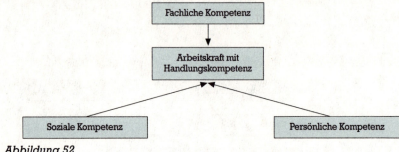

Abbildung 52

Unternehmerische Kompetenz

Für jeden Betriebsinhaber im Handwerk ist es darüber hinaus erforderlich, daß er über die entsprechende unternehmerische Kompetenz verfügt.

Schlüsselqualifikationen aus dem Bereich der unternehmerischen Kompetenz

Bereich der unternehmerischen Kompetenz

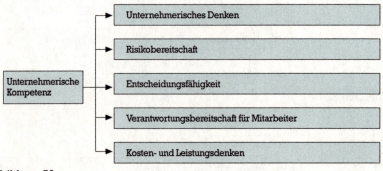

Abbildung 53

2.1.1.4 Befähigung zum selbständigen Planen, Durchführen und Kontrollieren

Generalklausel der Ausbildungsordnung

Neue Ausbildungsordnungen enthalten als eine Art Generalklausel die Bestimmung, mit der diese Schlüsselqualifikationen insgesamt entwickelt werden sollen:

„Die in dieser Rechtsverordnung genannten Fertigkeiten und Kenntnisse sollen so vermittelt werden, daß der Auszubildende zur Ausübung einer qualifizierten beruflichen Tätigkeit ... befähigt wird, die insbesondere selbständiges Planen, Durchführen und Kontrollieren einschließt."

2.1 Planung und Organisation der Ausbildung

In der konkreten betrieblichen Praxis bedeutet dies:

- Selbständiges Planen: Der Lehrling soll in der Lage sein, den gesamten Arbeitsprozeß selbst zu planen. — *Planen*
- Selbständiges Durchführen: Der Lehrling kann den von ihm geplanten Arbeitsprozeß auch ohne fremde Hilfe ausführen. — *Durchführen*
- Selbständiges Kontrollieren: Der Lehrling lernt, seine eigenen Leistungen selbst kritisch zu prüfen, sowie Fehler und deren Ursachen und Möglichkeiten zu ihrer Beseitigung zu erkennen. — *Kontrollieren*

Wichtige Zielsetzung der Berufsausbildung

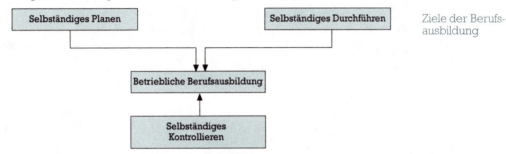

Ziele der Berufsausbildung

Abbildung 54

2.1.2 Betriebliche Ausbildungsplanung

2.1.2.1 Rechtliche Verpflichtung zur planmäßigen Berufsausbildung

Nach § 6 des Berufsbildungsgesetzes hat der Ausbildende „die Berufsausbildung in einer durch ihren Zweck gebotenen Form planmäßig, zeitlich und sachlich gegliedert so durchzuführen, daß das Ausbildungsziel in der vorgesehenen Ausbildungszeit erreicht werden kann".

Planmäßige Berufsausbildung

Die sachliche und zeitliche Gliederung ist verbindlicher Bestandteil des Berufsausbildungsvertrages.

Sachliche und zeitliche Gliederung

2.1.2.2 Anforderungen an die betriebliche Ausbildungsplanung

Oberstes Ziel der betrieblichen Ausbildungsplanung ist es, sicherzustellen, daß alle vorgeschriebenen Fertigkeiten und Kenntnisse auch tatsächlich in der vorgesehenen Zeit vermittelt werden.

Angesichts der Vielzahl von gesetzlichen Bestimmungen sowie des insgesamt komplexen Umfeldes der betrieblichen Ausbildung ist jedem Betriebsinhaber bzw. Ausbilder ein systematisches Vorgehen bei der Planung der betrieblichen Ausbildung zu empfehlen.

Systematisches Vorgehen

2.1.2.3 Planungsbedarf und Grenzen der Planbarkeit

Die Notwendigkeit einer systematischen Planung der betrieblichen Ausbildung beruht insbesondere auf folgenden Fakten und Entwicklungen:

Kürzere Ausbildungszeit
- Laufende Verkürzungen der betrieblichen Ausbildungszeit bei gleichzeitig umfangreicherem Stoff.

Komplexität des Lehrstoffes
- Wachsende Komplexität des Lehrstoffes, während auf der anderen Seite immer mehr Jugendliche unter Lernschwierigkeiten leiden.

Vorbildung
- Unterschiedliche Vorbildung der Lehrlinge: Gerade im Handwerk werden oft Absolventen aller Schulzweige nebeneinander ausgebildet.

Nationalität
- Unterschiedliche Nationalität der Lehrlinge: Gerade im Handwerk werden besonders viele ausländische Jugendliche ausgebildet.

Probleme im Ausbildungsablauf

In diesen Faktoren liegen allerdings auch Grenzen der Planbarkeit der betrieblichen Ausbildung, da sie oftmals zur Folge haben können, daß während des Ausbildungsablaufes Probleme auftreten, die Planungsänderungen notwendig machen.

2.1.2.4 Rechtliche Vorgaben durch die Ausbildungsordnung

Ziele der Ausbildungsordnung

Die Ausbildungsordnung (siehe dazu auch die Ausführungen unter Abschnitt 4.4 „Die Ausbildungsordnung als Rechtsgrundlage für die Durchführung der Ausbildung" in diesem Band) ist die Grundlage für eine

- geordnete und
- einheitliche Berufsausbildung.

Sie dient ferner der Anpassung der Berufsausbildung an die

- technischen
- wirtschaftlichen
- gesellschaftlichen

Erfordernisse und Entwicklungen.

Wesentliche Bestandteile der Ausbildungsordnung zur Planung der betrieblichen Ausbildung

Inhalte der Ausbildungsordnung

Abbildung 55

Planungsunterlagen

Ausbildungsberufsbild und Ausbildungsrahmenplan sind zugleich wichtige Unterlagen für die Planung der betrieblichen Ausbildung.

Das Ausbildungsberufsbild

> Das Ausbildungsberufsbild enthält die Fertigkeiten und Kenntnisse, die während der gesamten Berufsausbildung zu vermitteln sind (zusammengefaßte wesentliche Ausbildungsinhalte).

Ausbildungsberufsbild

Beispiel:

Das Berufsbild des Kraftfahrzeugmechanikers

„Gegenstand der Berufsausbildung sind mindestens folgende Fertigkeiten und Kenntnisse:

1. Berufsbildung,
2. Aufbau und Organisation des Ausbildungsbetriebes,
3. Arbeits- und Tarifrecht, Arbeitsschutz,
4. Arbeitssicherheit, Umweltschutz und rationelle Energieverwendung,
5. Planung und Vorbereiten des Arbeitsablaufes sowie Kontrollieren und Bewerten der Arbeitsergebnisse,
6. Lesen, Anwenden und Erstellen von technischen Unterlagen,
7. Prüfen, Messen, Lehren,
8. Fügen,
9. manuelles Spanen und Umformen,
10. maschinelles Bearbeiten,
11. Instandhalten,
12. Schweißen, thermisches Trennen,
13. Elektrotechnik, Elektronik,
14. Hydraulik, Pneumatik,
15. Demontieren und Montieren von Bauteilen, Baugruppen und Systemen bei der Instandhaltung von Kraftfahrzeugen,
16. Warten von Kraftfahrzeugen,
17. Prüfen, Einstellen und Anschließen von mechanischen, hydraulischen, pneumatischen sowie elektrischen und elektronischen Systemen und Anlagen,
18. Prüfen von Abgasen und Einrichtungen zur Emissionsminderung,
19. Eingrenzen und Bestimmen von Fehlern, Störungen und deren Ursachen,
20. Instandsetzen von Systemen und Anlagen an Kraftfahrzeugen,
21. Instandhalten von tragenden und verkleideten Bauteilen und Baugruppen an Kraftfahrzeugen,
22. Ausrüsten und Umrüsten mit Zubehör und Zusatzeinrichtungen,
23. Beurteilen von Schäden an Kraftfahrzeugen,
24. Kontrollieren der durchgeführten Arbeiten unter Einbeziehung angrenzender Bereiche."

Der Ausbildungsrahmenplan

> Der Ausbildungsrahmenplan enthält eine Anleitung zur zeitlichen und sachlichen Gliederung der Fertigkeiten und Kenntnisse.

Ausbildungsrahmenplan

Für die zeitliche Gliederung gibt es nach einem Beschluß des Hauptausschusses des Bundesinstituts für Berufsbildung zwei Methoden.

Methoden zur zeitlichen Gliederung der Fertigkeiten und Kenntnisse

Zeitliche Gliederung

Abbildung 56

Zeitrahmen

Zeitliche Gliederung nach Zeitrahmen bedeutet, daß für jede Position des Berufsbildes ein Zeitrahmen vorgegeben wird, der zwischen zwei und sechs Monaten liegen soll. In diesem Zeitraum sollen die zugeordneten Fertigkeiten und Kenntnisse schwerpunktmäßig vermittelt werden.

Hinweise

In der Anleitung zur zeitlichen Gliederung sind weitere Hinweise möglich, wie zum Beispiel zur
- Fortführung ⎫
- Anwendung ⎬ bereits vermittelter Inhalte
- Vertiefung ⎭
- Schwerpunktsetzung
- Kombination einzelner Positionen.

Zeitrichtwerte

Erfolgt die zeitliche Gliederung nach Zeitrichtwerten, so sollen diese nicht kürzer als zwei Wochen sein.

Die Entscheidung darüber, ob in einer zeitlichen Gliederung Zeitrahmen oder Zeitrichtwerte vorgegeben werden, wird vor Erlaß der Ausbildungsordnung im Erarbeitungs- und Abstimmungsverfahren getroffen.

Wichtigste Planungsunterlage

Der Ausbildungsrahmenplan ist für den betrieblichen Ausbilder die wichtigste Planungsunterlage für einen lernzielorientierten didaktisch-methodischen Aufbau der Ausbildung im Betrieb.

Ausbildungspläne der Fachlichen Vorschriften

Ausbildungspläne

Solange für einen Beruf keine Ausbildungsordnung und somit auch kein Ausbildungsrahmenplan vorliegt (die Zahl dieser Berufe sinkt allerdings immer mehr), wird übergangsweise empfohlen, nach dem Berufsausbildungsplan auszubilden. Dieser Ausbildungsplan ist als Anhang in den Fachlichen Vorschriften zur Regelung des Lehrlingswesens enthalten („Fachliche Grundsätze") bzw. wird vom zuständigen Fachverband herausgegeben. Die Ausbildungspläne sind bei den Handwerkskammern und Innungen erhältlich. Die zu vermittelnden Kenntnisse und Fertigkeiten werden in den Ausbildungsplänen in der Regel nach Halbjahren aufgegliedert.

2.1 Planung und Organisation der Ausbildung 71

2.1.2.5 Der rechtliche Handlungsspielraum bei der Umsetzung der Ausbildungsordnung

> Grundsätzlich sollen die Fertigkeiten und Kenntnisse des Ausbildungsberufsbildes entsprechend dem Ausbildungsrahmenplan vermittelt werden. Eine davon abweichende sachliche und zeitliche Gliederung der Ausbildungsinhalte ist aber zulässig, soweit betriebspraktische Besonderheiten die Abweichung erfordern (Flexibilitätsklausel).

Flexibilitätsklausel

2.1.3 Das Methodenkonzept des auftragsorientierten Lernens und Lehrens

Die folgenden Ausführungen stützen sich auf Forschungsergebnisse des Forschungsinstituts für Berufsbildung im Handwerk an der Universität Köln.

2.1.3.1 Auftragsbegriff

> Unter den verschiedenen Auftragsformen ist im Handwerk vor allem der Kundenauftrag von Bedeutung. Darunter versteht man die Aufforderung des Kunden an den Betrieb, ihm ein bestimmtes Produkt zu liefern oder eine bestimmte Leistung zu erbringen.

Kundenauftrag

Wichtige Bereiche des Kundenauftrages im Handwerk

Abbildung 57

Als allgemeine Merkmale der für das Handwerk typischen Aufträge lassen sich nennen:
- unmittelbarer und direkter Kontakt zum Kunden
- breites Leistungsspektrum bei geringer Fertigungstiefe
- Anforderungen gestalterischer Art
- breites Aufgabenfeld für die einzelnen Mitarbeiter.

Allgemeine Merkmale

2.1.3.2 Auftragsorientiertes Arbeiten und Lernen im Handwerksbetrieb

Im Handwerk sind die Lehrlinge in der Regel in den betrieblichen Leistungsprozeß eingebunden. Die Ausbildung findet in engem Zusammenhang mit der täglichen Arbeit im Betrieb, das heißt der Auftragsabwicklung, statt.

Auftragsabwicklung

Diese Auftragsabwicklung weist zwar durchaus branchenmäßige Unterschiede auf. Es lassen sich jedoch wesentliche allgemeine Bestandteile herausarbeiten.

Wesentliche Bestandteile

Wesentliche Bestandteile der Auftragsabwicklung

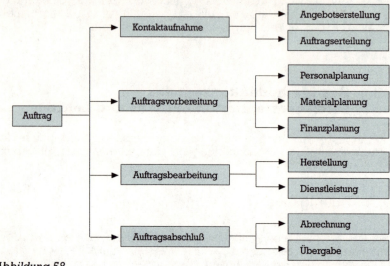

Abbildung 58

Auftragsorientierte Ausbildung

Die gesamten Arbeiten, die so im Rahmen der Auftragsabwicklung anfallen, sollen dann auch in die Ausbildung übernommen werden. Eine auftragsorientierte Ausbildung bietet vielfältige Möglichkeiten, über die fachliche Kompetenz hinaus auch personelle und soziale Kompetenz zu stärken und zu vermitteln.

2.1.3.3 Struktur, Gestaltungsprinzipien und didaktisches Regulationssystem einer auftragsorientierten Ausbildungsorganisation im Handwerksbetrieb

Struktur betrieblicher Ausbildungsorganisation

Unter der Struktur der betrieblichen Ausbildungsorganisation versteht man allgemein die Beschaffenheit und das Zusammenspiel der Faktoren, die das Lernen und Lehren im Betrieb kennzeichnen.

Struktur einer auftragsorientierten Ausbildung

Auftragsorientierte Ausbildung

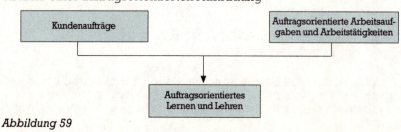

Abbildung 59

2.1 Planung und Organisation der Ausbildung

Im Rahmen dieses Umfeldes muß nun der Lehrling in didaktisch geeigneter Form in den betrieblichen Produktions- und Dienstleistungsprozeß integriert werden. Für das auftragsorientierte Lernen wurde dafür ein vierstufiges Regulationssystem entwickelt:

> Erste Stufe: Zuordnung des Lehrlings zu objektiven Arbeitsaufgaben.

Dem Lehrling können grundsätzlich zugeordnet werden:

- Arbeitsaufgaben, die den ganzen Auftrag abdecken
- Arbeitsaufgaben, die nur Teile eines kompletten Auftrags abdecken
- Arbeitsaufgaben, die allgemein immer wieder in einzelnen Aufträgen wiederkehren (zum Beispiel Rechnungsbearbeitung und Mahnwesen).

Arten von Arbeitsaufgaben

Wichtige Zuordnungsmerkmale objektiver Arbeitsaufgaben

Abbildung 60

Beim Tätigkeitsspektrum sollten neben den rein fachtechnischen insbesondere auch

- betriebswirtschaftliche
- arbeitsorganisatorische
- gestalterische
- arbeitsökologische

Aufgaben berücksichtigt werden.

Tätigkeitsspektrum

Durch die umfassende Aufgabentiefe soll erreicht werden, daß der Lehrling nicht nur Handlungen nachvollziehen, sondern selbst gestalten kann.

Aufgabentiefe

Standardaufgaben sind Aufgaben, die immer wieder vorkommen und mit einem einmal erlernten Verhaltens- und Lösungsmuster bewältigt werden können.

Standardaufgaben

Problemaufgaben dagegen erfordern jeweils angepaßte Lösungsansätze.

Problemaufgaben

> Zweite Stufe: Festlegung, wie der Lehrling in den Prozeß der Auftragserledigung einbezogen werden soll.

2.1.3 Das Methodenkonzept des auftragsorientierten Lernens und Lehrens

Verschiedene Stufen der Mitwirkung des Lehrlings am Auftrag

Mitwirkung des Lehrlings

Abbildung 61

Die Form der Mitwirkung ist dabei maßgeblich abhängig vom jeweiligen Ausbildungs- und Lernstand.

Dritte Stufe: Formulierung konkreter Aufgaben und Unterstützung des Lehrlings bei der Aufgabenerfüllung.

Im Laufe ihrer Ausbildung im Handwerksbetrieb sollen die Lehrlinge mit allen wesentlichen berufs- und betriebsüblichen Aufgaben und Aufträgen vertraut gemacht werden. Ausbilder und Arbeitskollegen unterstützen sie dabei durch gezielte Hilfen, insbesondere durch

Lernhilfen

- fallweises Eingreifen
  und
- „auf die Sprünge helfen".

Dabei sollen sowohl Über- wie auch Unterforderung vermieden werden (auf einzelne Lernhilfen wird in Abschnitt 2.2.2 „Lernprozeß" in diesem Band näher eingegangen).

Vierte Stufe: Angemessener Einsatz von Sonderformen des betrieblichen Lernens.

Während des Ausbildungsprozesses kann es zur besseren Sicherstellung des Ausbildungserfolges notwendig werden, manche Lern- und Lehraktivitäten aus dem am konkreten Auftrag orientierten Verbund herauszulösen und sie in andere Organisationsformen einzubinden.

Sonderformen des Lernens

Wichtige Sonderformen des betrieblichen Lernens

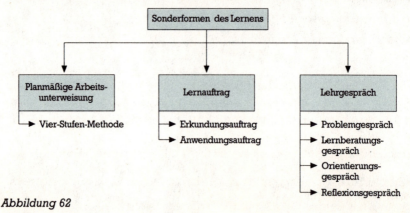

Abbildung 62

2.1 Planung und Organisation der Ausbildung

Auf die Bedeutung und den Inhalt der **Vier-Stufen-Methode** wird an anderer Stelle noch genauer eingegangen (siehe dazu Abschnitt 2.3.3 „Kriterien zur Einplanung, Vorbereitung, Durchführung und Auswertung von systematischen Arbeitsunterweisungen, Lehrgesprächen, Lernaufträgen und anderen Lehr- und Lernverfahren" in diesem Band).

Vier-Stufen-Methode

Beim **Lernauftrag** wird dem Lehrling eine in der Regel relativ komplexe Aufgabe gestellt, die er möglichst selbständig zu erledigen hat.

Lernauftrag

Bei **Erkundungsaufträgen** müssen die Lehrlinge beispielsweise bestimmte Informationen durch eigene Beobachtungen sammeln.

Erkundungsauftrag

Anwendungsaufträge haben zum Ziel, bereits vorhandene Kenntnisse und Fertigkeiten auf neue Aufgabenstellungen anzuwenden.

Anwendungsauftrag

Beim **Problemgespräch** soll dem Lehrling vor allem vermittelt werden, wie man am geeignetsten mit Problemen umgeht, die während der Auftragserledigung auftauchen.

Problemgespräch

Lernberatungsgespräche befassen sich mit grundsätzlichen Fragen, die beim Lehrling auftauchen, zum Beispiel über den Lernstand, Konfliktbewältigung oder auch berufliche Perspektiven.

Lernberatungsgespräch

Vielfach ist dem Lehrling nicht möglich, alle Zusammenhänge an und um seinen Arbeits- bzw. Ausbildungsplatz zu durchschauen und zu verstehen. Hier soll das **Orientierungsgespräch**, nach Möglichkeit ausgehend von einem konkreten Auftrag, helfen.

Orientierungsgespräch

Reflexionsgespräche haben das Ziel, Lernprozesse nachzubereiten und aus den gewonnenen Erfahrungen zu lernen.

Reflexionsgespräch

Insgesamt läßt sich das Regulationssystem einer auftragsorientierten Ausbildungsorganisation damit folgendermaßen darstellen:

Regulationssystem einer auftragsorientierten Ausbildungsorganisation

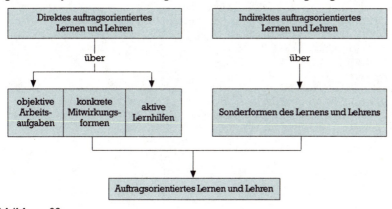

Abbildung 63

2.1.3.4 Lernen am Arbeitsplatz

Auf derselben Ebene wie das auftragsorientierte Lernen liegt auch das berufliche Lernen am Arbeitsplatz. Es ist ebenfalls eine wirksame Methode für die Berufsausbildung und geeignet, Handlungskompetenz zu vermitteln.

Lernen am Arbeitsplatz

Empfehlungen

Der Hauptausschuß des Bundesinstituts für Berufsbildung hat im Frühjahr 1992 Empfehlungen zur Förderung des Lernens am Arbeitsplatz herausgegeben.

Danach soll die Arbeit so organisiert werden, daß sie
- die Ausbildung erleichtert und fördert durch
  - abwechslungsreiche
  und
  - anspruchsvolle Aufgaben
- die Lehrlinge entsprechend ihrer Fähigkeiten fordert und fördert
- mehr eigenverantwortliches Lernen abverlangt
- einen unmittelbaren Erfahrungs- und Lernprozeß ermöglicht.

Zusätzliche innerbetriebliche Maßnahmen

Als zusätzliche innerbetriebliche Maßnahmen empfiehlt der Hauptausschuß
- das Aufzeigen der beruflichen Entwicklungsmöglichkeiten
- einen kooperativen Führungsstil bei gleichzeitiger Funktion des Ausbilders als Vorbild
- die Schaffung lernfördernder Ausbildungsbedingungen
- die entsprechende Motivation auch der Ausbilder und der übrigen Beschäftigten im Betrieb.

2.1.4 Ausbildungsdidaktische Kriterien zum Aufbau und Ablauf der Ausbildung

Situationsveränderungen des Auszubildenden

Der Übergang von einer allgemeinbildenden Schule zur Berufsausbildung bedeutet für die jungen Menschen eine erhebliche Umstellung. Sie kommen in ein fremdes Milieu, werden mit anderen Menschen konfrontiert und müssen sich mit einer Umwelt auseinandersetzen, die zum Teil ganz andere Spielregeln kennt als die Schule. Hinzu kommen auch andere körperliche Anforderungen.

Hilfen beim Wechsel Schule – Beruf

Diese Schwierigkeiten muß der Ausbilder durch geeignete didaktische Maßnahmen im Rahmen der Ausbildung soweit wie möglich ausschalten; das heißt Lernen und Lehren müssen im Betrieb entsprechend organisiert werden.

Dabei sind allgemein folgende Prinzipien wichtig:
- möglichst fließende Gestaltung des Übergangs von der Schule zur Ausbildung
- Vorstellung der Mitarbeiter, des Betriebs sowie seines Aufbaus und seiner Aufgaben

Persönliche Betreuung
- umfangreiche fachliche, aber auch persönliche Betreuung durch den Ausbilder, insbesondere auch bei der Bewältigung von Konflikten.

Besondere Bedeutung für den Erfolg einer Ausbildung haben:
- die Einführung des Lehrlings in den Betrieb
- die Probezeit
- der betriebliche Ausbildungsplan.

2.1.4.1 Die Gestaltung der Einführung in den Betrieb

Phasen der Einführung des Lehrlings in den Betrieb

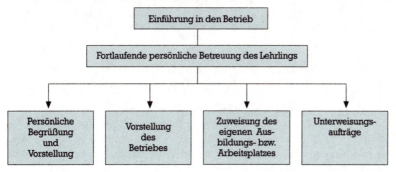

Einführung in den Betrieb

Abbildung 64

Bei der **persönlichen Begrüßung und Vorstellung** ist folgendes Vorgehen zu empfehlen:
- persönliche Kontaktaufnahme und Begrüßung durch den Ausbilder
- Vorstellen beim Ausbildenden, beim unmittelbaren Vorgesetzten, bei den Kollegen und bei der Jugendvertretung (nur bei größeren Betrieben)
- erste Informationen über den Ausbildungsberuf, die betriebliche Ausbildung, überbetriebliche Ausbildungsmaßnahmen und die Berufsschule.

Persönliche Begrüßung

Die **Vorstellung des Ausbildungsbetriebes** sollte mindestens folgende Punkte beinhalten:
- allgemeine Informationen über den Betrieb
- Erläuterung der Besonderheiten des Betriebes
- Führung durch den Betrieb
- Bekanntmachen mit den Nebeneinrichtungen des Betriebes wie
  - Kantine
  - Toiletten, Waschräume
  - Garderobe
  - Erste-Hilfe-Einrichtungen.

Vorstellung des Ausbildungsbetriebes

Bei der **Zuweisung des Ausbildungs- bzw. Arbeitsplatzes** sollte insbesondere eingegangen werden auf:
- Eigenheiten des Ausbildungs- bzw. Arbeitsplatzes
- Einbindung des Ausbildungs- bzw. Arbeitsplatzes in die betriebliche Ablauf- und Aufbauorganisation
- Erklärung wichtiger Werkzeuge.

Zuweisung des Ausbildungsplatzes

Bei den ersten **Unterweisungsaufträgen** ist allgemein das folgende Vorgehen zu empfehlen:
- sorgfältige Auswahl geeigneter Unterweisungsaufträge
- Ausrichtung der Unterweisungsaufträge an der betrieblichen Ernstsituation, zum Beispiel an konkreten Kundenaufträgen
- Abstimmung des Schwierigkeitsgrades auf den jeweiligen Lehrling.

Unterweisungsauftrag

Besonders wichtig ist gerade in den ersten Wochen der betrieblichen Ausbildung, daß der Lehrling verstärkt durch den Ausbilder oder einen anderen ständigen Ansprechpartner persönlich betreut wird.

Betreuung

2.1.4.2 Gestaltung der Probezeit

Probezeit

Die Probezeit (zu den rechtlichen Grundlagen vgl. die Ausführungen in Abschnitt 4.3.5 „Beginn und Beendigung des Berufsausbildungsverhältnisses" in diesem Band) hat den Zweck, die Eignung des Lehrlings für den zu erlernenden Beruf oder die zu erlernende Tätigkeit sorgfältig zu prüfen.

Um dies in den maximal drei Monaten auch tatsächlich sicherzustellen, sollte der Ausbilder einige wichtige Grundsätze bei der Gestaltung der Probezeit beachten:
- Besonders wichtig ist, daß von der dreimonatigen Probezeit mindestens ein Drittel auf den Beginn der betrieblichen Ausbildungsphase entfällt.
- Der Lehrling muß in möglichst vielen Bereichen des entsprechenden Ausbildungsberufsbildes getestet werden.
- Durch Steigerung des Schwierigkeitsgrades der gestellten Aufgaben sollte geprüft werden, ob der Lehrling auch tatsächlich dem während der gesamten Berufsausbildung steigenden Niveau gewachsen ist.

2.1.4.3 Hinweise zur Aufstellung eines betrieblichen Ausbildungsplanes

Einzelbetrieblicher Ausbildungsplan

Für eine erfolgreiche Berufsausbildung sollte der Ausbilder einen einzelbetrieblichen Ausbildungsplan erstellen, der sowohl den sachlichen Aufbau als auch die zeitliche Folge der Berufsausbildung ausweist. Dabei dient ihm der Ausbildungsrahmenplan als pädagogisch orientierte Umsetzungshilfe. Dieser kann nur dann, wenn er den Erfordernissen des Einzelfalles voll entspricht, unverändert auch als einzelbetrieblicher Ausbildungsplan übernommen werden.

Inhalt des einzelbetrieblichen Ausbildungsplans

Wichtige Inhalte des einzelbetrieblichen Ausbildungsplans

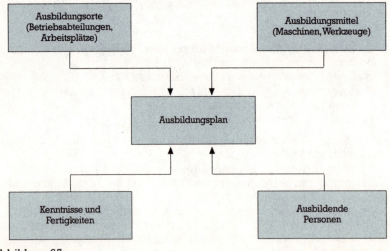

Abbildung 65

2.1 Planung und Organisation der Ausbildung

Diese Planung der Ausbildung ist in Berufen mit werkstattgebundener Fertigung leichter zu verwirklichen als in Montageberufen.
Außerdem sollte der Planungszeitraum für die einzelbetriebliche Ausbildung um so kurzfristiger sein, je schwieriger die Planung des Arbeitsablaufs branchenbedingt im Betrieb ist.

Planungszeitraum

Bei der Aufstellung des einzelbetrieblichen Ausbildungsplanes sollen bestimmte Grundsätze beachtet werden. Der frühere Bundesausschuß für Berufsbildung hat zur sachlichen und zeitlichen Gliederung eine entsprechende Empfehlung veröffentlicht.

Wichtige Inhalte der sachlichen Gliederung des einzelbetrieblichen Ausbildungsplanes

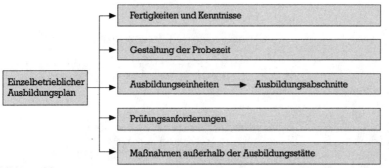

Sachliche Gliederung

Abbildung 66

Im einzelnen gilt für die inhaltliche Bestimmung der jeweiligen Kriterien:
- Die sachliche Gliederung muß alle im Ausbildungsrahmenplan bzw. im Ausbildungsberufsbild und übergangsweise in den Fachlichen Vorschriften aufgeführten Fertigkeiten und Kenntnisse enthalten.
- Bei Ordnungsmitteln, die keine Ausbildungspläne, sondern nur Berufsbilder enthalten, müssen die einzelnen Ausbildungsinhalte näher beschrieben werden.
- Die Probezeit ist inhaltlich so zu gestalten, daß ihr Zweck erfüllt wird und Aussagen über Eignung und Neigung des Auszubildenden möglich sind.
- Fertigkeiten und Kenntnisse sollen so zusammengefaßt und gegliedert werden, daß Ausbildungseinheiten entstehen, die bestimmten Funktionen (zum Beispiel Vorfertigung, Montage) oder bestimmten Abteilungen der Ausbildungsstätte zugeordnet werden können.
- Die Ausbildungseinheiten sollen überschaubar sein. Bei größeren zusammenhängenden Ausbildungsabschnitten sollen – soweit erforderlich – sachlich gerechtfertigte Unterabschnitte gebildet werden.
- Die sachliche Gliederung muß auf die Anforderungen in den Zwischen- und Abschlußprüfungen abgestellt sein.
- Sofern einzelne Ausbildungseinheiten lehrgangsmäßig oder durch Maßnahmen außerhalb der Ausbildungsstätte vermittelt werden, müssen sie so angeordnet sein, daß betriebliche und außerbetriebliche Maßnahmen sinnvoll ineinander greifen und aufeinander aufbauen.
- Die sachliche Gliederung der Ausbildung soll insgesamt, aber auch innerhalb jeder Ausbildungseinheit den Grundsatz beachten, daß erst nach Vermittlung einer möglichst breiten Grundlage die spezielle Anwendung und die Festigung der vermittelten Fertigkeiten und Kenntnisse erfolgen soll.

Einzelheiten zur sachlichen Gliederung

Wichtige Kriterien für die zeitliche Gliederung des einzelbetrieblichen Ausbildungsplans

Zeitliche Gliederung

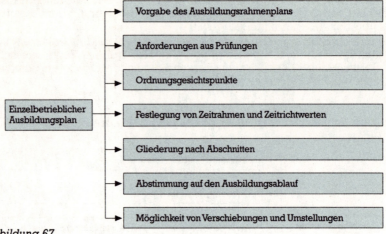

Abbildung 67

Einzelheiten zur zeitlichen Gliederung

Im einzelnen gilt für die zeitliche Gliederung folgendes:
- Die zeitliche Gliederung hat nach der Vorgabe im Ausbildungsrahmenplan entweder nach Ausbildungsjahren mit Zeitrahmen oder mit Zeitrichtwerten zu erfolgen.
- Die zeitliche Folge muß unter dem Gesichtspunkt der Reihenfolge der Prüfungen, der Prüfungsanforderungen und der Prüfungstermine gegliedert sein.
- Die zeitliche Gliederung ist nach sachlogischen, lernzielorientierten, lernpsychologischen und pädagogischen Gesichtspunkten zu ordnen.
- Zeitrahmenvorgaben oder Zeitrichtwerte sind entsprechend der jeweiligen Ausbildungsordnung (Ausbildungsrahmenplan) festzulegen.
- Jede zeitliche Gliederung soll entsprechend dem Ausbildungsinhalt überschaubare Abschnitte vorsehen und den Urlaub berücksichtigen. Der erste Ausbildungsabschnitt sollte den Charakter einer Einführung haben.
- Die zeitliche Gliederung ist auf einen Ausbildungsablauf im Rahmen der vertraglichen Ausbildungszeit abzustellen.
- Die Dauer der Ausbildungsabschnitte und ihre zeitliche Folge können nach den Fähigkeiten des Auszubildenden und den Besonderheiten der Ausbildungsstätte verändert werden, soweit die Teilziele und das Gesamtziel der Ausbildung nicht beeinträchtigt werden.
- Die einzelnen Ausbildungsabschnitte sollen bei besonderen Leistungen gekürzt werden, bei besonderen Schwächen können sie unter Beachtung der vertraglichen Ausbildungszeit verlängert werden.
- Zeitliche Verschiebungen und Umstellungen innerhalb der Ausbildungsabschnitte sind möglich, wenn sie unter Beachtung der vorstehenden Grundsätze vorgenommen werden.

Abweichungen von der Gliederung

In begründeten Fällen kann in begrenztem Umfang von der Gliederung abgewichen werden.

Es dürfen dadurch allerdings
- die Teilziele und
- das Gesamtziel
nicht beeinträchtigt werden.

2.1 Planung und Organisation der Ausbildung

Die Ausbildungsstätte hat die Abweichung mit Begründung festzuhalten und der zuständigen Stelle anzuzeigen. Besonderheiten, die eine Abweichung vom typischen Ausbildungsablauf nach dem Ausbildungsrahmenplan rechtfertigen, können unter anderem sein:

Besonderheiten

- Verkürzung der betrieblichen Ausbildung durch Anrechnung des Berufsgrundschuljahres oder der Berufsfachschule
- in der Ausbildungsordnung nicht geregelte Ausbildungsabschnitte in überbetrieblichen Ausbildungsstätten
- Auswirkungen individueller Verkürzungen oder Verlängerungen der Ausbildungsdauer
- Umstellungen, die sich aus der Organisation des Berufsschulunterrichts ergeben (zum Beispiel Blockunterricht)
- sonstige, vor allem in der produktionsgebundenen betrieblichen Ausbildungspraxis auftretende Schwierigkeiten, die einer Ausbildung nach dem typischen Ordnungsmuster entgegenstehen.

Aufgrund dieser Besonderheiten können in den einzelbetrieblichen Ausbildungsplänen

Abweichungsmöglichkeiten

- Ausbildungsinhalte im vorgegebenen Zeitrahmen verschoben

  und

- Zeitrichtwerte unter- oder überschritten werden.

> Grundsätzlich finden Abweichungen von der zeitlichen Gliederung des Ausbildungsrahmenplans immer dort ihre Grenzen, wo eine zweckentsprechende, sinnvoll geordnete und planmäßig durchgeführte Ausbildung nicht mehr gewährleistet ist und eine Beeinträchtigung des Ausbildungsziels befürchtet werden muß.

Grenzen der Abweichung

Weitere Punkte, die bei der Aufstellung des einzelbetrieblichen Ausbildungsplanes beachtet werden sollen, sind:

Weitere Anforderungen an einzelbetriebliche Ausbildungspläne

- rechtzeitige Aufnahme neuer technischer Entwicklungen in die betriebliche Ausbildung, auch wenn sie im Ausbildungsrahmenplan noch nicht ausdrücklich aufgeführt sind (Mindestanforderungscharakter des Ausbildungsrahmenplans)
- Festlegung der Ausbildungsplätze und der Ausbildungsmittel
- Abstimmung mit der Berufsschule anhand der entsprechenden Rahmenlehrpläne, um sicherzustellen, daß dem Lehrling in Betrieb und Schule etwa gleichzeitig dieselben praktischen und theoretischen Stoffgebiete vermittelt werden
- Zusammenarbeit mit der Berufsberatung beim Wechsel des Ausbildungsberufes.

> Bei der Aufstellung des einzelbetrieblichen Ausbildungsplanes hinsichtlich der Festlegung von Lernzielen, Ausbildungsabschnitten, Auswahl der Lernorte, Ausbildungsmittel und Methoden sowie bei der Korrektur des Ausbildungsplanes kann sich der Ausbilder durch einen Ausbildungsberater unterstützen lassen. Empfehlenswert und sinnvoll sind dabei auch Kontakte mit den Erziehungsberechtigten.

Beratung des Ausbilders

Wie konkret ein einzelbetrieblicher Ausbildungsplan gestaltet werden kann, wird auf der folgenden Seite anhand eines Beispiels für das Kraftfahrzeugmechanikerhandwerk gezeigt.

Beispiel für einen einzelbetrieblichen Ausbildungsplan
im Kfz-Mechaniker-Handwerk mit Schwerpunkt Pkw-Instandhaltung
1. Ausbildungsjahr (Auszug)

Zeitliche Richtwerte für einzelne Ausbildungsabschnitte	Teile des Berufsbildes	Grundlegende Fertigkeiten und Kenntnisse	Betriebliche Anwendung und Vertiefung der grundlegenden Fertigkeiten und Kenntnisse
5 Wochen	Planen und Vorbereiten des Arbeitsablaufes sowie Kontrollieren und Bewerten der Arbeitsergebnisse	– Arbeitsschritte unter Beachtung mündlicher und schriftlicher Vorgaben abstimmen und festlegen sowie Arbeitsablauf sicherstellen	– Teilebedarf abschätzen – Werkzeuge bereitstellen – Arbeitsplatz einrichten – Maschinen und Werkzeuge instandhalten
	Lesen, Anwenden und Erstellen von technischen Unterlagen	– Teil-, Gruppen- und Explosionszeichnungen lesen und anwenden	– Skizzen anfertigen – Zeichnungen und Diagramme lesen – Protokolle und Berichte erstellen – Schaltpläne lesen
6 Wochen	Prüfen, Messen, Lehren	– Ebenheiten von Werkstücken nach dem Lichtspaltverfahren prüfen	– Längen messen – Winkel prüfen – Lageabweichungen messen
7 Wochen	Fügen	– Bauteile auf Oberflächenbeschaffenheit der Fügeflächen und Formtoleranz prüfen sowie in montagegerechter Lage fixieren	– Maß- und Formtoleranz prüfen – Schraub-, Stift-, Bolzen- und Nietverbindungen herstellen – Löten, Kleben, Schweißen
5 Wochen	Manuelles Spanen und Umformen	– Anreißen, Körnen, Kennzeichnen	– Werkzeuge und Werkstücke ausrichten – Werkstücke aus verschiedenen Werkstoffen sägen und feilen – Innenausdrehen – Innen- und Außengewinde schneiden
bis zum Schluß des Ausbildungsjahres	. .	. .	. .
Während der gesamten Ausbildungszeit	Berufsbildung	– Bedeutung des Ausbildungsvertrages (Abschluß, Dauer, Beendigung)	
	Aufbau und Organisation des Ausbildungsbetriebes	– Aufbau und Aufgaben des ausbildenden Betriebes	
	Arbeits- und Tarifrecht, Arbeitsschutz	– wesentliche Teile des Arbeitsvertrages	
	Arbeitssicherheit, Umweltschutz und rationelle Energieverwendung	– berufsbezogene Vorschriften der gesetzlichen Unfallversicherung	

2.1 Planung und Organisation der Ausbildung

Arbeitsplatz nach betrieblichen Funktionseinheiten	Ausbildungsmittel		Ausbilder
	Maschinen, Werkzeuge, Material	Arbeitsunterlagen	
Lehrecke, Lehrwerkstatt, Ausbildungsplatz		Zeichnungen, Handbücher	Ausbildungsmeister
Lehrecke, Lehrraum, Lehrwerkstatt		Fachbücher, Loseblattsammlungen	Ausbildungsmeister
Lehrwerkstatt, Ausbildungsplatz	Prüfvorrichtungen, Werkstücke	Anleitungen, Beschreibungen	Geselle A unter Anleitung des Ausbildungsmeisters
Lehrwerkstatt, Ausbildungsplatz	Bauteile, Prüfvorrichtungen, Lötkolben, Schweißgeräte u. a.	Anleitungen, Beschreibungen	Ausbildungsmeister
Lehrwerkstatt, Ausbildungsplatz	Reißnadel, Körner, Feilen, Sägen u. a.	Zeichnungen	Geselle B unter Überwachung des Ausbildungsmeisters
. .	. .	. .	. .
Betrieblicher Unterricht (Lehrecke, Lehrraum, Lehrwerkstatt)		Fachbücher, Schaubilder, Broschüren	Ausbildungsmeister

Anmerkung: – Die zeitlichen Richtwerte sind ein Anhalt für die jeweils benötigte Ausbildungszeit im Regelfall. Zeiten der Abwesenheit infolge Urlaub, Berufsschule usw. müssen berücksichtigt werden.

– Der Ausbildungsbetrieb behält sich vor, aus betriebspraktischen Gründen oder aus Gründen, die in der Person des Auszubildenden liegen, von den Zeiten abzuweichen.

– Der Ausbildungsbetrieb ist bei der Vermittlung der Qualifikationen an keine bestimmte Reihenfolge gebunden.

Grundlagen und Vorgehensweise bei der Erstellung eines einzelbetrieblichen Ausbildungsplanes

Grundlagen und Vorgehensweise für den Ausbildungsplan

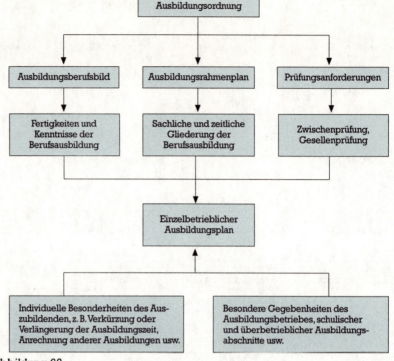

Abbildung 68

2.1.4.4 Versetzungsplan (Durchlaufplan)

Versetzungsplan

Klein- und Mittelbetriebe benötigen wegen ihrer geringen Zahl an Auszubildenden oft keinen gesonderten Versetzungsplan. Hier ist der Versetzungsplan in den einzelbetrieblichen Ausbildungsplan eingebaut bzw. mit diesem identisch.

Wenn jedoch mehrere Lehrlinge im gleichen Ausbildungsjahr im Betrieb ausgebildet werden, ist es zweckmäßig, einen besonderen Versetzungsplan zu erstellen.

Inhalt des Versetzungsplans

Der Versetzungsplan
- legt die von einem Lehrling während seiner Ausbildung zu durchlaufenden Arbeitsplätze und Betriebsabteilungen fest
- bestimmt den Zeitraum, den der Lehrling an den einzelnen Orten bleiben soll
- beinhaltet die Versetzungstermine und die Reihenfolge des Arbeitsplatz- bzw. Abteilungswechsels.

Man unterscheidet

Einzelversetzungspläne
- Einzelversetzungspläne für einzelne Lehrlinge
und

Gesamtversetzungspläne
- Gesamtversetzungspläne für die Gesamtzahl der Lehrlinge eines Ausbildungsjahres.

2.1 Planung und Organisation der Ausbildung

Vor allem für Gesamtversetzungspläne ist es zweckmäßig, sie in Form von graphisch gestalteten Übersichten anzulegen oder Planungstafeln (zum Beispiel Magnethafttafeln) dafür zu verwenden.

Beim Vollzug der Versetzungspläne ist besonders darauf zu achten, daß bei Fehlzeiten infolge Krankheit, außerplanmäßigem Urlaub, betrieblichen Umstellungen, Sonderaufträgen im Betriebsablauf und anderem die Planung entsprechend korrigiert wird.

Fehlzeiten

Beispiel:
Beispiel für einen einfachen Versetzungsplan

Zeit (Kalenderwochen/Monat)	Januar	Februar	März	April	Mai
Lehrling	1	2 3 4 5	6 7 8 9 10	11 12 13 14 15	16 17 18
Lehrling A	U	W 1	W 2	W 3	W 4
Lehrling B	R L	W 2	W 1	W 4	W 3
Lehrling C	A U	W 4	W 3	W 2	W 1
Lehrling D	B	W 3	W 4	W 1	W 2
W = Werkstattarbeitsplatz 1 – 4					

In einem solchen Versetzungsplan kann der Ausbilder auch eintragen, wie die Ausbildung dann tatsächlich abgelaufen ist. Er erhält damit eine Art Soll-Ist-Kontrolle.

2.1.5 Beschaffung, Auswahl, rechtsförmliche Einstellung und Einführung von Lehrlingen

2.1.5.1 Beschaffung (Akquisition) von Lehrlingen

Die Sicherung des beruflichen Nachwuchses ist heute zu einem der zentralen Anliegen des Handwerks geworden. Die durch die Bevölkerungsentwicklung bedingten rückläufigen Schulabgängerzahlen aus allgemeinbildenden Schulen, der zunehmende Anteil von Realschülern und Gymnasiasten sowie das teilweise veränderte Berufswahlverhalten vieler junger Menschen zugunsten kaufmännischer und verwaltender Berufe bringen es mit sich, daß das Handwerk insgesamt, und bestimmte Handwerksberufe besonders, weniger Berufsnachwuchs bekommen.

Nachwuchssituation im Handwerk

Um aber auch in Zukunft über qualifizierte Fachkräfte verfügen zu können, ist das Handwerk auf ausreichenden beruflichen Nachwuchs angewiesen.

Für den einzelnen Ausbildungsbetrieb heißt dies, daß der Beschaffung (Akquisition) von Lehrlingen ein entsprechend hoher Stellenwert einzuräumen ist. Die Lehrlingsakquisition darf nicht als Nebensache behandelt, sondern sie muß als Nachwuchswerbung mit System betrieben werden. Auch die Handwerksorganisationen müssen dazu ihren Beitrag leisten.

Akquisition von Lehrlingen

Zielgruppen der Nachwuchswerbung

Wichtige Zielgruppen für die Nachwuchswerbung

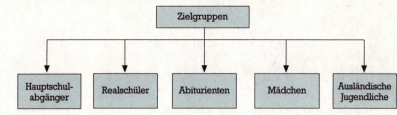

Abbildung 69

Die Nachwuchswerbung muß dabei ansetzen bei
- den Jugendlichen selbst
- den Eltern
- den Lehrern der allgemeinbildenden Schulen
- der Berufsberatung des Arbeitsamtes.

Wichtig ist hierbei der geeignete Einsatz von Werbematerialien und Werbeveranstaltungen.

Besondere Informations- und Werbematerialien für die Nachwuchswerbung

Informations- und Werbematerialien

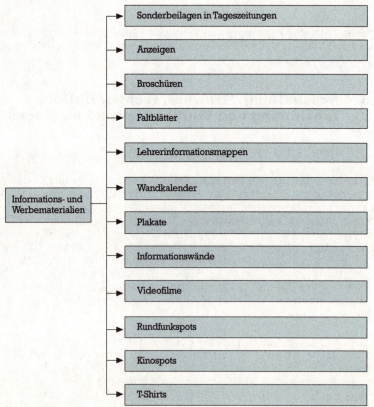

Abbildung 70

2.1 Planung und Organisation der Ausbildung

Geeignete Werbeveranstaltungen sind vor allem
- berufskundliche Ausstellungen
- Betriebsbesichtigungen in Handwerksbetrieben
- Betriebspraktika in Handwerksbetrieben
- „Tage der offenen Tür" in Handwerksbetrieben und Berufsbildungs- und Technologiezentren
- Lebende Werkstätten auf Messen und Ausstellungen
- Durchführung des Leistungswettbewerbs der Handwerksjugend auf Innungs-, Handwerkskammer-, Landes-, Bundes- und internationaler Ebene.

Werbeveranstaltungen

Jeder Betriebsinhaber muß sich ferner darüber im klaren sein, daß das Image seines Betriebes (siehe dazu auch die Ausführungen in Band 1 unter Abschnitt 2.2.4 „Absatz") ein besonders wichtiges Werbeinstrument auch im Hinblick auf die Nachwuchsgewinnung ist.

Image des Betriebes

2.1.5.2 Die Auswahl von Lehrlingen

Auswahl des Lehrlings

Wichtige Maßnahmen bei der Auswahl von Lehrlingen

Abbildung 71

Festlegung des Anforderungsprofils

Bei der Festlegung des Anforderungsprofils dient dem Ausbilder das Ausbildungsberufsbild als wichtige Unterlage.

Anforderungsprofil

Das Anforderungsprofil sollte insbesondere enthalten:
- Arbeitstätigkeiten
- Lernanforderungen
- Arbeitsbedingungen.

Zusammenarbeit mit der Berufsberatung

Bei der Auswahl der Lehrlinge wird auch eine enge Zusammenarbeit mit der Berufsberatung der Arbeitsverwaltung empfohlen. Der überwiegende Teil der Jugendlichen befragt nämlich im Zusammenhang mit der Berufswahl den Berufsberater des Arbeitsamtes. Deshalb ist es wichtig, daß der Betrieb offene Lehrstellen dem Arbeitsamt rechtzeitig meldet.

Berufsberatung

Bewerbungs-
unterlagen

Bewerbungsunterlagen

Wichtige Bewerbungsunterlagen

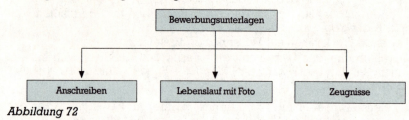

Abbildung 72

Anschreiben
Lebenslauf

> Bei Anschreiben und Lebenslauf sollte der Ausbilder vor allem kontrollieren, ob sie ordentlich und fehlerfrei sind.

Schulzeugnisse

Schulzeugnisse sollen zwar nicht überbewertet werden, weil die Beurteilungen in allgemeinbildenden Fächern nicht immer aussagefähig genug hinsichtlich der praktischen Eignung und Begabung für einen Ausbildungsberuf sind. Zeugnisse informieren aber durchaus über bestimmte Begabungsschwerpunkte. Deshalb wäre es zum Beispiel sicherlich falsch, einen Bewerber mit der Mathematiknote „ungenügend" als Radio- und Fernsehtechnikerlehrling einzustellen.

> Grundsätzlich müssen die Schulkenntnisse, sei es aus Hauptschule oder aus Realschule, ausreichen, um das Ausbildungsziel des jeweiligen Berufes zu erreichen, dem Berufsschulunterricht zu folgen und den Beruf mit Erfolg auszuüben.

Vorstellungsgespräch

Vorstellungs-
gespräch

> Der Ausbilder bzw. Betriebsinhaber sollte sich selbst auf das Vorstellungsgespräch gut vorbereiten.

Themenbereiche für ein Vorstellungsgespräch sind z.B.:
- Was will ich beobachten?
- Was will ich fragen?
- Was will ich vom Bewerber?

Vorgehen

Das Vorstellungsgespräch wird als zwanglose Unterhaltung geführt. Der Ausbilder schildert dabei vor allem
- den eigenen Betrieb
  und
- den Ausbildungsberuf.

Er sollte ferner versuchen, vom Bewerber einiges zu erfahren über
- dessen berufliche Vorstellungen und Pläne
- seine Person und sein persönliches Umfeld
- außerberufliche Interessen.

Erster Eindruck

Während des Gesprächs kann man sich außerdem einen ersten Eindruck über die äußere Erscheinung (sauber, gepflegt u.ä.) sowie das Auftreten (höflich, bescheiden, verbindlich, vorlaut u.ä.) des Bewerbers machen. Wenn der Ausbilder diese Vorstellungsgespräche auswertet, so sollte dies möglichst unvoreingenommen geschehen (vgl. dazu auch die Ausführungen in Abschnitt 2.4.4.5 „Subjektive Beurteilungsfehler" in diesem Band, wo häufige Beurteilungsfehler behandelt werden).

> Dem Bewerber sollte ausreichend Gelegenheit gegeben werden, sich darzustellen und Rückfragen zu stellen.

Unterschiedlich beurteilt wird die Frage, ob man gegebenenfalls die Eltern in ein Vorstellungsgespräch einbeziehen soll oder nicht. Dagegen sprechen Befürchtungen, daß die Eltern versuchen, für ihr Kind zu reden. Andererseits können die Eltern aber auch zusätzliche Auskünfte geben.

Einbeziehung der Eltern

Eignungstests

Für die Einstellung von Lehrlingen können mehrere Tests von Bedeutung sein.

Eignungstest

Tests von Ausbildungsbewerbern

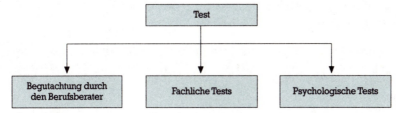

Abbildung 73

Der Berufsberater beurteilt den Bewerber anhand seiner Erfahrungen und des ihm zur Verfügung stehenden Informationsmaterials. Die Begutachtung erstreckt sich mehr auf allgemeine und weniger auf spezielle berufliche Inhalte.

> Fachliche Tests erstrecken sich auf die unterschiedlichen Eignungsanforderungen der einzelnen Berufe.

Fachliche Tests

Sie können vor allem Aufschlüsse geben über
- theoretische und technische Begabung
- Geschicklichkeit
- räumliche Vorstellungskraft.

Die Beobachtung kann dabei auch anhand von kleinen Arbeitsproben durchgeführt werden.

> Psychologische Tests, beispielsweise des psychologischen Dienstes der Arbeitsverwaltung, sollen zur Feststellung von Begabungsschwerpunkten führen.

Psychologische Tests

Dazu können unter anderem getestet werden
- logisch-praktisches Denken
- Konzentrationsvermögen
- Leistungsfähigkeit
- Kontaktfreude.

> Tests dürfen jedoch nicht als alleiniger Maßstab genommen werden, weil ihre Ergebnisse vielfach nur beschränkt aussagefähig sind.

Beschränkte Aussagefähigkeit

Die Teilnahme an derartigen Eignungstests muß nach herrschender Meinung für den Ausbildungsplatzbewerber kostenlos sein. Die grundsätzliche Gebührenfreiheit in der Berufsausbildung gilt auch für Maßnahmen im Vorfeld der eigentlichen Ausbildung.

Rechtsförmliche Einstellung

Berufsausbildungsvertrag

> Hat sich der Ausbilder bzw. der Ausbildende für einen Lehrling entschieden, so wird mit ihm der Berufsausbildungsvertrag geschlossen.

Dieser Vertrag wird schriftlich abgefaßt. Er regelt die Einstellung und die daraus folgenden Beziehungen zwischen dem Ausbildenden und dem Lehrling (vgl. dazu im einzelnen die Ausführungen unter Abschnitt 4.3 „Das Berufsausbildungsverhältnis" in diesem Band).

Die Einführung von Lehrlingen

Einführung in den Betrieb

> Bereits in den ersten Wochen entscheidet sich, ob der Lehrling sich im Ausbildungsbetrieb wohlfühlt und von daher die besten Voraussetzungen hat, die Ausbildungsanforderungen zu erfüllen.

Deshalb ist eine eingehende Einführung entsprechend der in Abschnitt 2.1.4 „Ausbildungsdidaktische Kriterien zum Aufbau und Ablauf der Ausbildung" in diesem Band dargestellten Prinzipien besonders wichtig.

2.1.6 Probleme und Prävention (Verhinderung) von Ausbildungsabbrüchen

Ausbildungsabbruch

Die Zahl der Jugendlichen, die ihre zuerst begonnene Berufsausbildung wechseln oder nicht beenden, hat sich in den letzten Jahren deutlich erhöht. Allerdings muß darauf hingewiesen werden, daß nicht jede Lösung eines Ausbildungsvertrages einem tatsächlichen und endgültigen Abbruch der Berufsausbildung entspricht. Vielmehr handelt es sich in der Mehrzahl um Ausbildungswechsler, die den Beruf, den Betrieb oder beides wechseln.

2.1.6.1 Gründe für einen Ausbildungsabbruch

Ein Teil der hohen Wechselquote ist damit zu erklären, daß angesichts der für die Bewerber sehr günstigen Situation auf dem Lehrstellenmarkt immer mehr Jugendliche Änderungen in ihrer ursprünglichen Berufswahl wollen und diese auch umsetzen können.

Folgen von Ausbildungsabbrüchen

> Auf der anderen Seite aber bedeuten Ausbildungsabbrüche auch oft
> - nachteilige Veränderungen im beruflichen Lebensweg der Jugendlichen
> - finanzielle Verluste durch Fehlinvestitionen auf betrieblicher Ebene
> - volkswirtschaftliche Kosten durch Mangel an entsprechend qualifizierten Fachkräften und durch nicht besetzte Ausbildungsplätze.

Die Gründe für eine vorzeitige Lösung des Ausbildungsvertrages können sehr vielfältig sein. Meistens spielen dabei mehrere Ursachen aus der Sicht des Lehrlings oder des Ausbilders eine Rolle.

2.1 Planung und Organisation der Ausbildung

Wichtige Gründe für den Ausbildungsabbruch aus der Sicht des Lehrlings

Gründe des Ausbildungsabbruchs für den Lehrling

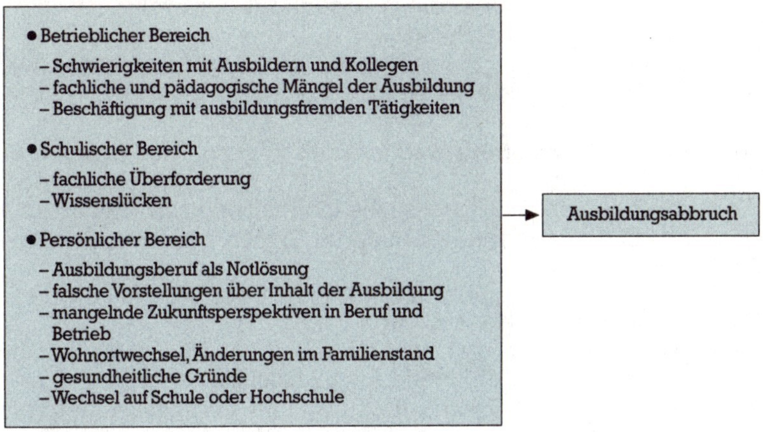

- **Betrieblicher Bereich**
  - Schwierigkeiten mit Ausbildern und Kollegen
  - fachliche und pädagogische Mängel der Ausbildung
  - Beschäftigung mit ausbildungsfremden Tätigkeiten
- **Schulischer Bereich**
  - fachliche Überforderung
  - Wissenslücken
- **Persönlicher Bereich**
  - Ausbildungsberuf als Notlösung
  - falsche Vorstellungen über Inhalt der Ausbildung
  - mangelnde Zukunftsperspektiven in Beruf und Betrieb
  - Wohnortwechsel, Änderungen im Familienstand
  - gesundheitliche Gründe
  - Wechsel auf Schule oder Hochschule

→ Ausbildungsabbruch

Abbildung 74

Häufige Ursachen für einen Ausbildungsabbruch aus der Sicht des Ausbildenden

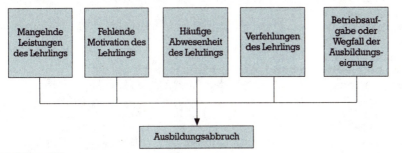

Ursachen des Ausbildungsabbruchs für den Ausbildenden

Abbildung 75

2.1.6.2 Empfehlungen zur Vermeidung von Ausbildungsabbrüchen

Der Hauptausschuß des Bundesinstituts für Berufsbildung hat im Jahre 1989 eine Empfehlung mit Vorschlägen vorgelegt, wie Ausbildungsabbrüche verhindert oder zumindest verringert werden können.

Empfehlungen zur Vorbeugung

Handlungspartner für zweckmäßige Maßnahmen zur Verringerung von Ausbildungsabbrüchen

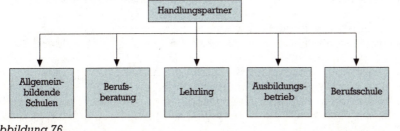

Handlungspartner

Abbildung 76

Schulen	Wichtige Maßnahmen im **Bereich der allgemeinbildenden Schulen** sind:
Information	• bessere Informationen über die Berufs- und Arbeitswelt
Betriebspraktika	• Betriebspraktika für alle Schüler
	• stärkere Berücksichtigung von Fragen der Berufs- und Arbeitswelt in der Aus- und Fortbildung der Lehrer.
Berufsberatung	Im **Bereich der Berufsberatung** werden folgende Maßnahmen empfohlen:
	• qualifizierte, gezielte und praxisnahe Informationen und Beratung
Klärung der Eignung	• frühzeitige und umfassende Klärung der Eignung, auch hinsichtlich der Gesundheit
	• jugendgerechte und aktuelle Informationen über Berufsaussichten und Weiterbildungsmöglichkeiten
	• verstärkte Zusammenarbeit der Berufsberater mit Ausbildungsberatern und den Trägern der Jugend- und Sozialhilfe
	• schnelle und unbürokratische Beratung und Vermittlung der Ausbildungsabbrecher.
Lehrlinge	Von seiten der **Lehrlinge** selbst sind folgende Beiträge möglich:
Beratungsangebote	• frühzeitige Inanspruchnahme von Beratungsangeboten vor und während der Ausbildung durch Berufsberater, Ausbildungsberater, Lehrlingswarte und Ausbilder
Probezeit	• intensivere Nutzung der Probezeit zur Überprüfung der Eignung und der Neigung.
Betriebliche Maßnahmen	Auf **betrieblicher Seite** sind als Maßnahmen möglich:
	• verstärkte Berücksichtigung des Themas „Ausbildungsabbruch" in der Ausbilderqualifizierung
Übergangshilfen	• Hilfen für den Übergang von der Schule in den Beruf und zur Integration der Lehrlinge in den Ausbildungs- und Betriebsablauf
	• stärkere Gesprächsbereitschaft bei der Entstehung und Bewältigung von Konflikten
Motivation	• Steigerung der Ausbildungsmotivation durch den Einsatz moderner Lehr- und Lernmethoden
	• Steigerung der Ausbildungseffektivität durch weitere Verbesserung des betrieblichen Lernangebotes sowie der personellen und sächlichen Rahmenbedingungen für die Durchführung der Berufsausbildung
Ausbildungsbegleitende Hilfen	• verstärkte Nutzung ausbildungsbegleitender Hilfen bei lernschwachen und ausländischen Jugendlichen
	• rechtzeitiger Einsatz von Ausbildungsberatern und Lehrlingswarten (Informations- und Beratungsangebote für die Jugendlichen)
	• zeitlich flexible Einstellung von Lehrlingen nach erfolgtem Ausbildungsabbruch
	• Verbesserung der Abstimmung mit den Berufsschulen vor Ort.
Berufsschule Kontakte	Im **Bereich der Berufsschulen** sind folgende Maßnahmen wichtig:
	• intensivere Kontakte zwischen Berufsschullehrern, Ausbildern, Ausbildungsberatern und Eltern
Abstimmung	• bessere Abstimmung mit den Ausbildungsbetrieben vor Ort
Fördermaßnahmen	• Stütz- und Fördermaßnahmen für Lehrlinge
	• Sicherung des Berufsschulbesuchs nach erfolgtem Ausbildungsabbruch, insbesondere unverzügliche Aufnahme bei neuem Ausbildungsvertrag.

2.1 Planung und Organisation der Ausbildung

Programmierte und textlich gestaltete, offene Übungs-, Wiederholungs- und Prüfungsfragen

1. Die wichtigsten Aufgaben des Ausbildungsbetriebes sind
- ☐ a) die fachliche und die allgemeine Ausbildung.
- ☐ b) die fachliche und die sachliche Ausbildung.
- ☐ c) die Vermittlung von Kenntnissen und die Persönlichkeitsausbildung.
- ☐ d) die fachliche Ausbildung und die Persönlichkeitsbildung.
- ☐ e) die Vermittlung von Fertigkeiten und von Allgemeinbildung.

„Siehe Seite 63 des Textteils!"

2. Die Berufsausbildung soll den Auszubildenden befähigen, sich besser mit Veränderungen auseinanderzusetzen und die dadurch hervorgerufenen Veränderungen bewältigen zu können. Man spricht dabei von
- ☐ a) Handlungsanleitung.
- ☐ b) Handlungsziel.
- ☐ c) Handlungskompetenz.
- ☐ d) Handlungsmotivation.
- ☐ e) kompetentem Handeln.

„Siehe Seite 64 des Textteils!"

3. Wie nennt man Kenntnisse, Fertigkeiten und Fähigkeiten, die nicht nur mit dem eigentlichen Beruf, sondern auch mit anderen Berufsfeldern, Tätigkeiten und Funktionen zusammenhängen?
- ☐ a) Schlüsselqualifikationen
- ☐ b) Fachkompetenz
- ☐ c) Soziale Kompetenz
- ☐ d) Personelle Kompetenz
- ☐ e) Problemlösungsstrategie.

„Siehe Seite 64 des Textteils!"

4. Nennen Sie wichtige Schlüsselqualifikationen aus dem Bereich der Sozialkompetenz!

„Siehe Seite 65 des Textteils!"

5. Wichtige Ziele der Berufsausbildung sind
- ☐ a) selbständiges Planen, selbständiges Durchführen, selbständiges Kalkulieren.
- ☐ b) selbständiges Planen, selbständiges Durchführen, selbständiges Kontrollieren.
- ☐ c) selbständiges Durchführen, selbständige Zeiteinteilung, selbständiges Kontrollieren.
- ☐ d) selbständiges Planen, selbständige Kalkulation, selbständige Abrechnung.
- ☐ e) selbständiges Planen, selbständiges Durchführen, selbständige Gestaltung.

„Siehe Seite 66 des Textteils!"

6. Warum ist heute eine systematische Ausbildungsplanung besonders wichtig?

„Siehe Seite 67 des Textteils!"

7. Aus welcher Unterlage sieht der Ausbilder in erster Linie die während der Ausbildung zu vermittelnden Fertigkeiten und Kenntnisse?
- ☐ a) Aus den Lehrplänen der Berufsschule
- ☐ b) Aus dem Ausbildungsberufsbild
- ☐ c) Aus dem Berichtsheft

- ☐ d) Aus dem Berufsbildungsgesetz
- ☐ e) Aus der Handwerksordnung.

„Siehe Seite 69 des Textteils!"

8. Warum ist der Ausbildungsrahmenplan die wichtigste Planungsunterlage für den Ausbilder?
- ☐ a) Weil ihn die Innung vorschreibt
- ☐ b) Weil er eine verbindliche Berufsausbildungsvorschrift ist
- ☐ c) Weil ihn die Handwerkskammer vorschreibt
- ☐ d) Weil er den zu vermittelnden Unterweisungsstoff sachlich und zeitlich gegliedert enthält
- ☐ e) Weil er die Prüfungsanforderungen zusammengefaßt enthält.

„Siehe Seite 69 des Textteils!"

9. Welches ist die wichtigste Planungsunterlage für die Unterweisung, wenn noch kein Ausbildungsrahmenplan vorliegt?
- ☐ a) Die allgemeine Lehrlingsordnung der Handwerkskammer für die Berufsgruppen
- ☐ b) Der Berufsausbildungsplan der Fachlichen Vorschriften zur Regelung des Lehrlingswesens
- ☐ c) Die Gesellenprüfungsordnung der Handwerkskammer für den einzelnen Beruf
- ☐ d) Der Lehrplan für Berufsschule mit seinen Aufgliederungen
- ☐ e) Die Zwischenprüfungsordnung für den einzelnen Beruf.

„Siehe Seite 70 des Textteils!"

10. Was versteht man unter einem Auftrag und wodurch ist auftragsorientiertes Arbeiten und Lernen im Handwerksbetrieb gekennzeichnet?

„Siehe Seite 71 des Textteils!"

11. Die Beschaffenheit und das Zusammenspiel der Faktoren, die das Lernen und Lehren im Betrieb kennzeichnen, bezeichnet man als
- ☐ a) Struktur der betrieblichen Ausbildungsorganisation.
- ☐ b) Ablauf der betrieblichen Ausbildungsorganisation.
- ☐ c) Organisation der betrieblichen Ausbildungsstruktur.
- ☐ d) Inhalt der betrieblichen Ausbildungsorganisation.
- ☐ e) Plan der betrieblichen Ausbildungsorganisation.

„Siehe Seite 72 des Textteils!"

12. Beschreiben Sie das Regulationssystem für das auftragsorientierte Lernen!

„Siehe Seite 72 des Textteils!"

13. Wenn dem Lehrling eine relativ komplexe Aufgabe gestellt wird, die er möglichst selbständig zu lösen hat, dann spricht man von
- ☐ a) Lehrgespräch.
- ☐ b) planmäßiger Arbeitsunterweisung.
- ☐ c) Lernauftrag.
- ☐ d) Arbeitsorganisation.
- ☐ e) Lernen am Modell.

„Siehe Seite 75 des Textteils!"

14. Warum ist die Einführung des Lehrlings in den Betrieb notwendig?
- ☐ a) Weil er in der Regel noch minderjährig ist
- ☐ b) Weil er dann die Ausbildung schneller beendet
- ☐ c) Weil sich die Chancen, die erste Zwischenprüfung zu bestehen, erhöhen

☐ d) Weil dadurch die Probezeit verkürzt werden kann
☐ e) Weil dem Lehrling das betriebliche Milieu und die Spielregeln meist fremd sind.

„Siehe Seite 76 des Textteils!"

15. Um beim Lehrling zu Beginn der Ausbildung ein Gefühl des Befremdens in der neuen Umgebung zu vermeiden, ist es unter anderem notwendig,
☐ a) daß er am ersten Tag begrüßt und mit den Arbeitskollegen bekanntgemacht wird.
☐ b) daß er einige Tage mit der Familie des Ausbildenden verbringt.
☐ c) daß auf alle Fälle eine kleine Betriebsfeier mit der gesamten Belegschaft veranstaltet wird.
☐ d) daß eine Betriebsversammlung einberufen wird, bei der sich der Lehrling selbst vorstellen kann.
☐ e) daß eine Betriebsratssitzung einberufen wird, bei der sich der Lehrling vorstellen kann.

„Siehe Seite 77 des Textteils!"

16. Wie kann ein harmonisches Verhältnis zwischen Ausbilder und Lehrling zu Beginn der Berufsausbildung hergestellt werden?
☐ a) Dadurch, daß der Ausbilder mit dem Lehrling öfter ausgeht
☐ b) Dadurch, daß der Ausbilder versucht, sich mit allen Mitteln absolute Autorität zu verschaffen
☐ c) Dadurch, daß der Ausbilder mit dem Lehrling möglichst viel gemeinsame Freizeit verbringt
☐ d) Durch verstärkte persönliche Betreuung des Lehrlings in den ersten Wochen im Betrieb
☐ e) Durch gemeinsame sportliche Betätigung außerhalb der Betriebsgemeinschaft.

„Siehe Seite 77 des Textteils!"

17. Ist die Erstellung eines einzelbetrieblichen Ausbildungsplanes zwingend vorgeschrieben?
☐ a) Nein, sie ist nur zwingend, wenn dies die Innungsversammlung beschlossen hat.
☐ b) Nein, sie steht im Ermessen des Ausbilders, der stets selbst entscheiden kann, ob dies erforderlich ist.
☐ c) Nein, sie ist nur zwingend, wenn dies die Vertragspartner im Berufsausbildungsvertrag ausdrücklich vereinbart haben.
☐ d) Nein, sie ist nur zwingend, wenn dies der Berufsbildungsausschuß der zuständigen Handwerkskammer angeordnet hat.
☐ e) Ja, sie ist zwingend, es sei denn, daß der Ausbildungsrahmenplan für den Beruf auch den Erfordernissen des Einzelfalls entspricht.

„Siehe Seite 78 des Textteils!"

18. Was sind die wichtigsten Inhalte eines einzelbetrieblichen Ausbildungsplans?

„Siehe Seite 78 des Textteils!"

19. Was wissen Sie über die sachliche und zeitliche Gliederung im Zusammenhang mit der Aufstellung eines einzelbetrieblichen Ausbildungsplanes?

„Siehe Seite 79 des Textteils!"

20. Stellen Sie auf der Grundlage des für Ihren Beruf gültigen Ausbildungsrahmenplanes einen Ihren Vorstellungen entsprechenden einzelbetrieblichen Ausbildungsplan für die Ausbildung eines Lehrlings in einem Ihnen bekannten Ausbildungsbetrieb auf!

„Siehe Seite 82 des Textteils!"

21. Unter einem Versetzungsplan versteht man
- ☐ a) die Planung über die Versetzung der Schüler einer Berufsschule.
- ☐ b) die Planung über die Versetzung einer allgemeinbildenden Schule.
- ☐ c) die Festlegung, welche Arbeitsplätze und Betriebsabteilungen ein Lehrling zu durchlaufen hat.
- ☐ d) eine Planung, die eine zeitversetzte Berufsausbildung ermöglicht.
- ☐ e) eine Planung, die eine Stufenausbildung ermöglichen soll.

„Siehe Seite 84 des Textteils!"

22. Welche der nachfolgenden Aussagen ist <u>falsch</u>?
- ☐ a) Bei der Beschaffung von Lehrlingen ist eine enge Zusammenarbeit mit der Berufsberatung des Arbeitsamtes empfehlenswert.
- ☐ b) Jeder Betrieb soll offene Lehrstellen dem Arbeitsamt rechtzeitig melden.
- ☐ c) Eine Meldung der offenen Lehrstellen an das Arbeitsamt ist überflüssig, weil diese Behörde das Handwerk bei der Vermittlung von Lehrlingen immer benachteiligt.
- ☐ d) Die Meldung offener Lehrstellen an das Arbeitsamt ist wichtig für die Statistik des Ausbildungsplatzangebotes.
- ☐ e) Die Auswahlbeurteilung des Bewerbers für eine Ausbildungsstelle durch den Berufsberater ist für den Ausbilder im Regelfalle eine wertvolle Entscheidungshilfe.

„Siehe Seite 87 des Textteils!"

23. Nennen Sie die wichtigsten Zielgruppen für die Nachwuchswerbung!

„Siehe Seite 86 des Textteils!"

24. Beschreiben Sie die Informations- und Werbematerialien, die besonders zur Nachwuchswerbung geeignet sind!

„Siehe Seite 86 des Textteils!"

25. Welche Bedeutung haben Schulzeugnisse für die Feststellung der Qualifikation des Bewerbers?
- ☐ a) Überhaupt keine, weil für die Berufsausbildung völlig andere Eigenschaften gelten als für die Schule.
- ☐ b) Die schulischen Vorkenntnisse sollten ausreichen, um das Ausbildungsziel des jeweiligen Berufes zu erreichen und dem Berufsschulunterricht folgen zu können.
- ☐ c) Lehrlinge sollten nur eingestellt werden, wenn sie im Hauptschulabschlußzeugnis mindestens die Gesamtnote „gut" nachweisen oder die mittlere Reife haben.
- ☐ d) Lehrlinge sollten nur eingestellt werden, wenn sie im Hauptschulabschlußzeugnis mindestens die Note „befriedigend" haben.
- ☐ e) Lehrlinge sollten nur eingestellt werden, wenn sie über die mittlere Reife verfügen.

„Siehe Seite 88 des Textteils!"

26. Das Vorstellungsgespräch bei der Auswahl des Lehrlings
- ☐ a) soll in Form einer strengen Prüfung durchgeführt werden.
- ☐ b) soll wie eine mündliche Prüfung aufgebaut sein.
- ☐ c) soll wie ein Streitgespräch aufgebaut sein.

2.1 Planung und Organisation der Ausbildung 97

☐ d) soll als zwanglose Unterhaltung geführt werden.
☐ e) soll zu Hause beim Lehrling durchgeführt werden.

„Siehe Seite 88 des Textteils!"

27. Worüber können fachliche und psychologische Tests Aufschluß geben?

„Siehe Seite 89 des Textteils!"

28. Nennen Sie wichtige Gründe für einen Ausbildungsabbruch!

„Siehe Seite 90 des Textteils!"

29. Welche Vorschläge kennen Sie, um Ausbildungsabbrüche zu verhindern oder zumindest zu verringern?

„Siehe Seite 91 des Textteils!"

2.2 Lerntheoretische Grundlagen der Ausbildung

2.2.1 Grundzusammenhänge

2.2.1.1 Lernbegriff

> Unter Lernen versteht man allgemein die Aneignung eines Lerngegenstandes, die langfristig auf die Veränderung von Einstellungen und Verhaltensweisen ausgerichtet ist.

Lernen

Lernen ist dabei abzugrenzen von Reifungsprozessen, Verhaltensänderungen aufgrund von Krankheit oder Drogen und Medikamenten sowie von kurzfristig auftretenden Stimmungsschwankungen.

Reifung
Verhaltensänderung

2.2.1.2 Lernsituation

> Die für die berufliche Ausbildung typische Lernsituation besteht darin, daß sich der Lernende, also der Lehrling, mit dem Lerngegenstand seiner Ausbildung auseinandersetzen muß.

Lernsituation
Lerngegenstand

Wesentliche Bestandteile des Lerngegenstandes

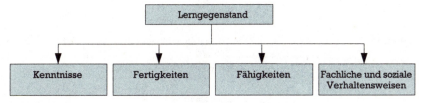

Abbildung 77

Kommt noch eine Person dazu, die das Lernen durch „Lehren" unterstützt, spricht man auch von einem Lerndreieck.

Lerndreieck

Lerndreieck in der betrieblichen Ausbildung

Abbildung 78

2.2.1.3 Grundformen des Lernens

Man kann zwei Grundformen des Lernens unterscheiden.

Grundformen des Lernens

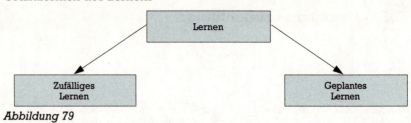

Abbildung 79

Zufälliges Lernen heißt, daß der Lernende Kenntnisse, Fertigkeiten und Verhaltensweisen sich durch zufällige Beobachtung (Sehen oder Hören) aneignet.

Geplantes Lernen dagegen wird gesteuert, zum Beispiel am Ausbildungsplatz vom Ausbilder im Rahmen einer Unterweisung.

2.2.1.4 Lernen als Handeln

> Lernen bedeutet immer auch aktive Auseinandersetzung mit dem Lerngegenstand. Diese Auseinandersetzung kann selbst- und fremdgesteuert erfolgen. Ziel gerade einer auftragsorientierten Berufsausbildung soll es sein, daß der Lehrling zu selbstgesteuertem Lernen fähig wird.

Selbstgesteuertes Lernen bedeutet, daß der Lernende selbst in der Lage ist, seine Lernhandlung zu bestimmen.

Wesentliche Entscheidungsbereiche des selbstgesteuerten Lernens

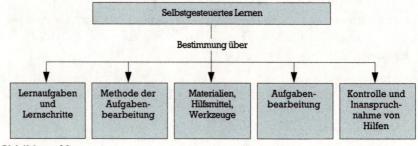

Abbildung 80

Wenn diese Entscheidungen – also: was, wie und womit gelernt und wie dies kontrolliert und unterstützt wird – weitgehend fremden Personen, insbesondere dem Ausbilder vorbehalten sind, dann spricht man von fremdbestimmtem Lernen.

Allerdings muß auch das selbstbestimmte Lernen sozusagen vorher erlernt werden. Die erforderlichen Fähigkeiten müssen dazu im Laufe der Ausbildung entwickelt werden.

2.2.1.5 Lernarten

Arten des Lernens

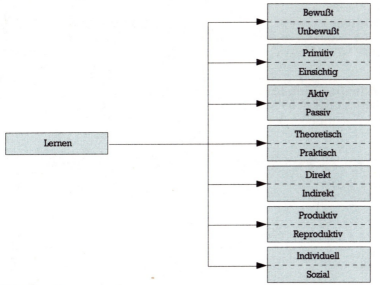

Arten des Lernens

Abbildung 81

Bewußtes Lernen
Der Lernende ist sich der Tatsache des Lernens voll bewußt und steuert bzw. organisiert den Lernprozeß (man spricht deshalb auch von intentionalem Lernen).

Unbewußtes Lernen
Unbewußtes Lernen erfolgt eher funktional, das heißt nachahmend und nicht besonders organisiert; es hat deshalb einen verhältnismäßig geringen Bewußtseinsgrad.

Bewußtes, unbewußtes Lernen

Zwischen beiden Formen sind eine Reihe verschiedenartiger Abstufungen möglich.

Primitives Lernen
Primitives Lernen ist in erster Linie ein bloßes Reagieren auf Reize und Signale der Umwelt. Frühe Stufen des Lernens beim Kleinkind werden so genannt.

Einsichtiges Lernen
Lernen durch Einsicht erfordert das vollständige Erfassen von Zusammenhängen und Abläufen. Es ist die höchste Stufe des Lernens und baut oft auf recht schwierigen Denkvorgängen auf.

Primitives, einsichtiges Lernen

Aktives Lernen
Aktives Lernen vollzieht sich durch das Handeln des Menschen.

Passives Lernen
Passives Lernen erfolgt durch Aufnehmen und Zuhören. Aber auch dies erfordert gewisse Aktivitäten.

Aktives, passives Lernen

Theoretisches Lernen
Diese Lernart baut auf theoretischen Überlegungen auf.

Praktisches Lernen
Bei dieser Lernart stehen praktische Erlebnisse und Erfahrungen im Vordergrund. Die betriebliche Ausbildung ist zum großen Teil praktisches Lernen.

Theoretisches, praktisches Lernen

Es muß vor dem Fehler gewarnt werden, praktischem Lernen einen niedrigeren Stellenwert beizumessen als theoretischem Lernen.

Direktes, indirektes Lernen	**Direktes Lernen** Der Lernende steuert den Lernprozeß selbst.	**Indirektes Lernen** Das Lernen wird durch die Umwelt angeregt.
Produktives, reproduktives Lernen	**Produktives Lernen** Hier überwiegt beim Lernen das schöpferische Element.	**Reproduktives Lernen** Hier ist beim Lernen mehr der nachahmende und nachbildende Charakter ausgeprägt.
Individuelles, soziales Lernen	**Individuelles Lernen** Das Lernen vollzieht sich im persönlichen Bereich.	**Soziales Lernen** Das Lernen findet in Gemeinschaft statt.

Lerntypen

> In Anlehnung an Gagné lassen sich verschiedene Lerntypen unterscheiden, die für konkrete Lernleistungen und Lernbedingungen charakteristisch sind.

Unterteilung nach Lerntypen

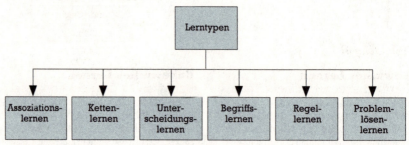

Abbildung 82

Assoziationslernen

Assoziationslernen: Das Lernen besteht im Einprägen einer bestimmten Reiz-Reaktionsverbindung.

Beispiel:
Der Lehrling lernt, eine Maschine bei Vorliegen eines Störanzeichens (optisch oder akustisch) sofort abzuschalten.

Kettenlernen

Kettenlernen: Hier werden mehrere Reiz-Reaktionsverbindungen zu einem kompletten Handlungsablauf verknüpft.

Beispiel:
Das Inbetriebsetzen einer Maschine.

Unterscheidungslernen

Unterscheidungslernen: Dieser Lerntyp bezeichnet die Fähigkeit, mehrere Reize genau wahrzunehmen und entsprechend der gestellten Aufgabe unterscheiden zu können.

Beispiel:
Zuordnung von Materialien anhand ihrer Oberflächenbeschaffenheit.

Begriffslernen

Begriffslernen: Der Lernende ist fähig zu erkennen, daß verschiedene Dinge einige Reize gemeinsam haben; er kann das Gemeinsame bei ähnlichen Reizen herausstellen.

> **Beispiel:**
> Die Fähigkeit, zusammengehörende Arbeitsgeräte zu erkennen.

Regellernen: Zwei oder mehrere Begriffe können zu einer Regel zusammengefaßt werden.

Regellernen

> **Beispiel:**
> Im Elektrobereich die Widerstandsbestimmung.

Problemlösenlernen: Mehrere Regeln können zu einer übergeordneten Regel verknüpft werden.

Problemlösenlernen

> **Beispiel:**
> Die Fähigkeit, anhand von Störungsanzeichen auf die Ursachen schließen zu können.

2.2.2 Lernprozeß

2.2.2.1 Stufen bzw. Phasen im Ablauf des Lernprozesses

In der pädagogischen Literatur wurde eine Reihe von Modellen entwickelt, die die Stufen bzw. Phasen des Lernprozesses darstellen.

Stufen des Lernprozesses

> Für die praktische Berufsausbildung eignet sich insbesondere das sogenannte Drei-Stufen-Modell.

Drei-Stufen-Modell

Das Drei-Stufen-Modell des Lernprozesses

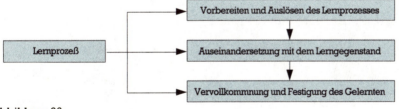

Abbildung 83

Vorbereiten und Auslösen des Lernprozesses

> In dieser ersten Stufe kommt es insbesondere darauf an, beim Lernenden Beweggründe (Motive) auszulösen, die seine Bereitschaft zum Lernen wecken.

Wecken der Lernbereitschaft

Zu bedenken ist dabei, daß mangelnde Lernbereitschaft mehrere Ursachen haben kann, insbesondere
- mangelndes Interesse
- fehlende Einsicht in Sinn und Zweck der gestellten Aufgabe
- Überforderung des Lernenden.

(Vgl. hierzu im einzelnen die Ausführungen unter Abschnitt 2.2.3 „Lernmotivation" in diesem Band.)

Auseinander-
setzung

Auseinandersetzung mit dem Lerngegenstand

In dieser zweiten Stufe tastet sich der Lernende nach und nach an die richtige Lösung heran. Fehler werden durch wiederholte Versuche und auf der Basis des bereits vorhandenen Wissens abgestellt.

> Mit der ersten Aneignung der zu erlernenden Verhaltensweise oder dem ersten selbständigen Erwerb einer neuen Fertigkeit oder Kenntnis ist das eigentliche Lernstadium abgeschlossen.

Vervollkomm-
nung und
Festigung

Vervollkommnung und Festigung des Erlernten

In der dritten Stufe geht es darum, den Lernerfolg durch
- mehrmalige Übungen
und
- gestaltende Anwendung sicherzustellen.

(Vgl. dazu auch die Aussagen in Abschnitt 2.2.4 „Die Bedeutung von Üben und Anwenden für den Lern- und Ausbildungserfolg" in diesem Band.)

Erfolgs-
erlebnisse

> Während des gesamten Lernprozesses sind Erfolgserlebnisse für die Lern- und Leistungsmotivation besonders wichtig.

2.2.2.2 Typische Lernanforderungen und Lernschwierigkeiten im Lernablauf und darauf bezogene Lernhilfen

> Erfolgreiches Lernen erfordert neben der geeigneten Lernsituation und dem angepaßten Lernstoff auf seiten des Auszubildenden vor allem Lernfähigkeit und Lernbereitschaft.

Wichtige Lernanforderungen im Handwerk

Lernanforde-
rungen

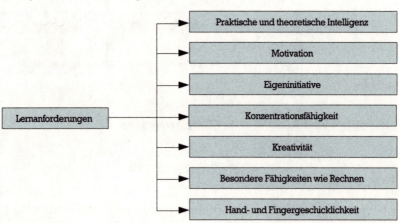

Abbildung 84

Lernschwierig-
keiten

Typische Lernschwierigkeiten ergeben sich dann, wenn der Lernende den Lernanforderungen nicht gerecht werden will oder kann.

Typische Lernschwierigkeiten

Abbildung 85

Es ist Aufgabe des Ausbilders, durch geeignete Lernhilfen solche Lernschwierigkeiten von vornherein zu verhindern bzw. sie rasch zu beseitigen.
Lernhilfen sind abhängig von Lernziel, Lerngegenstand und Lernschwierigkeiten. Sie helfen bei richtiger Gestaltung wesentlich
- beim Einprägen von Wissen
- bei der Vermittlung von Fertigkeiten
- bei der Befähigung zum Problemlösen.

Lernhilfen

Nutzen der Lernhilfen

Lernhilfen

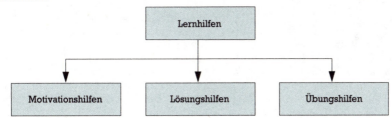

Abbildung 86

Motivationshilfen dienen der Förderung der Lernbereitschaft, um den Lernprozeß optimal in Gang bringen zu können.

Motivationshilfen

Wichtige Motivationshilfen

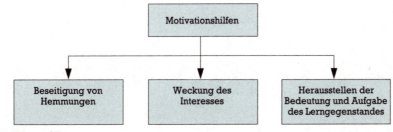

Abbildung 87

Lösungshilfen verfolgen den Zweck, dem Lehrling bei Problemen während der Lösung gestellter Aufgaben zu helfen.

Lösungshilfen

Dies ist beispielsweise möglich durch
- Einräumen von genügend Zeit zum Probieren
- Vermittlung von Denkimpulsen
- gemeinsame Diskussion über Alternativlösungen
- Vormachen, Demonstrieren und Erklären.

Übungshilfen

> Übungshilfen dienen dem Ziel, den Übungsvorgang optimal und erfolgsorientiert zu gestalten.

Wichtige Übungshilfen

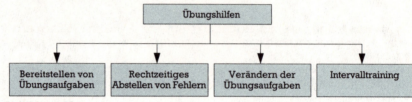

Abbildung 88

Spezielle Lernhilfen

Spezielle Lernhilfen wurden auch für die einzelnen Lerntypen (siehe dazu Abschnitt 2.2.1.5 „Lernarten" in diesem Band) entwickelt. Es sind dabei insbesondere zu nennen:

Unterscheidungslernen
- Hilfen zum Unterscheidungslernen; eine solche Hilfe ist zum Beispiel dann gegeben, wenn dem Lehrling bestimmte optische und akustische Reize immer wieder demonstriert werden.

Begriffslernen
- Hilfen zum Begriffslernen; das Lernen kann dem Lehrling beispielsweise dadurch erleichtert werden, daß zusammengehörende Arbeitsgeräte immer wieder in der täglichen Praxis eingesetzt werden.

Erlernen von Regeln
- Hilfen für das Erlernen von Regeln, zum Beispiel durch laufende Erklärung an konkreten Fällen aus der betrieblichen Praxis.

Problemlösen
- Befähigung zum Problemlösen, wenn möglich durch Erarbeiten aus dem Ernstfall.

Einprägen von Wissen
- Hilfen zum Einprägen von Wissen, zum Beispiel durch einfache und verständliche oder auch graphische Darstellungen (Schaubilder).
- Hilfen für die Vermittlung von Fertigkeiten wie Vormachen und Fehlerkorrektur.

2.2.3 Lernmotivation

2.2.3.1 Begriff

Lernmotivation

> Unter Lernmotivation versteht man grundsätzlich den Beweggrund oder Auslöser zum Lernen.

2.2.3.2 Arten

Hinsichtlich der Motive zum Lernen unterscheidet man zwischen

Aktualmotivation
- **Aktualmotivation:** Beweggründe aus bestimmten Einzelsituationen und

Habituelle Motivation
- **habitueller Motivation:** Beweggründe, die bereits zur Gewohnheit geworden sind.

2.2 Lerntheoretische Grundlagen der Ausbildung

Beide Motive können sich auch wechselseitig beeinflussen.

Hinsichtlich der Motivinhalte lassen sich zwei Gruppen bilden:
- **Primäre oder direkte Motive:** Sie sind direkt auf den Lerngegenstand bezogen, zum Beispiel weil er Spaß macht oder interessant ist. *Primäre Motive*
- **Sekundäre oder indirekte Motive:** Hier liegen die Beweggründe für das Lernen außerhalb der unmittelbaren Lerntätigkeit. Gelernt wird dann zum Beispiel für gute Noten oder wegen einer finanziellen Belohnung. *Sekundäre Motive*

2.2.3.3 Faktoren und Bedingungen

Die Lernmotivation wird von mehreren Faktoren und Bedingungen maßgeblich geprägt. *Faktoren der Lernmotivation*

Faktoren und Bedingungen der Lernmotivation

Abbildung 89

2.2.3.4 Maßnahmen und Hilfen zur Förderung der Lernmotivation

Dem Ausbilder stehen vielfältige Möglichkeiten zur Verfügung, durch geeignete Maßnahmen und Hilfen die Lernmotivation zu fördern. *Förderung der Lernmotivation*

Die Förderung der Lernmotivation

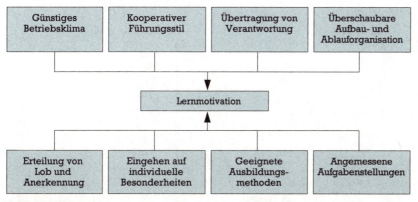

Abbildung 90

2.2.4 Die Bedeutung von Üben und Anwenden für den Lern- und Ausbildungserfolg

Üben, Einprägen und Anwenden sind für den Lern- und Ausbildungserfolg eine unabdingbare Voraussetzung.

Üben
Erlernen
Sichern
Stabilisieren

Stetiges Üben dient der
- Erlernung
- Sicherung
- Stabilisierung

von Kenntnissen, Fertigkeiten und Verhaltensweisen.

Lerntransfer

> Für den Lern- und Ausbildungserfolg ist im weiteren von besonderer Bedeutung, daß der Lernende diese Kenntnisse, Fertigkeiten und Verhaltensweisen auch von einer Situation auf eine andere übertragen kann. Diesen Prozeß bezeichnet man als Lerntransfer.

Einprägen und Behalten

Bedingungen für das Einprägen und Behalten

Abbildung 91

Lernkurve

> Die Darstellung, wie groß der Zuwachs beim Lernen im Laufe der Übung ist, bezeichnen Psychologen als Lernkurve.

Die Lernkurve ist also eine graphische Darstellung der Beziehung zwischen Wissensaufnahme und zeitlichem Ablauf des Lernprozesses. Zwei Abbildungsmöglichkeiten sind dafür möglich, nämlich einerseits die Darstellung, wie die Zahl der Fehler im Verlaufe der Übung abnimmt, und andererseits die Darstellung der richtigen Bewegungen, etwa beim Erlernen einer Fertigkeit.

Graphische Darstellung

Lernkurven

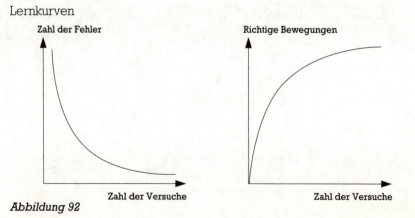

Abbildung 92

2.2 Lerntheoretische Grundlagen der Ausbildung

Es muß jedoch dabei darauf hingewiesen werden, daß diese Darstellungen nur das typische Verlaufsmuster wiedergeben können. Lernkurven sind bei jedem Lernenden verschieden und von einer Reihe von Faktoren abhängig, von der Begabung und Veranlagung bis hin zur jeweiligen Tagesform.

Individuelle Unterschiede

Für die Fähigkeit, das Geübte einzuprägen und zu behalten, ist das Gedächtnis entscheidend.

Gedächtnis

Das Gedächtnis

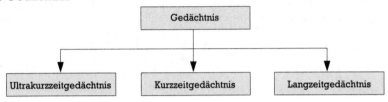

Abbildung 93

Im Ultrakurzzeitgedächtnis sind Informationen nur über eine Zeitspanne von 10 – 20 Sekunden verfügbar.

Ultrakurzzeitgedächtnis

Die Speicherdauer von Informationen im Kurzzeitgedächtnis beträgt zwischen 20 und 30 Minuten.

Kurzzeitgedächtnis

Tatsächlich gelernt ist nur, was im Langzeitgedächtnis gespeichert ist.

Langzeitgedächtnis

Allerdings kann sich der Mensch im Zeitablauf an Gelerntes oft nicht mehr vollständig oder überhaupt nicht mehr erinnern. In der graphischen Darstellung besagt die Vergessenskurve, daß bereits unmittelbar nach dem Lernvorgang sehr viel wieder vergessen wird. Im weiteren Zeitablauf geht das Vergessen wesentlich langsamer vor sich.

Die Vergessenskurve

Vergessenskurve

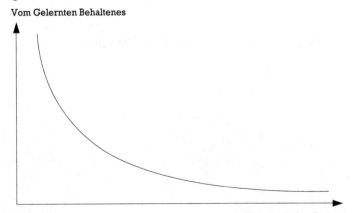

Abbildung 94

Individuelle Gegebenheiten

Allerdings darf auch diese Darstellung nur als allgemeines Verlaufsmuster angesehen werden. Der tatsächliche Verlauf kann bei jedem einzelnen Menschen davon erheblich abweichen. Er hängt wesentlich vom Lerngegenstand, den Lernbedingungen und der jeweiligen persönlichen Situation des einzelnen ab.

Behaltenseffekt

Aufgrund der neuesten Forschungserkenntnisse ergibt sich, daß durch eine entsprechende Gestaltung des Lernprozesses der Behaltenseffekt wesentlich gesteigert werden kann.

Forschungsergebnisse

Aus der modernen Hirnforschung weiß man, daß der Behaltenseffekt maßgeblich davon abhängt,
- auf welche Art Informationen aufgenommen werden
- ob neue Informationen bereits mit im Gehirn vorhandenen Informationen verknüpft werden können.

Behaltensfähigkeit

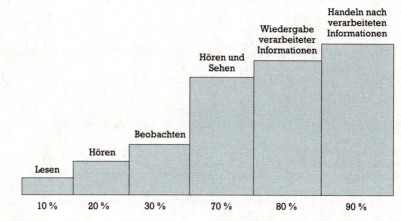

Abbildung 95

2.2.5 Lernziele und Lernzielplanung

2.2.5.1 Lernzielklassifikationen

Lernziele

Lernziele beinhalten grundsätzlich beabsichtigte, angestrebte und erwünschte Ergebnisse des Lernprozesses und die Veränderung von Verhaltensweisen beim Lernenden.

Beobachtbares Endverhalten

Lernziele sind also Beschreibungen des beobachtbaren Endverhaltens, das durch das Lernen in der Ausbildung erreicht werden soll.

Lernzielbereiche

In Übereinstimmung mit den drei Lernbereichen – Kenntnisse, Fertigkeiten, Verhalten – gibt es auch entsprechende Lernzielbereiche.

2.2 Lerntheoretische Grundlagen der Ausbildung

Aufteilung der Lernziele nach Lernzielbereichen

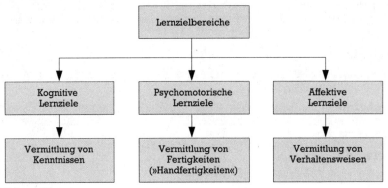

Abbildung 96

Kognitive Lernziele beziehen sich insbesondere auf Veränderungen bei
- Wissen
- Verstehen
- Einsehen
- Denken
- Behalten.

Kognitive Lernziele

Psychomotorische Lernziele sind vor allem Veränderungen in den Bereichen
- körperliches Handeln
- Bewegungen
- manuelle Tätigkeiten.

Psychomotorische Lernziele

Affektive Lernziele beinhalten unter anderem Veränderungen bei
- Empfindungen
- Wertungen
- Interessen
- inneren Einstellungen
- Motivation
- sozialem Verhalten
- Ordnungssinn
- Bereitschaft zur Kooperation
- Arbeitsfreude.

Affektive Lernziele

> Lernziele können auch nach dem Grad der Genauigkeit und Eindeutigkeit unterschieden werden.

Eindeutigkeit
Genauigkeit

Lernziele nach Genauigkeit und Eindeutigkeit

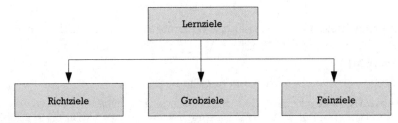

Abbildung 97

Richtziele — **Richtziele** - auch Makroziele genannt – werden eher allgemein dargestellt und weisen daher einen geringen Grad an Genauigkeit auf. Die damit angesprochenen Verhaltensweisen lassen eine größere Zahl von Auslegungen zu.

Beispiel:
Beherrschung der notwendigen Fertigkeiten und Kenntnisse für die Kraftfahrzeuginstandsetzung.

Grobziele — **Grobziele** umschreiben Verhaltensformen, die einen mittleren Grad von Eindeutigkeit aufweisen und die ein Lehrling nach Abschluß eines Unterweisungsabschnittes haben sollte.

Beispiel:
Messen zum Feststellen von Störungen.

Feinziele — **Feinziele** - auch Mikroziele genannt – sind auf Exaktheit ausgerichtet und lassen nur eine Auslegung zu.

Beispiel:
Messen und Einstellen des Elektrodenabstands an Zündkerzen.

Teillernziele — Aus Gründen einer größtmöglichen Systematik und der Notwendigkeit der Festlegung kleinerer Lern- und Unterweisungseinheiten kann man auch Teillernziele festlegen. Sie müssen allerdings den jeweiligen Endlernzielen systematisch zugeordnet sein.

2.2.5.2 Lernzielniveaus

Unter dem Gesichtspunkt des Anspruchsniveaus und der Wertigkeit des Gelernten unterscheidet man mehrere Lernzielstufen bzw. Lernzielniveaus.

Lernzielniveaus

Lernzielniveaus

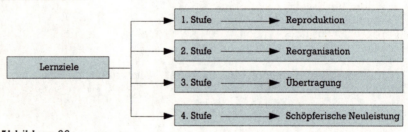

Abbildung 98

Reproduktion — **Reproduktion** bedeutet, daß das Gelernte aus dem Gedächtnis wiedergegeben werden kann.

Beispiel:
Wiedergabe von Begriffen und Regeln.

Reorganisation — **Reorganisation** besagt, daß der Lernende das Wesentliche des Gelernten verstanden hat und es mit eigenen Worten, unter Umständen auch in veränderter Reihenfolge, wiedergeben kann.

2.2 Lerntheoretische Grundlagen der Ausbildung

Beispiel:
Zuordnung von Handlungsanleitungen auf den jeweiligen Kundenauftrag.

Bei der **Übertragung** (Transfer) kann der Lernende die Prinzipien des Gelernten auf neue, ähnliche Aufgaben anwenden.

Übertragung

Beispiel:
Berechnung des Materialverbrauchs für neue Aufträge anhand der Erfahrungen und Ergebnisse eines soeben beendeten Auftrages.

Schöpferische Neuleistung liegt vor, wenn der Lernende in der Lage ist, das Gelernte selbst weiterzuentwickeln.

Schöpferische Neuleistung

Beispiel:
Unterbreitung von Verbesserungsvorschlägen.

2.2.5.3 Lernzielbeschreibung (Operationalisierung)

Für eine systematische Planung, Ausführung, Kontrolle und Steuerung des Ausbildungsprozesses bedarf es genauer Lernzielbeschreibungen. Man spricht dabei auch von der Operationalisierung der Lernziele.

Operationalisierung der Lernziele

Ein operational formuliertes Lernziel enthält
- die Angabe des Endverhaltens
- die Bedingungen, unter denen das Verhalten gezeigt werden soll
- einen Maßstab zur Kontrolle, ob das Endverhalten erreicht wurde.

Inhalt

Bei der Auswahl der Lernziele müssen mehrere Faktoren berücksichtigt werden.

Auswahl der Lernziele

Einflußfaktoren für die Auswahl der Lernziele

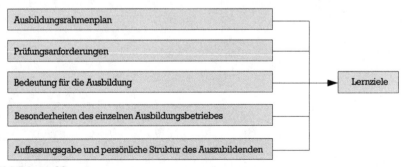

Abbildung 99

Die durch eine derart systematische Zielplanung festgelegten Ausbildungsziele gehen in den einzelbetrieblichen Ausbildungsplan ein. Dabei empfiehlt sich auch eine Verlaufsplanung hinsichtlich des Ablaufs der Berufsausbildung nach pädagogischen Gesichtspunkten

Verlaufsplanung

Verlauf der
Ausbildung

Lernzielplanung nach dem Verlauf der Ausbildung

Abbildung 100

Ständige
Anpassung

Angesichts des raschen technischen und wirtschaftlichen Wandels im Arbeitsleben ist es erforderlich, die Lernzielauswahl immer aufs neue zu überdenken, zu überprüfen und an die veränderten Anforderungen der Berufswelt anzupassen.

Programmierte und textlich gestaltete, offene Übungs-, Wiederholungs- und Prüfungsfragen

1. Unter Lernen versteht man
- ☐ a) nur die Vertiefung eines bereits bekannten Lernstoffes.
- ☐ b) in erster Linie die Erinnerung an bereits bekannten Lernstoff.
- ☐ c) nur die Wiederholung und Übung von Verhaltensweisen.
- ☐ d) die Demonstration eines Lernstoffs.
- ☐ e) die Aneignung eines Lerngegenstandes mit dem Ziel der langfristigen Änderung von Verhaltensweisen.

„Siehe Seite 99 des Textteils!"

2. Beschreiben Sie die für die berufliche Ausbildung typische Lernsituation!

„Siehe Seite 99 des Textteils!"

3. Was bedeutet selbstgesteuertes Lernen?

„Siehe Seite 100 des Textteils!"

4. Welche Arten von Lernen kennen Sie?

„Siehe Seite 101 des Textteils!"

5. Um den Lernprozeß in Gang zu bringen, ist es notwendig,
- ☐ a) die Lernmotivation anzuregen.
- ☐ b) die Hilfestellung der Lehrkraft einer Berufsschule in Anspruch zu nehmen.
- ☐ c) in erster Linie die Unterstützung der Eltern zu haben.
- ☐ d) die Hilfestellung eines Ausbildungsberaters in Anspruch zu nehmen.
- ☐ e) die Hilfestellung eines Berufsberaters in Anspruch zu nehmen.

„Siehe Seite 103 des Textteils!"

6. Was würden Sie als richtige Reihenfolge der drei Phasen des Lernprozesses bezeichnen?
- ☐ a) Festigung, Lernstadium, Lernmotivation
- ☐ b) Lernmotivation, Lernstadium, Festigung
- ☐ c) Lernmotivation, Festigung, Lernstadium
- ☐ d) Lernstadium, Festigung, Lernmotivation
- ☐ e) Festigung, Lernmotivation, Lernstadium.

„Siehe Seite 103 des Textteils!"

7. Was sind wichtige Lernanforderungen im Handwerk?

„Siehe Seite 104 des Textteils!"

8. Lernhilfen dienen dazu,
- ☐ a) den betrieblichen Ausbildungsplan und den Lehrplan der Berufsschule in Übereinstimmung zu bringen.
- ☐ b) den Lernprozeß für alle Lehrlinge zu vereinheitlichen.
- ☐ c) Lernschwierigkeiten zu verhindern bzw. zu beseitigen.
- ☐ d) Lernanforderungen zu beschreiben.
- ☐ e) Lernziele zu entwerfen.

„Siehe Seite 105 des Textteils!"

9. Nennen und beschreiben Sie wichtige Lernmotive!

„Siehe Seite 106 des Textteils!"

10. Unter einem Lernziel versteht man
- ☐ a) ausschließlich die Beschreibung von Fertigkeiten, die in der Grundausbildung zu vermitteln sind.
- ☐ b) nur die Kenntnisse, die während der Anwendungsausbildung vermittelt werden sollen.
- ☐ c) die Fertigkeiten und Kenntnisse, die ausschließlich die Fachausbildung betreffen.
- ☐ d) die Beschreibung des beobachtbaren Endverhaltens, das durch Lernen erreicht werden soll.
- ☐ e) die Beschreibung der Prüfungsanforderungen.

„Siehe Seite 110 des Textteils!"

11. Erläutern Sie, was Sie in Übereinstimmung mit den drei Lernbereichen unter kognitiven, affektiven und psychomotorischen Lernzielen verstehen!

„Siehe Seite 111 des Textteils!"

12. Unter Grobzielen versteht man bei der Festlegung von Lernzielen
- ☐ a) festgelegte Begriffe, die einen geringen Grad an Genauigkeit aufweisen.
- ☐ b) Verhaltensformen, die einen mittleren Grad von Eindeutigkeit aufweisen.
- ☐ c) Verhaltensformen, die auf Exaktheit ausgerichtet sind und nur eine Auslegung zulassen.
- ☐ d) Verhaltensformen, die auf Exaktheit ausgerichtet sind, aber mehrere Auslegungen zulassen.
- ☐ e) Verhaltensformen, die den geistig-gefühlsmäßigen Bereich betreffen.

„Siehe Seite 112 des Textteils!"

13. Welche Lernzielniveaus unterscheidet man nach dem Gesichtspunkt des Anspruchsniveaus?

„Siehe Seite 112 des Textteils!"

14. Unter Lerntransfer versteht man
- ☐ a) die Einbringung schulischer Kenntnisse in die betriebliche Ausbildung.
- ☐ b) die optimale Abstimmung des betrieblichen und schulischen Lernens.
- ☐ c) die Sicherung von Kenntnissen und Fertigkeiten durch Üben.
- ☐ d) die Übertragung von Kenntnissen, Fertigkeiten und Verhaltensweisen von einer Situation auf eine andere.
- ☐ e) die Verteilung des Lernstoffes auf mehrere Lernperioden.

„Siehe Seite 113 des Textteils!"

15. Wonach hat sich die Auswahl der Lernziele zu richten?

„Siehe Seite 113 des Textteils!"

2.3 Die Lehrtätigkeit des Ausbilders

2.3.1 Grundzusammenhänge und methodische Grundbegriffe

2.3.1.1 Lehren als Lernhilfe

> Lehren heißt: Lernen bewirken.

Lehren

Das Lehren ist also eine Tätigkeit des Ausbilders, die sich unmittelbar an den Auszubildenden richtet und den Zweck hat, zum Erreichen der Ausbildungsziele beizutragen. Das Lehren ist damit eine der wichtigsten Lernhilfen für den Lernenden.

Lernhilfe

2.3.1.2 Lehren in und außerhalb der produktiven Arbeitstätigkeit

> Vor allem in Betrieben der Größenordnung wie sie im Handwerk üblich ist, gibt es in der Regel keine festen Ausbildungsplätze. Die Ausbildung findet vielmehr je nach Betriebsgröße und den betrieblichen Aufgabenschwerpunkten an verschiedenen Plätzen statt.

Lehr- und Lernorte in der betrieblichen Ausbildung

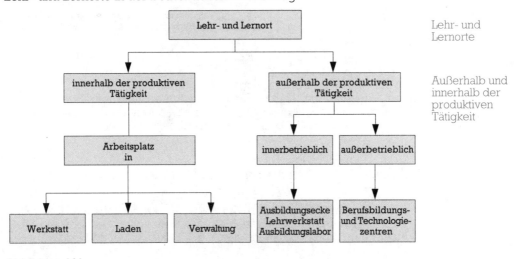

Lehr- und Lernorte

Außerhalb und innerhalb der produktiven Tätigkeit

Abbildung 101

Ein weiterer wichtiger Lernort der gesamten Berufsausbildung ist die berufsbildende Schule.

Berufsschule

2.3.1.3 Aktionsformen

Aktionsformen

Als Aktionsformen bezeichnet man die Art und Weise, wie Ausbilder und Lehrlinge im Rahmen der Ausbildung zur Stoffvermittlung tätig werden.

Häufige Formen

Häufige Aktionsformen sind:
- Zeigen
- Vormachen
- Vorführen
- Erklären
- Fragen
- Anerkennen
- Ermutigen
- Tadeln.

Lehr- und Lernformen

2.3.1.4 Organisationsformen des Lehrens und Lernens (Lehr- und Lernformen)

Betriebliche Lehr- und Lernformen

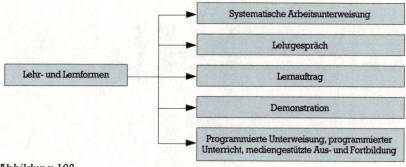

Abbildung 102

Auf die einzelnen Formen wird in Abschnitt 2.3.3 „Kriterien zur Einplanung, Vorbereitung, Durchführung und Auswertung von systematischen Arbeitsunterweisungen, Lehrgesprächen, Lernaufträgen und anderen Lehr- und Lernverfahren" in diesem Band näher eingegangen.

2.3.1.5 Methodensysteme und Methodenkonzeptionen

Methoden

Der Begriff Methode dient in der Regel zur Kennzeichnung geregelter Verfahren und Abläufe. Eine Methodenkonzeption der betrieblichen Ausbildung umfaßt demnach deren gesamten Ablauf und Prozeß.

Darunter fallen unter anderem
- Lernziele
- Aufbau und Ablauf der Ausbildung
- organisatorische und institutionelle Einbettung der Ausbildung
- Eigenheiten, Verhalten und Aktivitäten von Ausbildern und Lehrlingen.

In der Wissenschaft wurden dazu verschiedene Konzepte entwickelt.

Methodenkonzeptionen der betrieblichen Ausbildung

Abbildung 103

Methodenkonzeptionen

Bei der **lehrgangsorientierten Ausbildung** werden für die Lernziele und den entsprechenden Lehrstoff eine genaue Abfolge und Zeitspanne vorgegeben. Der Lehrgang in der betrieblichen Ausbildung ist sozusagen das Gegenstück des Lehrplans in der Schule.

Lehrgangsorientierte Ausbildung

Das wesentliche Merkmal der **projektorientierten Ausbildung** besteht darin, daß die Lernenden eine umfangreiche und konkrete Arbeitsaufgabe erhalten. Für die Durchführung und Lösung wird ihnen ein hohes Maß an Selbständigkeit eingeräumt.

Projektorientierte Ausbildung

Die **auftragsorientierte Ausbildung** ist als weiterentwickelte Stufe durch das Lernen und Lehren anhand echter Arbeitsaufgaben und Arbeitssituationen im Rahmen eines Kundenauftrages gekennzeichnet.

Auftragsorientierte Ausbildung

Diesen Methodenkonzeptionen entsprechen die Methodensysteme
- Lehrgangsmethode
- Projektmethode
- Auftragsmethode.

Lehrgangs-, Projekt-, Auftragsmethode

2.3.1.6 Lehrverfahren

> Die grundlegenden Lehrverfahren beziehen sich auf den Gesamtprozeß des Lehrens, insbesondere die Stellung und das Verhältnis von Lehrenden, Lernenden und Lernstoff.

Lehrverfahren

Lehrverfahren

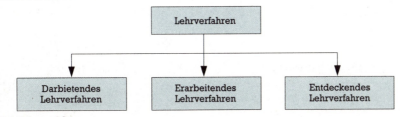

Abbildung 104

Beim **darbietenden Lehrverfahren** (auch gebende Methode genannt) wird der Stoff vom Lehrenden vorgetragen, gezeigt und dargestellt. Der Lehrling verhält sich eher passiv und nimmt den Stoff auf.

Darbietendes Lehrverfahren

Erarbeitendes Lehrverfahren
: Beim **erarbeitenden Lehrverfahren** beteiligt der Lehrende den Lernenden durch Fragen und Diskussionen am Finden und Erarbeiten des neuen Lehrstoffes.

Aufgebendes Lehrverfahren
: Beim **aufgebenden Lehrverfahren** eignet sich der Lernende den Stoff mit geeignetem und anregendem Lernmaterial weitgehend selbständig an.

Kombinationen
: In der Praxis werden oftmals auch einzelne Elemente der Lehrverfahren miteinander kombiniert.

2.3.1.7 Sozialformen

Sozialformen
: Als Sozialformen bezeichnet man in diesem Zusammenhang die nach sozialen Gesichtspunkten ausgerichteten Formen der Lehrtätigkeit.

Sozialformen des Lehrens

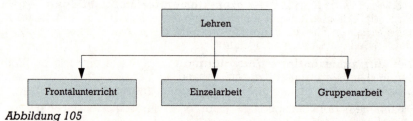

Abbildung 105

Frontalunterricht
: Beim **Frontalunterricht** steht die Vermittlung gleicher Kenntnisse an alle Lernenden im Vordergrund. Aktivität und Beteiligung der Lernenden sind weniger gefragt. Wichtig ist vielmehr nur das Beherrschen des für alle Lernenden gleichen Lernstoffs.

Einzelarbeit
: **Einzelarbeit** in der Ausbildung bedeutet, daß der Ausbilder mit jedem Auszubildenden einzeln arbeitet.

Gruppenarbeit
: **Gruppenarbeit** gewinnt in der Praxis der Berufsausbildung immer mehr an Bedeutung. Die Vorzüge liegen in einer höheren Lernmotivation, aber auch in der Förderung der Bereitschaft zur Zusammenarbeit und sozialer Verhaltensweisen.

Gruppengröße
: Hinsichtlich der Gruppengröße wird zumeist eine Teilnehmerzahl zwischen drei und acht Lehrlingen empfohlen.

Ablauf der Gruppenarbeit

Ablauf

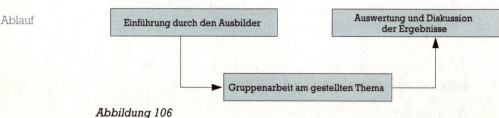

Abbildung 106

Dabei kann der Ausbilder der gesamten Gruppe
- ein Thema (themengleiche Gruppenarbeit) oder
- mehrere Themen zugleich (arbeitsteilige Gruppenarbeit)

zur Bearbeitung geben.

Themengleiche Gruppenarbeit

Arbeitsteilige Gruppenarbeit

> Für eine erfolgreiche Gruppenarbeit sind für die Planung und Durchführung wichtige Grundsätze zu beachten:
> - sorgfältige Vorbereitung
>   - bei der Zusammensetzung einer Gruppe
>   - bei der Auswahl der Lehr- und Lernmittel
> - klare Aufgabenstellung
> - Abstimmung der Aufgabe auf den Leistungsstand der Teilnehmer
> - Benennung eines oder mehrerer Gruppensprecher mit der Verantwortung für eine sachliche und themenbezogene Diskussion.

Grundsätze für Gruppenarbeit

Wichtige Faktoren, die bei der Entscheidung für Einzel- oder Gruppenarbeit eine Rolle spielen, sind unter anderem:
- Lernprobleme
- Basiskenntnisse der Lehrlinge
- Zusammensetzung der Lehrlinge.

Entscheidungskriterien

2.3.1.8 Didaktische Prinzipien

In der Wissenschaft wurden mehrere didaktische Prinzipien entwickelt und abgeleitet, die bei der betrieblichen Ausbildung beachtet werden sollen.

Didaktische Prinzipien

Wichtige didaktische Prinzipien

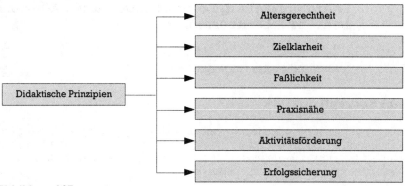

Abbildung 107

Prinzip der Altersgerechtheit: Der Ausbilder muß immer bedenken, welcher Altersgruppe die Auszubildenden angehören. Zu Beginn der Ausbildung sind die meisten Lehrlinge noch Jugendliche (vgl. dazu auch die Ausführungen zu Abschnitt 3.1 „Entwicklungs- und Lebenssituation der Lehrlinge" in diesem Band).

Altersgerechtheit

Prinzip der Zielklarheit: Lehr- und Lernziele sollen so klar und eindeutig wie möglich definiert werden.

Zielklarheit

Faßlichkeit **Prinzip der Faßlichkeit:** Der gesamte Stoff muß so gegliedert und aufgebaut werden, daß er vom Lehrling „erfaßt" werden kann.

Praxisnähe **Prinzip der Praxisnähe:** Der Stoff soll an den praktischen Erfordernissen des Ausbildungsberufes ausgerichtet sein (auftragsorientiertes Lernen).

Aktivitätsförderung **Prinzip der Förderung der Aktivität:** Die Ausbildung soll darauf ausgerichtet sein, den Lehrling an möglichst selbständiges Arbeiten heranzuführen.

Erfolgssicherung **Prinzip der Erfolgssicherung:** Durch laufende Kontrollen ist sicherzustellen, daß das Ziel der Ausbildung erreicht wird.

2.3.2 Kriterien für die Zuordnung des Lehrlings zu den objektiven Arbeitsaufgaben, für die Auswahl und Bestimmung der angemessenen Mitwirkungsform und für die bei der Erfüllung der Arbeitsaufgaben erforderlichen Lernunterstützungen (Lernhilfen)

Lernhilfen Hierzu darf insgesamt auf die Ausführungen unter Abschnitt 2.1.3 „Das Methodenkonzept des auftragsorientierten Lernens und Lehrens" in diesem Band verwiesen werden.

2.3.3 Kriterien zur Einplanung, Vorbereitung, Durchführung und Auswertung von systematischen Arbeitsunterweisungen, Lehrgesprächen, Lernaufträgen und anderen Lehr- und Lernverfahren

2.3.3.1 Systematische Arbeitsunterweisung

Zum Konzept

Systematische Arbeitsunterweisung Die systematische Arbeitsunterweisung ist eine besondere Form des planmäßigen Lehrens und Lernens in der betrieblichen Ausbildung. Neben fachlichen Kenntnissen und Fertigkeiten zielt sie auch auf die Vermittlung sozialer Verhaltensweisen.

Unterweisungslehre Das Lehren erfolgt bei der systematischen Arbeitsunterweisung in Stufen. Der Ausbilder muß dazu die wichtigsten Inhalte der Unterweisungslehre beherrschen.

Aufgaben der Unterweisungslehre Diese hat die Aufgaben,
- den Unterweisungsvorgang zwischen Ausbilder und Lehrling darzustellen
- den Unterweisungsvorgang zu systematisieren
- dem Ausbilder Hilfen für eine methodische Durchführung der Unterweisung zu vermitteln.

2.3 Die Lehrtätigkeit des Ausbilders

Wichtige Grundsätze für die Durchführung der Unterweisung

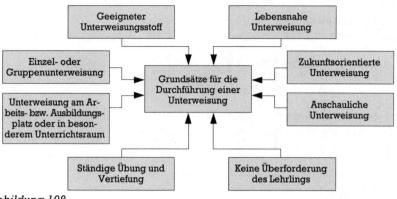

Abbildung 108

Grundsätze für die Durchführung der Unterweisung

Bei Beachtung dieser Grundsätze hat die systematische Arbeitsunterweisung folgende wesentliche Vorteile:
- gründliches und rationelles Lernen
- Steigerung des Lerninteresses
- nachhaltiger Lernerfolg
- Genauigkeit der Arbeit bzw. der Leistung
- Einschränkung der Unfallgefahr.

Vorteile der systematischen Arbeitsunterweisung

Methoden der systematischen Arbeitsunterweisung

Für die Durchführung der systematischen Arbeitsunterweisung stehen in Abhängigkeit von
- Lernzielen
 und
- Lernprozeß

mehrere Unterweisungsmethoden zur Verfügung.

Systematische Arbeitsunterweisung

> Die bekannteste Methode für die systematische Arbeitsunterweisung ist nach wie vor die Vier-Stufen-Methode.

Vier-Stufen-Methode

Dieses Verfahren berücksichtigt die logische Denkfolge des Menschen. Danach geht man bei der Vermittlung einer Fertigkeit in vier Stufen und innerhalb dieser wiederum nach einzelnen Schritten vor.

Die Vier-Stufen-Methode

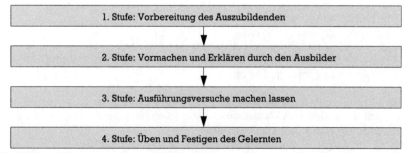

Abbildung 109

2.3.3 Kriterien zur Durchführung und Auswertung von Lehr- und Lernverfahren

Vorbereitung

Bei der **Vorbereitung des Auszubildenden** sind folgende Schritte wichtig:

Einzelschritte zur Vorbereitung

- Befangenheit nehmen und Kontakt herstellen
- Weckung von Interesse, Leistungs- und Aufnahmebereitschaft
- Vermittlung von Lernmotiven
- Beseitigung von Hemmungen
- Unsicherheit nehmen durch Ermutigung
- Bezeichnung der zu erlernenden Fähigkeit, damit der Lehrling weiß, um was es geht
- Anknüpfung an den vorhandenen Erfahrungs- und Wissensstand (Vorkenntnisse und Vorfertigkeiten)
- Vermeidung von langatmigen Einführungen
- Prüfung der Arbeits- und Ausbildungsplatzausstattung (Werkzeuge)
- Überprüfung der Ausbildungsplatzgestaltung
- richtige Aufstellung am Ausbildungsplatz.

Vormachen und Erklären

Beim **Vormachen und Erklären** des Vorgangs sollte der Ausbilder nach folgenden Schritten vorgehen:

- kurz und verständlich erklären und zeigen
- genauere Erklärungen geben
- Vorgehen begründen (was, wie, warum)
- wichtige Teilvorgänge bzw. Lernschritte hervorheben
- Kernpunkte betonen und besonders unterstreichen
- Zeichnungen und Muster benutzen.

Ausführungsversuche

Beim **Ausführungsversuche** machen lassen sind folgende Einzelschritte besonders wichtig:

- den Auszubildenden zum Durchdenken der Aufgaben und Lösungsmöglichkeiten veranlassen
- den Lehrling selbst ausführen lassen
- Unterweisungsvorgang erklären und begründen lassen
- wichtige Teilvorgänge bzw. Lernschritte hervorheben
- Kernpunkte als Orientierungshilfen und Gedächtnisstützen herausstellen
- Hilfen geben (aber nur, wenn unbedingt nötig)
- Fehler verbessern.

Üben und Festigen

Üben und Festigen des Gelernten erfordert insbesondere folgende Einzelmaßnahmen:

Einzelschritte für die Übungen

- Ziel der Festigung herausheben
- bei der Festigung und Sicherung des Gelernten Hilfestellungen geben
- ausreichende Gelegenheiten zum Üben geben
- Übungsfortschritte kontrollieren und anerkennen
- Probeaufträge erteilen
- Fehler rechtzeitig abstellen
- auf Arbeitsgenauigkeit und Arbeitsqualität achten
- Arbeitsschnelligkeit bzw. Arbeitstempo durch Intervalltraining fördern
- Übungsbedingungen abwandeln.

Drei-Stufen-Methode

Man kann die vier Stufen entsprechend der Aufteilung des Lernprozesses auch zur **Drei-Stufen-Methode** zusammenfassen, also
- 1. Stufe: Vorbereiten des Lehrlings
- 2. Stufe: Auseinandersetzung mit dem Lerngegenstand
- 3. Stufe: Vervollkommnung und Festigung des Gelernten.

2.3 Die Lehrtätigkeit des Ausbilders

Um den in der Berufsausbildung steigenden Anforderungen gerecht zu werden, die neben Fertigkeiten und Kenntnissen vermehrt Eigenschaften wie

- abstraktes Denken
- Denken in Zusammenhängen
- Kooperationsbereitschaft

erforderlich machen, empfiehlt es sich in bestimmten Fällen, die Vier-Stufen-Methode zu erweitern.

Zusätzliche Anforderungen

Kombinierte Unterweisungsmethode

Abbildung 110

Erweiterung der Vier-Stufen-Methode

Mit dem **mentalen Training** soll das Durchdenken und Sichvorstellen einer Tätigkeit gefördert werden.

Mentales Training

Mit dem **Einsatz von Regeln** soll der Lernende befähigt werden, eigenständig Strategien für die ihm gestellten Aufgaben zu entwickeln.
Diese Erweiterung der Vier-Stufen-Methode trägt auch der veränderten Vorbildungsstruktur der Lehrlinge (mehr Realschüler und Abiturienten) sowie der geänderten Altersstruktur besser Rechnung.

Regeleinsatz

> Eine in den letzten Jahren entstandene Weiterentwicklung der Vier-Stufen-Methode ist die sogenannte Leittextmethode.

Leittextmethode

Leittexte sind schriftliche Hinweise zum Lernen. Ihr Ziel ist es, selbstgesteuertes Lernen über Planung, Ausführung und Kontrolle zu ermöglichen und die Handlungskompetenz des Lehrlings zu fördern.
Die Leittextmethode ist deshalb auch anspruchsvoller und zeitintensiver als andere Unterweisungsmethoden.

Leittexte

Aufbau und Hilfsmittel der Leittextmethode

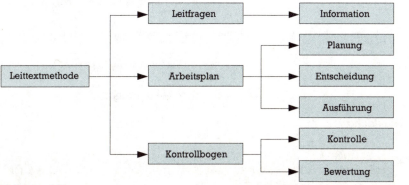

Abbildung 111

Aufbau und Hilfsmittel

2.3.3 Kriterien zur Durchführung und Auswertung von Lehr- und Lernverfahren

Leitfragen
Arbeitsplan
Kontrollbogen

Die Leitfragen sollen darüber informieren, was getan werden soll. Im Arbeitsplan werden die notwendigen Schritte fest- und dargelegt. Der Kontrollbogen schließlich hat die Funktion, zur systematischen Fehlersuche und Fehlerbeseitigung anzuleiten.

Wichtige Bedingungen

> Ob die Leittextmethode auch im Handwerksbetrieb angewandt werden kann, hängt immer vom jeweiligen Einzelfall ab.

Bisherige Erfahrungen haben gezeigt, daß dafür folgende Faktoren bedacht werden müssen:

Zeitaufwand
- Die Leittextmethode erfordert, daß ein Ausbilder zur Verfügung steht, der viel Zeit für die Auszubildenden hat.

Räumliche Gegebenheiten
- Die Leittextmethode setzt ferner im Rahmen der Ausbildung entsprechende zeitliche und räumliche Möglichkeiten voraus; so kann diese Methode auf Baustellen oder im Rahmen von Arbeiten bei Kunden nicht angewandt werden.

Gruppenausbildung
- Die Leittextmethode bedingt schließlich auch Gruppenausbildung; das heißt sie eignet sich weniger für den typischen Handwerksbetrieb, der nur wenige Lehrlinge hat oder sie jeweils an verschiedenen Lernorten einsetzt. In der überbetrieblichen Ausbildung allerdings sind diese Voraussetzungen gegeben.

Es ist jedoch auch möglich, einzelne Elemente der Leittextmethode in die Handwerksausbildung zu übernehmen.

Vermeidung typischer Unterweisungsfehler

Unterweisungsfehler

Trotz der genauen Aufteilung des Unterweisungsvorganges in die einzelnen Schritte können Fehler bei der Unterweisung nicht ausgeschlossen werden. Es gibt typische, immer wiederkehrende Unterweisungsfehler, die sich vor allem bei Routinearbeiten einschleichen.

Typische Unterweisungsfehler

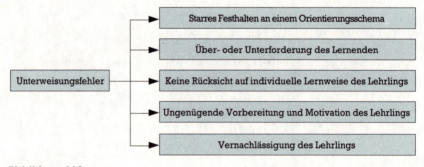

Abbildung 112

> Jeder Ausbilder muß bestrebt sein, solche Unterweisungsfehler zu vermeiden bzw. zu beseitigen.

2.3.3.2 Lehrgespräche

Ausbildungs-, Unterweisungs- und Arbeitsablauf erfordern ständig Gespräche zwischen Ausbilder und Lehrlingen, aber auch den Lehrlingen untereinander zur optimalen Wissensvermittlung und Erkenntnisgewinnung. Solche Gespräche nennt man Lehrgespräche.

Lehrgespräche

Anlässe für Lehrgespräche

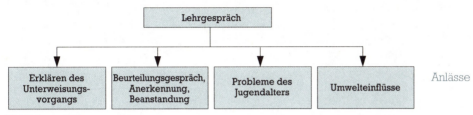

Anlässe

Abbildung 113

Wegen ihrer besonderen Bedeutung muß jeder Ausbilder über Formen und Einsatzmöglichkeiten des Lehrgesprächs informiert sein.

Formen

Formen des Lehrgesprächs

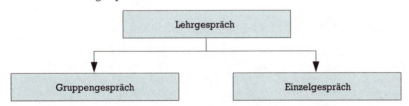

Abbildung 114

Das **Gruppengespräch** kommt zur Anwendung, wenn in der Gruppe ausgebildet wird. Es hat vor allem den Zweck,
- die Unterweisung vorzubereiten
und
- den Meinungsaustausch innerhalb der Gruppe in Gang zu bringen.

Gruppengespräch

Für den optimalen Erfolg sollten folgende Voraussetzungen gegeben sein:
- geeignete Auswahl der Gruppenmitglieder
- bestmögliche Vorbereitung durch den Ausbilder mit Festlegung von Themen, Zeitpunkt und Ort
- Bereitstellung des notwendigen Anschauungsmaterials
- Gesprächsleitung durch den Ausbilder
- genügend Zeit für die freie Aussprache
- angemessene Herausstellung und Zusammenfassung der Ergebnisse.

Voraussetzung für Gruppengespräch

Das **Einzelgespräch** richtet sich an den einzelnen Auszubildenden. Es hat immer auch einen vertraulichen Charakter und gibt dem Lehrling das Gefühl, daß seine Probleme innerhalb des Gesprächs im Vordergrund

Einzelgespräch

Zwiegespräch

Beim Lehrgespräch in der Form des Einzelgesprächs ist besonders darauf zu achten, daß es keinen einseitigen und langatmigen Monolog des Ausbilders darstellt, sondern als echtes Zwiegespräch geführt wird.

stehen. Einzelgespräche sollten, falls notwendig, in allen Phasen der Berufsausbildung durchgeführt werden.

Positive Auswirkungen

Sorgfältig vorbereitete und regelmäßig durchgeführte sowie in sachlichem und in richtigem Ton geführte Lehrgespräche tragen wesentlich dazu bei,
- die Lernmotivation zu steigern
- Unklarheiten rechtzeitig zu beseitigen
- selbständiges Handeln, Arbeitsfreude sowie ähnliche positive Verhaltensweisen zu fördern.

2.3.3.3 Lernaufträge

Lernaufträge

Vergleiche hierzu die Ausführungen unter Abschnitt 2.1.3.3 „Struktur, Gestaltungsprinzipien und didaktisches Regulationssystem einer auftragsorientierten Ausbildungsorganisation im Handwerksbetrieb" in diesem Band.

2.3.3.4 Demonstration

Demonstration

Die Demonstration ist ein Verfahren zur anschaulichen Darstellung abstrakter, mit Schwierigkeiten verständlicher und nur schwer wahrnehmbarer Arbeitsvorgänge. Der Ausbildungserfolg hängt dabei entscheidend vom richtigen, das heißt situationsangepaßten Einsatz der Demonstrationsmittel ab.

2.3.3.5 Programmierte Unterweisung, programmierter Unterricht, mediengestützte Aus- und Fortbildung

Grundlagen des programmierten Lernens und Lehrens

Programmiertes Lernen

Unter programmiertem Lernen versteht man ein Lehrverfahren, bei dem der Lernstoff in verhältnismäßig kleinen, logisch aufeinander aufbauenden Lernschritten vermittelt und laufend kontrolliert wird.

Vorteile

Gerade die sofortige Kontrolle verbessert den Lern- und steigert den Behaltenserfolg. Von Vorteil ist dabei ferner die individuelle Abstimmungsmöglichkeit auf
- Lernvermögen, Begabungen und Neigungen
- Lernwillen
- Lernkapazität und Konzentrationsfähigkeit.

2.3 Die Lehrtätigkeit des Ausbilders

Die Person des Lehrers oder Ausbilders rückt beim programmierten Lernen eher in den Hintergrund. Für Rückfragen sollte er jedoch immer zur Verfügung stehen.

Angebotsformen des programmierten Lernens und Lehrens

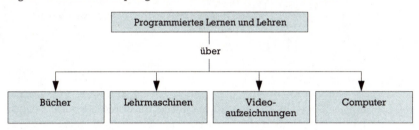

Abbildung 115

Angebotsformen

Formen der Programme

Programme für das programmierte Lernen und Lehren

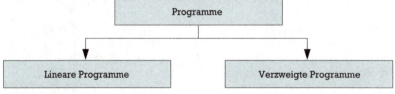

Abbildung 116

Programme für das programmierte Lernen und Lehren

Beim linearen Programm muß der Lernende Lernschritt für Lernschritt vorgehen. Beim verzweigten Programm wird er je nach Antwort auf den nächsten Lernschritt verwiesen.

Anwendung der Programme

Grundsätzlich hängen die Einsatzmöglichkeiten des programmierten Lernens und Lehrens von

- dem jeweiligen Lern- und Lehrstoff

  sowie
- der Veranlagung des Lernenden ab.

Einsatzmöglichkeiten

> Programme eignen sich beispielsweise eher für exakte technische Stoffgebiete als für soziales Lernen sowie vorwiegend für die theoretische Ausbildung, weniger dagegen für die praktische Berufsausbildung.

Einsatzmöglichkeiten für Unterweisungs- bzw. Unterrichtsprogramme

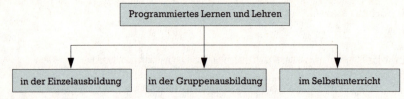

Abbildung 117

Vorteile bei der Einzelausbildung

Die Vorteile des programmierten Lernens und Lehrens in der Einzelausbildung sowie im Selbstunterricht liegen vor allem in folgenden Punkten:
- Durchführung des Unterrichts losgelöst von einer Klasse oder Gruppe
- individuelle Bestimmung des Lerntempos, Lernrhythmus und der Lernzeiten
- lernzielflexibles und nach Schwierigkeitsgraden abgestimmtes Lernen
- Möglichkeit, die Lern- und Lehreinheiten jederzeit und mehrmals zu wiederholen.

Vorteile bei der Gruppenausbildung

In der Gruppenausbildung hat das programmierte Lernen und Lehren folgende Vorzüge:
- Entlastung des Ausbilders oder Lehrers
- Förderung der Lernaktivität des einzelnen durch Bestätigung in der Gruppe
- Vertiefung des Lern- und Lehrstoffes durch begleitende Diskussionen.

Programmierte Prüfung

Das programmierte Lernen erleichtert zudem das programmierte Prüfen, das sich in weiten Bereichen der Aus- und Fortbildung durchgesetzt hat. Die Vorteile einer programmierten Prüfung sind vor allem:
- gleicher Prüfungsstoff für jeden Prüfling
- Ausschluß von Bevorzugungen und Benachteiligung bei der Stoffauswahl
- breitere Streuung der Stoffgebiete
- Erhöhung der Chancengerechtigkeit.

2.3.4 Planungs- und Vorbereitungsinstrumente

Vorbereitung und Planung

Jede Lehrtätigkeit erfordert eine gründliche und systematische Vorbereitung und Planung.

Planungserfolge

Sie erhöht auch die Sicherheit des Lehrenden, denn sie ermöglicht
- exaktes Durchdenken aller Einzelheiten
- klare Entscheidungen während des Lehrvorgangs
- größeren Spielraum für die Gestaltung der Lehre
- Eingehen auf Fragen der Lehrlinge.

Die Planung der Lehrtätigkeit erfordert Entscheidungen in wichtigen Bereichen der gesamten Ausbildung.

2.3 Die Lehrtätigkeit des Ausbilders

Wichtige Bereiche der Planung der Lehrtätigkeit

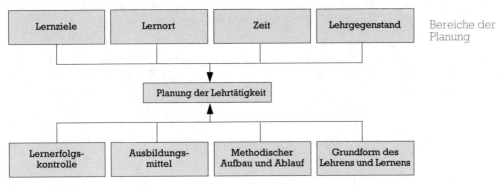

Abbildung 118

2.3.4.1 Auftragsstrukturanalyse

Die Auftragsstrukturanalyse ist eine Darstellung der verschiedenen Phasen der Auftragsabwicklung sowie der in den einzelnen Phasen jeweils konkret anfallenden Aktivitäten.

Auftragsstrukturanalyse

Dabei wird aufgezeigt
- woran (Objekte)
- was (Verrichtungen)
- wie (Informationen)
- womit (Hilfsmittel)

gearbeitet wird.

2.3.4.2 Arbeitsaufgabenanalyse (Arbeitszergliederung)

Die Arbeitsaufgabenanalyse (Arbeitszergliederung) ist ein wichtiges Hilfsmittel, den Arbeitsablauf der zu erlernenden Fertigkeiten in lernbaren Schritten zu gewährleisten. Sie bestimmt damit weitgehend den Unterweisungserfolg.

Arbeitszergliederung

Schwerpunkte der Arbeitszergliederung

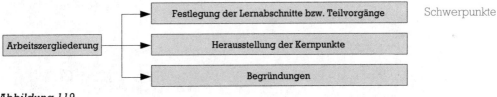

Abbildung 119

Lernabschnitte — Bei der Festlegung der Lernabschnitte bzw. Teilvorgänge steht im Vordergrund die Frage: Was mache ich?

Dabei ist jeder Teilvorgang ein logischer Abschnitt des gesamten Arbeitsprozesses, der diesen jeweils einen Schritt weiterbringt. Durch die Zerlegung in Teilvorgänge läßt sich ferner feststellen, wieviel man dem Lehrling bei der Unterweisung auf einmal zumuten kann.

Kernpunkte — Die Herausstellung der Kernpunkte gibt Antwort auf die Frage: Wie mache ich es?

Für jeden festgelegten Teilvorgang sind im zweiten Schritt entsprechende Kernpunkte festzulegen. Während der Arbeitsausführung sollen die mit dem jeweiligen Kernpunkt zusammenhängenden Fragen immer wieder gestellt werden.

Auswirkungen — Die genaue Festlegung von Kernpunkten
- bestimmt den Erfolg der Unterweisung
- verringert die Unfallgefahren
- erleichtert die Arbeit
- verhindert weitgehend Materialverschwendung und Beschädigung von Werkzeugen, Maschinen und Geräten.

Begründungen — Bei den Begründungen geht es um die Frage: Warum mache ich es?

Zu jedem Kernpunkt muß auch stets eine Begründung gegeben werden. Gute Begründungen erleichtern das Verstehen und damit das Lernen und Behalten des Lernvorgangs. Die Begründung muß nachvollziehbar sein und sich an der zweckmäßigsten, leichtesten und sichersten Art den Auftrag durchzuführen, orientieren.

Für die Aufstellung einer Arbeitszergliederung bietet sich folgendes Schema an:

Schema für eine Arbeitszergliederung

Schema für eine Arbeitszergliederung

Bezeichnung der Arbeit:	Abteilung/ Arbeitsgruppe: Ausbilder: Unterweisung am:	Benötigte Maschinen: Werkzeuge: Materialien:
Lernschritte (Was ?)	Kernpunkte (Wie ?)	Begründung (Warum ?)
Besondere Unfallgefahren:		

Abbildung 120

Beispiel:

Beispiel für eine Arbeitszergliederung

Das folgende Beispiel in Anlehnung an Hans Trautz hat sich in vielen Jahren bei entsprechenden Lehrgängen gut bewährt und gehört zu den Standardbeispielen für Arbeitszergliederungen:

Bezeichnung der Arbeit: Seilverkürzung	Unterweisung am:	Material: Seil oder stärkere Schnur, ca. 1 – 2 m lang
Lernschritte (Was?)	Kernpunkte (Wie?)	Begründung (Warum?)
1. Seil aufnehmen	Mit rechtem Daumen und Zeigefinger ungefähr die Mitte des ganzen Seiles festhalten und hochheben.	Seilverkürzung erfolgt dadurch nach beiden Seiten gleichmäßig.
2. Verkürzung abmessen	Mit linker Hand die herabhängenden Seile greifen und die Hälfte der Verkürzung abmessen. Diese Stelle mit Daumen und Zeigefinger festklemmen, rechte Hand freigeben.	Da das Seil doppelt liegt, benötigt man nur die Hälfte zum Verkürzen.
3. Verkürzung durchführen	Von beiden losen Seilenden eines mit rechter Hand nehmen und etwas unter linke Daumenkuppe in Richtung Verkürzung ziehen und festklemmen.	Jetzt liegen drei Seile nebeneinander, die Verkürzung ist erfolgt.
4. Verkürzung gegen Aufziehen sichern.	Rechter Daumen und Zeigefinger halten ca. 1 cm von linker Hand entfernt die drei Seile. Mit linker Hand am losen Seilende bei der Verkürzung eine Schlinge bilden, die nach oben steht. Verkürzung so durch die Schlinge schieben, daß sie vor dem der rechten Hand zugewandten Schlingenteil zu liegen kommt. Schlinge dann am losen Ende zuziehen. Rechte Seite sinngemäß.	Die in der Schlinge durchgeschobenen Verkürzungen verhindern ein Aufziehen der Schlinge. Seil ist verkürzt und kann voll belastet werden.

Beispiel

Es empfiehlt sich immer, solche Arbeitszergliederungen schriftlich vorzunehmen. Diese Unterlagen können dann immer wieder von neuem verwendet werden. Auch erfahrene Ausbilder sollten zumindest auf eine Gedächtnisstütze nicht verzichten.

Schriftliche Unterlagen

2.3.4.3 Unterweisungsentwürfe und Lehrgesprächsskizzen

Es ist jedem Ausbilder zu empfehlen, zumindest für die wichtigen und immer wiederkehrenden Lehrvorgänge das gesamte Vorgehen aufzunotieren. Meistens, zumindest beim erfahrenen Ausbilder, genügen dafür kurze stichpunktartige Aufzeichnungen, sogenannte

Unterweisungsentwürfe

- Unterweisungsentwürfe
oder
Lehrgesprächsskizzen
- Lehrgesprächsskizzen.

Beide geben dem Ausbilder wichtige Anhaltspunkte und einen Leitfaden nicht nur für die gerade stattfindende, sondern auch für spätere Lehrveranstaltungen.

2.3.5 Unterweisungstraining zur Vorbereitung auf die Unterweisungsprobe im Teil IV der Meisterprüfung

Unterweisungstraining

Die Unterweisung (zu Rechtsgrundlagen, Zweck, Umfang und Planung vgl. die Ausführungen unter Abschnitt 4.5.2.3 „Die Meisterprüfung" in diesem Band) soll den Lehrling unter Berücksichtigung pädagogischer und fachlicher Gesichtspunkte zur selbständigen Ausübung der für den jeweiligen Beruf notwendigen Tätigkeiten und Fertigkeiten befähigen.

Regelmäßiges Üben

Es empfiehlt sich, den Lehrling bereits frühzeitig auch in die Vorbereitung der Unterweisungen einzubinden und diese regelmäßig zu üben. So wird er gleichzeitig auf die Unterweisungsprobe im Rahmen der Meisterprüfung vorbereitet. Bewährt hat sich dafür unter anderem die Methode des

Rollenspiel

Rollenspiels.

2.3.6 Möglichkeiten zur Förderung der Arbeits- und Lernmotivation unter besonderer Berücksichtigung der auftragsorientierten Lernsituation am Arbeitsplatz

Förderung der Motivation

Ergänzend zu den Ausführungen über die Lernmotivation in Abschnitt 2.2.3 „Lernmotivation" in diesem Band läßt sich feststellen, daß die auftragsorientierte Lernsituation besonders günstig für die Förderung der Arbeits- und Lernmotivation ist.

Motivationsfördernde Merkmale der auftragsorientierten Lernsituation

Motivationsfördernde Merkmale

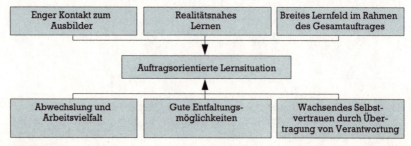

Abbildung 121

2.3 Die Lehrtätigkeit des Ausbilders 135

Jeder Ausbilder muß versuchen, die Motivationsförderung auch optimal zu nutzen. Dafür stehen ihm mehrere Möglichkeiten zur Verfügung.

Möglichkeiten zur Motivationsförderung

Möglichkeiten zur Motivationsförderung beim auftragsorientierten Lernen

Abbildung 122

2.3.7 Einsatz und Gestaltung von Ausbildungsmitteln (Medieneinsatz)

Medieneinsatz

2.3.7.1 Erscheinungsformen

Ausbildungsmittel sind wichtige Hilfen bei der Unterweisung und zur Förderung des Lernprozesses.

Ausbildungsmittel

Arten von Ausbildungsmitteln

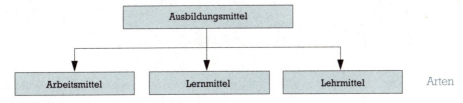

Arten

Abbildung 123

Die elementarsten **Ausbildungsmittel** sind die unmittelbaren Arbeitsmittel wie
- Arbeits- und Ausbildungsplätze
- Maschinen
- Werkzeuge.

Arbeitsmittel

Wichtige **Lernmittel** zur Förderung des Lernens beim Lehrling sind
- Lehr- und Fachbücher, Fachzeitschriften

Lernmittel
Lehr- und Fachbücher

2.3.7 Einsatz und Gestaltung von Ausbildungsmitteln (Medieneinsatz)

Anforderungen

Lehr- und Fachbücher dienen der Vorbereitung von Unterweisungsprozessen oder der Vertiefung von erworbenen Kenntnissen und Fertigkeiten. Wichtige Anforderungen an Lehr- und Fachbücher sind:
- Systematik und Gliederung
- knappe, aber dennoch informative Darstellungen
- dem Verständnis des Lernenden angepaßte Sprache
- Hilfen zur Übung und Vertiefung des Stoffes wie Zusammenfassungen und optische Darstellungen.

Fachzeitschriften

Fachzeitschriften weisen gegenüber Fach- und Lehrbüchern vor allem den Vorteil größerer Aktualität auf. Sie sind ein hervorragendes Informationsmittel über die aktuellen technischen, wissenschaftlichen und wirtschaftlichen Entwicklungen.

Arbeitsblätter

- Aufgaben, Arbeitsblätter, Merkblätter
Aufgaben und Arbeitsblätter fördern die Auseinandersetzung mit dem Lerngegenstand. Geeignete Merkblätter, die die wesentlichen Kernpunkte enthalten, erhöhen die Merkfähigkeit.

Graphiken

- Buchauszüge, Graphiken, Tabellen, Skizzen, Diagramme, Fließbilder, Schaubilder
Systematische und überschaubare Darstellungen in Form dieser Ausbildungsmittel erleichtern den Lernprozeß.

Bedienungsanleitungen

- Bedienungsanleitungen, Schalt-, Funktionspläne
Diese Ausbildungsmittel fördern neben dem Verständnis des jeweiligen Sachverhaltes vor allem auch das funktionelle Denken.

Lehrmittel

Lehrmittel werden bei Unterricht und Unterweisung als Hilfsmittel des Ausbilders eingesetzt:

Tafeln

- Schreibtafeln, Hafttafeln, Stecktafeln, Tafelkonstruktionen, Pin-Wand, Flip-Chart (die Tafel wird durch große Papierblätter ersetzt)

Optik und Akustik

Diese Ausbildungsmittel haben den Vorteil, daß die Aufmerksamkeit des Lernenden beim Vortrag gleichzeitig über Auge und Ohr (Optik und Akustik) angesprochen wird. Vor allem, wenn während des Unterrichts und der Unterweisung die entsprechenden Ausbildungsmittel mit der Hand beschriftet werden, ist auf gute Lesbarkeit und Übersichtlichkeit zu achten. Bei Hafttafeln mit Druckbuchstaben lassen sich diese Probleme umgehen.

Tageslichtprojektoren

- Tageslichtprojektoren, Diaprojektoren
Für diese Ausbildungsmittel, die zwar viel Vorbereitung erfordern, aber in der Unterweisung dann sehr gut einsetzbar sind, gilt von der Wirkung her das oben Gesagte.

Schaukästen

- Modelle, Schaukästen, Unterweisungs-, Schalt- und Demonstrationsbretter
Diese Ausbildungsmittel erleichtern das „Zeigen" als wichtigen Teil des Demonstrationsvorganges. Sie dürfen jedoch die praktische Durchführung der Unterweisungsarbeit, also das selbständige Durchführen und eigene Erleben, nicht ersetzen. Modellhaftes Zeigen kann auch anhand von Maschinen und Geräten aus dem Programm der Ausbildungsstätte erfolgen.

Lehrfilme

- Tonbänder, Filmgeräte, Videorecorder, Tonbildschauen, Lehrfilme, Funk und Fernsehen
Diese Ausbildungsmittel helfen dem Ausbilder bei der Demonstration und Darstellung des Unterweisungsstoffes. Auch die Rundfunk- und Fernsehanstalten haben verschiedene Aus- und Fortbildungssendungen entwickelt, die in die betriebliche Unterweisung einbezogen werden können. Die Möglichkeit der Videoaufzeichnung bietet hier wesentliche Vorteile.

Videoaufzeichnung

2.3 Die Lehrtätigkeit des Ausbilders

- Videorecorder, Videokamera, Bildschirmgerät (Fernseher)
  In Kombination dieser Hilfsmittel ist es möglich, im Rahmen von Rollenspielen typische Situationen des Berufslebens zu trainieren. Das Lernen erfolgt vor allem durch Auswertung der Aufnahmen und darauf aufbauende Korrekturen.

  Videokamera

- Unterrichts- und Ausbildungsprogramme
  (Vgl. hierzu auch die Darstellungen unter Abschnitt 2.3.3.5 „Programmierte Unterweisung, programmierter Unterricht, mediengestützte Aus- und Fortbildung" in diesem Band.)

  Unterrichtsprogramme

2.3.7.2 Didaktisch-methodische Funktionen

Funktionen von Ausbildungsmitteln

Funktionen von Ausbildungsmitteln

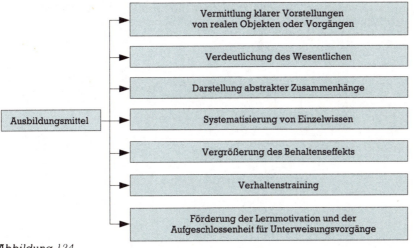

Abbildung 124

2.3.7.3 Allgemeine Hinweise für den Einsatz und die Gestaltung von Ausbildungsmitteln

> Bei richtigem Einsatz helfen Ausbildungsmittel dem Ausbilder wesentlich bei der Vermittlung von Kenntnissen und Fertigkeiten.

Richtiger Einsatz der Ausbildungsmittel

Positive Auswirkungen des Einsatzes von Ausbildungsmitteln

Positive Auswirkungen

Abbildung 125

Grundsätze für den Einsatz von Ausbildungsmitteln	Für den bestmöglichen Erfolg ist es allerdings notwendig, einige Grundsätze zu beachten:

- Der Einsatz von Ausbildungsmitteln ist sorgfältig zu planen.
- Die Ausbildungsmittel sollen situationsgerecht eingesetzt werden, das heißt beispielsweise in Abhängigkeit vom Unterweisungsstoff, dem Unterweisungsort und dem Alter des Auszubildenden.
- Ausbildungsmittel dürfen nicht zum Hauptzweck der Unterweisung werden.
- Der Lehrling darf durch Ausbildungsmittel nicht abgelenkt oder überfordert werden.
- Bei optischen Ausbildungsmitteln ist gleichzeitig zu erklären, worauf das Augenmerk in besonderem Maße zu richten ist.
- Auch bei der Verwendung von Ausbildungsmitteln sollten die Erkenntnisse über den Lerntransfer (siehe dazu Abschnitt 2.2.4 „Die Bedeutung von Üben und Anwenden für den Lern- und Ausbildungserfolg" in diesem Band) mit verwertet werden; das heißt beispielsweise zu berücksichtigen, daß Informationen, die über Wort und Bild zusammen vermittelt werden, den Lernerfolg erheblich steigern.

Situationsgerechter Einsatz

Keine Überforderung

Programmierte und textlich gestaltete, offene Übungs-, Wiederholungs- und Prüfungsfragen

1. Nennen Sie die Lehr- und Lernorte in der betrieblichen Ausbildung!

„Siehe Seite 117 des Textteils!"

2. Wenn die Lehrlinge eine umfangreiche und konkrete Arbeitsaufgabe erhalten, bei deren Lösung ihnen ein hohes Maß an Selbständigkeit eingeräumt wird, spricht man von
- ☐ a) lehrgangsorientierter Ausbildung.
- ☐ b) Einzelausbildung.
- ☐ c) auftragsorientierter Ausbildung.
- ☐ d) Gruppenausbildung.
- ☐ e) projektorientierter Ausbildung.

„Siehe Seite 119 des Textteils!"

3. Wenn der Lehrende den Stoff vorträgt, zeigt und darstellt, nennt man dies
- ☐ a) darbietendes Lehrverfahren.
- ☐ b) erarbeitendes Lehrverfahren.
- ☐ c) entdeckendes Lehrverfahren.
- ☐ d) kombiniertes Lehrverfahren.
- ☐ e) ausbildungsorientiertes Lehrverfahren.

„Siehe Seite 119 des Textteils!"

4. Welche Grundsätze sind für das Lehren im Rahmen der Gruppenarbeit zu beachten?

„Siehe Seite 120 des Textteils!"

5. Welches didaktische Prinzip besagt, daß der Stoff an den praktischen Erfordernissen des Ausbildungsberufes ausgerichtet sein soll?
- ☐ a) Das Prinzip der Zielklarheit
- ☐ b) Das Prinzip der Faßlichkeit
- ☐ c) Das Prinzip der Altersgerechtheit
- ☐ d) Das Prinzip der Praxisnähe
- ☐ e) Das Prinzip der Erfolgssicherung.

„Siehe Seite 122 des Textteils!"

6. Unterweisen ist
- ☐ a) auf die Vermittlung von fachlichen Kenntnissen und Fertigkeiten sowie sozialen Verhaltensweisen ausgerichtet.
- ☐ b) nur auf die Steigerung des Lerninteresses gerichtet.
- ☐ c) eine Einweisung des Lehrlings in die Betriebsgemeinschaft zu Beginn der Ausbildung.
- ☐ d) eine Einweisung des Lehrlings in die Berufsschule am Anfang der Ausbildung.
- ☐ e) eine Eingliederung des Jugendlichen in die Erwachsenengesellschaft.

„Siehe Seite 122 des Textteils!"

7. Die Unterweisungslehre hat unter anderem die Aufgabe,
- ☐ a) den Unterweisungsvorgang zwischen Berufsschule und Betrieb darzustellen.
- ☐ b) den Unterweisungsvorgang zu systematisieren und dem Ausbilder Hilfen für eine methodische Durchführung der Unterweisung zu vermitteln.
- ☐ c) in erster Linie Richtziele als Lernziele zu entwickeln.

☐ d) nur Grobziele als Lernziele zu entwickeln.
☐ e) Ausbildungserfolgskontrollen zu ermöglichen.

„Siehe Seite 122 des Textteils!"

8. Nennen Sie die wichtigsten Grundsätze, die bei der Durchführung der Unterweisung beachtet werden sollten!

„Siehe Seite 123 des Textteils!"

9. Welche Vorteile hat die systematische Arbeitsunterweisung?

„Siehe Seite 123 des Textteils!"

10. Erläutern Sie die einzelnen Stufen und Unterweisungsschritte nach der Vier-Stufen-Methode zur Unterweisung!

„Siehe Seite 123 des Textteils!"

11. Die Leittextmethode hat folgende wichtigen Bestandteile:
☐ a) Vorbereiten des Lehrlings, Auseinandersetzung mit dem Lerngegenstand, Vervollkommnung und Festigung des Gelernten
☐ b) Abstraktes Denken, mentales Training, Regeln
☐ c) Leitfragen, Arbeitsplan, Kontrollbogen
☐ d) Faßlichkeit, Altersgerechtheit, Praxisnähe
☐ e) Bewerbung, Vorstellung, Einstellung.

„Siehe Seite 125 des Textteils!"

12. Was gehört zu den typischen Unterweisungsfehlern?
☐ a) Zu starke Schematisierung
☐ b) Über- und Unterforderung des Lernenden
☐ c) Geringe Beachtung der persönlichen Lernweise des Auszubildenden
☐ d) Es wird versäumt, günstige Lernbedingungen zu schaffen
☐ e) Alles unter a) bis d) Genannte.

„Siehe Seite 126 des Textteils!"

13. Erläutern Sie Formen und Einsatzmöglichkeiten des Lehrgesprächs!

„Siehe Seite 127 des Textteils!"

14. Was versteht man unter programmiertem Lernen und Lehren?
☐ a) Lern- und Lehrverfahren mit verhältnismäßig großen Schritten
☐ b) Nur das Lernen mit Lehrmaschinen auf der Basis der Elektronik
☐ c) Lern- und Lehrverfahren mit verhältnismäßig kleinen, logisch aufeinander aufbauenden Schritten
☐ d) Eine moderne, noch nicht voll entwickelte Ganzheitsmethode im Bildungswesen
☐ e) Eine Unterrichtstechnologie, die nur an Hochschulen, Fachhochschulen und Fachakademien eingesetzt werden kann.

„Siehe Seite 128 des Textteils!"

15. Wo können Unterweisungs- und Unterrichtsprogramme eingesetzt werden?

„Siehe Seite 129 des Textteils!"

16. Das Programmierte Lernen erschließt dem Lernenden insbesondere
☐ a) die Anwendung der Vier-Stufen-Methode zur Unterweisung.
☐ b) die Anschaulichkeit bei der Erlernung von Fertigkeiten.
☐ c) die Möglichkeit des passiven Lernens.

☐ d) Chancengleichheit beim Lernen und in der Prüfung.
☐ e) die Möglichkeit des unbewußten Lernens.

„Siehe Seite 130 des Textteils!"

17. Aufgabe der Arbeitszergliederung bei der Unterweisung ist,
☐ a) in erster Linie eine Arbeitsteilung im Betrieb zu ermöglichen.
☐ b) eine Arbeitsteilung mit der Berufsschule als Partner der Ausbildung herbeizuführen.
☐ c) eine Arbeitsteilung mit den betriebsergänzenden überbetrieblichen Werkstätten zu ermöglichen.
☐ d) jeden Handgriff in mehrere Arbeitstechniken des Ausbildungsberufs zu zerlegen.
☐ e) den Arbeitsablauf der zu erlernenden Fertigkeiten in lernbaren Abschnitten zu gewährleisten.

„Siehe Seite 131 des Textteils!"

18. Nennen Sie die drei wesentlichen Schwerpunkte der Arbeitszergliederung!

„Siehe Seite 131 des Textteils!"

19. Welche der nachfolgenden Aussagen ist **falsch**?
☐ a) Jeder Teilvorgang (Lernabschnitt) ist ein logischer Abschnitt der gesamten Arbeitsunterweisung, der die Arbeit einen Schritt vorwärtsbringt.
☐ b) Jeder Teilvorgang muß mindestens fünf Fertigkeiten umfassen, die im Ausbildungsrahmenplan enthalten sind.
☐ c) Die Zerlegung der Unterweisungsarbeit in Teilvorgänge ermöglicht auch die Feststellung, wieviel man dem Lehrling auf einmal zumuten kann.
☐ d) Die Zerlegung der Unterweisungsarbeit in Teilvorgänge schränkt die Gefahr der Überforderung des Lehrlings ein.
☐ e) Die Zerlegung der Unterweisungsarbeit schränkt die Unfallgefahr für den Lehrling ein.

„Siehe Seite 132 des Textteils!"

20. Ist die Herausstellung von Kernpunkten für jeden Teilvorgang wichtig?
☐ a) Nein, sie ist ohne wesentliche Bedeutung für den Unterweisungserfolg.
☐ b) Sie führt zur Verwirrung des Lehrlings.
☐ c) Sie bestimmt in jedem Fall wesentlich den Erfolg der Unterweisungsarbeit.
☐ d) Sie erschwert für den Lernenden das Verständnis.
☐ e) Sie erhöht durch Ablenkung die Unfallgefahr.

„Siehe Seite 132 des Textteils!"

21. Welche der nachfolgenden Aussagen ist **falsch**?
☐ a) Die Begründung der Kernpunkte im Rahmen der Arbeitszergliederung führt zu größerem Verständnis des Unterweisungsvorganges.
☐ b) Wenn das „Warum" begriffen ist, wird das Erlernte langfristig nicht oder in geringerem Umfang vergessen.
☐ c) Die Begründung der Kernpunkte vermittelt Einblick in die Sicherheit der Arbeitsvorgänge.
☐ d) Die Begründung der Kernpunkte vermittelt Einblick in die Zweckmäßigkeit der Arbeitsvorgänge der Unterweisung.
☐ e) Das Begreifen des „Warum" ist nicht wichtig, weil man auch ohne eingehende Begründung Erlerntes behält.

„Siehe Seite 132 des Textteils!"

22. Welches ist die richtige Reihenfolge für den Aufbau der Arbeitszergliederung?
- ☐ a) Warum mache ich es? – Wie mache ich es? – Was mache ich?
- ☐ b) Wie mache ich es? – Warum mache ich es? – Was mache ich?
- ☐ c) Warum mache ich es? – Was mache ich? – Wie mache ich es?
- ☐ d) Wie mache ich es? – Was mache ich? – Warum mache ich es?
- ☐ e) Was mache ich? – Wie mache ich es? – Warum mache ich es?

„Siehe Seite 132 des Textteils!"

23. Stellen Sie kurz das vielfach übliche Schema für eine Arbeitszergliederung dar!

„Siehe Seite 132 des Textteils!"

24. Stellen Sie für einen von Ihnen gewählten, in Ihrem Beruf häufig vorkommenden Unterweisungsvorgang eine Arbeitszergliederung auf!

„Siehe Seite 133 des Textteils!"

25. Ist es empfehlenswert, eine Arbeitszergliederung schriftlich zu fixieren?
- ☐ a) Ja, weil diese Unterlage sowohl für den Unterweiser als auch für den Lehrling eine wichtige Gedankenstütze darstellt.
- ☐ b) Ja, weil diese Unterlage der Handwerkskammer im Rahmen der Überwachung der Berufsausbildung vorzulegen ist.
- ☐ c) Ja, weil diese Unterlage der Innung im Rahmen der Überwachung der Berufsausbildung vorzulegen ist.
- ☐ d) Nein, weil Arbeitszergliederungen über praktische Vorgänge schriftlich kaum sinnvoll festgehalten werden können.
- ☐ e) Nein, weil der gute Ausbilder Unterweisungsvorgänge auch ohne schriftliche Aufzeichnungen jederzeit perfekt beherrscht.

„Siehe Seite 133 des Textteils!"

26. Welche Vorteile hat ein Schema der Arbeitszergliederung für den Ausbilder?
- ☐ a) Keine, weil ein erfahrener Ausbilder für die Aufstellung einer sinnvollen Arbeitszergliederung kein Schema braucht.
- ☐ b) Keine, weil schematische Arbeitszergliederungen grundsätzlich von den Beteiligten als schablonenhaft empfunden und abgelehnt werden.
- ☐ c) Keine, weil sich nur theoretische Ausbildungsinhalte in ein Schema einordnen lassen.
- ☐ d) Keine, weil sich nur wenige Arbeitsvorgänge bei der betrieblichen Ausbildung in ein Schema einordnen lassen.
- ☐ e) Es ermöglicht die schnellere Erstellung von Arbeitszergliederungen und deren Wiederverwendung für spätere Unterweisungsarbeiten.

„Siehe Seite 134 des Textteils!"

27. Nennen Sie die wesentlichen motivationsfördernden Merkmale der auftragsorientierten Lernsituation!

„Siehe Seite 134 des Textteils!"

28. Man unterscheidet folgende Arten von Ausbildungsmitteln:
- ☐ a) Arbeitsmittel, Lernmittel, Lehrmittel.
- ☐ b) Arbeitsmittel, Betriebsmittel.
- ☐ c) Lernmittel, Lehrmittel, Betriebsmittel.
- ☐ d) Arbeitsmittel, Lehrmittel, Auftragsmittel.
- ☐ e) Betriebsmittel, theoretische Ausbildungsmittel, praktische Ausbildungsmittel.

„Siehe Seite 135 des Textteils!"

2.3 Die Lehrtätigkeit des Ausbilders

29. Die Auswahl des Ausbildungs- bzw. Arbeitsplatzes und die Ausstattung mit Werkzeugen, Materialien und Maschinen ist
- ☐ a) nicht wichtig, da grundsätzlich alle Materialien für die Ausbildung geeignet sind.
- ☐ b) eine wichtige Voraussetzung für den Ausbildungserfolg.
- ☐ c) nicht wichtig, da grundsätzlich alle Maschinen auch für die Ausbildung geeignet sind.
- ☐ d) nicht wichtig, da grundsätzlich alle Werkzeuge auch für die Ausbildung geeignet sind.
- ☐ e) bei anerkannten Ausbildungsbetrieben automatisch sichergestellt.

„Siehe Seite 135 des Textteils!"

30. Aufgaben, Arbeitsblätter und Merkblätter sind
- ☐ a) bei der betrieblichen Ausbildung ohne wesentliche Bedeutung.
- ☐ b) nur für den Berufsschulunterricht geeignet.
- ☐ c) nur für die überbetriebliche Unterweisung geeignet.
- ☐ d) wichtige Hilfsmittel, weil sie die Auseinandersetzung mit dem Lerngegenstand fördern.
- ☐ e) nur in der Erwachsenenbildung (zum Beispiel Meisterschulen) geeignet.

„Siehe Seite 136 des Textteils!"

31. Nennen Sie die Vor- bzw. Nachteile der Verwendung von Schreibtafeln, Hafttafeln und Stecktafeln!

„Siehe Seite 136 des Textteils!"

32. Welche Vorteile hat die Verwendung von Modellen, Schaukästen, Unterweisungs-, Schalt- und Demonstrationsbrettern bei der Ausbildung?

„Siehe Seite 136 des Textteils!"

33. Die Anwendung von Ausbildungsmitteln ermöglicht unter anderem
- ☐ a) eine Verkürzung der Ausbildungszeit.
- ☐ b) elementares Wissen anschaulich klar, verständlich und einprägsam zu vermitteln.
- ☐ c) die Herausstellung des theoretischen Lernens gegenüber dem praktischen.
- ☐ d) die Verlagerung der betrieblichen Ausbildung in überbetriebliche Einrichtungen.
- ☐ e) laufende Kontrolle der Ausbildung durch die Handwerkskammer.

„Siehe Seite 137 des Textteils!"

34. Welche der nachstehenden Ausbildungsmittel haben erfahrungsgemäß die größte Wirksamkeit?
- ☐ a) Visuelle (mit dem Auge erkennbare)
- ☐ b) Akustische (über das Ohr wahrnehmbare)
- ☐ c) Akustisch-optische (über Ohr und Auge wahrnehmbare)
- ☐ d) Über den Tastsinn wirkende
- ☐ e) Über Auge und Tastsinn wirkende.

„Siehe Seite 138 des Textteils!"

2.4 Ausbildungserfolgskontrolle (Beurteilen und Bewerten)

2.4.1 Begriff, Arten und Funktionen der Ausbildungserfolgskontrollen

> Ausbildungserfolgskontrollen dienen generell dazu, erworbene Kenntnisse, Fertigkeiten und Verhaltensweisen ausbildungsbegleitend ständig nachzuweisen und zu erproben.

Ausbildungserfolgskontrollen

Ausbildungserfolgskontrollen sind für die betriebliche wie für die schulische Berufsausbildung gesetzlich vorgeschrieben.

Ausbildungserfolgskontrollen während der Berufsausbildung

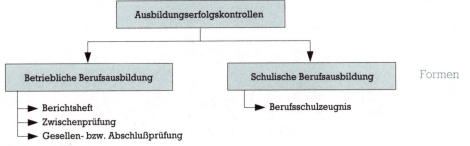

Formen

Abbildung 126

Andererseits finden im Ausbildungsbetrieb selbst ständig zusätzliche Kontrollen des Ausbildungserfolges statt, zum Beispiel als Übungsarbeiten und Tests.

Übungsarbeiten

Wesentliche Funktionen von Ausbildungserfolgskontrollen sind vor allem:
- Überwachung der Berufsausbildung hinsichtlich Planung, Durchführung und Ausbildungsmethoden
- Feststellung des jeweiligen Lernstandes
- Steuerung des Lehr- und Lernprozesses
- Weckung von Lernanreiz und Lernmotivation
- Feststellung der Eignung für den gewählten Beruf (Probezeit)
- Bestimmung eines möglichen Arbeitseinsatzes nach der Ausbildung
- Nachweis bestimmter Berechtigungen.

Wesentliche Funktionen

2.4.2 Allgemeine Anforderungen an Ausbildungserfolgskontrollen

Ausbildungserfolgskontrollen sollen in der Regel folgende Voraussetzungen erfüllen:
- Eignung als Instrument der Lernhilfe
- Gewährleistung der Transparenz (Offenlegung)
- Objektivität der Beurteilung, das heißt das Ergebnis einer Kontrolle darf nicht von der Person des Prüfers abhängen
- Beachtung des Grundsatzes der Validität (Gültigkeit), das heißt die angewandten Verfahren zur Kontrolle des Ausbildungserfolges müssen zuverlässig sein

Voraussetzungen für Kontrollen

Transparenz
Objektivität

Gültigkeit

- Übereinstimmung der Kontrolle mit dem Ausbildungszweck
- Verbindung der Beurteilung mit einem Beurteilungsgespräch.

2.4.3 Durchführung von innerbetrieblichen Ausbildungserfolgskontrollen

Arten der innerbetrieblichen Ausbildungserfolgskontrolle

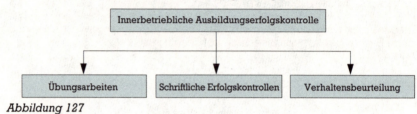

Abbildung 127

2.4.3.1 Übungsarbeiten (Arbeitsproben)

Bei Übungsarbeiten oder Arbeitsproben wird der Lehrling im betrieblichen Alltag beobachtet. Es geht dabei weniger um bestimmte Einzelleistungen, sondern darum, wie der Lehrling an die gestellte Arbeit herangeht und wie er sie zu lösen versucht.

Während der Übungsarbeiten soll also das Gesamtverhalten nach Fertigkeiten und Fähigkeiten beobachtet werden. Übungsarbeiten und Arbeitsproben zählen damit zu den prozessualen Lernstandskontrollen, da der gesamte Prozeß (Verlauf) des Arbeitens beim Auszubildenden während der gestellten Aufgabe beobachtet wird.

2.4.3.2 Schriftliche Erfolgskontrollen

Schriftliche Erfolgskontrollen sind resultative Lernstandskontrollen, das heißt es werden die Ergebnisse beurteilt, die der Lehrling erzielt.

Dazu dienen vor allem Fragen, mit deren Hilfe das bis zum Prüfungszeitpunkt erworbene Wissen kontrolliert wird. Dazu sind insbesondere zwei Formen geeignet:

Arten von schriftlichen Erfolgskontrollen

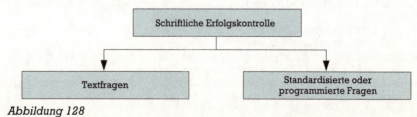

Abbildung 128

Bei Textfragen wird ausführlich der in Frage stehende Sachverhalt abgehandelt. *Textfragen*

Bei standardisierten oder programmierten Fragen müssen aus mehreren vorgegebenen Antworten eine oder mehrere als richtig erkannt werden. *Standardisierte Fragen*

2.4.3.3 Verhaltensbeurteilung

> Im Rahmen der Verhaltensbeurteilung beobachtet der Ausbilder unter anderem, wie der Lehrling an die gestellten Aufgaben herangeht und wie er sich gegenüber Vorgesetzten und Kollegen verhält. Die Verhaltensbeurteilung enthält sowohl Elemente einer resultativen, das heißt vom Ergebnis abhängigen, wie auch Elemente einer situativen, das heißt von Lage und Umfeld abhängigen Lernstandskontrolle.

Verhaltensbeurteilung

Die Ergebnisse der Verhaltensbeurteilung finden ihren Niederschlag im Beurteilungsbogen.

Ein Beurteilungsbogen enthält in der Regel in einer einfachen Form in der Senkrechten die Beurteilungsmerkmale bzw. Beurteilungsbereiche und in der Waagrechten die Ergebnisse der Beurteilung. Im allgemeinen wird hier empfohlen, mindestens eine fünfstufige Bewertung anzuwenden. Der Beurteilungsbogen kann selbstverständlich in bezug auf die einzelnen Beurteilungsmerkmale noch tiefer und hinsichtlich der Ergebnisse nach Ausbildungsabschnitten gegliedert werden.

Beurteilungsbogen

> Ein entsprechend aussagekräftiger Beurteilungsbogen muß mit seinem wesentlichen Inhalt jeweils auf den einzelnen Beruf und dessen Anforderungen abgestimmt werden.

Der folgende Beurteilungsbogen, der von H. Lindholz entwickelt wurde, gibt beispielhaft Aufschluß über die Möglichkeiten der Beurteilung von Lehrlingen. Für die Beurteilung gilt dabei eine sechsstufige Punkteskala, also:

Beispiel

Punkteskala

- 6 Punkte = sehr gute Leistung
- 5 Punkte = gute Leistung
- 4 Punkte = durchschnittliche Leistung
- 3 Punkte = ausreichende Leistung
- 2 Punkte = schlechte Leistung
- 1 Punkt = sehr schlechte Leistung.

Die Ergebnisse des Beurteilungsbogens gehen auch in den Bewertungsbogen ein.

> Im Bewertungsbogen werden alle entscheidenden Bewertungskriterien erfaßt und ausgewertet. Dazu gehören vor allem
> - die Verhaltensfaktoren laut Beurteilungsbogen
> - die Noten der Berufsschule
> - Bemerkungen zum Einzelgespräch.

Bewertungsbogen

Beurteilungsbogen:

Ausbildungsabschnitt:	Bitte bewerten Sie die einzelnen Fragen nach Punkten, wobei das beste Urteil die Punktzahl 6 und das schlechteste die Punktzahl 1 ergibt.							Summe geteilt durch 3
	6	5	4	3	2	1	Summe	
I. Theoretische Fähigkeiten								
1. Verstehen von Aufträgen und Begreifen von Anweisungen Wie oft muß ein Auftrag erklärt werden? Wie schnell werden neue Anweisungen begriffen? In welcher Weise werden Zusammenhänge erkannt?	X		X X				14	
2. Konzentration und Ausdauer Wie stark schwanken die Leistungen des Auszubildenden? Ist der Auszubildende leicht ablenkbar? Macht der Auszubildende häufig Pausen?		X	X	X			12	
3. Begreifen von Zeichnungen und Plänen Besitzt der Auszubildende die Fähigkeit Zeichnungen schnell zu lesen? Hat er die Fähigkeit Pläne selbständig zu entwickeln und kann er mit der abstrakten Zeichensprache umgehen? Verfügt er über ein ausreichendes Zeichentalent?		X	X	X			12	
							38	12,7
II. Praktische Fähigkeiten								
1. Geschicklichkeit bei der Handhabung von Werkzeugen Wie sicher führt der Auszubildende handwerkliche Arbeiten durch? Genügt er den Anforderungen, die eine sachgemäße Handhabung von Werkzeugen stellt? Werden Fehler bei der Bearbeitung von Werkstücken selbständig erkannt und beseitigt?		X	X		X		10	
2. Einrichten und Bedienen von Maschinen Zeigt der Auszubildende Geschick bei der Handhabung von Maschinen? Vermag er sie schnell und sicher einzurichten und zu bedienen? Weiß er, welche Maschinen am betreffenden Werkstück anzuwenden sind?				X	X	X	6	
3. Durchführung von Messungen Gelingen dem Auszubildenden Messungen schnell und sicher? Ist das Gefühl für Messungen in dem Maße vorhanden, daß ohne Hilfe bei Fehlern Korrekturen vorgenommen werden? Werden Messungen nach Erklärung selbständig durchgeführt?		X	X X				13	
							29	9,7

2.4 Ausbildungserfolgskontrolle (Beurteilen und Bewerten)

Ausbildungsabschnitt:	\multicolumn{6}{c}{Bitte bewerten Sie die einzelnen Fragen nach Punkten, wobei das beste Urteil die Punktzahl 6 und das schlechteste die Punktzahl 1 ergibt.}			
	6	5	4	3	2	1	Summe	Summe geteilt durch 3
III. Einstellung zur Arbeit (Arbeitsstil)								
1. Kreativität (schöpferische Eigeninitiative) Werden vom Auszubildenden brauchbare innerbetriebliche Verbesserungsvorschläge eingereicht? Versucht der Auszubildende häufig selbständig Probleme zu lösen? Hat er viele Hobbys, die Rückschlüsse auf seine Aufgeschlossenheit zulassen?		X	X	X			12	
2. Anpassung an die Arbeitswelt Verfügt der Auszubildende über die Fähigkeit, sich wechselnden Bedingungen des Arbeitsplatzes anzupassen? Bemüht er sich auch ohne besondere Aufsicht bei wechselndem Arbeitsplatz die Arbeit korrekt durchzuführen? Braucht er viel Zeit, sich mit veränderten Bedingungen zurechtzufinden?		X	X	X			12	
3. Ordnungssinn und Sorgfältigkeit Wird die Ordnung am Arbeitsplatz ohne Ermahnung aufrechterhalten? Wie schätzen Sie die Sorgfältigkeit des Auszubildenden im Zusammenhang mit Arbeitsanweisungen ein? Bemüht er sich auch außerhalb seines unmittelbaren Verantwortungsbereiches für Ordnung zu sorgen?				X	X	X	7	
							31	10,3
IV. Einstellung zur Umwelt (Zusammenarbeit)								Summe geteilt durch 2
1. Kooperationsbereitschaft Wird beim Auszubildenden spontane Hilfsbereitschaft beobachtet? Ist der Auszubildende bereit, Mitarbeiter zu führen? Wie verhält sich der Auszubildende im Kontakt mit Kollegen und Vorgesetzten?		X		X	X		10	
2. Eingliederung in die Gruppe Schätzen Sie den Auszubildenden als verträglich ein? Wie beliebt ist Ihrer Meinung nach der Auszubildende bei Mitarbeitern? Besitzt der Auszubildende Kontaktfähigkeit?		X			X	X	10	
							20	10

Gewichtung

Sowohl bei den Verhaltensfaktoren wie auch bei den Noten der Berufsschule findet eine Gewichtung statt, die sich nach der Bedeutung des jeweiligen Beurteilungsbereichs richtet.

Bewertungsbögen können auch für einzelne Unterweisungsvorgänge bzw. einzelne Fertigkeiten an bestimmten Ausbildungsplätzen erstellt werden.

Je weiter eine Aufgliederung der Bewertungsgegenstände und Zeitabschnitte erfolgt, desto exakter wird zwar der Überblick über die vom Lehrling erworbenen Fertigkeiten und Kenntnisse sowie deren Beurteilung und Bewertung; aber ein solches Verfahren erhöht auch den Arbeits- und Zeitaufwand für den Ausbilder.

Beispiel

Der Bewertungsbogen auf der folgenden Seite, der in Zusammenhang mit dem vorstehenden Beurteilungsbogen steht, zeigt, wie die Bewertung in der betrieblichen Ausbildungspraxis durchgeführt werden kann.

Ausbildungs- begleitkarte

> Eine weitere wichtige Unterlage für Beurteilung und Bewertung ist dann die Ausbildungsbegleitkarte. In ihr werden alle wesentlichen Ergebnisse zusammengefaßt.

Wesentlicher Inhalt

Wesentliche Inhalte der Ausbildungsbegleitkarte

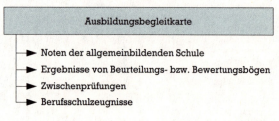

Abbildung 129

Beispiel

Das Beispiel auf der übernächsten Seite zeigt, wie eine Ausbildungsbegleitkarte gegliedert werden kann.

2.4 Ausbildungserfolgskontrolle (Beurteilen und Bewerten) 151

Bewertungsbogen

Name: Ferdinand Merkel

geb. am: .... 19.....

Ausbildungsberuf: Feinmechaniker

Einstellungsdatum: .... 19.....

A) Verhaltensfaktoren lt. Beurteilungsbögen	Punktzahl	Gewichtung	Gesamtpunktzahl	Gesamtpunktzahl: 4	Punktzahl	Gewichtung	Gesamtpunktzahl	Gesamtpunktzahl:4
I. Theoretische Fähigkeiten	12,7	1	12,7	Bewertungsziffer				Bewertungsziffer
II. Praktische Fähigkeiten	9,7	3	29,1					
III. Einstellung zur Arbeit	10,3	2	20,6					
IV. Einstellung zur Umwelt	10,0	1	10,0					
			72,4					
	Bewertungsziffer			18,1				
Gesamteindruck bis zur Zwischenprüfung								
Gesamteindruck bis kurz vor Abschlußprüfung					Bewertungsziffer			

B) Schulnoten (Berufsschule) (Note:	Punktzahl						Gewichtung	Gesamtpunktzahl	Bemerkungen der Lehrkräfte
	1 6	2 5	3 4	4 3	5 2	6) 1			
Fächer									
1. Religionslehre	+						1	6	ordentlich und fleißig
2. Deutsche Sprache			+				1	4	
3. Sozialkunde			+				1	4	
4. Fachrechnen		+					2	10	
5. Fachtheorie		+					3	15	
6. Fachzeichnen	+						2	12	
7. Praktische Fachkunde				+			2	8	
Gesamteindruck	Begabung liegt über den Anforderungen							59	

C) Kurze Bemerkungen zum Einzelgespräch

_____

_____

_____

_____

_____

_____

Ausbildungsbegleitkarte

Name des Auszubildenden: Ferdinand Merkel
Betrieb: Fa. Mertz KG
geb. am 28.6.19..........　　　　　Einstellungsdatum: 1.8.19..........

Bemerkungen zur Probezeit: _____
_____

Abgangsschulzeugnis (Hauptschule, Realschule):

　　　　　　　　　Note: _____　in: _____
　　　　　　　　　　　　　_____　　　_____
　　　　　　　　　　　　　_____　　　_____
　　　　　　　　　　　　　_____　　　_____

Ergebnisse der betrieblichen Beurteilung und Bewertung

	Abschnitt I (bis zur Zwischenprüfung)	Veränderungen + −	Abschnitt II (bis zum Ende der Ausbildung)
Bewertungsziffer:	18,1		_____
max. Bewertungsziffer:	31,5		_____
Anteil der Bewertungsziffer an max. Bewertungsziffer:	58,4 %		_____

Bemerkung zu Veränderungen

zwischen Abschnitt I/II: _____

Beurteilung der schulischen Leistungen　　　　Raum für Bemerkungen:
Gesamtpunktzahl:　　　　　　　59
max. Gesamtpunktzahl:　　　　72
Anteil der Gesamtpunktzahl
an max. mögl. Punktzahl:　　　82 %

Ergebnisse der Zwischenprüfung:

Beendigung der Ausbildung am: _____

2.4.4 Bewerten und Beurteilen

Planmäßiges Bewerten und Beurteilen ist während der gesamten Ausbildung notwendig. Auf der Grundlage der jeweiligen Ergebnisse können rechtzeitig erforderliche Korrekturen im gesamten Ausbildungsprozeß vorgenommen werden.
Damit sind Bewertung und Beurteilung entscheidend für den Erfolg der Berufsausbildung.

Bewerten
Beurteilen

2.4.4.1 Aussageformen

Gundlage jeder Bewertung und Beurteilung ist die Feststellung von folgenden Faktoren:

Aussageformen der Beurteilunrg

Aussageformen

Abbildung 130

Eine Bewertung und Beurteilung dieser Faktoren ist zu verschiedenen Zeitpunkten möglich und erforderlich:

Zeitpunkte

Zeitpunkte für die Bewertung und Beurteilung

Abbildung 131

2.4.4.2 Beobachtungs- und Beurteilungskategorien

Es gibt zahlreiche Beurteilungskategorien und -merkmale.

Beurteilungs-
kategorien

Beobachtungs- und Beurteilungskategorien

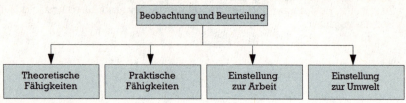

Abbildung 132

Beurteilungs-
merkmale

Im einzelnen zählen zu diesen Kategorien unter anderem folgende Merkmale:

Theoretische
Fähigkeiten

- **Theoretische Fähigkeiten**
  - Auffassungsgabe
  - Ausdauer und Konzentration
  - Beobachtungsgabe
  - Denkfähigkeit
  - Lernfähigkeit
  - Merkfähigkeit
  - Umsetzungsfähigkeit (Transfervermögen)

Praktische
Fähigkeiten

- **Praktische Fähigkeiten**
  - Fachkenntnisse
  - manuelle Geschicklichkeit

Einstellung zur
Arbeit

- **Einstellung zur Arbeit**
  - Arbeitstempo
  - Fleiß
  - Kreativität
  - Sorgfalt
  - Zuverlässigkeit

Einstellung zur
Umwelt

- **Einstellung zur Umwelt**
  - Bereitschaft zur Zusammenarbeit
  - Einordnungsbereitschaft
  - Hilfsbereitschaft
  - Kontaktfähigkeit
  - soziales Verhalten

2.4.4.3 Bewertungssysteme

Wichtige Bewertungssysteme im Rahmen der Berufsausbildung

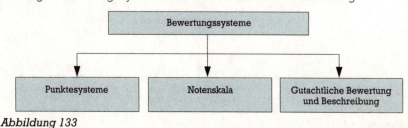

Bewertungs-
systeme

Abbildung 133

Am objektivsten ist die Bewertung, wenn eine exakte Fehler- und Punktezahlermittlung möglich ist. Dies ist zum Beispiel bei der programmierten Prüfung der Fall. Dann bietet sich das sogenannte 100-Punkte-System an, innerhalb dessen die Prüfungsleistung eingeordnet wird. Die persönlichen Erfahrungen des Ausbilders und Lehrenden gehen in die Bewertung ein, wenn beispielsweise Textaufgaben im Rahmen der üblichen Notenskala (1–6) beurteilt werden sollen. Bei der gutachtlichen Beschreibung kommt es darauf an, durch eine entsprechende Wortwahl die Beurteilung und Bewertung so abzufassen, daß sie in ihrem Sinngehalt auch von Dritten nachvollzogen werden kann.

100-Punkte-System

Notenskala Gutachten

2.4.4.4 Beurteilungs- bzw. Bewertungsmaßstäbe

> Jede Bewertung erfordert auch Maßstäbe, damit sie von jedermann möglichst objektiv nachvollzogen werden kann.

Maßstäbe

Vergleichsweise unproblematisch ist dies beim 100-Punkte-System möglich. Hier hat sich allgemein eine Skala mit den folgenden Zuordnungen durchgesetzt:

100 – 92 Punkte: sehr gut (1)	66 – 50 Punkte: ausreichend (4)
91 – 81 Punkte: gut (2)	49 – 30 Punkte: mangelhaft (5)
80 – 67 Punkte: befriedigend (3)	29 – 0 Punkte: ungenügend (6)

Notenskala beim 100-Punkte-System

Schwieriger gestaltet sich das Finden eines entsprechenden Maßstabes bei der freien Benotung im Rahmen des Sechs-Noten-Systems. Hier muß sich der Ausbilder entweder vor der Bewertung einen Maßstab zurechtlegen, den er konsequent einhält, beispielsweise die Zahl richtiger Lösungen mit der jeweiligen Notenzuordnung; oder aber der Maßstab wird erst nach Durchsicht der Prüfung festgelegt. Dann kann beispielsweise so verfahren werden, daß als befriedigende Leistung (= Note 3) die durchschnittliche Fehlerzahl pro Prüfungsteilnehmer zugrundegelegt wird. An diesem Maßstab werden dann die einzelnen Prüfungsleistungen gemessen.

Sechs-Noten-System

Bei diesen Verfahren gilt es, besonders einseitige Bewertungen zu vermeiden. In der Praxis ist man bestrebt, bezüglich der einzelnen Noten eine sogenannte Gauß'sche Normalverteilung (benannt nach dem Mathematiker Gauß) zu erreichen. Graphisch läßt sich dies folgendermaßen darstellen:

Normalverteilung

Kurve der Normalverteilung für eine Bewertung nach Noten

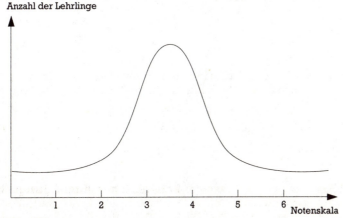

Abbildung 134

Beachtung von Besonderheiten

> Diese Verteilung darf aber nicht als strikte Vorgabe angesehen werden. Vielmehr sind immer die Eigenheiten des Lernstoffs und der Prüflinge zu berücksichtigen.

2.4.4.5 Subjektive Beurteilungsfehler

Objektive Beurteilung

Bei jeder Beurteilung ist es wichtig, sich von gefühlsmäßigen Eindrücken frei zu machen und das Urteil auf
- tatsächliche und
- nachweisbare

Einzelbeobachtungen zu gründen.

Persönliche Besonderheiten

Jede Beurteilung muß zu jedem Zeitpunkt und im konkreten Einzelfall den persönlichen Ausbildungsstand des Betroffenen berücksichtigen. Sind beispielsweise durch Abwesenheit des Lehrlings Lücken entstanden, die er nicht zu vertreten hat, so darf der Ausbilder dies nicht außer acht lassen.

Ansonsten läuft er Gefahr, bei der Beurteilung weitreichende Fehler zu machen.

Quellen für Beurteilungsfehler

Quellen für Beurteilungsfehler

Abbildung 135

Person des Ausbilders

Aus der **persönlichen Situation des Ausbilders** heraus können sich vor allem folgende Faktoren fehlerhaft auf die Beurteilung auswirken:
- Interessen und Bedürfnisse (zum Beispiel gemeinsame Hobbys)
- Gefühle und Stimmungen (Sympathie, Antipathie)
- Voreingenommenheit und Vorurteile (zum Beispiel wegen Kleidung, Frisur u.ä.)

> Beurteilungsfehler im Rahmen der **betrieblichen Ausbildungssituation** ergeben sich aus dem Spannungsverhältnis zwischen Ausbilder, Lehrling sowie der Lern- und Prüfungssituation.

Wichtige Fehler bei der Beurteilung

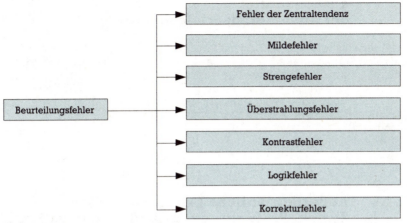

Abbildung 136

Fehler der Zentraltendenz oder der Tendenz zur Mitte: Der Ausbilder neigt dazu, alle Auszubildenden etwa gleich zu beurteilen.

Mildefehler: Vor allem wenn sich der Ausbilder den Lehrlingen gegenüber zu kollegial verhält und sich zu sehr mit ihnen identifiziert, besteht die Gefahr einer zu milden und wohlwollenden Einstellung sowie Beurteilung. Der Ausbilder sieht dabei auch zu sehr in seinen Ausbildungsbemühungen den eigenen Leistungserfolg.

Strengefehler: Aufgrund eines zu hohen und für die Lehrlinge kaum erreichbaren Beurteilungsmaßstabes werden diese zu streng beurteilt.

Überstrahlungsfehler: Der negative Eindruck vom Lehrling ist beim Ausbilder häufig so ausgeprägt, daß er die positiven Eigenschaften nicht mehr erkennt. Daraus kann ein ungünstiger Gesamteindruck entstehen, der in der Einzelbeurteilung einen nachhaltigen Niederschlag findet.

Kontrastfehler: Der Ausbilder mißt die Lehrlinge an den Anforderungen, die er an sich selber stellt. Meistens ist damit die Gefahr einer zu strengen Bewertung verbunden.

Logikfehler: Der Ausbilder begeht den Fehler, von einigen Merkmalen auf andere logisch zu schlußfolgern, anstatt auch diese Merkmale gründlich zu beobachten.

Korrekturfehler: Der Ausbilder zieht immer wieder frühere Beurteilungen heran anstatt starke Verbesserungen oder Verschlechterungen des Lehrlings angemessen zu berücksichtigen.

> Um solche Fehler vermeiden zu helfen und aus jeder Bewertung und Beurteilung die entsprechenden Schlußfolgerungen für die weitere betriebliche Ausbildung ziehen zu können, ist es jedem Ausbilder dringend zu empfehlen, die Beurteilungs- und Bewertungsergebnisse mit allen Beteiligten, also insbesondere mit dem Lehrling, dessen Eltern und den Berufsschullehrern zu besprechen. Notfalls können auch Ausbildungsberater und Lehrlingswart hinzugezogen werden.

2.4.5 Das Berichtsheft (Ausbildungsnachweis) als Hilfsmittel der Ausbildungserfolgskontrolle

Berichtsheft

Das Berichtsheft (Ausbildungsnachweis), das die an einem Lernort vermittelten Kenntnisse und Fertigkeiten sowie andere ausgeübte Tätigkeiten enthält, ist für den Ausbilder ein wichtiges Kontrollmittel, ob der Lehrling die zu vermittelnden Kenntnisse und Fertigkeiten auch tatsächlich erfaßt und verarbeitet hat (vgl. dazu im einzelnen die Darstellungen unter Abschnitt 4.5.3 „Der Ausbildungsnachweis als Kontrollinstrument" in diesem Band).

Außerbetriebliche Erfolgskontrolle

2.4.6 Außerbetriebliche Erfolgskontrollen: Zweck, Prüfungsgegenstand, Organisation und Ablauf von Zwischenprüfungen und Gesellenprüfungen

Die wichtigsten außerbetrieblichen Erfolgskontrollen sind
- Zwischenprüfungen
  und
- Gesellenprüfungen.

Zwischenprüfung
Gesellenprüfung
Abschlußkontrolle

> Die Zwischenprüfung ist ein Kontrollinstrument für den jeweiligen Ausbildungsstand des Lehrlings. Die Gesellenprüfung ist die Abschlußkontrolle über die gesamte Berufsausbildung.

Beide Arten der Erfolgskontrolle sind nicht nur für den Lehrling, sondern als eine Art Rückkopplung über die Qualität der gesamten Ausbildung auch für den Betrieb von großer Bedeutung (zu den rechtlichen Grundlagen und weiteren Einzelheiten vgl. die ausführliche Darstellung unter Abschnitt 4.5.2.1 „Die Zwischenprüfung" und 4.5.2.2 „Die Gesellenprüfung" in diesem Band).

Programmierte und textlich gestaltete, offene Übungs-, Wiederholungs- und Prüfungsfragen

1. Wozu dienen generell Ausbildungserfolgskontrollen und welche Arten gibt es?

„Siehe Seite 145 des Textteils!"

2. Entwerfen Sie einen Beurteilungsbogen für einen Auszubildenden und schildern Sie seine Bedeutung!

„Siehe Seite 147 des Textteils!"

3. Der Bewertungsbogen erfaßt im Regelfalle
- ☐ a) nur die Noten der Zwischenprüfung.
- ☐ b) nur die Noten der Gesellenprüfung.
- ☐ c) alle entscheidenden Bewertungsmerkmale.
- ☐ d) ausschließlich die Noten der Berufsschule.
- ☐ e) ausschließlich Bemerkungen aus Einzelgesprächen.

„Siehe Seite 147 des Textteils!"

4. Der Beurteilungsbogen enthält in der Regel
- ☐ a) nur Zeugnisnoten der Hauptschule.
- ☐ b) nur Zeugnisnoten der Realschule.
- ☐ c) nur Zeugnisnoten der Berufsschule.
- ☐ d) alle wesentlichen Beurteilungsmerkmale.
- ☐ e) vorwiegend die Beurteilung aus der überbetrieblichen Unterweisung.

„Siehe Seite 147 des Textteils!"

5. Beschreiben Sie den wesentlichen Inhalt einer Ausbildungsbegleitkarte!

„Siehe Seite 150 des Textteils!"

6. Ist planmäßiges Beurteilen und Bewerten notwendig?
- ☐ a) Ja, vor allen Dingen zu Beginn der Ausbildungszeit.
- ☐ b) Ja, aber nur am Ende der Ausbildungszeit.
- ☐ c) Ja, während des gesamten Ausbildungsprozesses.
- ☐ d) Ja, aber in erster Linie bei Zwischenprüfungen.
- ☐ e) Ja, aber in erster Linie bei Gesellenprüfungen.

„Siehe Seite 153 des Textteils!"

7. Nennen Sie die wesentlichen Beurteilungskategorien und -maßstäbe!

„Siehe Seite 154 des Textteils!"

8. Die Bewertungssysteme bei der Ausbildung bestehen
- ☐ a) ausschließlich in Notensystemen.
- ☐ b) nur in Punktesystemen.
- ☐ c) nur in gutachtlichen Beschreibungen.
- ☐ d) nur in Noten- und Punktesystemen.
- ☐ e) in Noten- und Punktesystemen und gutachtlichen Beschreibungen.

„Siehe Seite 154 des Textteils!"

9. Welche Fehler sollte der Beurteilende vermeiden?

„Siehe Seite 156 des Textteils!"

10. Mit wem sollen in erster Linie Bewertungs- und Beurteilungsergebnisse besprochen werden?
☐ a) Mit dem Bundesamt für Berufliche Bildung
☐ b) Mit dem Gesellenprüfungsausschuß
☐ c) Mit dem Gewerbeamt
☐ d) Mit dem Lehrling, den Eltern und Lehrern
☐ e) Mit Betriebsrat und Jugendvertretung.

„Siehe Seite 157 des Textteils!"

3 Der Jugendliche in der Ausbildung (Mitarbeiterführung in der Berufsbildung)

3.1 Entwicklungs- und Lebenssituation der Lehrlinge

Für jeden Ausbilder ist es wichtig, sich mit der Entwicklungs- und Lebenssituation der Lehrlinge zu befassen, um die Mitarbeiterführung darauf abstimmen zu können.

3.1.1 Grundzusammenhänge

3.1.1.1 Handeln und Verhalten als Funktion von Person und Umwelt

> Unter Person versteht man den einzelnen Menschen, der in seinem Wesen einmalig ist (Individuum). Jede Person aber verwirklicht sich letztlich erst im Kontakt mit seiner Umwelt, das heißt dem gesamten äußeren Umfeld, das uns umgibt.

Individuum

Umwelt sind sowohl die Natur um uns herum wie auch andere Menschen, insbesondere die Familie und weitere Gruppen, denen man angehört. Das Zusammenleben wird durch Handeln und Verhalten ermöglicht und geprägt. Handeln kennzeichnet die äußeren Aktivitäten (Handlungen), die auf inneren Einstellungen (Haltungen), dem Verhalten, beruhen.

Umwelt

Handeln Verhalten

Das Zusammenwirken von Person und Umwelt

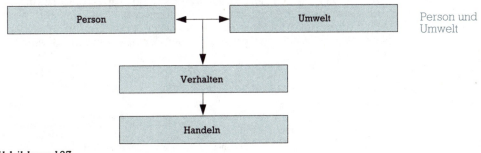

Person und Umwelt

Abbildung 137

3.1.1.2 Entwicklungsbegriff

> Als Entwicklung bezeichnet man im Rahmen der Berufspädagogik die laufend fortschreitende Veränderung des Menschen hinsichtlich körperlicher Merkmale und in bezug auf seine Verhaltensweisen.

Entwicklung des Menschen

164

Pubertät
Adoleszenz
Erwachsenen-
alter

Die gesamte Entwicklung läßt sich dabei in verschiedene Abschnitte einteilen. Für den Bereich der Berufsausbildung sind von besonderer Bedeutung
- Pubertät
- Adoleszenz (Jugendalter)
- Erwachsenenalter.

3.1.1.3 Faktoren der Entwicklung

Erbanlagen

Hinsichtlich der Entwicklung wird danach unterschieden, welcher Anteil durch die Erbanlagen und welcher durch Umwelteinflüsse bedingt ist. Im ersten Fall handelt es sich um Reifungsprozesse, im zweiten um Lernen.

Reifung

Reifung beschreibt die Entwicklung des Menschen bezüglich
- seiner äußeren Erscheinung
- seines Verhaltens
- seiner Leistungsfähigkeit
- seiner Intelligenz
- seiner Persönlichkeit,

soweit sie bereits in den Erbanlagen festgelegt ist.

Umwelteinflüsse

Die Steuerungsmöglichkeit durch Umwelteinflüsse ist in Teilbereichen wie der äußeren Erscheinung (Körpergröße u.ä.) nur in geringem Umfang möglich, während bei Intelligenz, Verhalten und Leistungsfähigkeit die Einflußnahme durch Lernen in größerem Umfange gegeben ist. Beim Menschen ist das Verhalten kaum instinktiv ausgeprägt, vielmehr entwickelt es sich durch aktive Anpassung an die jeweiligen Umstände und sozialen Gegebenheiten.
Allerdings bestimmen die Erbanlagen gewisse Grenzen, die dann auch durch Lernprozesse nicht überschritten werden können.

3.1.1.4 Entwicklung von habituellen Personeneigenschaften

Reiz-Reaktions-
verbindungen

Habituelle
Personeneigen-
schaften

Habituelle Personeneigenschaften sind solche Verhaltensformen, die durch bestimmte Reiz-Reaktions-Verbindungen entstehen, das heißt auf bestimmte Reize folgen entsprechende Reaktionen. Man unterscheidet dabei mehrere derartiger habitueller Personeneigenschaften.

Wichtige habituelle Personeneigenschaften

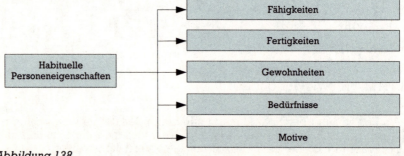

Abbildung 138

Fähigkeiten: Sie bezeichnen die Bereitschaft, auftretende Probleme durch Lernprozesse oder entsprechende Leistungen bewältigen zu können. Wichtige Grundfähigkeiten sind zum Beispiel logisches Denken, abstraktes Denken, Raumvorstellungsvermögen und Merkfähigkeit.

Fertigkeiten: Mit Fertigkeiten können Aufgaben und Anforderungen durch bereits erlernte Reaktionsmuster ohne größere Probleme und möglichst schnell bewältigt werden. Beispiele dafür sind Handgriffe, die zur Bedienung einer Maschine erforderlich sind.

Gewohnheiten: Gewohnheiten ergeben sich aus ständigem Lernen und Üben. Beispiele sind routinemäßige Handgriffe und immer wiederkehrende Denkmuster.

Bedürfnisse: Bedürfnisse ergeben sich aus dem Spannungsfeld zwischen Reiz und Reaktion, also beispielsweise dem Hunger und dem Bestreben, diesen Mangel zu beheben.

Motive: Motive sind treibende Elemente für ein bestimmtes Handeln. Wenn jemand beispielsweise eine bestimmte Anschaffung tätigen will, so kann dies für ihn Anlaß sein, mehr zu sparen oder Überstunden zu leisten.

3.1.1.5 Begabungsbegriff

Unter Begabung versteht man die Leistungs- und Lernfähigkeit einer Person auf den verschiedensten Gebieten. Begabung ist im wesentlichen durch die Erbanlagen vorbestimmt und begrenzt. Ihre Entfaltung kann jedoch durch äußere Einflüsse gefördert werden.

Begabung ist also zum Beispiel die Fähigkeit zum Erlernen von Fremdsprachen, manuelles Geschick, besondere Merkfähigkeit oder besondere Kontaktfähigkeit.

3.1.1.6 Berufseignung und Berufswahl

Berufseignung

Die Berufseignung liegt vor, wenn der Bewerber oder Interessent über wichtige Fähigkeiten verfügt, die zur Ausübung des jeweiligen Berufes erforderlich sind.

Berufswahl

Die Berufseignung ist eine wichtige Voraussetzung für die richtige Berufswahl. Der gesamte Prozeß der Wahl eines Berufes verläuft in der Regel über einen längeren Zeitraum.
Verschiedene Stufen der Begegnung mit der Berufs- und Arbeitswelt sind unter anderem:
- eigene Beobachtungen von Kindern und Jugendlichen im alltäglichen Umgang mit arbeitenden Menschen
- der berufskundliche Unterricht in den allgemeinbildenden Schulen
- die Teilnahme an Berufspraktika
- die Inanspruchnahme der Berufsberatung.

3.1.1 Grundzusammenhänge

Wichtige Entscheidung

Die eigentliche Berufswahl stellt für jeden Menschen eine schwierige, aber auch sehr wichtige Entscheidung dar. Von der richtigen Wahl unter der großen Zahl möglicher Berufe hängt schließlich ein wesentlicher Teil des persönlichen Lebensglücks ab.

Berufswahlreife

Die Berufswahl setzt auch eine gewisse Reife voraus. Die Berufswahlreife bedingt, daß jemand in der Lage ist, anhand seiner Eignung, seiner Neigungen und Begabungen die richtige Berufsentscheidung zu treffen. Die Berufswahlreife steigt mit zunehmendem Lebensalter.

Einschlägige Statistiken zeigen, daß die Zahl der Ausbildungsabbrecher und der Berufswechsler um so geringer wird, je älter die Lehrlinge bei der Berufswahl waren.

Einflußfaktoren auf die Berufswahl

Auf die gesamte Berufswahl wirken daneben eine Vielzahl von Umwelteinflüssen.

Einfluß der Umwelt auf die Berufswahl

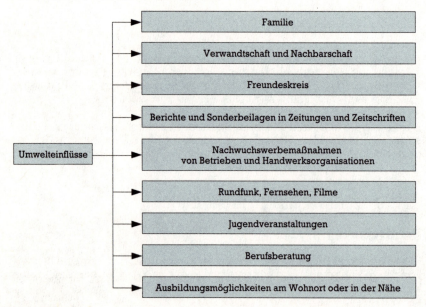

Abbildung 139

Berufsberatung Berufsfindung

Insbesondere die Berufsberatung der Arbeitsverwaltung spielt bei der Berufswahl eine sehr wichtige Rolle. Sie unterstützt die Berufsfindung, gibt also wesentliche Hilfen, die der Berufswahl dienen. Die überwiegende Mehrzahl der jungen Menschen nimmt inzwischen diese Dienste in Anspruch.

Zentrale Aufgabe der Berufsberatung ist es, dem jungen Menschen die Kenntnisse zu vermitteln, die nötig sind, um zu einer sachgerechten Entscheidung bei der Berufswahl zu kommen.

Eigenschaften und Aufgaben der Berufsberatung

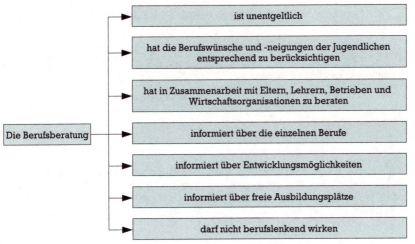

Abbildung 140

Eine besondere Aufgabe besteht auch darin, die Jugendlichen auf die Problematik sogenannter Modeberufe hinzuweisen. Es gibt nämlich immer wieder Berufe, die in der Gunst der Jugendlichen besonders hoch stehen; und zwar weil sie

- momentan ein hohes Sozialprestige versprechen
- besonders technik-orientiert sind
- vermeintlich bessere Berufsaussichten versprechen.

Modeberufe

Berufsentscheidung

Allerdings zeigt sich oft, daß die Jugendlichen durchaus in der Lage sind, die Zukunftsperspektiven angemessen einzuschätzen. Meist entscheiden sie sich so für die Berufe, die auch dem Bedarf von Wirtschaft und Gesellschaft in etwa entsprechen.

Berufsentscheidung

Denn die jungen Menschen haben zwar sehr unterschiedliche und vielfältige, aber insgesamt doch sehr positive Einstellungen zum Beruf. Leistung und Erfolg werden als wesentlicher Bestandteil des Lebens angesehen:

Einstellung zum Beruf

- Rund 80 % der Jugendlichen äußern sich in ihrer Lebenseinstellung zufrieden, optimistisch und aufstiegsorientiert.
- 95 % sehen in einer abgeschlossenen Berufsausbildung einen hohen Stellenwert und eine notwendige Voraussetzung für einen sicheren Arbeitsplatz.
- Es ist auch keine absolute Technikfeindlichkeit unter jungen Menschen festzustellen. Vielmehr steht die Jugend in kritischer Loyalität zu Technik und Leistung.

Bei der endgültigen Entscheidung für einen Beruf, bei der die Jugendlichen sich heute weniger an den Berufen der Eltern orientieren, sondern frei und selbstbestimmt vorgehen, spielen neben Eignung und Neigung insbesondere vier Motive eine wichtige Rolle.

Motive für die Berufsentscheidung

Motive für die Berufsentscheidung

Abbildung 141

Berufsethos

Im Handwerk spielt daneben auch das Berufsethos nach wie vor eine Rolle, also eine bestimmte innere Einstellung und Werthaltung gegenüber dem Beruf. Denn immer noch gilt, daß gerade Handwerksberufe die beste Möglichkeit bieten, sich im Beruf selbst zu verwirklichen.

3.1.1.7 Didaktisches Prinzip der Individualisierung und Differenzierung

Individualisierung

Differenzierung

Individualisierung bedeutet, daß im Rahmen der Ausbildung auf den einzelnen und seine Voraussetzungen, bei der Stoffaufbereitung und der Unterweisung besondere Rücksicht genommen wird.
Differenzierung steht in engem Zusammenhang dazu und heißt, daß der Lern- und Lehrprozeß möglichst weitgehend auf den einzelnen Lehrling bzw. eine gleichartig zusammengesetzte Gruppe ausgerichtet wird, um so jeden Lehrling entsprechend seiner Voraussetzungen bestmöglich zu fördern.

Formen der Differenzierung

Für eine solche Differenzierung sind vor allem unterschiedliche

- Aktionsformen
- Lehr- und Lernformen
- Lehrverfahren
- Sozialformen
- Ausbildungsmittel

geeignet (vgl. dazu auch die Ausführungen unter Abschnitt 2.3.1 „Die Lehrtätigkeit des Ausbilders – Grundzusammenhänge und methodische Grundbegriffe" und 2.3.7 „Einsatz und Gestaltung von Ausbildungsmitteln" in diesem Band).

Anpassung des Anspruchsniveaus

Bei der Differenzierung ist es aber auch möglich, das Anspruchsniveau im Rahmen der Lernziele entsprechend der jeweiligen Personengruppe – nach oben oder nach unten – anzupassen.

3.1 Entwicklungs- und Lebenssituation der Lehrlinge

3.1.2 Notwendigkeit einer entwicklungsgemäßen Berufsausbildung und Menschenführung

Entwicklungs-
gemäße
Ausbildung

3.1.2.1 Die Berücksichtigung der besonderen Lebenssituation

> Nach wie vor sind im Handwerk viele Auszubildende Jugendliche. Bei den übrigen handelt es sich überwiegend um junge Erwachsene. Für die erfolgreiche Arbeit als Ausbilder ist daher das Verstehen und das Eingehen auf die Probleme und Eigenheiten dieser Altersgruppe eine elementare Voraussetzung.

Gerade Jugendliche und junge Erwachsene befinden sich vielfach in einer besonderen, oftmals schwierigen Lebenssituation. Jede erfolgreiche Ausbildungsarbeit muß von diesen Gegebenheiten ausgehen.

Besondere
Lebenssituation

Aspekte der besonderen Lebenssituation von Lehrlingen

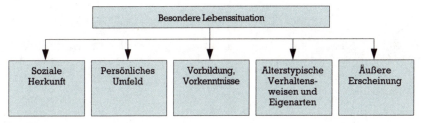

Abbildung 142

Bei den alterstypischen Verhaltensweisen und der äußeren Erscheinung muß der Ausbilder bedenken, daß hier Jugendliche und junge Erwachsene oftmals durch Kleidung, Frisur und Auftreten einen besonderen Lebensstil ausdrücken wollen.
Solche in den Augen vieler älterer Erwachsener teilweise negativ gesehenen und deshalb abgelehnten Erscheinungsformen führen oftmals zu Klischeevorstellungen oder Pauschalurteilen.

Alterstypische
Verhaltens-
weisen

Klischee-
vorstellungen

> Vor derartigen verallgemeinernden Urteilen und Vorurteilen sollte sich jeder Ausbilder hüten. Sie erweisen sich fast immer als psychologische Barriere für eine entwicklungsgemäße und somit erfolgreiche Ausbildung.

Psychologische
Barriere

3.1.2.2 Die Entwicklung vom Kind zum Erwachsenen (Jugendalter)

Bei der Entwicklung vom Kind zum Erwachsenen findet beim Menschen ein entscheidender und einschneidender Reifungsprozeß statt.
Dieser Reifungsprozeß ist sowohl körperlicher wie auch geistig-seelischer Art. Beides beeinflußt sich wechselseitig, wobei allgemein davon ausgegangen wird, daß in diesem Lebensabschnitt die körperliche Rei-

Reifungsprozeß

fung in stärkerem Maße den geistig-seelischen Reifungsprozeß beeinflußt.

Biologisch-körperliche Veränderungen

Ausgelöst werden die biologisch-körperlichen Veränderungen durch Umstellungen im Körperchemismus (innersekretorisches Drüsensystem). Von Bedeutung sind insbesondere hormonale Einflüsse, gesteuert durch die Hirnanhangdrüse und die Keimdrüsen.

Phasen des Jugendalters

Das Jugendalter wird allgemein in drei Phasen eingeteilt, die bei Jungen und Mädchen etwas abweichend voneinander verlaufen. Außerdem kann die nachfolgende Darstellung nur ein allgemeines Schema sein, da die Entwicklung bei jedem Menschen zwar alle Stufen durchläuft, aber doch recht unterschiedlich verlaufen kann.

Akzeleration

Ferner läßt sich feststellen, daß sich die körperliche Entwicklung in den letzten Jahrzehnten spürbar beschleunigt hat. Die Geschlechtsreife wird heute um zwei bis drei Jahre früher erreicht als noch vor hundert Jahren. Man nennt diesen Prozeß Akzeleration. Diese Akzeleration ist vermutlich eine Folge von Änderungen in der Ernährung und in der gesamten Umwelt.

Die Phasen des Jugendalters

Männliche Jugend		Weibliche Jugend
11. – 13. Lebensjahr	Vorpubertät	10. – 12. Lebensjahr
14. – 16. Lebensjahr	Pubertät	13. – 15. Lebensjahr
17. – 21. Lebensjahr	Adoleszenz	16. – 20. Lebensjahr

Abbildung 143

Vorpubertät
Kennzeichen der Vorpubertät

Die Vorpubertät ist insbesondere gekennzeichnet durch
- Beginn der Geschlechtsreifung
- Wachstumsbeschleunigung
  - Entharmonisierung der Körpergestalt
  - ungeschickte Bewegungsweisen
- Disharmonie des Benehmens
  - innere und äußere Unruhe
  - unausgeglichene Gefühlslage
  - ordnungsfeindliche Tendenzen (Trotz, Jähzorn)
  - rascher Gefühlswechsel
  - hohe Reizbarkeit.

Diese Phase hat in der Regel heute jeder Jugendliche bei Beginn der Berufsausbildung voll abgeschlossen. Entsprechende Maßnahmen des Ausbilders sind damit nicht mehr erforderlich.

Pubertät

Dagegen fallen Beginn und Anfangsphase der Berufsausbildung bei einigen Jugendlichen noch in die Pubertät. Diese Phase des Jugendalters ist gekennzeichnet durch

Kennzeichen der Pubertät

- Erreichen der Geschlechtsreife
- Verlangsamung der Wachstumstendenz mit Abbau der Disharmonie der Körpergestalt
- tiefgreifender Verhaltenswandel
  - stärkere Ichbezogenheit
  - Suche nach eigenen Werten und echten Vorbildern

3.1 Entwicklungs- und Lebenssituation der Lehrlinge

- Ablehnung jeder Art von Scheinmoral und unechter Erwachsenenautorität, kritische Auseinandersetzung mit den Werten der Erwachsenen
- Loslösung vom Elternhaus
- Unsicherheiten über eigene Rolle
- wechselhafte Gefühle
- Unsicherheit im Umgang mit der Sexualität.

Bei Lehrlingen, die noch Phasen der Pubertät durchlaufen, kommt auf den Ausbilder eine hohe Verantwortung zu. Gerade in dieser Zeit zeigen sich bei den Jugendlichen einerseits eine besondere Erziehungsbedürftigkeit, andererseits aber auch weitreichende Erziehungs- und Bildungsmöglichkeiten. Grundvoraussetzung ist, daß der Ausbilder die möglichen Verhaltensweisen kennt und Verständnis dafür aufbringt.	Besondere Erziehungsbedürftigkeit und -möglichkeit

Ferner sollte er
- in der Aufgaben-, Auftrags- und Arbeitsverteilung auf die körperliche Entwicklung Rücksicht nehmen
- Unbeholfenheit und Ungeschicklichkeit als Auswirkungen der Pubertät erkennen
- Streit und unbeherrschtes Verhalten vermeiden
- immer das sachliche Gespräch suchen
- selbst Vorbild sein.

Regeln für den Ausbilder

Die Adoleszenz als letzte Phase des Jugendalters ist der Abschnitt, mit dem sich Ausbilder heute aufgrund der Altersstruktur der Lehrlinge am häufigsten auseinandersetzen müssen.	Adoleszenz

Die Adoleszenz ist geprägt durch
- allmähliche Stabilisierung der Lebensvorgänge
- wachsende Sachbezogenheit
- steigendes Selbstwertgefühl
- Aufbau eines eigenen Weltbildes
- Hineinwachsen in die Gesellschaft und in die soziale Verantwortung
- Aufnahme dauerhafter Partnerbeziehungen.

Kennzeichen der Adoleszenz

Der Ausbilder sollte in dieser Altersphase
- die Anforderungen bei Vermeidung von Unter- und Überforderungen steigern
- das selbständige Arbeiten fördern
- zunehmend Verantwortung übertragen
- zur Verantwortung gegenüber Kollegen aufrufen
- klar die Grenzen bei unangepaßtem Verhalten aufzeigen.

Regeln für den Ausbilder

Nach Abschluß der Adoleszenz – man spricht dann auch vom ersten Mannes- bzw. Frauenalter – sind körperliche und seelische Entwicklung weitgehend stabil. Die jungen Erwachsenen versuchen „Ordnung in ihr Leben zu bringen" und ihre jeweiligen Rollen zu übernehmen. Dabei hilft ihnen das für diese Altersphase typische optimistische und zukunftsorientierte Weltbild.
Auszubildende dieser Altersgruppe sollte der Ausbilder überwiegend als Partner behandeln.

Junge Erwachsene

3.1.2.3 Die Beachtung entwicklungspsychologischer und arbeitsmedizinischer Erkenntnisse

Schwankungen der Leistungsfähigkeit

> Jeder Ausbilder sollte ferner wissen, daß sowohl die körperliche wie auch die geistige Leistungsfähigkeit bestimmten Schwankungen unterliegt, da sie wie das gesamte menschliche Leben von rhythmischen Abläufen abhängen. Dies gilt sowohl in kurz- wie auch in längerfristiger Betrachtung.

Leistungsprofil im Tagesablauf

Leistungsprofil im Tagesablauf

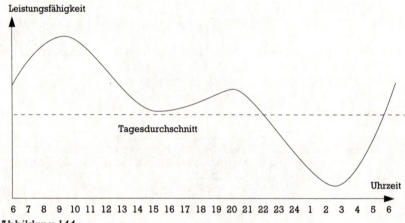

Abbildung 144

Markante Werte

Zahlreiche Tests und Versuche haben obigen Verlauf der Leistungsbereitschaft und Leistungsfähigkeit ergeben. Sie zeigt folgende markante Werte:

Leistungshöhepunkte

- Der Gipfel der Leistungsfähigkeit liegt bereits am frühen Vormittag gegen 9 Uhr.
- Danach ist bis 15 Uhr ein Abfallen zu beobachten.
- Ein weiterer Höhepunkt wird in den Abendstunden gegen 21 Uhr erreicht.

Leistungstiefpunkte

- Danach fällt die Leistungskurve bis in die frühen Morgenstunden gegen 3 Uhr steil ab.
- Darauf folgt ein ebenso steiler Anstieg.

Körpertemperatur

Forschungsergebnisse haben gezeigt, daß dieser Verlauf der Leistungskurve zugleich ziemlich genau den Schwankungen der Körpertemperatur und der Konzentration bestimmter Hormone entspricht. Deshalb ist man nunmehr auch davon abgerückt, das Leistungstief in den frühen Mittagsstunden mit der Einnahme des Mittagessens und der Konzentration des Körpers auf die Verdauungstätigkeit zu erklären.

Individuelle Abweichungen

Selbstverständlich gibt es von diesen wissenschaftlich fundierten Erhebungen bei Einzelpersonen nicht unerhebliche Abweichungen; so zum Beispiel bei sogenannten „Morgenmuffeln".

3.1 Entwicklungs- und Lebenssituation der Lehrlinge

Für Arbeit und Leistung ist jedoch die Tatsache wichtig, daß in den üblichen Arbeitszeiten – ohne Schichtarbeit – das Durchschnittsleistungsniveau eines 24-Stunden-Tages übertroffen wird.

Trotzdem ist zu empfehlen, daß der Tagesrhythmus bei der Erteilung von Aufträgen und bei Unterweisungen zu berücksichtigen ist. Werden diese in die Phasen größter Leistungsbereitschaft und Leistungsfähigkeit gelegt, wird der Ausbildungserfolg im Regelfall am größten sein. Die beste Zeit dafür liegt nach der Leistungskurve zwischen 8 und 11 Uhr.	Berücksichtigung des Tagesrhythmus

Wird ständig von diesem Rhythmus abgewichen, so folgen
- Überforderung
- Ermüdung
- Erkrankung
- Arbeitsunfälle.

Folgen bei Abweichen vom Rhythmus

Aufgabe des Ausbilders ist es deshalb, die Leistungskurve bei der Gestaltung der Ausbildung zu berücksichtigen und in ungünstigeren Tageszeiten mögliche Unfallgefahren immer wieder in besonderer Art und Weise sichtbar zu machen.

Leistungskurve

In den leistungsschwächeren Rhythmusphasen sollten ferner Überbeanspruchungen wie dauerndes Stehen, unnatürliche Körperhaltung oder höchste Konzentration nach Möglichkeit vermieden werden.
Die Tagesleistungskurve sollte auch der Pausenregelung zugrundegelegt werden.

Vermeidung von Überbeanspruchungen

Zeitpunkte der Ermüdung und Phasen der Erholung

Die Leistungskurve verdeutlicht auch, daß sich im Verlaufe eines Tages Zeitpunkte der Ermüdung ergeben, denen Phasen der Erholung folgen müssen.

Erholung

Pausen, Erholung, Freizeit und Schlaf müssen in den richtigen Tagesrhythmus eingepaßt werden, um auf Dauer eine gesunde Lebensführung und die optimale Leistungsfähigkeit zu gewährleisten.	Gesunde Lebensführung

Für Pausen während der Ausbildung werden aufgrund arbeitsmedizinischer Kenntnisse mehrere Kurzpausen empfohlen; denn es hat sich gezeigt, daß der Erholungseffekt nicht geradlinig zunimmt, sondern daß er zu Beginn einer Erholungspause größer ist und sich mit zunehmender Dauer nicht mehr nennenswert steigern läßt.

Kurzpausen Erholungseffekt

Deshalb sind mehrere Kurzpausen erholsamer als eine einzige Pause von längerer Dauer. Allerdings wird der einzelne aus dem Arbeitsrhythmus gebracht, wenn Kurzpausen länger als zehn Minuten dauern.

Die Hauptpause sollte nach Möglichkeit zwischen dem zweiten und dem dritten Drittel der täglichen Arbeitszeit liegen und nicht am Arbeitsplatz oder im Arbeitsraum verbracht werden, um eine echte Entspannung zu gewährleisten.

Hauptpause

Die richtige Pausengestaltung
- erhöht die Arbeitsleistung und
- verringert zugleich die Unfallgefahr.

Richtige Pausengestaltung

Verlauf der Erholung bei Pausen

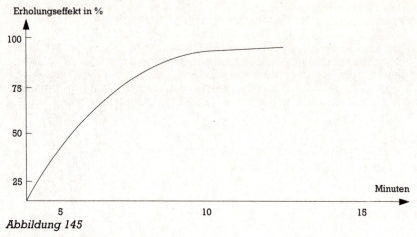

Abbildung 145

Leistungsfähigkeit im Wochenablauf

Leistungsfähigkeit im Wochenablauf

Die Leistungsfähigkeit zeigt auch im Verlauf einer Woche typische Schwankungen.

Leistungsprofil

Leistungsprofil im Wochenablauf

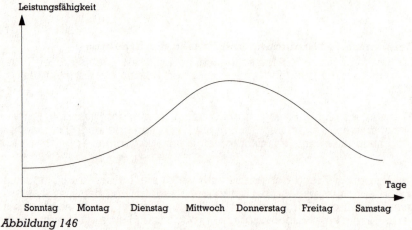

Abbildung 146

Höhepunkt

Der Kurvenverlauf zeigt, daß in der Regel die Leistungsfähigkeit zur Wochenmitte – am Mittwoch und Donnerstag – ihren Höhepunkt erreicht. Dies sollte bei der Aufstellung des Wochenunterweisungsplanes durch den Ausbilder berücksichtigt werden.

Lebensleistungsprofil

Leistungsprofil im Ablauf des Lebens

Körperliche, geistige Leistungsfähigkeit

Hier gilt, daß körperliche und geistige Leistungsfähigkeit einen unterschiedlichen Verlauf haben. Während der Gipfel der körperlichen Leistungsfähigkeit in der Regel zwischen dem 20. und 30. Lebensjahr liegt, hält sich die geistige Leistungsfähigkeit länger auf einem hohen Niveau.

3.1 Entwicklungs- und Lebenssituation der Lehrlinge

In der für die Berufsausbildung typischen Altersphase zeigt sowohl die Kurve der körperlichen wie auch der geistigen Leistungsfähigkeit aufsteigende Tendenz, wobei die Leistungssteigerung im körperlichen Bereich im Durchschnitt stärker ausgeprägt ist. Darauf sollte im Rahmen der Ausbildung besondere Rücksicht genommen werden.

Geistige und körperliche Leistungsfähigkeit im Lebensablauf

Verlauf des Leistungsprofils im Lebensablauf

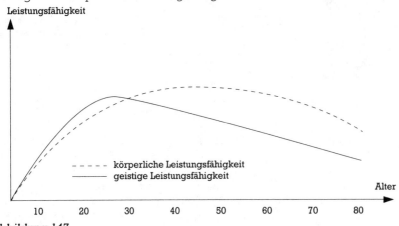

Abbildung 147

Hinsichtlich der Entwicklung der Intelligenz eines jungen Menschen ist noch zu ergänzen, daß ein starker Anstieg der Kurve intellektueller Leistungen während der ersten zehn bis zwölf Lebensjahre festzustellen ist. Gegen Ende des Jugendalters ergibt sich eine Abflachung der Kurve und eine deutliche Stabilisierung der intellektuellen Leistungsfähigkeit im Alter von 20 bis 25 Jahren. In diesem Altersbereich vollzieht sich auch der Wandel

- vom anschaulichen zum abstrakten Denken und
- vom mechanischen Nachvollziehen zum logischen Ableiten.

Intelligenz

Abstraktes Denken
Logik

3.1.3 Die sozial-kulturelle Lebenssituation des Jugendlichen und jungen Erwachsenen und ihre pädagogischen Konsequenzen

3.1.3.1 Jugend und junge Erwachsene als besondere gesellschaftliche Gruppe

Die Grenzen zwischen Jugendlichen und jungen Erwachsenen sind heute ziemlich fließend und kaum exakt festzulegen.

Im typischen Lehrlingsalter treten vielfach Probleme und Konflikte auf, weil Jugendliche und junge Erwachsene ihren Status in der Gesellschaft noch nicht endgültig geklärt haben.

Ungeklärter Status

Diese Erscheinungen hat es zu allen Zeiten gegeben. Die Entwicklung bestätigt jedoch immer wieder, daß letztendlich die Einstellung der jungen Menschen viel nüchterner und unproblematischer ist, als es oftmals erscheint.

Vielfältige Reizeinflüsse Beispiele

Auch jeder Ausbilder muß sich immer wieder bewußt sein, daß es für die nachwachsende Generation nicht leicht ist, sich in unserer Welt zurechtzufinden. Denn die Reizeinflüsse, denen die Jugend heute ausgesetzt ist, werden immer vielfältiger. Beispielhaft sind zu nennen:
- Werbung
- immer weiter zunehmende Mobilität und Verkehr
- Filme, Fernsehen, Video
- Computerspiele
- Zeitschriften
- Porno- und Gewaltdarstellungen
- Streßwirkungen sonstiger Art.

Ideale Protest

Viele junge Menschen fühlen sich außerdem noch unsicher in einer sich rasch verändernden und hoch technisierten Welt, in der ihre Ideale manchmal zu kurz kommen. Die Folgen können Opposition und Protest sein. Sie äußern sich aber nur selten in negativen Entwicklungen wie

Extreme Jugendgruppen

- der Zugehörigkeit zu extremen Jugendgruppen (zum Beispiel Skinheads, Punks, Autonome, Hooligans und Aussteiger) und

Drogen

- der Hinwendung zu Drogen und Suchtmitteln, die letztendlich zur völligen Leistungsunfähigkeit und zum körperlichen Verfall führen können.

Reizüberflutung

Zu beobachten sind ferner Autoritätsverlust, ein gewisser Werteverfall und teilweise eine geringere Disziplin sowie ein Nachlassen der Konzentrationsfähigkeit durch die Reizüberflutung.

Politische Einstellungen

In der überwiegenden Mehrzahl jedoch sind Jugendliche und junge Erwachsene für Extreme nicht zugänglich. Sie anerkennen die Notwendigkeit von Ordnungskräften und Spielregeln für das Zusammenleben in allen Bereichen und lehnen Sachbeschädigung und Gewalt gegen Personen bei der Durchsetzung politischer Ziele ab. Als derartige politische Ziele haben der Schutz der Umwelt und die Erhaltung des Friedens bei jungen Menschen verständlicherweise einen besonders hohen Stellenwert.

3.1.3.2 Der Einfluß der Umwelt auf das Verhalten der Jugendlichen und jungen Erwachsenen

Umwelteinflüsse

Kaum jemand wird bestreiten, daß die Umwelteinflüsse auf die Entwicklung junger Menschen zu keiner Zeit so stark waren wie heute. Dies ist auch darauf zurückzuführen, daß Freizeitdauer und Möglichkeiten ihrer Gestaltung in einem enormen Ausmaß gewachsen sind. Dies bringt soziale Gefährdungen mit sich, auf die viele Jugendliche nicht ausreichend vorbereitet sind.

Soziale Gefährdungen

Die wesentlichen Beeinflussungsfelder für Jugendliche und junge Erwachsene

Wesentliche Umwelteinflüsse

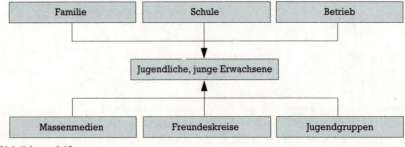

Abbildung 148

3.1 Entwicklungs- und Lebenssituation der Lehrlinge

Als sehr stark ist bei Lehrlingen der Einfluß von Freundeskreisen, Jugendgruppen und Massenmedien anzusehen. Besonders weitreichend sind die Beeinflussungsmöglichkeiten durch Massenmedien bei Jugendlichen, die selbst noch keine festgefügten Werthaltungen für ihr Leben entwickelt haben. Nicht gering schätzen darf man ferner den Einfluß von Vorbildern oft negativer Art aus Fernsehserien und Filmen, beispielsweise hinsichtlich der Rauch- und Trinkgewohnheiten oder auch der Art, Konflikte zu lösen. Dieser Verantwortung sollten sich alle für die entsprechende Programmgestaltung zuständigen Personen bewußt sein.

Freundeskreise
Massenmedien

Negative Vorbilder

Aber auch durch die betriebliche Umwelt, die sachlichen Gegebenheiten wie auch insbesondere die sozialen Beziehungen zu Ausbilder, Kollegen und Kunden, werden junge Menschen maßgeblich geprägt.

Betriebliche Umwelt

Bei der Familie ist danach zu unterscheiden, ob es sich dabei um Eltern und Geschwister handelt oder ob der Lehrling eventuell schon eine eigene Familie gegründet hat. Dann ist der Einfluß der Familie naturgemäß wesentlich stärker als im anderen Fall, wo die Loslösung vom Elternhaus zumeist schon wesentlich fortgeschritten ist.

Familie

3.1.3.3 Wichtige pädagogische Hinweise und Grundregeln für den Ausbilder

Für eine entwicklungsgemäße Ausbildung, die der sozial-kulturellen Lebenssituation des Jugendlichen und jungen Erwachsenen Rechnung trägt, sollte jeder Ausbilder einige Hinweise und Grundregeln beachten.

Entwicklungsgemäße Ausbildung

Wichtige Grundregeln für den Ausbilder

Grundregeln für den Ausbilder

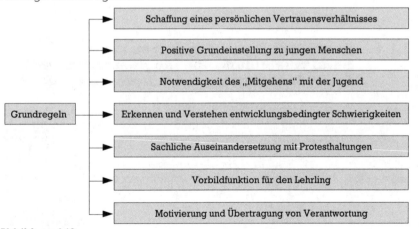

Abbildung 149

Die Schaffung eines persönlichen Vertrauensverhältnisses auf der Basis von fachlicher und sachlicher Autorität ist eine unabdingbare Voraussetzung für eine erfolgreiche Arbeit mit jungen Menschen und für die Berufsausbildung. Der Lehrling muß darauf vertrauen können, daß der Ausbilder bereit ist ihm zu helfen, sich in allen Lebenslagen zurechtzufinden. Dies ist jedoch nur möglich, wenn für den Ausbilder die positive Einstellung zu Jugendlichen und jungen Erwachsenen eine Selbstverständlich-

Persönliches Vertrauensverhältnis

Positive Einstellung

keit ist und er in der Lage ist, mit ihnen mitzugehen. Nur wer ihre Ideale mitträgt, kann sie auch für andere Ideale begeistern.

Dabei sollte der Ausbilder auf jeden Fall den Fehler vermeiden, die heutige Jugend an seinen eigenen Erfahrungen und Erinnerungen zu messen.

Entwicklungsbedingte Schwierigkeiten

Genauso wird von einem qualifizierten Ausbilder erwartet, daß er die entwicklungsbedingten Schwierigkeiten eines Lehrlings versteht und mit Protesthaltungen angemessen umgehen kann. Besonders gefordert ist er bei Drogenkonsum durch den Lehrling. Da bei einer Drogenabhängigkeit nicht nur das weitere Berufs-, sondern auch das Privatleben in höchstem Maße gefährdet ist, sollte der Ausbilder bei entsprechendem Verdacht sofort das Gespräch mit dem Auszubildenden selbst, aber auch mit den Eltern, der Berufsschule, dem Gesundheits- und Jugendamt sowie Beratungsstellen suchen.

Vorbild

Der Lehrling wird den Ausbilder und seine Anweisungen um so besser akzeptieren, als dieser selbst durch einwandfreies Verhalten im persönlichen wie im beruflichen Lebensbereich ein gutes Vorbild gibt und damit beim Jugendlichen besondere Wertmaßstäbe setzt.

Motivation

Verantwortung

Bei der Ausbildungsarbeit selbst kommt es heute besonders darauf an, die entsprechende Motivation zu geben und den Sinn der Arbeit zu vermitteln. Sobald ferner aufgrund der Kenntnisse und der persönlichen Reife des Lehrlings Verantwortung übertragen werden kann, sollte dies geschehen. Verantwortung hebt die Freude an der Arbeit, fördert die Aufgeschlossenheit und erhöht die Selbstsicherheit.

Eigenschaften eines guten Ausbilders

Den besten Ausbildungserfolg wird insgesamt der Ausbilder erzielen, der über

- Selbstdisziplin
- Autorität
- Kontaktfreudigkeit

verfügt.

3.1.4 Besondere Personengruppen in der Berufsausbildung und Möglichkeiten der Individualisierung und Differenzierung

Besondere Personengruppen

Zur Sicherung des beruflichen Nachwuchses bemüht sich das Handwerk vermehrt um die Teilgruppen der Jugendlichen, die noch zu wenig in den Prozeß der beruflichen Ausbildung integriert sind.

> Die Erschließung dieses Potentials erfordert allerdings auch, die betrieblichen Ausbildungsbedingungen auf die besonderen Anforderungen solcher Jugendlichen abzustimmen.

Besondere Zielgruppen für die Berufsausbildung

Besondere Zielgruppen

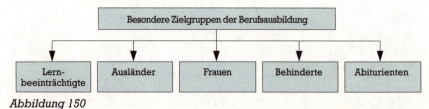

Abbildung 150

3.1.4.1 Lernbeeinträchtigte

> Lernbeeinträchtigt sind all diejenigen, die die üblichen Lernanforderungen der betrieblichen Ausbildung insgesamt oder wesentliche Teile davon nicht erfüllen können.

Lernbeeinträchtigte

Lernbeeinträchtigungen äußern sich unter anderem in
- unterdurchschnittlichem Intelligenzniveau
- verminderter Konzentrationsfähigkeit
- geringerer Merkfähigkeit
- mangelndem abstraktem Denken
- geringerem Wortschatz
- Rechtschreibfehlern
- Leseschwierigkeiten.

Die Ursachen dafür können sehr vielfältig sein.

Arten von Lernbeeinträchtigungen

Ursachen für Lernbeeinträchtigungen

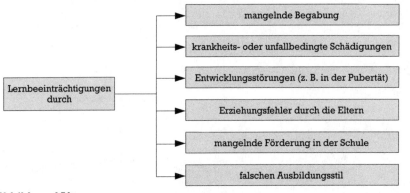

Ursachen für Lernbeeinträchtigungen

Abbildung 151

Die Chance für eine berufliche Ausbildung im Handwerk liegt bei vielen Lernbeeinträchtigten darin, daß sie zwar einerseits Probleme beim Erfassen theoretischer Sachverhalte haben, aber andererseits oft über bemerkenswerte praktische Fähigkeiten verfügen.

Praktische Fähigkeiten

3.1.4.2 Ausländer

Der Anteil ausländischer Jugendlicher an den Auszubildenden im Handwerk ist in den letzten Jahren stetig gewachsen. Er beträgt gegenwärtig bereits über 10 %. Türkische Lehrlinge bilden dabei mit Abstand die größte Gruppe der ausländischen Lehrlinge. Es folgen Jugendliche aus dem ehemaligen Jugoslawien und aus Italien.

Ausländische Jugendliche als Lehrlinge

Bei der Ausbildung ausländischer Jugendlicher sind mehrere Besonderheiten zu beachten.

3.1.4 Besondere Personengruppen in der Berufsausbildung

Besonderheiten | Besonderheiten bei der Ausbildung von ausländischen Lehrlingen

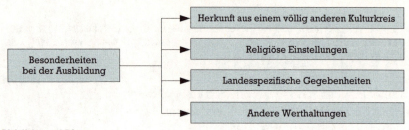

Abbildung 152

Integration | Mit der Ausbildung von Ausländern leistet das Handwerk einen wichtigen Beitrag zu deren sozialer, wirtschaftlicher und politischer Integration.

3.1.4.3 Frauen in „Männerberufen"

Weibliche Lehrlinge | Junge Frauen stellen derzeit bereits über ein Viertel aller Lehrlinge im Handwerk. Sie bevorzugen dabei zwar nach wie vor überwiegend sogenannte Frauenberufe. Aber auch ihr Anteil in technischen Berufen, die lange Zeit als „Männersache" galten, steigt zum Teil merklich an.

Berufswahl- verhalten von Frauen | Einflußfaktoren für das Berufswahlverhalten von Frauen

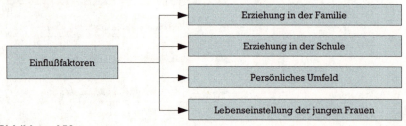

Abbildung 153

Unbegründete Vorbehalte | Vielfach spielen aber auch die Einstellungen und Vorbehalte der Ausbildungsbetriebe eine wichtige Rolle. Manchmal sind hier wegen der Vorstellungen über die Rolle der Frau Einwände gegen ihre Ausbildung in technischen Berufen zu hören. Weitere Ursachen können in der Furcht vor Belastungen durch zusätzliche sanitäre Anlagen oder Mutterschutz- sowie Erziehungsurlaubsregelungen liegen.

3.1.4.4 Behinderte

Behinderte | Der Begriff „Behinderte" umfaßt diejenigen Personen, bei denen infolge schwerwiegender Beeinträchtigungen eine Ausbildung und Beschäftigung nur unter erschwerten Bedingungen, insbesondere unter besonderer pädagogischer Betreuung möglich ist.

Arten von Behinderungen

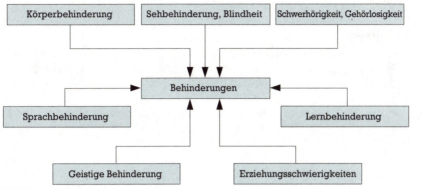

Behinderungen

Abbildung 154

Viele betroffene Personen weisen Mehrfachbehinderungen auf.
Im Rahmen einer beruflichen Ausbildung müssen insbesondere folgende mögliche Auswirkungen von Behinderungen berücksichtigt werden:
- geringere Intelligenz
- verlangsamte oder eingeschränkte psychomotorische Fähigkeiten („Handfertigkeiten")
- geringe Motivation
- Verhaltensstörungen
- Schwierigkeiten, sich sprachlich mitzuteilen
- Verständnis- und Auffassungsprobleme.

Auswirkungen von Behinderungen

3.1.4.5 Abiturienten

Knapp sechs Prozent der Ausbildungsanfänger im Handwerk besitzen die Hochschul- oder Fachhochschulreife. Ihr Anteil ist in den kunsthandwerklichen Berufen sowie bei den Gesundheitshandwerken und einigen Berufen der Elektro- und Metallhandwerke besonders hoch. Da immer mehr Jugendliche eines Jahrgangs das Abitur erwerben, ist es für das Handwerk wichtig, auch diese Gruppe stärker in die Ausbildungsanstrengungen einzubeziehen.

Abiturienten

3.1.4.6 Möglichkeiten der Individualisierung und Differenzierung

Die Möglichkeiten der Individualisierung und Differenzierung sind bei einzelnen besonderen Personengruppen in der Berufsausbildung unterschiedlich.

Individualisierung und Differenzierung

Für Lernbeeinträchtigte und Behinderte:
- besondere Eignung des Ausbildungsbetriebes hinsichtlich der personellen und räumlichen Gegebenheiten
- besondere sozialpädagogische Betreuungsmaßnahmen
- Stützkurse
- Förderkurse
- Einsatz besonderer Lernhilfen
- Anpassung der Unterweisung.

Maßnahmen bei Lernbeeinträchtigten und Behinderten

| Fördermaßnahmen | Bund und Länder unterstützen die Ausbildung Lernbeeinträchtigter und Behinderter durch finanzielle Fördermaßnahmen. |

Für **Ausländer:**

| Maßnahmen bei Ausländern | • ausbildungsbegleitende Hilfen
• Hinweis auf Stützkurse, insbesondere in Deutsch und Rechnen bei den Berufsschulen und Berufsbildungs- und Technologiezentren des Handwerks. |

Vor der Bildung von Gruppen nur mit ausländischen Auszubildenden muß allerdings gewarnt werden, da dies für das Betriebsklima und auch für die Integration der Ausländer nicht zweckdienlich wäre.

Für **Frauen in „Männerberufen":**

| Maßnahmen für Frauen in „Männerberufen" | • besondere Unterstützung bei der Aneignung gewerblich-technischer Fertigkeiten zumindest in der Anfangsphase der Ausbildung, zum Beispiel durch ausführliche Erklärungen
• besondere Übungsphasen zum Erlernen des Umgangs mit ungewohnten Werkzeugen. |

Für **Abiturienten:**

| Maßnahmen für Abiturienten | • Angebot zusätzlicher Lehrangebote, die über die in der Ausbildungsordnung vorgesehenen Mindestanforderungen hinausgehen (zum Beispiel Berufsakademien u.ä.) |

3.1.5 Verhalten des Ausbilders bei extremen Verhaltensauffälligkeiten und Erziehungsschwierigkeiten des Lehrlings

| Verhaltensauffälligkeiten und Erziehungsschwierigkeiten | Verhaltensauffälligkeiten und Erziehungsschwierigkeiten haben bei den Jugendlichen in den vergangenen Jahren erheblich zugenommen.
Typische Formen solcher Fehlformen des Leistungs- und Sozialverhaltens sind: |
| Formen | • Disziplinlosigkeit
• Arroganz
• Trotz und Aufsässigkeit
• Drang zur Lüge
• geringe Motivation
• Faulheit
• Oberflächlichkeit
• mangelnde Konzentrationsfähigkeit
• Kontaktarmut
• Hemmungen und Angst
• Aggression
• Verwahrlosung
• Neurosen (seelisch bedingte Verhaltensstörungen). |

Diese Fehlhaltungen können vielerlei Ursachen haben.

3.1 Entwicklungs- und Lebenssituation der Lehrlinge

Wichtige Ursachen von Verhaltensauffälligkeiten und Erziehungsschwierigkeiten

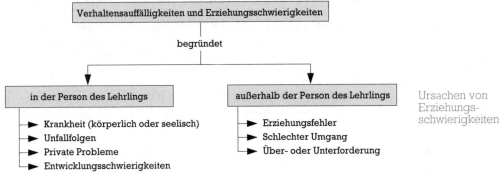

Ursachen von Erziehungsschwierigkeiten

Abbildung 155

Sofern es sich nicht um Verhaltensauffälligkeiten und Erziehungsschwierigkeiten handelt, die die Hinzuziehung eines Arztes erforderlich machen, stehen auch dem Ausbilder einige Mittel zu ihrer Beseitigung zur Verfügung. Dazu zählen

- der Aufbau eines wechselseitigen Vertrauensverhältnisses
- die Stärkung des Selbstvertrauens des Lehrlings
- die verstärkte Gesprächs- und Kontaktbereitschaft
- die Vornahme eventuell erforderlicher Korrekturen im Ausbildungsplan
- die kritische Überprüfung des Ausbildungsstils
- organisatorische Maßnahmen am Arbeits- oder Ausbildungsplatz.

Maßnahmen des Ausbilders

> Bei der Festlegung der geeigneten Maßnahmen zur Beseitigung von Verhaltensauffälligkeiten sollte der Ausbilder zumindest in schwierigen Fällen planmäßig vorgehen.

Planmäßiges Vorgehen

Dabei empfehlen sich die Schritte, die auch bei der Lösung von Konflikten hilfreich sind, also

- Ermittlung des Sachverhalts
- Erforschung der Ursachen und Zusammenhänge
- Festlegung geeigneter Maßnahmen
- Durchführung der Maßnahmen
- Kontrolle der Maßnahmen.

Vgl. dazu die Ausführungen in Abschnitt 3.3.4.5 „Strategien zur Bewältigung von Konfliktsituationen" in diesem Band.

Programmierte und textlich gestaltete, offene Übungs-, Wiederholungs- und Prüfungsfragen

1. Als Entwicklung bezeichnet man im Rahmen der Berufspädagogik
- ☐ a) die Veränderung des Menschen allein nach seinen körperlichen Merkmalen.
- ☐ b) die Veränderung des Menschen allein nach seinen Verhaltensweisen.
- ☐ c) die Leistungs- und Lernfähigkeit einer Person.
- ☐ d) die Fähigkeit zur richtigen Berufswahl.
- ☐ e) die laufend fortschreitende Veränderung des Menschen hinsichtlich körperlicher Merkmale und Verhaltensweisen.

„Siehe Seite 163 des Textteils!"

2. Reifung beschreibt die Entwicklung des Menschen, soweit sie
- ☐ a) durch Umwelteinflüsse bedingt ist.
- ☐ b) durch Umwelteinflüsse und Erbanlagen bedingt ist.
- ☐ c) durch Erbanlagen bedingt ist.
- ☐ d) überhaupt nicht beeinflußt werden kann.
- ☐ e) instinktiv ausgeprägt ist.

„Siehe Seite 164 des Textteils!"

3. Unter Begabung versteht man
- ☐ a) die Veränderung des Menschen hinsichtlich körperlicher Merkmale und Verhaltensweisen.
- ☐ b) die Leistungs- und Lernfähigkeit einer Person auf verschiedensten Gebieten.
- ☐ c) die Bewältigung von Aufgaben und Anforderungen durch erlernte Reaktionsmuster.
- ☐ d) die Entwicklung des Menschen hinsichtlich seines Verhaltens.
- ☐ e) die Entwicklung des Menschen hinsichtlich seiner Intelligenz.

„Siehe Seite 165 des Textteils!"

4. Was versteht man unter Berufswahlreife?
- ☐ a) Die Fähigkeit, nach seinen eigenen Neigungen und Begabungen aus der Vielzahl der Berufe eine richtige Entscheidung zu treffen
- ☐ b) Nur die Fähigkeit, sich für einen Beruf zu entscheiden, in dem die besten materiellen Aufstiegschancen bestehen
- ☐ c) Die Fähigkeit, sich für einen Beruf zu entscheiden, der das größte gesellschaftliche Ansehen hat
- ☐ d) Vorwiegend die Fähigkeit, sich für die richtige Schulform zu entscheiden
- ☐ e) Vorwiegend die Fähigkeit, sich für einen Beruf zu entscheiden, dessen Ausbildungsgänge vom Staat am meisten gefördert werden.

„Siehe Seite 166 des Textteils!"

5. Die Berufswahlreife ist
- ☐ a) um so größer, je jünger der Mensch bei der Berufsentscheidung ist.
- ☐ b) im Alter zwischen 13 und 14 Jahren nach den Erfahrungen am größten.
- ☐ c) im Alter zwischen 14 und 15 Jahren nach den Erfahrungen am größten.
- ☐ d) um so größer, je älter der junge Mensch zum Zeitpunkt seiner Berufswahl ist.
- ☐ e) vom Lebensalter völlig unabhängig.

„Siehe Seite 166 des Textteils!"

6. Nennen Sie wichtige Umwelteinflußbereiche, die für die Berufswahl entscheidend sind!

„Siehe Seite 166 des Textteils!"

3.1 Entwicklungs- und Lebenssituation der Lehrlinge

7. Die Berufsberatung des Arbeitsamtes hat die Aufgabe,
- ☐ a) in erster Linie eine Berufslenkung nach dem Bedarf von Wirtschaft und Gesellschaft vorzunehmen.
- ☐ b) in erster Linie den jungen Menschen auf die Notwendigkeit eines mehrmaligen Berufswechsels während des Arbeitslebens vorzubereiten.
- ☐ c) dem jungen Menschen die Kenntnisse zu vermitteln, die für eine sachgerechte Entscheidung bei der Berufswahl nötig sind.
- ☐ d) überwiegend Hinweise über finanzielle Fördermaßnahmen der Arbeitsverwaltung zur beruflichen Bildung zu geben.
- ☐ e) nur über berufliche Aufstiegsmöglichkeiten in verschiedenen Berufen zu beraten.

„Siehe Seite 166 des Textteils!"

8. Gibt es auch im Handwerk besonders begehrte Berufe (Modeberufe)?
- ☐ a) Nein, weil das Handwerk nur in älteren Berufen ausbildet.
- ☐ b) Nein, weil sich der Nachwuchs im Handwerk gleichmäßig auf alle Berufe verteilt.
- ☐ c) Nein, weil handwerkliche Berufe nirgends in der Modegunst junger Menschen stehen.
- ☐ d) Nein, weil die Berufsaussichten in Handwerksberufen ungünstig sind.
- ☐ e) Ja, weil verschiedene Beweggründe zu einer Konzentration auf bestimmte Berufe führen.

„Siehe Seite 167 des Textteils!"

9. Was besagt das didaktische Prinzip der Individualisierung und Differenzierung?

„Siehe Seite 168 des Textteils!"

10. Welche Bedeutung haben Klischeevorstellungen und Pauschalurteile über die Jugend für eine entwicklungsgemäße Ausbildung?
- ☐ a) Sie sind ohne Bedeutung für eine erfolgreiche Ausbildung.
- ☐ b) Sie erweisen sich als psychologische Barriere für eine erfolgreiche Ausbildung.
- ☐ c) Man sollte sie nicht überbewerten.
- ☐ d) Sie erweisen sich in der Berufsschule als besonders negativ.
- ☐ e) Sie erweisen sich im Betrieb als besonders negativ.

„Siehe Seite 169 des Textteils!"

11. Welche Aussage ist richtig?
- ☐ a) Der Reifungsprozeß ist rein körperlicher Art.
- ☐ b) Der Reifungsprozeß ist rein geistig-seelischer Art.
- ☐ c) Beides beeinflußt sich wechselseitig.
- ☐ d) Der Reifungsprozeß vollzieht sich fast unsichtbar.
- ☐ e) Der Reifungsprozeß ist nur auf Umstellungen im Körperchemismus zurückzuführen.

„Siehe Seite 169 des Textteils!"

12. Welche der nachstehenden Feststellungen ist richtig?
- ☐ a) Die heutige Jugend ist in der körperlichen Entwicklung um ein bis zwei Jahre gegenüber früher voraus (Akzeleration).
- ☐ b) Die heutige Jugend ist in der körperlichen Entwicklung um zwei bis drei Jahre gegenüber früher voraus.
- ☐ c) Die heutige Jugend entwickelt sich geistig-seelisch schneller als körperlich.

☐ d) Die heutige Jugend ist in der körperlichen Entwicklung um zwei bis drei Jahre gegenüber früher zurück.
☐ e) Die Pubertätsspanne hat sich nicht erweitert.

„Siehe Seite 170 des Textteils!"

13. Welche Einteilung und Reihenfolge der drei verschiedenen Abschnitte des Jugendalters ist richtig?
☐ a) Pubertät – Adoleszenz – Vorpubertät
☐ b) Vorpubertät – Pubertät – Adoleszenz
☐ c) Adoleszenz – Vorpubertät – Pubertät
☐ d) Adoleszenz – Pubertät – Vorpubertät
☐ e) Pubertät – Vorpubertät – Adoleszenz.

„Siehe Seite 170 des Textteils!"

14. Welche Veränderungen sind in der Vorpubertät typisch?
☐ a) Nur Wachstumsbeschleunigung
☐ b) Nur Entharmonisierung der Körpergestalt
☐ c) Wachstumsbeschleunigung und Entharmonisierung der Körpergestalt
☐ d) Der körperliche Wachstumsprozeß bleibt längere Zeit stehen.
☐ e) Der geistige Entwicklungsprozeß bleibt längere Zeit stehen.

„Siehe Seite 170 des Textteils!"

15. Die Pubertät ist beim Jungen in der Regel altersmäßig begrenzt
☐ a) etwa mit dem 12. – 13. Lebensjahr.
☐ b) etwa mit dem 13. – 14. Lebensjahr.
☐ c) etwa mit dem 14. – 16. Lebensjahr.
☐ d) etwa mit dem 15. – 17. Lebensjahr.
☐ e) etwa mit dem 16. – 18. Lebensjahr.

„Siehe Seite 170 des Textteils!"

16. Die Geschlechtsreife ist beim Mädchen in der Regel altersmäßig begrenzt
☐ a) etwa mit dem 11. – 12. Lebensjahr.
☐ b) etwa mit dem 12. – 13. Lebensjahr.
☐ c) etwa mit dem 13. – 15. Lebensjahr.
☐ d) etwa mit dem 15. – 16. Lebensjahr.
☐ e) etwa mit dem 16. – 17. Lebensjahr.

„Siehe Seite 170 des Textteils!"

17. In der Pubertät können im geistig-seelischen Bereich unter anderem folgende Verhaltensweisen festgestellt werden:
☐ a) Große Kontaktfreudigkeit in allen Bereichen
☐ b) Ausgeprägte Lebensfreude in allen Bereichen
☐ c) Starke Abwendung der Aufmerksamkeit vom Sexuellen
☐ d) Abkehr von Vorbildern
☐ e) Zeitweilige Gefühlsausbrüche, Suche nach eigenen Werten und Vorbildern.

„Siehe Seite 170 des Textteils!"

18. Welches Verhalten ist während der Pubertätsphase durch den Ausbilder notwendig?
☐ a) Er sollte versuchen, keinen Streit zu vermeiden, um die Streitbarkeit des jungen Menschen für seinen weiteren Lebensweg zu stärken.
☐ b) Er sollte darauf hinwirken, daß sich der Jugendliche möglichst viel mit sich selbst beschäftigt, um mit sich klar zu kommen.
☐ c) Er sollte dem Jugendlichen zu möglichst viel Freizeit verhelfen.

☐ d) Er sollte dem Jugendlichen seine Probleme ständig in Erinnerung bringen.
☐ e) Er sollte dem Jugendlichen gegenüber viel Verständnis aufbringen und in der Ausbildungsgestaltung auf die körperliche Entwicklung Rücksicht nehmen.

„Siehe Seite 171 des Textteils!"

19. Welche der nachfolgenden Aussagen ist falsch?
☐ a) In der Jugend als Lebensabschnitt ist der Mensch kaum bildungsfähig, weil ihn andere menschliche Probleme so stark beanspruchen.
☐ b) In der Jugendphase besteht eine besondere Erziehungsbedürftigkeit.
☐ c) In der Jugendphase besteht eine besondere Erziehungsmöglichkeit.
☐ d) In der Jugend als Lebensabschnitt besteht eine besondere Aufgeschlossenheit für Bildung.
☐ e) In der Jugend besteht eine besondere Bildungsfähigkeit.

„Siehe Seite 171 des Textteils!"

20. Adoleszenz ist die Phase
☐ a) um das 18. Lebensjahr.
☐ b) um das 19. Lebensjahr.
☐ c) um das 20. Lebensjahr.
☐ d) um das 21. Lebensjahr.
☐ e) zwischen dem 16. und 21. Lebensjahr.

„Siehe Seite 171 des Textteils!"

21. In der Adoleszenz ist beim jungen Menschen folgendes festzustellen:
☐ a) Er wünscht sich immer in frühere Phasen zurückversetzt.
☐ b) Es folgt der letzte Wachstumsschub.
☐ c) Es stabilisieren sich die Lebensvorgänge.
☐ d) Es treten nochmals die großen Schwierigkeiten der Geschlechtsreife auf.
☐ e) Wachstumsbeschleunigung und Disharmonie des Benehmens.

„Siehe Seite 171 des Textteils!"

22. Die Leistungsfähigkeit des Menschen unterliegt im Tagesablauf bestimmten Schwankungen. In welchem Zeitraum liegt in der Regel ein besonderer Höhepunkt der täglichen Leistungsbereitschaft und Leistungsfähigkeit?
☐ a) Zwischen 7 und 10 Uhr
☐ b) Zwischen 8 und 11 Uhr
☐ c) Zwischen 9 und 12 Uhr
☐ d) Zwischen 14 und 17 Uhr
☐ e) Zwischen 15 und 18 Uhr.

„Siehe Seite 172 des Textteils!"

23. Welche Bedeutung haben die Leistungskurven des Menschen für die Erteilung von Arbeitsaufträgen?

„Siehe Seite 173 des Textteils!"

24. Nennen Sie die besonderen Vorteile von Kurzpausen!

„Siehe Seite 173 des Textteils!"

25. Wo liegt beim Menschen in der Regel der Höhepunkt der wöchentlichen Leistungsfähigkeit?
☐ a) Am Montagvormittag
☐ b) Am Montagnachmittag
☐ c) Am Dienstagvormittag

☐ d) Am Mittwoch und Donnerstag
☐ e) Am Wochenende.

„Siehe Seite 174 des Textteils!"

26. Der Höhepunkt der körperlichen Leistungsfähigkeit liegt beim Menschen in der Regel
☐ a) zwischen dem 10. und 15. Lebensjahr.
☐ b) zwischen dem 12. und 20. Lebensjahr.
☐ c) zwischen dem 20. und 30. Lebensjahr.
☐ d) zwischen dem 30. und 40. Lebensjahr.
☐ e) zwischen dem 40. und 45. Lebensjahr.

„Siehe Seite 175 des Textteils!"

27. Man kann sagen, daß
☐ a) Jugendliche und junge Erwachsene in der Gesellschaft eine wohldefinierte Rolle einnehmen.
☐ b) sich das Jugendalter von der Kindheit gesellschaftlich gesehen nicht unterscheidet.
☐ c) sich das Jugendalter vom Erwachsenendasein nicht wesentlich unterscheidet.
☐ d) im Jugendalter die Bindung an die Familie stark ausgeprägt ist.
☐ e) Jugendliche und junge Erwachsene erst ihren Status in der Gesellschaft endgültig klären müssen.

„Siehe Seite 175 des Textteils!"

28. Wie wirken heute die Reizeinflüsse auf die Lebensgewohnheiten Jugendlicher und junger Erwachsener?
☐ a) Sie haben es leichter sich zurechtzufinden.
☐ b) Sie haben es schwieriger sich zurechtzufinden.
☐ c) Positive und negative Faktoren gleichen sich aus.
☐ d) Die Reizeinflüsse werden von jungen Menschen weniger wahrgenommen als von älteren.
☐ e) Die Reizeinflüsse wirken nur im Freizeitbereich.

„Siehe Seite 176 des Textteils!"

29. Extreme Jugendgruppen sind
☐ a) typisch für die heutige Jugend.
☐ b) verhältnismäßig selten und sollten nicht überbewertet werden.
☐ c) im Augenblick die größte Gefahr für unser Staatswesen.
☐ d) im Augenblick die größte Gefahr für ein friedliches Zusammenleben der Generationen.
☐ e) im Augenblick ein großes Problem für die betriebliche Ausbildung.

„Siehe Seite 176 des Textteils!"

30. Welche Folgen treten bei Drogenkonsum ein?
☐ a) Die Leistungsfähigkeit wird gesteigert, weil die meisten Drogen anregen.
☐ b) Nur die geistige Aufnahmefähigkeit wird gesteigert.
☐ c) Die Leistungsfähigkeit läßt nach.
☐ d) Nur die körperliche Leistungsfähigkeit wird gesteigert.
☐ e) Die Drogeneinnahme wirkt sich auf die Leistungsfähigkeit nicht aus.

„Siehe Seite 176 des Textteils!"

31. Nennen Sie die wichtigsten Umweltbeeinflussungsfelder Jugendlicher und junger Erwachsener!

„Siehe Seite 176 des Textteils!"

32. Ein persönliches Vertrauensverhältnis zwischen Ausbilder und Lehrling ist für eine erfolgreiche Berufsausbildung
☐ a) nicht notwendig.
☐ b) schädlich, weil sich der Ausbilder keine Autorität mehr verschaffen kann.
☐ c) schädlich, weil junge Menschen geneigt sind, persönliches Vertrauen zu mißbrauchen.
☐ d) eine unabdingbare Voraussetzung.
☐ e) nicht zweckmäßig.

„Siehe Seite 177 des Textteils!"

33. Welche der nachfolgenden Aussagen ist **falsch**?
☐ a) Autorität kann heutzutage überhaupt nicht mehr praktiziert werden.
☐ b) Autorität im Sinne von Über- und Untergeordnetsein kommt bei jungen Menschen nicht besonders gut an.
☐ c) Autorität sollte mit sachlicher und fachlicher Überzeugung erworben werden.
☐ d) Autorität ist in erster Linie durch Vertrauen zu gewinnen.
☐ e) Autorität ist in erster Linie durch Verständnis zu gewinnen.

„Siehe Seite 177 des Textteils!"

34. Welche der nachfolgenden Aussagen ist **falsch**?
☐ a) Der Erfolg der Bemühungen des Ausbilders erfordert eine positive Einstellung zur Jugend und zu jungen Erwachsenen.
☐ b) Nur wer große Strenge gegenüber seinen Lehrlingen walten läßt, erreicht brauchbare Leistungen.
☐ c) Nur wer die positiven Anlagen des Menschen kennt, kann sie fördern.
☐ d) Nur wer die positiven Anlagen des Menschen kennt, kann sie weiterentwickeln.
☐ e) Nur wer die Jugendprobleme versteht, kann die Jugend für sich gewinnen.

„Siehe Seite 177 des Textteils!"

35. Welche der nachfolgenden Auswahlantworten ist **falsch**?
☐ a) Das „Mitgehen" mit der Jugend ist für den Ausbildungserfolg ohne Bedeutung.
☐ b) Wer mit der Jugend mitgeht, kann sie beeinflussen.
☐ c) Wer die Ideale der Jugend mitträgt, kann für neue Ideale begeistern.
☐ d) Wer die entwicklungsbedingten Schwierigkeiten des Jugendlichen versteht, kann erfolgreich ausbilden.
☐ e) Wer die Situation des Jugendlichen richtig einstuft, hat Erfolg bei der Ausbildung.

„Siehe Seite 177 des Textteils!"

36. Man kann sagen, daß ein vorbildliches Verhalten des Ausbilders
☐ a) beim Jugendlichen besondere Wertmaßstäbe setzt.
☐ b) heutzutage keine Rolle mehr spielt.
☐ c) der Ausbildungsarbeit wenig dienlich ist, weil sich der Jugendliche darüber nur lustig macht.
☐ d) der Ausbildungsarbeit wenig dient, weil sich Jugendliche ihre Vorbilder grundsätzlich außerhalb des beruflichen Lebensbereiches suchen.
☐ e) der Ausbildungsarbeit wenig dient, weil der Altersunterschied zwischen Ausbilder und Lehrling zu groß ist.

„Siehe Seite 178 des Textteils!"

37. Welche Bedeutung hat die Übertragung von Verantwortung auf den Auszubildenden?
☐ a) Keine, da der junge Mensch in der Ausbildung keine Verantwortung tragen kann.
☐ b) Keine, da der junge Mensch in der Ausbildung keine Verantwortung tragen will.

☐ c) Keine, da Verantwortung grundsätzlich der älteren Generation überlassen bleiben sollte.
☐ d) Verantwortung hebt die Freude an der Arbeit und erhöht die Selbstsicherheit.
☐ e) Keine, da sie den jungen Menschen überheblich macht.

„Siehe Seite 178 des Textteils!"

38. Welche Eigenschaften soll der Ausbilder besitzen?
☐ a) Selbstdisziplin, Autorität und Kontaktfreudigkeit
☐ b) In erster Linie gutes Aussehen
☐ c) In erster Linie sportliches Erscheinen
☐ d) In erster Linie junges Aussehen
☐ e) Keine besonderen.

„Siehe Seite 178 des Textteils!"

39. Nennen Sie einige besondere Zielgruppen für die Berufsausbildung und beschreiben Sie ihre Besonderheiten! Welche Möglichkeiten gibt es, sie in geeigneter Weise zu fördern?

„Siehe Seite 178 des Textteils!"

40. Welches sind typische Fehlformen des Leistungs- und Sozialverhaltens junger Menschen?
☐ a) Disziplinlosigkeit, Arroganz, Aufsässigkeit
☐ b) Trotz und Drang zur Lüge
☐ c) Faulheit und Oberflächlichkeit
☐ d) Mangelnde Konzentrationsfähigkeit, Kontaktarmut, Aggressionen
☐ e) Alle unter a) bis d) genannten.

„Siehe Seite 182 des Textteils!"

41. Welches sind die wichtigsten Entstehungsursachen für Verhaltensauffälligkeiten und Erziehungsschwierigkeiten?
☐ a) Falsche Behandlung und Überbeanspruchung durch den Ausbildenden
☐ b) Altersbedingte Entwicklungsschwierigkeiten
☐ c) Private Probleme
☐ d) Krankheit
☐ e) Alle unter a) bis d) genannten.

„Siehe Seite 183 des Textteils!"

3.2 Sozial- und Führungsverhalten des Ausbilders

Durch richtiges und geeignetes Sozial- und Führungsverhalten kann der Ausbilder maßgeblich zum Ausbildungserfolg beitragen.

3.2.1 Grundzusammenhänge

3.2.1.1 Begriff des Sozialverhaltens

> Unter Sozialverhalten versteht man alle Handlungen und Reaktionen im zwischenmenschlichen Umgang. Dieses Verhalten ist teilweise angeboren und teilweise erlernt.

Sozialverhalten

3.2.1.2 Führungsbegriff

> Führung bedeutet generell die Steuerung des Handelns von Personen oder Gruppen zur Verwirklichung der gesetzten oder vorgegebenen Ziele.

Führung

3.2.1.3 Begriff und Arten der „Autorität"

> Autorität bezeichnet die herausgehobene Stellung einer Person gegenüber anderen. Sie reicht bis zur Möglichkeit, anderen gegenüber seine Absichten durchsetzen zu können.

Autorität

Arten der Autorität

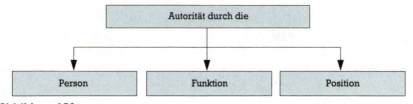

Abbildung 156

Arten der Autorität

Autorität durch die **Person** leitet sich nach Merkmalen ab wie
- Alter
- körperliche Verfassung
- Erfahrung
- Leistung.

Autorität durch die Person

Autorität durch die **Funktion** beruht auf besonderen und überragenden
- Kenntnissen
- Fähigkeiten.

Funktionale Autorität

Autorität durch die **Position** richtet sich nicht nach der Person, sondern lediglich nach Merkmalen wie
- berufliche Stellung
- Rang innerhalb der Unternehmenshierarchie.

3.2.1.4 Einfluß des Sozial- und Führungsverhaltens auf die Berufs- und Ausbildungszufriedenheit und das Betriebsklima

Zufriedenheit Betriebsklima

> Leistungsbereitschaft und Leistungsfähigkeit der Mitarbeiter werden maßgeblich durch ihre Zufriedenheit sowie durch das Betriebsklima, also den gesamten Bereich der zwischenmenschlichen Beziehungen im Betrieb beeinflußt (zum Betriebsklima vgl. auch Abschnitt 2.4.5.3 „Maßnahmen zur Förderung eines guten Betriebsklimas" in Band 1).

Dabei sind sowohl gute Beziehungen der Mitarbeiter untereinander wie auch zwischen Mitarbeitern und Vorgesetzten wichtig. Diese sind in der Regel besser, wenn die Führungsperson über Autorität verfügt, die durch persönliche Eigenschaften begründet ist.

Beobachtungen haben gezeigt, daß die Zufriedenheit eines Arbeitnehmers auch eng damit zusammenhängt, wie er in der Gruppe und von seinen Kollegen akzeptiert wird.

Auswirkung eines guten Betriebsklimas

Zufriedenheit sowie ein gutes Betriebsklima wirken nicht nur leistungsfördernd, sondern sie beeinflussen auch
- die Höhe der Fehlzeiten
- die Neigung zum Arbeitsplatzwechsel
- die Häufigkeit von Betriebsunfällen.

Deshalb ist es eine wichtige Aufgabe, das betriebliche Sozial- und Führungsverhalten dementsprechend auszugestalten.

3.2.1.5 Sozialverhalten und Führung als interpersonelle Sachverhalte

Sozialverhalten Führung

> Sozialverhalten und Führung bedingen, daß daran immer mehrere Personen beteiligt sind; Personen, die in irgendeiner Beziehung zueinander stehen bzw. Personen, die führen oder geführt werden.

Es handelt sich deshalb bei Sozialverhalten und Führung um Sachverhalte zwischen Personen (interpersonell), also beispielsweise zwischen Ausbilder und Lehrling.

3.2.2 Ausbildungs- und Führungsstile

3.2.2.1 Unterscheidungsmerkmale

Ausbildungs- und Führungsstil

> Der Ausbildungs- oder Führungsstil kennzeichnet generell die Art und Weise, wie der Ausbilder auf den Lehrling als Einzelperson oder als Gruppe Einfluß nimmt.

3.2 Sozial- und Führungsverhalten des Ausbilders

In der wissenschaftlichen Literatur wurden dazu mehrere Ansätze entwickelt. Am weitesten verbreitet ist die Einteilung nach Lewin und anderen, die drei Grundformen von Führungsstilen unterschieden.

Führungsstile nach Lewin

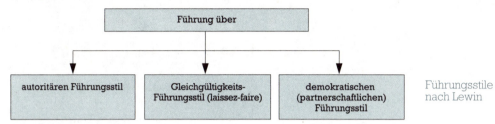

Führungsstile nach Lewin

Abbildung 157

Der **autoritäre Führungsstil** geht von einem fast absoluten Verhältnis des Über- und Untergeordnetseins zwischen Ausbilder und Lehrling aus. Die Ausbildungssituation ist in diesem Falle durch übermäßige Lenkung und Kontrolle gekennzeichnet.

Autoritärer Führungsstil

Beim **Gleichgültigkeitsstil** ist der Lehrling weitgehend sich selbst überlassen. Der Ausbilder sieht die Ausbildung eher als Last und geht, wenn möglich, den Weg des geringsten Widerstandes.

Gleichgültigkeitsstil

Beim **demokratischen Führungsstil** behandelt der Ausbilder den Lehrling als gleichwertigen Partner, um den er sich optimal bemüht und mit dem er gemeinsam den bestmöglichen Ausbildungserfolg erzielen will.

Demokratischer Führungsstil

Zu den Beschreibungen und weiteren Unterscheidungsmerkmalen der einzelnen Führungsstile vgl. auch Abschnitt 2.4.3.3 „Arbeitsunterweisung und Arbeitsanleitung, Führungsstile und Führungsmittel" im Band 1.

Fiedler unterscheidet dagegen zwischen
- dem aufgabenorientierten
  und
- dem gruppenbeziehungsorientierten Führungsstil.

Führungsstile nach Fiedler

Beim aufgabenorientierten Führungsstil richtet die Führungsperson ihre Handlungen und Maßnahmen an der Sache aus, beim gruppenbeziehungsorientierten Führungsstil dagegen an den persönlichen Beziehungen.

Aufgaben- und gruppenorientierter Führungsstil

Blake & Mouton wiederum ermittelten mehrere Führungsvarianten aus der Kombination von aufgabenorientierter und von personenorientierter Führung, in denen diese beiden Merkmale jeweils unterschiedlich ausgeprägt sein können. Es geht also dann sowohl um die Person wie um die Sache. Dabei sind zwischen den Extremen – schwaches Interesse an Person und Sache einerseits und starkes Interesse sowohl an Person wie auch an Sache andererseits – viele Fälle möglich.

Führungsstile nach Blake & Mouton

3.2.2.2 Auswirkungen auf Verhalten und Leistung der Lehrlinge und Mitarbeiter

Die einzelnen Führungsstile wirken sich sehr unterschiedlich auf Verhalten und Leistung von Lehrlingen und Mitarbeitern aus.

Verhalten und Leistung der Lehrlinge und Mitarbeiter bei autoritärem Führungsstil

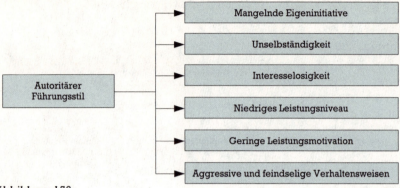

Abbildung 158

Verhalten und Leistung der Lehrlinge und Mitarbeiter beim Gleichgültigkeitsstil (laissez-faire-Führungsstil)

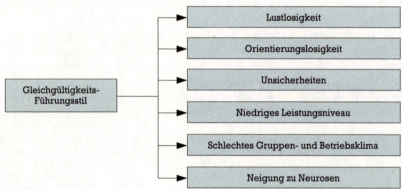

Abbildung 159

Verhalten und Leistung der Lehrlinge und Mitarbeiter bei demokratischem (partnerschaftlichem) Führungsstil

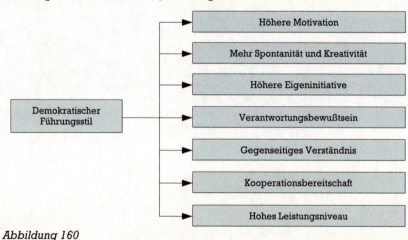

Abbildung 160

3.2.2.3 Die Frage nach dem „richtigen" Stil

Die Frage nach dem richtigen Führungsstil läßt sich nicht allgemein beantworten. Für diese Entscheidung sind mehrere Gesichtspunkte zu beachten, so insbesondere *(Richtiger Führungsstil)*
- die jeweilige Ausbildungssituation; es ist ein Unterschied, ob schwierige Fertigkeiten an einer komplizierten Maschine oder Kenntnisse im Unterrichtsraum zu vermitteln sind. *(Ausbildungssituation)*
- der jeweilige Ausbildungsort; auf einer Baustelle ist in der Regel anders zu verfahren als in Werkstatt und Büro. *(Ausbildungsort)*
- das jeweilige Ausbildungsziel (Kenntnisse, Fertigkeiten, soziale Verhaltensweisen) *(Ausbildungsziel)*
- die Zusammensetzung der Gruppe; hierbei sind vor allem Vorbildung, Reife und eventuelle Verhaltensauffälligkeiten zu berücksichtigen. *(Gruppenstruktur)*

> Insgesamt läßt sich jedoch feststellen, daß heute der demokratische (partnerschaftliche) Führungsstil den Anforderungen an eine zeitgemäße Mitarbeiterführung und an eine erfolgversprechende Ausbildungsatmosphäre im Betrieb allgemein am besten entspricht.

(Erfolgversprechende Ausbildungsatmosphäre)

3.2.2.4 Notwendigkeit einer situativen Anpassung

Es ist allerdings in der Regel nicht möglich, einen einmal gewählten Führungs- und Ausbildungsstil konsequent beizubehalten. Es können beispielsweise im Rahmen der Ausbildung Gefahrensituationen (an Maschinen, auf Baustellen o.ä.) auftreten, die es erforderlich machen, daß eine Entscheidung nicht mehr partnerschaftlich gefällt werden kann, sondern autoritär vorgegangen werden muß. *(Situative Anpassung)*

Diese Möglichkeit des situationsangepaßten Wechsels des Führungs- und Ausbildungsstils muß sich jeder Ausbilder offenhalten. Dabei können die einzelnen Stile zum Teil nebeneinander, aber auch in Kombination angewendet werden. *(Kombination von Führungsstilen)*

3.2.2.5 Veränderung und Trainierbarkeit des eigenen Verhaltensstils

> Jeder Mensch sollte in der Lage sein, bei unterschiedlichen Gegebenheiten und Anlässen auf Fähigkeiten, Fertigkeiten, Reaktionsmuster und Einstellungen zurückgreifen zu können bzw. solche zu entwickeln, um der Situation entsprechend reagieren und eine Aufgabe lösen zu können.

(Situationsangepaßte Verhaltensänderungen)

Solche situationsangepaßten Verhaltensänderungen können auch trainiert werden. Wichtige Hilfsmittel sind dazu vor allem *(Hilfsmittel)*
- Selbsterfahrungsgruppen und
- Rollenspiele. *(Rollenspiele)*

Für das Verhaltenstraining empfiehlt sich das folgende Vorgehen:

Wichtige Schritte beim Verhaltenstraining

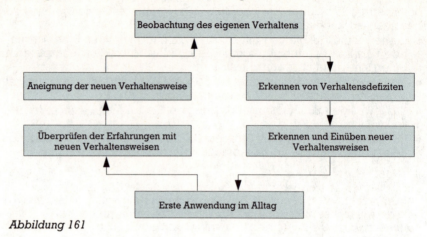

Abbildung 161

3.2.2.6 Managementkonzepte (betriebliche Führungsmodelle) im Kontext von Berufsausbildung und Menschenführung

> Managementkonzepte bzw. betriebliche Führungsmodelle verfolgen das Ziel, das Verhalten der Mitarbeiter so zu steuern, daß für den Betrieb der bestmögliche Erfolg erzielt werden kann.

Auf die Berufsausbildung übertragen heißt dies, durch Steuerung des Verhaltens und entsprechende Führung zu guten Voraussetzungen für einen erfolgreichen Abschluß der Ausbildung beizutragen.

Auch für den Handwerksbetrieb eignen sich einige der zahlreichen betrieblichen Führungsmodelle, die für die Mitarbeiterführung als zielgerichtete und pragmatische Verhaltensanweisungen im Sinne von Handlungsempfehlungen und Problemlösungen entwickelt wurden.

In der Literatur haben sich dafür meist englische Begriffe eingebürgert. Man spricht auch von den sogenannten Management-by-Techniken.

Wichtige Managementkonzepte

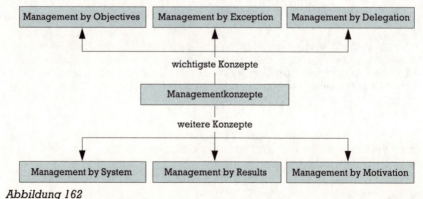

Abbildung 162

Management by Objectives (MbO): Darunter versteht man Führung durch Zielorientierung. Wesentliche Bestandteile dieses Führungsmodells sind:

- Bestimmung von Zielen und Teilzielen durch Vorgesetzte und Mitarbeiter
- Festlegung und Durchführung der Maßnahmen zur Erreichung der Zielvorgaben durch die Mitarbeiter
- Kontrolle der Zielerreichung.

Durch die partnerschaftliche Einbeziehung sowohl der Vorgesetzten wie auch der Mitarbeiter ist MbO ein Führungsmodell, das eng mit dem demokratischen Führungsstil in Verbindung steht. Es erbringt die besten Ergebnisse, wenn sich persönliche und Unternehmensziele in Einklang bringen lassen.

MbO setzt allerdings Verantwortungsbewußtsein und einen hohen Kenntnisstand voraus. Deshalb ist dieses Managementkonzept zwar auch in der Ausbildung gut anwendbar; aber es erfordert wegen der hohen Anforderungen eine längere Einweisungs- und Eingewöhnungsphase.

Management by Objectives

Führung durch Zielorientierung

Partnerschaftliche Einbeziehung

Hohe Anforderungen an MbO

Management by Exception (MbE): In diesem System der Führung nach dem Ausnahmeprinzip erhalten die Mitarbeiter sehr viel Freiraum. Der Vorgesetzte greift nur in besonderen Situationen oder bei mangelhafter Zielerfüllung ein.

Die Führung nach dem Ausnahmeprinzip ist allerdings nur dann erfolgversprechend, wenn folgende Voraussetzungen erfüllt sind:

- eindeutige Vorgabewerte für die jeweiligen Zuständigkeitsbereiche
- klare Trennung von Routine- und Führungsaufgaben
- eindeutige Regeln für die Information bei Ausnahmesituationen
- Errichtung eines strengen Kontrollsystems.

MbE birgt die Gefahr, daß bei den Mitarbeitern durch zu enge Beschränkung auf Routineaufgaben Eigeninitiative und Verantwortungsbewußtsein beeinträchtigt werden. Dies muß auch beim Einsatz von MbE im Rahmen der Ausbildung berücksichtigt werden.

Management by Exception

Führung nach dem Ausnahmeprinzip

Gefahren bei MbE

Management by Delegation (MbD): Durch die Übertragung von Aufgaben und die damit verbundene Verantwortung erhalten die Mitarbeiter ein Tätigkeitsgebiet in eigener Verantwortung. Man spricht in diesem Zusammenhang vielfach auch vom „Harzburger Modell". Für den Erfolg dieses Managementkonzepts sind insbesondere

- eindeutige Stellenbeschreibungen und
- klare Handlungsanweisungen (im „Harzburger Modell" allgemeine Führungsanweisungen genannt)

eine wichtige Voraussetzung.

Daraus ergibt sich zugleich die Gefahr, daß dieses Führungsmodell wegen allzu vieler und zu enger Vorgaben die notwendige Flexibilität beeinträchtigt. Im Rahmen der Berufsausbildung muß dies auf jeden Fall vermieden werden.

Management by Delegation Übertragen von Verantwortung

Enge Vorgaben

Management by System (MbS): Im Rahmen dieses Managementkonzepts werden die wesentlichen Entscheidungsabläufe und die anfallenden Tätigkeiten systematisch durch ein Geflecht von Vorgaben gesteuert. Für den Handwerksbetrieb spielt MbS keine Rolle.

Management by System

Management by Results (MbR): Führung durch Ergebnisorientierung stellt neben der Aufgabenübertragung die Kontrolle von deren Erfüllung in den Vordergrund. MbR hat deshalb oft eine strenge, ja sogar autoritäre Führung zur Folge.

Management by Results

Management by Motivation

Management by Motivation (MbM): Bei diesem Managementkonzept wird versucht, durch entsprechende Motivierung Leistungssteigerungen zu erreichen. Dabei steht weniger die Motivation durch Geld als die Förderung durch größere Entscheidungsspielräume des einzelnen im Vordergrund.

Kombination mehrerer Managementtechniken

Die dargestellten Managementtechniken lassen sich in der Regel nicht scharf voneinander abgrenzen. Vielmehr beinhaltet die Betriebsführung meist Elemente mehrerer Managementtechniken und versucht, diese in Abhängigkeit von den betrieblichen Gegebenheiten optimal zu kombinieren. Dies gilt auch im Hinblick auf das Verhältnis von Ausbildern und Lehrlingen.

3.2.3 Ausbildungsangemessener Einsatz und Gestaltung der allgemeinen Führungsmittel

Für die Durchführung der Ausbildung stehen dem Ausbilder mehrere allgemeine Führungsmittel zur Verfügung.

Wichtige allgemeine Führungsmittel in der Ausbildung

Allgemeine Führungsmittel

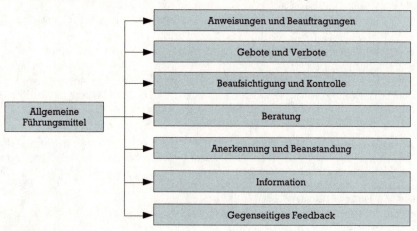

Abbildung 163

3.2.3.1 Anweisungen und Beauftragungen (Kompetenzübertragung)

Anweisung Beauftragung

Anweisung und Beauftragung sind jeweils wichtige Mittel der Menschenführung auch im Rahmen der Ausbildung. Der Auszubildende wird dabei vom Ausbilder mit der Ausführung einer bestimmten Tätigkeit beauftragt. Damit werden dem Lehrling auch bestimmte Kompetenzen, das heißt Zuständigkeiten und damit verbundene Verantwortung übertragen.

Für den optimalen Einsatz von Anweisungen und Beauftragungen sind einige Voraussetzungen und Anforderungen zu beachten.

3.2 Sozial- und Führungsverhalten des Ausbilders

Anforderungen an Anweisungen und Beauftragungen

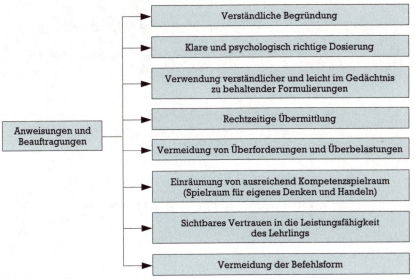

Anforderungen an Anweisungen und Beauftragungen

Abbildung 164

Anweisungen und Beauftragungen, die diese Anforderungen erfüllen und damit einem partnerschaftlichen Ausbildungsstil entsprechen, lassen im Rahmen einer zeitgemäßen Ausbildung die besten Erfolge erwarten. Allerdings darf dies nicht ausschließen, daß in machen Situationen beispielsweise doch Befehle gegeben werden müssen, etwa in Gefahrensituationen.

Ausnahmen

3.2.3.2 Gebote und Verbote

Gebote und Verbote können und müssen sogar manchmal zur Regelung bestimmter Einzelfälle ausgesprochen werden. Dies kann zum Beispiel in Form von Betriebsvorschriften und Unfallverhütungsvorschriften geschehen. Der Vorteil allgemeiner Verbote und Gebote besteht darin, daß dadurch zahlreiche Einzelanweisungen und ihre ständige Wiederholung überflüssig werden.

Gebote Verbote

Auch beim Einsatz von Geboten und Verboten sind bestimmte Anforderungen zu beachten.

Anforderungen an Gebote und Verbote

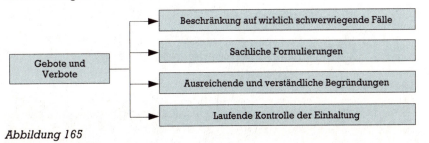

Anforderungen an Gebote und Verbote

Abbildung 165

3.2.3.3 Beaufsichtigung und Kontrolle

Beaufsichtigung Kontrolle

Die pädagogische Bedeutung von Beaufsichtigung und Kontrolle besteht im Beobachten und Überwachen sowohl des fachlichen Lernfortschritts wie auch der Persönlichkeitsentwicklung des Lehrlings und der Ableitung der daraus erforderlichen Konsequenzen.

Anforderungen an Beaufsichtigung und Kontrolle

Anforderungen an Beaufsichtigung und Kontrolle

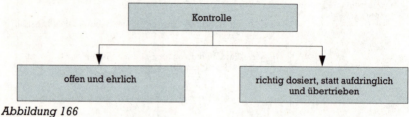

Abbildung 166

Richtige Dosierung

Auf die richtige Dosierung kommt es insbesondere an, wenn weniger die sachliche Leistung, sondern mehr charakterliche Eigenschaften wie Ehrlichkeit und Zuverlässigkeit überprüft werden.

Hilfsmittel

Als Hilfsmittel stehen für Beaufsichtigung und Kontrolle der Lehrlingsausbildung unter anderem
- Berichtshefte bzw. Ausbildungsnachweise sowie
- Beurteilungsbogen

zur Verfügung (siehe dazu auch Abschnitt 2.4.3 „Durchführung von innerbetrieblichen Ausbildungserfolgskontrollen" in diesem Band).

3.2.3.4 Beratung

Beratung

Der Lehrling wird in der Regel während seiner Ausbildung vor viele Probleme im persönlichen und betrieblichen Bereich gestellt. Deren Bewältigung kann ihm über eine geeignete Beratung durch den Ausbilder oftmals wesentlich erleichtert werden.

Vertrauensbasis

Für den Ausbilder bedeutet dies, daß er neben der rein fachlichen Ebene auch in der Lage sein muß, sich in die Bedürfnisse und Interessen der Lehrlinge hineinzuversetzen. Besonders wichtig für ein Beratungsgespräch ist eine gute Vertrauensbasis, damit der Lehrling seine Probleme offen darlegen kann.

3.2.3.5 Anerkennung und Beanstandung (Kritik)

Anerkennung

Anerkennung

Die Anerkennung ist eine wichtige Voraussetzung für die Motivation und den Erfolg einer Ausbildung.

Die Anerkennung   Positive Effekte
- ist Erfolgsbestätigung
- fördert die Lernbereitschaft
- ist Ansporn für bessere Leistungen
- weckt Initiativen
- schafft Sicherheit und Selbstvertrauen
- fördert das Vertrauensverhältnis zwischen Ausbilder und Lehrling.

Dem Ausbilder stehen dabei mehrere Formen der Anerkennung zur Ver-   Formen der
fügung.   Anerkennung

Formen der Anerkennung

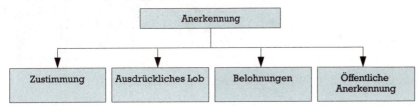

Abbildung 167

Anerkennungen müssen auf jeden Fall ehrlich gemeint und richtig dosiert   Richtige
sein. Sie sollten nur ausgesprochen werden, wenn sie tatsächlich verdient Dosierung
sind. Dabei ist jeder Lehrling nach seinen individuellen Gegebenheiten
zu behandeln.

Beispiel:

- Unsicheren Lehrlingen sollte schon eine Anerkennung ausgesprochen   Anwendungs-
  werden, wenn sichtbar ist, daß sie sich aufrichtig angestrengt und   beispiele
  bemüht haben.
- Bei zurückhaltenden Lehrlingen ist eher eine großzügige Anerkennung
  zu empfehlen, während bei mehr selbstgefälligen Auszubildenden
  eher Zurückhaltung angebracht ist.

Beanstandung (Kritik)

Die Beanstandung ist das Gegenstück zur Anerkennung, aber für den   Beanstandung
Erfolg der Ausbildung nicht minder wichtig.
Die Beanstandung
- macht den Lehrling auf seine Fehler aufmerksam
  und
- schafft so die Voraussetzungen für deren Abstellung bzw. Korrektur.

Formen der Beanstandung

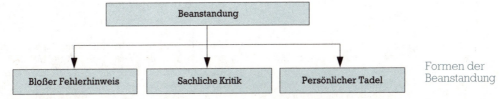

Formen der
Beanstandung

Abbildung 168

Die Beanstandung ist allerdings nur dann zweckdienlich und positiv für das Verhältnis von Ausbilder und Lehrling, wenn sie bestimmte Voraussetzungen erfüllt.

Anforderungen an die Beanstandung

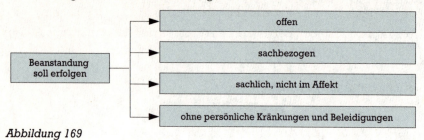

Abbildung 169

3.2.3.6 Information (Orientierung, Aufklärung)

Der Lehrling braucht im Verlaufe seiner Ausbildung viele Informationen, sei es
- zur Orientierung, um sich in neuen oder ungewohnten Situationen zurechtfinden zu können
oder
- zur Aufklärung, um neuen Lernstoff besser verstehen und nachvollziehen zu können.

Auch hierbei kommt es darauf an, daß der Ausbilder in der Lage ist, sich neben der rein fachlichen Ebene in den Auszubildenden hineinzuversetzen und dementsprechend zu reagieren.

3.2.3.7 Gegenseitiges Feedback

Ausbilder und Lehrling beeinflussen sich immer gegenseitig und haben durch ihr Handeln und Verhalten bestimmte Wirkungen aufeinander. Um sich dieser Wirkungen bewußt zu werden und sie dann auch steuern zu können, sind wechselseitige Rückmeldungen erforderlich. Diesen Prozeß umschreibt der Begriff „Feedback".

Modell eines einfachen Feedback-Prozesses

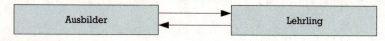

Abbildung 170

In der Ausbildung lassen sich so vor allem Verhaltensweisen steuern und erlernen.

Feedback setzt für den Erfolg allerdings voraus, daß die Beteiligten ein weitgehend harmonisches und vertrauensvolles Verhältnis zueinander haben. Der Ausbilder sollte in der Lage sein, die Rückmeldungen des Lehrlings sensibel, verständnisvoll und situationsgerecht aufzunehmen. Gegebenenfalls muß er auch bereit sein, sein Verhalten zu ändern.

3.2 Sozial- und Führungsverhalten des Ausbilders

Programmierte und textlich gestaltete, offene Übungs-, Wiederholungs- und Prüfungsfragen

1. Führung bedeutet
- ☐ a) generell die Durchsetzung des eigenen Willens.
- ☐ b) die Steuerung des Handelns von Personen zur Verwirklichung der gesetzten Ziele.
- ☐ c) die Festlegung geeigneter Maßnahmen bei Verhaltensstörungen.
- ☐ d) die Abstimmung der betrieblichen und der schulischen Ausbildung.
- ☐ e) weitgehende Gestaltung der Ausbildung durch die Lehrlinge selbst.

„Siehe Seite 191 des Textteils!"

2. Autorität kann bedingt sein durch
- ☐ a) Alter.
- ☐ b) Leistung.
- ☐ c) Kenntnisse.
- ☐ d) berufliche Stellung.
- ☐ e) alle unter a) bis d) genannten.

„Siehe Seite 191 des Textteils!"

3. Bei welchem Führungsstil behandelt der Ausbilder den Lehrling als gleichberechtigten Partner?
- ☐ a) Beim autoritären Führungsstil
- ☐ b) Beim bürokratischen Führungsstil
- ☐ c) Beim demokratischen Führungsstil
- ☐ d) Beim laissez-faire-Führungsstil
- ☐ e) Beim Gleichgültigkeitsstil.

„Siehe Seite 193 des Textteils!"

4. Wichtige Hilfsmittel zur Trainierbarkeit des eigenen Führungsstils sind
- ☐ a) Selbsterfahrungsgruppen und Rollenspiele
- ☐ b) Managementkonzepte
- ☐ c) Arbeitsstrukturierungen
- ☐ d) Gebote und Verbote
- ☐ e) Anweisungen.

„Siehe Seite 195 des Textteils!"

5. Beschreiben Sie die wichtigsten betrieblichen Führungsmodelle und ihre Anwendung auf die Berufsausbildung!

„Siehe Seite 196 des Textteils!"

6. Was ist bei der Arbeitsanweisung an den Lehrling besonders zu beachten?
- ☐ a) Daß man sie in Befehlsform bringt, weil diese am besten verstanden wird
- ☐ b) Daß sie rechtzeitig erfolgt und keine Überforderung mit sich bringt
- ☐ c) Daß sie möglichst wenig Spielraum für eigenes Denken läßt
- ☐ d) Daß sie wenig Spielraum für eigenes Handeln läßt
- ☐ e) Daß sie keinen Spielraum für eigenes Handeln läßt.

„Siehe Seite 199 des Textteils!"

7. Welche der nachfolgenden Auswahlantworten ist falsch?
- ☐ a) Die pädagogische Bedeutung der Anerkennung ist groß.
- ☐ b) Die Anerkennung führt zur Förderung der Lernbereitschaft.
- ☐ c) Die Anerkennung weckt Initiativen.

☐ d) Die Anerkennung kommt heutzutage beim Lehrling nur selten an.
☐ e) Die Anerkennung schafft Sicherheit und Selbstvertrauen.

„Siehe Seite 201 des Textteils!"

8. Welcher der nachfolgenden Grundsätze ist <u>falsch</u>?
☐ a) Die Beanstandung soll sich immer auf das persönliche Verhalten des Lehrlings beziehen.
☐ b) Die Beanstandung soll immer offen erfolgen.
☐ c) Die Beanstandung soll immer sachbezogen erfolgen.
☐ d) Die Beanstandung soll nicht im Affekt erfolgen.
☐ e) Die Beanstandung soll ohne persönliche Kränkungen erfolgen.

„Siehe Seite 202 des Textteils!"

3.3 Sozial-kommunikative Grundlagen der Menschenführung

Für die richtige Gestaltung der Ausbildungstätigkeit sollte der Ausbilder auch über die sozial-kommunikativen Grundlagen der Menschenführung Bescheid wissen.

3.3.1 Grundzusammenhänge

3.3.1.1 Verbale und nonverbale Kommunikation

> Als Kommunikation bezeichnet man allgemein jeden Austausch von Informationen zwischen zwei oder mehreren Personen.

Kommunikation

Bei Informationsaustausch zwischen zwei Personen spricht man von Individualkommunikation. Werden viele andere Personen angesprochen, so wird dies als Massenkommunikation bezeichnet. Die Kommunikation kann
- sprachlich (verbal)
oder
- nicht-sprachlich (nonverbal)
erfolgen.

Individualkommunikation

Massenkommunikation

Verbale Kommunikation

Non-verbale Kommunikation

Formen der Kommunikation

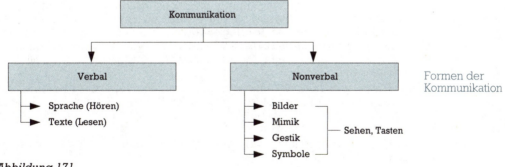

Formen der Kommunikation

Abbildung 171

3.3.1.2 Kommunikation und Interaktion

Interaktion ist eng mit der Kommunikation verbunden, dieser aber übergeordnet.

> Als Interaktion bezeichnet man jede Beziehung von zwei oder mehr Menschen, die deren Verhalten in irgendeiner Form beeinflußt, also zum Beispiel zwischen Ausbilder und Lehrling.

Interaktion

Eine abgestimmte Kommunikation und Interaktion ist gerade in einer hochentwickelten und arbeitsteiligen Wirtschaft und Gesellschaft von

Kommunika-
tionsmodell

3.3.1.3 Einfaches Modell einer Kommunikationssituation

Modell einer Kommunikation

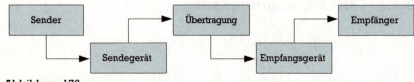

Abbildung 172

Sender

In diesem Kommunikationsmodell ist der **Sender** diejenige Person, die einer oder mehreren anderen Personen eine Information übermitteln will.

Empfänger

Die Adressaten der Information werden als **Empfänger** bezeichnet.

Kommunika-
tionskanal

Um die Information zwischen Sender und Empfänger vermitteln zu können, wird ein sogenannter **Kommunikationskanal** eingerichtet. Die gebräuchlichsten Formen sind dabei

- Sehen
- Schreiben bzw. Lesen
- Sprechen bzw. Hören.

Sendegerät
Empfangsgerät

Je nach dem gewählten Kommunikationskanal muß die Information entsprechend vom Sender in die jeweiligen Signale akustischer oder optischer Art durch das **Sendegerät** umgewandelt und vom Empfänger mittels des **Empfangsgerätes** wieder zurückverwandelt werden. In der Fachsprache nennt man diesen Prozeß „Verschlüsselung" und „Entschlüsselung".

Signale

Eine erfolgreiche Informationsvermittlung setzt voraus, daß es im Informationskanal zu keinen Störungen kommt (Beispiel: Rauschen im Telefon) und daß Empfänger und Sender die jeweiligen Signale gleich deuten, indem sie zum Beispiel dieselbe Sprache sprechen.

Feedback

Zur Kontrolle empfiehlt sich eine Rückkoppelung des Empfängers zum Sender (Feedback).

Beispiel:

Beispiel für eine
Kommunikation

Der Lehrling will dem Ausbilder mitteilen, daß er erkrankt ist und nicht in den Betrieb kommen kann.

Nach dem beschriebenen Kommunikationsmodell ergeben sich dann folgende Beziehungen und Abläufe:
- Sender ist der Lehrling
- Empfänger ist der Ausbilder
- Kommunikationskanal ist die Sprache über das Telefon
- Sendegerät ist das Sprechen des Lehrlings
- Empfangsgerät ist das Hören des Ausbilders
- Rückkopplung ist die Mitteilung des Ausbilders, daß er die Information (Krankmeldung) verstanden hat.

3.3.1.4 Kommunikationsaspekte (Sachaspekt und Beziehungsaspekt)

Jede Kommunikation besitzt sowohl einen Sach- oder Inhalts- wie auch einen Beziehungsaspekt.

Kommunikationsaspekte

> Der Inhaltsaspekt kennzeichnet die sachliche Ebene, nämlich die Übermittlung von Informationen. Der Beziehungsaspekt beschreibt die soziale Seite jeder Kommunikation, das heißt die zwischenmenschlichen Beziehungen zwischen Sender und Empfänger im Rahmen der Kommunikation.

Inhaltsaspekt
Beziehungsaspekt

In der Regel kann davon ausgegangen werden, daß der Beziehungsaspekt im Vordergrund steht. Auch die alltägliche Erfahrung bestätigt nämlich, daß eine Einigung über Sachverhalte oftmals nur dann, zumindest aber leichter möglich ist, wenn zwischen den Kommunikationspartnern eine günstige Atmosphäre herrscht.

Deshalb werden viele sachlich wichtige Gespräche oftmals eher mit einer Unterhaltung über vermeintliche Belanglosigkeiten wie Hobbys oder Urlaubserfahrungen und änlichem begonnen, um ein angenehmes Gesprächsklima zu schaffen.

Gesprächsklima

Es kommt also nicht nur darauf an, **was** besprochen wird, sondern vor allem auch darauf, **wie** es besprochen wird.

3.3.2 Bewältigung von Gesprächssituationen

3.3.2.1 Gesprächsanlässe und Gesprächsarten

> Das Gespräch ist eine der wichtigsten Formen der Kommunikation der Menschen.

Es entsteht durch gezielte
- Wahl
- Verwendung
- Gliederung

von Wörtern und Sätzen.

Entstehung von Gesprächen

Gespräche sind das bedeutendste Mittel für die
- Meinungsmitteilung
- gegenseitige Meinungsbildung
- Weitergabe von Informationen
- Diskussion umstrittener Sachverhalte

und damit insgesamt eine wichtige Voraussetzung für das funktionierende Zusammenleben in einer Gemeinschaft.

Gesprächsanlässe

Entsprechend der verschiedenen Gesprächsanlässe gibt es auch dementsprechende Gesprächsarten. Wichtige Unterscheidungskriterien für die Gesprächsart sind ergänzend zum Gesprächsanlaß auch
- die Austragungsart und
- die soziale Form

eines Gesprächs.

Gesprächsarten

Wichtige Gesprächsarten

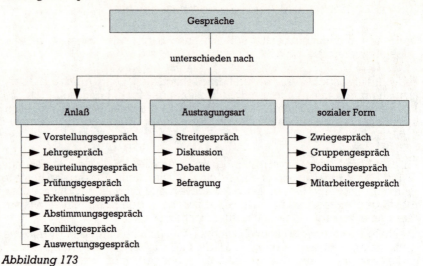

Abbildung 173

Verschiedene Gesprächsarten wurden unter anderen Punkten bereits angesprochen. Deshalb folgen hier nur kurze Erklärungen.

Vorstellungs-
gespräch
Vorstellungsgespräch: Gespräch zum gegenseitigen Kennenlernen und zur Information vor Abschluß eines Ausbildungs- oder Arbeitsvertrages (vgl. dazu auch Abschnitt 2.1.4 „Ausbildungsdidaktische Kriterien zum Aufbau und Ablauf der Ausbildung" in diesem Band).

Lehrgespräch
Lehrgespräch: Gespräch zur Unterstützung der Erkenntnistätigkeit des Lernenden mit den Unterformen Problemgespräch, Lernberatungsgespräch, Orientierungsgespräch und Reflexionsgespräch (vgl. dazu auch Abschnitt 2.1.3 „Das Methodenkonzept des auftragsorientierten Lernens und Lehrens" und Abschnitt 2.3.3.2 „Lehrgespräche" in diesem Band).

Beurteilungs-
gespräch
Beurteilungsgespräch: Gespräch zur Erörterung der Ergebnisse der Bewertung und Beurteilung des Lehrlings durch den Ausbilder (vgl. dazu auch Abschnitt 2.4.3 „Durchführung von innerbetrieblichen Ausbildungserfolgskontrollen" in diesem Band).

Prüfungs-
gespräch
Prüfungsgespräch: Form der mündlichen Prüfung, in der der Stoff über ein problemorientiertes Gespräch und nicht nach Stichworten abgefragt wird.

Erkenntnis-
gespräch
Erkenntnisgespräch: Gespräche zum Erkennen von neuen Sachverhalten.

Abstimmungs-
gespräch
Abstimmungsgespräch: Gespräch zur Abstimmung geplanter Maßnahmen in den verschiedensten Bereichen.

Konflikt-
gespräch
Konfliktgespräch: Gespräch zur Erörterung der Ursachen und der Maßnahmen der Beseitigung von Konflikten (vgl. dazu auch Abschnitt 3.3.4 „Konflikte und Konfliktbewältigung" in diesem Band).

Auswertungs-
gespräch
Auswertungsgespräch: Gespräche zur Aufarbeitung von abgelaufenen Lernprozessen, die der Vertiefung sowie der Aufdeckung von Lerndefiziten dienen.

Streitgespräch
Streitgespräch: Gespräch, in dem die Teilnehmer offensiv gegensätzliche Positionen und Argumente vertreten.

3.3 Sozial-kommunikative Grundlagen der Menschenführung

Diskussion: Ebenfalls eine Form des Streitgesprächs, in dem gegensätzliche Meinungen ausgetauscht werden, das aber letztlich auf eine Einigung abzielt.

Diskussion

Debatte: Ebenfalls eine Form von Streitgespräch/Diskussion, die aber von einem Leiter klar strukturiert und möglichst sachlich geleitet wird.

Debatte

Befragung: Gespräch, bei dem ein Experte einem Interessentenkreis für ausführliche Fragen zur Verfügung steht.

Befragung

Zwiegespräch: Gespräch mit nur zwei Teilnehmern.

Zwiegespräch

Gruppengespräch: Gespräch zwischen einem größeren gleichwertigen Teilnehmerkreis.

Gruppengespräch

Podiumsgespräch: Gespräch einzelner herausgehobener Teilnehmer vor einem größeren Zuhörerkreis, dessen Gesprächsbeteiligung untergeordnet ist.

Podiumsgespräch

Mitarbeitergespräch: Gespräch zwischen Vorgesetzten und Mitarbeitern über vorwiegend betriebliche Belange, in dem die aktive Beteiligung der Mitarbeiter besonders erwünscht ist.

Mitarbeitergespräch

3.3.2.2 Gesprächsaufbau

Jedes Gespräch folgt in der Regel einem bestimmten Aufbau, wobei dieser nicht immer alle der nachgenannten Stufen enthalten muß.

Gesprächsaufbau

Aufbau und Ablauf eines Gesprächs

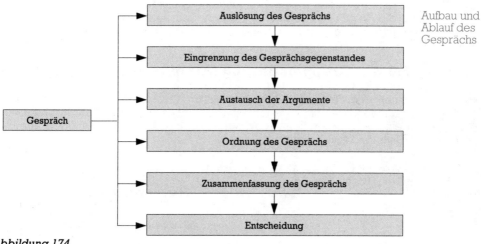

Aufbau und Ablauf des Gesprächs

Abbildung 174

Auslösung des Gesprächs: Hier kann es sich einerseits um ein völlig freies, zufällig etwa im Rahmen einer Begegnung zustandekommendes Gespräch oder um ein geplantes, verabredetes Gespräch handeln.

Auslösung des Gesprächs

Eingrenzung des Gesprächsgegenstandes: Für ein geplantes Gespräch ist in der Regel zugleich auch bereits der Gesprächsgegenstand festgelegt. Beim freien Gespräch ergibt er sich oftmals erst während des bereits laufenden Gesprächs.

Eingrenzung des Gesprächsgegenstandes

| Austausch der Argumente | **Austausch der Argumente:** Dabei handelt es sich um den Kern jedes Gesprächs, wenn die Teilnehmer ihre Sichtweise zum jeweiligen Gesprächsgegenstand vortragen und die gegenseitigen Positionen kritisch hinterfragen. |

| Ordnung der Gesprächs | **Ordnung des Gesprächs:** Umfangreichere Gespräche mit mehreren Teilnehmern sollten bereits vorstrukturiert werden. In anderen Fällen empfiehlt es sich, nach dem Austausch der Argumente diese nach bestimmten Gesichtspunkten zu ordnen. |

| Zusammenfassung des Gesprächs | **Zusammenfassung des Gesprächs:** Die Ordnung des Gesprächs bietet eine gute Voraussetzung, um ein Gespräch dann auch zielgerichtet zusammenfassen zu können. |

| Entscheidung | **Entscheidung:** Soweit eine Einigung möglich ist, sollten Gespräche auch mit einer Entscheidung oder Einigung abgeschlossen werden. |

3.3.2.3 Gesprächsverhalten und Gesprächsführung

Gesprächsverhalten
Gesprächsführung

Für die Führung eines Gesprächs und das Verhalten dabei lassen sich folgende Empfehlungen geben:
- Offenheit und Unvoreingenommenheit gegenüber jedem Gesprächspartner
- Achtung und Wertschätzung gegenüber jedem Gesprächspartner
- aktives und aufmerksames Zuhören (auch durch die Mimik) bei Beiträgen anderer Gesprächsteilnehmer

Gesprächsregeln
- den Gesprächspartner nicht unterbrechen, sondern ausreden lassen
- sich auf die Sache konzentrieren und nicht am Thema vorbeireden
- gezeigte Gefühle ernst nehmen und auch selbst keine Scheu zeigen, Gefühle zu äußern
- keine Überlegenheit demonstrieren, etwa durch Fragen, die bereits die Antwort vorgeben oder durch Gebrauch vieler Fremdwörter
- jeden Gesprächsteilnehmer so nehmen, wie er ist.

3.3.3 Gruppenführung (Arbeits- und Lerngruppen)

Gruppe

Unter Gruppe versteht man den Zusammenschluß zweier oder mehrerer Personen, die sich gegenseitig beeinflussen und steuern und damit besondere zwischenmenschliche Beziehungen sowie einen inneren Zusammenhalt aufweisen.

Typische Eigenschaften einer Gruppe

Gruppeneigenschaften

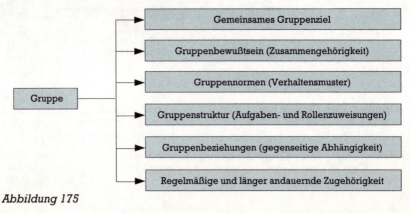

Abbildung 175

Für die Gruppenbildung gibt es verschiedene Motive, die jeweils auch den Zweck und das Ziel der Gruppe bestimmen. Zweck und Ziel sowie Zusammenhalt und Anfälligkeit für den Zerfall der Gruppe hängen von der Gruppenform ab.

Gruppenbildung

Gruppenformen

Gruppenformen

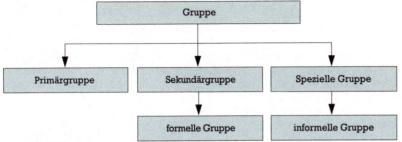

Abbildung 176

Die wichtigste Primärgruppe, also die erste Gruppe, der ein Mensch angehört, ist die Familie.

Primärgruppe

Sekundärgruppen sind außerhalb der Familie bestehende Gruppen.

Sekundärgruppe

Spezielle Gruppen werden nur für einen bestimmten Zweck gebildet und lösen sich danach wieder auf (zum Beispiel projektgebundene Arbeitsteams).

Spezielle Gruppen

Formelle Gruppen ergeben sich meist aus bestimmten vorgegebenen Regelungen und Bestimmungen, wie beispielsweise Schulklassen und Arbeits- sowie Lerngruppen.

Formelle Gruppen

Bei informellen Gruppen dagegen beruht die Mitgliedschaft auf der freiwilligen Entscheidung des einzelnen. Typisches Beispiel ist die Freizeitgruppe.

Informelle Gruppen

Gruppen haben für jeden einzelnen wie auch für die Gesellschaft insgesamt eine wichtige Bedeutung.

Bedeutung der Gruppe für das Mitglied

Bedeutung der Gruppe für das einzelne Mitglied

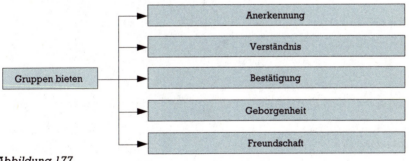

Abbildung 177

Bedeutung der Gruppe für die Gesellschaft

Bedeutung der Gruppe für die Gesellschaft

Abbildung 178

Jugendgruppen

Gerade bei Jugendlichen sind Gruppen ein wichtiges Hilfsmittel für das Hineinwachsen in die Erwachsenenwelt. Von Gruppen gehen allerdings nicht immer nur positive Einflüsse aus. Vor allem bei verschiedenen Jugendgruppen besteht die Gefahr der Kriminalität sowie des Alkohol- und Drogenmißbrauchs.

3.3.3.1 Gruppenbeziehungen und Gruppendynamik

Gruppen-beziehungen

Die inneren Gruppenbeziehungen hängen von der jeweiligen Gruppenform ab und weisen dementsprechend unterschiedliche – feste oder lockere – Bindungen auf. Jedes Mitglied der Gruppe nimmt in ihr einen bestimmten Platz ein. Dieser ist insbesondere abhängig von
- seinem Beitrag zum Gruppenziel und
- dem Beliebtheitsgrad bei den anderen Gruppenmitgliedern.

Rangordnung

Dadurch ergeben sich innerhalb jeder Gruppe bestimmte Rangordnungen.

Soziogramm

> Die Art und Intensität der Beziehungen innerhalb einer Gruppe kann man mit Hilfe eines Soziogramms darstellen. Dabei geben die Gruppenmitglieder an, zu welchem Gruppenmitglied sie besonders enge Beziehungen haben oder wünschen.

Das Soziogramm informiert dann sehr anschaulich darüber, ob in der Gruppe zwischen einzelnen Mitgliedern besonders enge Beziehungen bestehen (Freundschaften) und ob es in der Gruppe Außenseiter gibt.

Beispiel für ein Soziogramm

Soziogramm für eine Gruppe mit fünf Mitgliedern

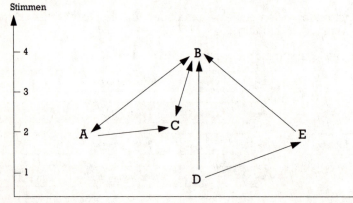

Abbildung 179

Die Abbildung zeigt, daß die Person B viermal gewählt wird. Diese selbst bevorzugt gleichzeitig ihrerseits die Personen A und C (gegenseitige Wahl).

Momentaufnahme

Zu beachten ist allerdings, daß ein derartiges Soziogramm immer nur eine Momentaufnahme sein kann. Vor allem bei jüngeren Gruppenmitgliedern ändern sich diese Beziehungen oft sehr rasch.

Gruppendynamik

Gruppen sind eben aus Einzelpersonen zusammengesetzt, die Gefühlen unterliegen, Konflikte austragen und auch ständig um ihren Platz in der Gruppe kämpfen. Diesen Prozeß bezeichnet man als Gruppendynamik.

3.3 Sozial-kommunikative Grundlagen der Menschenführung

Außerdem ist festzustellen, daß das Gruppenbild je nach Art des Lebensbereichs bei demselben Personenkreis erheblich voneinander abweichen kann.

Beispiel:
Man wird bei der Frage nach Kontakten in der Freizeit eine andere Gruppenstruktur erhalten als bei der Frage nach der Beliebtheit am Arbeitsplatz.

Das nach dem Soziogramm beliebteste Gruppenmitglied kann, muß aber nicht, der Gruppenführer sein, der die Gruppe steuert und ihre Aktivitäten maßgeblich beeinflußt. Für die Rolle des Gruppenführers können neben der Beliebtheit auch andere Merkmale ausschlaggebend sein, wie zum Beispiel
- Tüchtigkeit
- Fähigkeiten
- Charaktereigenschaften
- fachliche und/oder persönliche Autorität.

Gruppenführer

Führungsmerkmale

> Weichen Vorgesetzter/Gruppenführer und nach dem Soziogramm beliebteste Person voneinander ab, so werden letztere auch als Wortführer oder stille Lenker bezeichnet.

Stille Lenker

Der Führungsstil hängt von der Gruppenform und vom jeweiligen Gruppenzweck ab. Besonders in Jugendgruppen herrscht oft ein autoritärer Führungsstil. Allgemein sollten aber auch Gruppen heute demokratisch geführt werden.

Führungsstil

Die meisten Menschen gehören gleichzeitig verschiedenen Gruppen an, zum Beispiel Familie, Betrieb, Freizeitgruppe. In jeder dieser Gruppen hat das Mitglied jeweils unterschiedliche Rollen und in der Regel auch unterschiedliche Rangplätze.
Dies zwingt den einzelnen dazu, sich immer wieder neu anzupassen und bringt außerdem die Gefahr von Rollenkonflikten mit sich (vgl. dazu auch die Ausführungen unter Abschnitt 3.3.4.2 „Ursachen und Anlässe von Konflikten" in diesem Band).

Rollenkonflikte

3.3.3.2 Kooperationsstrukturen und Gruppengestaltung im Kontext eines handwerksangemessenen Konzepts der Organisationsentwicklung

> Jeder Betrieb, der auf dem Markt erfolgreich bleiben will, muß sich ständig fortentwickeln und den Erfordernissen anpassen. Damit sind auch laufende betriebliche Organisationsänderungen verbunden.

Diesen Prozeß beschreibt der betriebswirtschaftliche Ansatz der Organisationsentwicklung. Seine Kernelemente sind
- die erforderlichen Änderungen in der Aufbau- und Ablauforganisation des Betriebes
sowie
- die Einbeziehung der von den Änderungen betroffenen Personen und Gruppen.

Organisationsentwicklung

Der Ansatz der Organisationsentwicklung geht dabei davon aus, daß für den Erfolg der beabsichtigten organisatorischen Änderungen die Fähigkeit und Bereitschaft der betroffenen Mitarbeiter, die neuen Aufgaben und Rollen wahrzunehmen, eine wichtige Voraussetzung ist.

Kooperation

Deshalb ist es ein zentrales Anliegen, die betroffenen Gruppen rechtzeitig und optimal einzubinden und sie für die Kooperation (Zusammenarbeit) zu gewinnen.

Personalentwicklungsmaßnahmen

Man spricht in diesem Zusammenhang auch von Personalentwicklungsmaßnahmen. Sie zielen insgesamt auf die Verbesserung der Leistungsfähigkeit und der -bereitschaft aller Mitarbeiter ab. Um dies zu erreichen, wurden verschiedene Maßnahmen und Methoden entwickelt. Für ihre bestmögliche und wirksame Gestaltung liefern die Kenntnisse über die Arbeit in Gruppen wichtige Ansatzpunkte.

Wichtige Personalentwicklungsmaßnahmen

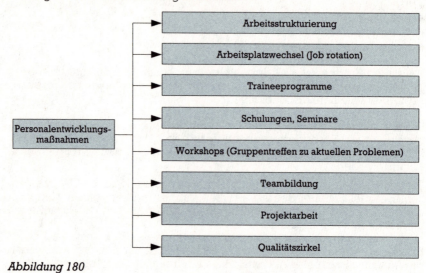

Abbildung 180

Einige der genannten Maßnahmen werden nachfolgend näher erläutert.

Arbeitsstrukturierung

Arbeitsstrukturierung

> Arbeitsstrukturierung bedeutet die Zerlegung einer Tätigkeit in mehrere Teiltätigkeiten.

Teiltätigkeiten

Gerade im Handwerksbetrieb kennzeichnet es die Arbeitsweise, daß keine Fließbandtätigkeit gegeben ist. Deshalb empfiehlt es sich, die Arbeit so zu strukturieren, daß alle Teiltätigkeiten im Rahmen einer Gruppe und wechselnd von allen Gruppenmitgliedern durchgeführt werden können.

Positive Auswirkungen

Eine solche Form der Arbeitsstrukturierung erhöht
- Kompetenz
- Verantwortung
- Motivation

des einzelnen Mitarbeiters und damit auch die Bereitschaft und Fähigkeit, zur Organisationsentwicklung beizutragen.

Teambildung

> Die Kooperation in Gruppen zur Erreichung eines bestimmten Ziels oder zur Lösung einer Aufgabe wird auch als Teamarbeit bezeichnet.

Teamarbeit

Dabei werden Verantwortung und Entscheidungsbefugnis nicht an Einzelpersonen, sondern an das gesamte Team übertragen. Damit Teams erfolgreich sein können, sind bei der Bildung folgende Grundsätze zu beachten:
- Die optimale Größe darf nicht überschritten werden.
- Die Teammitglieder müssen zusammenpassen; zwischen ihnen dürfen keine größeren Konflikte bestehen.
- Für die gestellte Aufgabe muß hinreichend Verständnis vorhanden sein.
- Fähigkeiten und Kenntnisse müssen bei jedem ausreichen, um zur Problemlösung beitragen zu können.

Grundsätze für Teamarbeit

Methode der Projektarbeit

> Unter einem Projekt versteht man eine umfangreichere, in vielen Fällen auch relativ komplizierte und zeitlich befristete Aufgabe bzw. Tätigkeit.

Projektarbeit

Projektarbeit ist durch folgende Merkmale gekennzeichnet:
- fächerübergreifende Arbeit
- Methodenvielfalt
- weitgehend selbständige Arbeit der Projektgruppe
- ergebnisorientiertes Arbeiten
- Verknüpfung von theoretischer Analyse und praktischer Umsetzung.

Merkmale

Zur Bearbeitung der jeweiligen Aufgabe bietet es sich oftmals an, Einzelarbeit, Gruppenarbeit und Arbeit im gesamten Projektteam miteinander zu kombinieren.

Kombinationen

Qualitätszirkel

> Qualitätszirkel sind langfristig angelegte kleinere Gruppen, die sich sowohl mit Fragen aus der täglichen Arbeit befassen wie auch längerfristige Probleme behandeln und dazu Lösungsvorschläge entwerfen.

Qualitätszirkel

Gegenstand der Arbeit von Qualitätszirkeln sind insbesondere
- technische
- personelle
- organisatorische

Fragestellungen.

Gegenstand der Arbeit von Qualitätszirkeln

Für die Arbeit von Qualitätszirkeln wird allgemein empfohlen:
- kleine Gruppengröße (maximal 10–12 Teilnehmer)
- regelmäßige, aber nicht allzu lange dauernde Treffen
- möglichst homogener Teilnehmerkreis, das heißt Teilnehmer vergleichbarer Qualifikation und vergleichbarer beruflicher Position
- Betreuung durch einen Vorgesetzten oder Berater von außen.

3.3.4 Konflikte und Konfliktbewältigung

3.3.4.1 Konfliktbegriff

Konflikt

> Unter Konflikt versteht man einen Zustand, in dem man sich zwischen einander widersprechenden Motiven, Einstellungen und Interessen entscheiden muß.

Intrapersonaler Konflikt
Interpersonaler Konflikt

Ein solcher Konflikt kann entweder eine Person allein betreffen oder aber zwischen mehreren Personen, Gruppen oder Institutionen ausgetragen werden.
Im ersten Fall spricht man von einem intrapersonalen, im zweiten von einem interpersonalen Konflikt.

Beispiel:
Ein intrapersonaler Konflikt liegt vor, wenn ein Jugendlicher bei der Berufswahl wegen der Höhe der Ausbildungsvergütung (finanzielle Überlegungen) einen anderen Beruf ergreift, als es eigentlich seinen Neigungen entspricht.

Sach- oder personenbezogene Konflikte

Ein interpersonaler Konflikt liegt vor, wenn die Mitglieder einer Gruppe verschiedener Auffassung sind. Dabei kann der jeweilige Konflikt sach- oder personenbezogen sein. Vielfach aber ist beides nur schwer zu trennen.

3.3.4.2 Ursachen und Anlässe von Konflikten (Konfliktarten)

Ursachenbereiche für Konflikte

Konfliktursachen

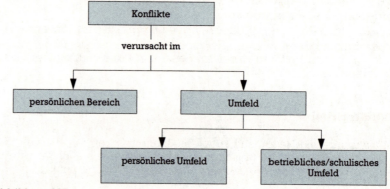

Abbildung 181

Ursachen aus dem persönlichen Bereich

Zu den Konfliktursachen aus dem **persönlichen Bereich** zählen u.a.:
- Unterschiede gegenüber anderen in
  - Wertvorstellungen
  - Einstellungen
  - politischen Auffassungen
  - Interessen
  - Bedürfnissen
  - Vorlieben
- Unterschiede in
  - Begabung
  - Bildungsniveau

3.3 Sozial-kommunikative Grundlagen der Menschenführung

- Probleme im
  - körperlichen Bereich (zum Beispiel Belastbarkeit, Konstitution)
  - emotionalen Bereich (zum Beispiel Stimmungen).

Im **persönlichen Umfeld** sind häufige Konfliktursachen und -anlässe:
- Spannungen mit Freund/Freundin
- Spannungen innerhalb von Gruppen
- Spannungen mit den Eltern.

Ursachen im persönlichen Umfeld

Im **betrieblichen und schulischen Umfeld** ergeben sich Konflikte aus
- den jeweiligen Anforderungen
- dem Umgang mit Kollegen, im Arbeitsteam, der Schulklasse
- dem Verhältnis zum Ausbilder.

Ursachen im betrieblichen und schulischen Umfeld

Aus diesen Ursachen heraus ergeben sich verschiedene typische Konfliktarten, wobei die folgenden drei im Vordergrund stehen.

Konfliktarten

Typische Konfliktarten

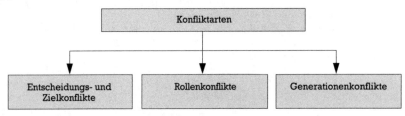

Abbildung 182

Entscheidungs- und Zielkonflikte: Sie liegen vor, wenn sich mehrere Alternativen, die als Entscheidungsmöglichkeiten oder als Ziele vorliegen, widersprechen.

Entscheidungs- und Zielkonflikte

Rollenkonflikte: Sie ergeben sich, wenn beispielsweise ein Lehrling zu Beruf und Freizeit widersprüchliche Einstellungen hat bzw. von ihm jeweils andere Verhaltensweisen erwartet werden. Er ist dann gezwungen, sich immer wieder neu anzupassen und seine Leistungskraft sowie seine Interessen entsprechend darauf abzustimmen.

Rollenkonflikte

Generationenkonflikte: Die Auffassungen von Eltern oder Ausbilder und Lehrling weichen aufgrund von altersbedingten Erfahrungen und Einstellungen voneinander ab. Solche Generationenkonflikte werden von der Jugend stets neu erlebt und es hat sie zu allen Zeiten gegeben. Sie werden heute durch die intensiven Einwirkungen der Umwelt und sonstige Reizeinflüsse noch verstärkt.

Generationenkonflikte

Nicht alle Konflikte treten auch tatsächlich offen zu Tage und werden entsprechend ausgetragen. Viele Konflikte sind nur latent, also unterschwellig vorhanden. Sie beeinflussen zwar das Verhalten, werden aber nicht ausgetragen und auch nicht gelöst.

Latente Konflikte

3.3.4.3 Konfliktbewertung (Funktionen)

Konflikte sind nicht von vornherein negativ zu beurteilen. Vielmehr ist festzustellen, daß Konflikte alltäglich sind, ja zum Leben gehören. Überall, wo Menschen zusammenleben und ihre unterschiedlichen Interessen aufeinanderprallen, entstehen Gegensätze, mithin auch Konflikte.

Negative Auswirkung von Konflikten

Zu den negativen Auswirkungen von Konflikten können unter anderem gehören:
- Reibungsverluste und
- Beeinträchtigung des zwischenmenschlichen Verhältnisses.

Positive Auswirkung von Konflikten

> Auf der anderen Seite dagegen sind Konflikte ein wichtiger Steuerungsfaktor für Lernprozesse jedes einzelnen für sich, aber auch in der Gruppe und in der gesamten Gesellschaft. Konflikte sind hier ein bedeutender Motor für die Fortentwicklung. Viele für das Überleben einer Gesellschaft elementare Verhaltensweisen werden erst durch Konflikte und deren Bewältigung erlernt.

Die Auseinandersetzung mit dem Konfliktstoff fördert ferner die Selbstsicherheit und ist letztlich unerläßlich für die Herausbildung der eigenen Persönlichkeit.

In der Gruppe steigert sie den Zusammenhalt und ermöglicht außerdem leichter die Abgrenzung zu anderen Gruppen. Man nennt diesen Prozeß auch Herausbildung einer Gruppenidentität.

Gruppenidentität
Lösungskompetenz

Jeder sachbezogene Konflikt fördert die Auseinandersetzung mit dem jeweiligen Problem wie auch die Lösungskompetenz und regt neue Entwicklungen und neue Verfahren an.

Positive Auswirkungen von Konflikten

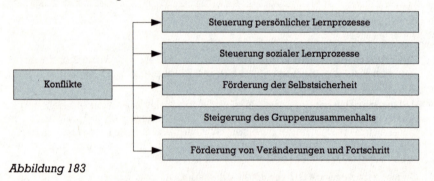

Abbildung 183

3.3.4.4 Möglichkeiten der Konfliktlösung

Konfliktlösung

Um überhaupt die positiven Auswirkungen von Konflikten zu ermöglichen, ist die erfolgreiche Konfliktlösung und Konfliktbewältigung Voraussetzung. Nicht bewältigte Konflikte führen in der Regel zu Frustration und den damit verbundenen negativen Auswirkungen.

Frustration

> Unter Frustration versteht man die Tatsache, daß jemand ganz oder teilweise daran gehindert wird, ein gesetztes Ziel zu erreichen.

Zu derartigen Behinderungen, die tatsächlich oder aber auch nur vermutet sein können, gehören unter anderem

Anlässe für Frustrationen
- das Erlebnis wirklicher oder vermeintlicher Benachteiligung bzw. Zurücksetzung
- enttäuschte Erwartungen
- erlittene Ungerechtigkeit.

Jede Frustration kann sich durch verschiedene Verhaltensformen äußern.

3.3 Sozial-kommunikative Grundlagen der Menschenführung

Durch Frustration bedingte Verhaltensformen

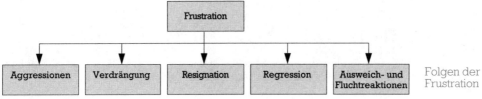

Folgen der Frustration

Abbildung 184

Aggressionen: Darunter versteht man ein feindliches Verhalten gegen andere Menschen oder gegen sich selbst. Die Aggression kann sich in Worten (Beschimpfung) oder Intrigen und Verleumdung bis hin zu tätlichen Angriffen und Zerstörung äußern.

Aggressionen

Verdrängung: Dabei werden Erlebnisse und Einstellungen aus dem Bewußtsein ins Unbewußte verdrängt. Sie können aber dennoch weiterhin das Verhalten in Form von Fehlhandlungen, Fehlanpassungen oder die Entwicklung von Neurosen beeinflussen. Neurosen bezeichnen einen durch unverarbeitete seelische Konflikte mit der Umwelt entstandenen krankhaften Zustand ohne erkennbare organische Ursachen.

Verdrängung

Resignation: Der Betroffene ergibt sich sozusagen in sein Schicksal, gibt entmutigt auf und handelt nur noch zwangshaft starr und sinnlos.

Resignation

Regression: Damit bezeichnet man ein Verhalten, bei dem der Betreffende auf ein früheres Stadium der Entwicklung zurückfällt. Dies macht sich dann auch in kindlichem Verhalten und den entsprechenden Einstellungen und Ausdrucksweisen bemerkbar.

Regression

Ausweich- und Fluchtreaktionen: Folge der Frustration sind hier verzweifelte Versuche, Ersatzlösungen zu finden, um aus einer bedrängenden Situation herauszukommen; zum Beispiel über Alkohol- oder Drogenmißbrauch. Die Folge sind oftmals weitere und noch schwerere Konflikte.

Ausweich- und Fluchtreaktionen

Für die Lösung von Konflikten und damit die Vermeidung dieser negativen Auswirkungen gibt es zahlreiche Möglichkeiten, die allerdings nicht immer befriedigend sind.

Konfliktlösungsmöglichkeiten

Möglichkeiten der Konfliktlösung

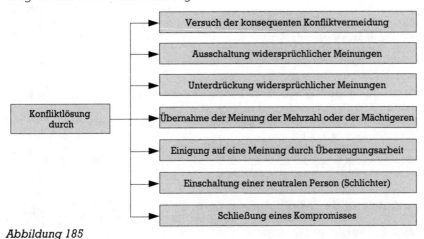

Abbildung 185

3.3.4.5 Strategien (Regeln) zur Bewältigung von Konfliktsituationen

Konfliktlösungsstrategien

Am erfolgversprechendsten bei der Bewältigung von Konflikten sind sicherlich Strategien, bei denen es zu einer Integration der widersprüchlichen Auffassungen kommt; das heißt alle Beteiligten suchen gemeinsam eine Lösung, die jeder mittragen kann.

Mehrstufiges Vorgehen

Dafür empfiehlt sich ein mehrstufiges Vorgehen.

Regeln zur Bewältigung von Konfliktsituationen

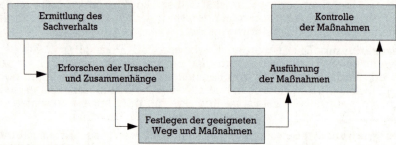

Abbildung 186

Ermittlung des Sachverhalts

Ermittlung des Sachverhalts: Es sollte genau festgestellt werden, was wirklich die Ursache eines Konflikts ist. Dabei darf man sich nicht mit Vermutungen begnügen, sondern muß versuchen, die bedeutsamen Tatsachen zu erfassen. Dazu sollte man mit allen Beteiligten ausreichend sprechen. Im Rahmen der Berufsausbildung sind dies vor allem Ausbilder, Lehrling, Eltern, Kollegen und Berufsschullehrer. Auch die Ausbildungsberater der Handwerkskammern können hinzugezogen werden.
Es muß in Abhängigkeit vom jeweiligen Konfliktgegenstand und von den beteiligten Personen entschieden werden, ob diese Gespräche als Einzelgespräche oder als Gruppengespräche geführt werden.

Erforschung der Ursachen und Zusammenhänge

Erforschung der Ursachen und Zusammenhänge: Bei diesem Schritt muß man sich zunächst auf die Frage konzentrieren, wie es überhaupt zu dem Konflikt gekommen ist. Der Ausbilder darf dabei nicht außer acht lassen, daß auch er selbst dazu beigetragen haben kann. Außerbetriebliche Verhältnisse und Vorgänge müssen ebenfalls mit einbezogen werden. In den Fällen, in denen einzelne Beteiligte nur ungern oder nicht offen über die Konfliktursachen sprechen, haben sich auch Rollenspiele bewährt, die bei entsprechender Auswertung in der Regel zuverlässige Rückschlüsse zulassen.

Festlegung der Wege und Maßnahmen

Festlegung der Wege und Maßnahmen zur Behebung des Konflikts: Ausgangspunkt ist das Ziel, das man erreichen will, wobei alle bekannten Fakten sowie mögliche Ursachen und Folgen in die Überlegungen einzubeziehen sind. Anschließend muß geprüft werden, welche Wege zur Erreichung des Zieles geeignet sind und welche Handlungsalternativen es gibt. Dabei spielt auch die Frage eine Rolle, wie die beabsichtigten Maßnahmen auf die Beteiligten, aber auch auf andere wirken werden.

Ausführung der Maßnahmen

Ausführung der Maßnahmen: Dafür ist wichtig, daß geklärt ist, wer von den Beteiligten wie zu handeln hat. Entscheidend ist ferner, daß zur rechten Zeit gehandelt wird.

Kontrolle der Maßnahmen: Jede Maßnahme zur Konfliktlösung muß auf ihren Erfolg hin kontrolliert werden. Dabei gilt es zu berücksichtigen, daß vielfach ein Erfolg erst nach einer gewissen Zeitspanne möglich ist. Von besonderer Bedeutung ist die Entscheidung darüber,

- durch wen
- wann
- wie
- wie oft

kontrolliert werden soll.

Dabei sollte ferner beobachtet werden, ob günstige oder ungünstige Auswirkungen auch bei anderen auftreten. Die Ergebnisse der Kontrolle liefern wiederum wichtige Erkenntnisse, die bei neuen Konflikten im Rahmen der Festlegung und Ausführung von Maßnahmen berücksichtigt werden sollten.

Kontrolle der Maßnahmen

> Die Konfliktbewältigung kann selbstverständlich nicht erst während der Berufsausbildung erlernt werden. Sie muß ein wichtiger Bestandteil des gesamten Erziehungsprozesses sein. Die Konfliktbewältigung steht ferner in engem Zusammenhang mit dem betrieblichen Führungsstil. Sie wird bei partnerschaftlichem Führungsstil wesentlich erfolgreicher gelingen als bei autoritärer Führung.

Konfliktbewältigung

Da den jungen Menschen in der Regel die Lebenserfahrung fehlt, hat auch die mittlere und ältere Generation primär den Auftrag, zur Lösung von Konflikten beizutragen. Dies gilt insbesondere bei den sogenannten Generationenkonflikten.

Lösung von Generationenkonflikten

Von diesen Erkenntnissen sollte sich jeder Ausbilder bei seiner Arbeit leiten lassen.

Programmierte und textlich gestaltete, offene Übungs-, Wiederholungs- und Prüfungsfragen

1. Beschreiben Sie ein einfaches Modell einer Kommunikationssituation!

„Siehe Seite 206 des Textteils!"

2. Die Übermittlung von Informationen über ein Gespräch bezeichnet man als
- ☐ a) Beziehungsaspekt.
- ☐ b) Sachaspekt.
- ☐ c) Medieneinsatz.
- ☐ d) Kommunikationsmodell.
- ☐ e) Kommunikationskanal.

„Siehe Seite 207 des Textteils!"

3. Nennen und beschreiben Sie wichtige Gesprächsarten!

„Siehe Seite 208 des Textteils!"

4. Wodurch sollten Gespräche nach Möglichkeit abgeschlossen werden?
- ☐ a) Mit der Eingrenzung des Gesprächsgegenstandes
- ☐ b) Mit dem Austausch der Argumente
- ☐ c) Mit der Ordnung des Gesprächs
- ☐ d) Mit der Zusammenfassung des Gesprächs
- ☐ e) Mit einer Entscheidung oder Einigung.

„Siehe Seite 209 des Textteils!"

5. Die Familie ist eine
- ☐ a) informelle Gruppe.
- ☐ b) Sekundärgruppe.
- ☐ c) offene Gruppe.
- ☐ d) Primärgruppe.
- ☐ e) spezielle Gruppe.

„Siehe Seite 211 des Textteils!"

6. Arbeitsstrukturierung bedeutet
- ☐ a) Zusammenfassung mehrerer Teiltätigkeiten zu einem Ganzen.
- ☐ b) Zuordnung der Tätigkeiten auf ein Arbeitsteam.
- ☐ c) fachübergreifende Arbeit.
- ☐ d) Verknüpfung von theoretischer Analyse und praktischer Arbeit.
- ☐ e) Zerlegung einer Tätigkeit in mehrere Teiltätigkeiten.

„Siehe Seite 214 des Textteils!"

7. Was versteht man ganz allgemein unter Konflikt?
- ☐ a) Einen Zustand, in dem man sich zwischen einander widersprechenden Interessen entscheiden muß
- ☐ b) Den Ablauf eines Streitgesprächs zwischen zwei Personen
- ☐ c) Den Ablauf eines Streitgesprächs zwischen mehreren Personen
- ☐ d) Persönliche materielle Schwierigkeiten eines Menschen
- ☐ e) Unterschiedliche Auffassungen von Regierung und Opposition in einer Demokratie.

„Siehe Seite 216 des Textteils!"

8. Nennen Sie einige Gründe, die für Generationenkonflikte ursächlich sind!

„Siehe Seite 217 des Textteils!"

9. Wie kann sich ein durch Frustration bedingtes Verhalten äußern?

„Siehe Seite 219 des Textteils!"

10. Wie kann der Ausbilder bei der Behandlung von Konfliktsituationen planmäßig vorgehen?

- ☐ a) Durch Ermittlung des Sachverhalts und der Ursachen, Festlegung und Ausführung der Maßnahmen sowie deren Kontrolle
- ☐ b) Durch konsequente Festlegung von Strafen
- ☐ c) Durch konsequenten Vollzug von harten Strafen
- ☐ d) Durch sofortige Einschaltung von Eltern und Berufsschule sowie Ausbildungsberater
- ☐ e) Ein planmäßiges Vorgehen ist nicht zweckmäßig, weil es zu schematisch erscheint und daher keinen Erfolg verspricht.

„Siehe Seite 220 des Textteils!"

4 Rechtsgrundlagen der Berufsbildung

4.1 Orientierungsrahmen

Die allgemeinen Grundsätze des Rechtssystems, der Rechtsordnung und der Rechtsbeziehungen der Menschen untereinander und im Verhältnis zum Staat sind im Band 2 „Rechts- und Sozialwesen" grundsätzlich dargestellt. Auf die dortigen Ausführungen wird verwiesen.

Rechtsordnung
Rechtsbeziehungen

4.1.1 Berufsbildungsrecht

4.1.1.1 Stellung der Berufsbildung im Rechtssystem

Wichtige Formen des Berufsbildungsrechts sind:

Berufsbildungsrecht

Formen des Berufsbildungsrechts

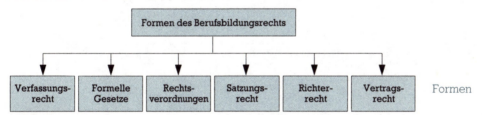

Formen

Abbildung 187

> **Beispiele:**
>
> - Verfassungsrecht = insbesondere Grundrechte
> - Formelle Gesetze = zum Beispiel Handwerksordnung, Berufsbildungsgesetz
> - Rechtsverordnungen = zum Beispiel Ausbildungsordnung
> - Satzungsrecht = zum Beispiel Prüfungsordnungen der Handwerkskammer
> - Richterrecht = zum Beispiel Urteile des Bundesverwaltungsgerichts, des Bundesarbeitsgerichts
> - Vertragsrecht = zum Beispiel Berufsausbildungsvertrag.

Nach der Zuständigkeit (Bund oder Länder) in der Gesetzgebung unterscheidet man auch für die gesamte Regelung der beruflichen Bildung zwischen Bundes- und Landesrecht.

Bundesrecht
Landesrecht

Gesetzgebungszuständigkeiten für die Berufsbildung

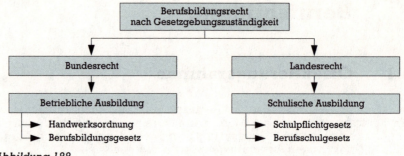

Abbildung 188

Je nachdem, ob der Gesetzgeber die Rechtsbeziehungen zwischen Staat und Bürger oder zwischen gleichrangigen Einzelmenschen untereinander regelt, unterscheidet man zwischen öffentlichem und privatem Recht.

Öffentliches und privates Recht

Das Berufsbildungsrecht läßt sich in seiner Gesamtheit nicht dem öffentlichen oder dem privaten Recht ausschließlich zuordnen. Vielmehr setzen sich wesentliche Bereiche des Berufsbildungsrechts aus einer Verknüpfung von öffentlichem und privatem Recht zusammen.

Rechtsgebiete für die Berufsbildung

Abbildung 189

4.1.1.2 Bildungsrelevante Gesetze und Verordnungen im Überblick

Die nachstehende Abbildung zeigt die wichtigsten Vorschriften zum beruflichen Bildungswesen des Handwerks im Überblick:

Berufsbildungsvorschriften

Wichtigste Gesetze und Verordnungen

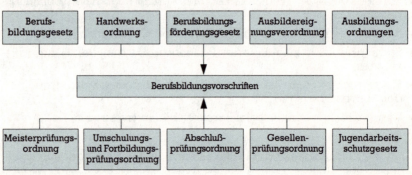

Abbildung 190

Die wichtigsten Gesetze für die Durchführung der Berufsbildung im Handwerk sind: das Berufsbildungsgesetz, das Berufsbildungsförderungsgesetz und die Handwerksordnung.

Weitere wichtige Gesetze und Verordnungen sind:
- das Arbeitsförderungsgesetz
- das Bundesausbildungsförderungsgesetz
- die Ausbildungsordnungen
- die fachlichen Vorschriften zur Berufsausbildung (sofern noch keine Ausbildungsordnung vorliegt).

Weitere Vorschriften

4.1.2 Die Bedeutung des Grundgesetzes und der Landesverfassungen für die berufliche Bildung

Verfassungsmäßige Grundlagen für die Berufsbildung

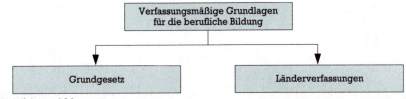

Abbildung 191

4.1.2.1 Grundgesetz

Das Grundgesetz regelt
- das Verhältnis der Zuständigkeiten zwischen Bund und Ländern für Gesetzesregelungen im Bildungswesen und
- gibt dem Bürger Grundrechte, die den Staat binden und die für den einzelnen Bürger im Bereich der Berufsbildung, aber auch für das Schulwesen wichtig sind.

Grundgesetz

Die für den Bürger wichtigste Regelung in bezug auf die Berufsbildung heißt: „Alle Deutschen haben das Recht, Beruf, Arbeitsplatz und Ausbildungsstätte frei zu wählen. Die Berufsausübung kann durch Gesetz oder aufgrund eines Gesetzes geregelt werden."

Freiheit der Berufswahl und Ausbildung

Aus diesem Verfassungsgrundsatz ergibt sich, daß eine staatliche Berufslenkung zugunsten bestimmter Berufe nicht zulässig ist. Lediglich im Rahmen der Berufsaufklärung können die Berufsorganisationen und die Arbeitsverwaltung informativ und beratend tätig sein.

Keine Berufslenkung Information und Beratung

4.1.2.2 Landesverfassungen

Nach den Verfassungen der Länder sind diese für die Gesetzgebung auf dem Gebiet des Schulwesens zuständig.

Schulwesen Ländersache

Für den einzelnen Bürger gilt der Grundsatz, daß jeder Bewohner Anspruch auf eine seinen erkennbaren Fähigkeiten entsprechende Ausbildung hat.

Anspruch auf Ausbildung

4.1.3 Berufsbildungsgesetz, Berufsbildungsförderungsgesetz, Handwerksordnung

Die drei zentralen Gesetze für den Bereich der beruflichen Bildung im Handwerk sind:

Zentrale Gesetze zur Berufsbildung

Drei zentrale Gesetze

Abbildung 192

4.1.3.1 Das Berufsbildungsgesetz

Ziele des Berufsbildungsgesetzes

Das Berufsbildungsgesetz verfolgt das Ziel, eine umfassende bundeseinheitliche Regelung für die berufliche Bildung zu gewährleisten.

Geltungsbereich

Im Rahmen des dualen Systems – Ausbildung in Betrieb und Berufsschule – regelt es den Bereich der betrieblichen Ausbildung, und zwar grundsätzlich in allen Berufs- und Wirtschaftszweigen. Um die gesetzestechnische und inhaltliche Einheit der Handwerksordnung zu gewährleisten, sind aber Teile des Berufsbildungsrechts für das Handwerk in der Handwerksordnung geregelt (siehe Abschnitt 4.1.3.3 „Die Handwerksordnung" in diesem Band).

Nach dem Berufsbildungsgesetz umfaßt Berufsbildung als Oberbegriff der beruflichen Bildung folgende Bereiche:

Begriff berufliche Bildung

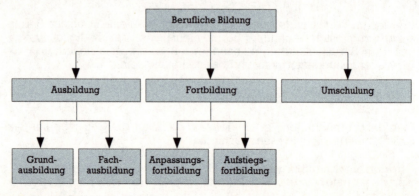

Abbildung 193

Ausbildung

Die berufliche Ausbildung hat die Aufgabe   Ausbildung
- eine möglichst breit angelegte berufliche Grundausbildung und eine
- sich anschließende Fachbildung zu vermitteln.

Die Grundausbildung soll eine breite Grundlage für die weitere berufli- Grund-
che Fachbildung und eine vielseitige berufliche Tätigkeit bieten. Das ausbildung
bedeutet Aneignung von Grundfertigkeiten und Kenntnissen, die einem
möglichst breiten Bereich von Tätigkeiten gemeinsam sind. Die berufliche Fachbildung, die auf der Grundausbildung aufbaut, kann entweder Fachausbildung
auf Fertigkeiten ausgerichtet sein, die mehreren Fachrichtungen oder
Schwerpunkten gemeinsam sind, oder aber die Ausübung einer hoch-
qualifizierten Berufstätigkeit zum Ziele haben.

Fortbildung

Die berufliche Fortbildung ist darauf ausgerichtet, nach abgeschlossener Fortbildung
Berufsausbildung berufliche Fertigkeiten und Kenntnisse
- zu erhalten
- zu erweitern und
- an die technische Entwicklung anzupassen (Anpassungsfortbildung) oder
- den beruflichen Aufstieg zu ermöglichen (Aufstiegsfortbildung).

Umschulung

Unter Umschulung versteht man die Aneignung von Kenntnissen, die zu Umschulung
einer anderen als der bisherigen beruflichen Tätigkeit befähigen.

Inhalt des Berufsbildungsgesetzes

Regelungsbereiche und Inhalte des Berufsbildungsgesetzes

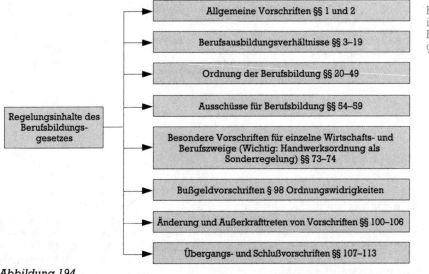

Abbildung 194

Ergänzend gilt für die neuen Bundesländer der „Einigungsvertrag" (Übergangsvorschriften).

Von den oben aufgeführten Vorschriften gelten die §§ 20 – 49, 56 – 59 sowie 98 und 99 für das Handwerk nicht. Für diese Regelungsbereiche gilt die Handwerksordnung (siehe Abschnitt 4.1.3.3 „Die Handwerksordnung" und Abbildung 196 in diesem Band).

4.1.3.2 Das Berufsbildungsförderungsgesetz

Ziele des Berufsbildungsförderungsgesetzes

Dieses Gesetz verfolgt das Ziel, durch die Berufsbildungsplanung die Grundlagen für eine abgestimmte und den technischen, wirtschaftlichen und gesellschaftlichen Anforderungen entsprechende Entwicklung der beruflichen Bildung zu schaffen.

Weitere Ziele sind die Erstellung einer Berufsbildungsstatistik und eines jährlichen Berufsbildungsberichts, sowie Organisation, Betrieb und Finanzierung des Bundesinstituts für Berufsbildung zu gewährleisten.

Geltungsbereich

Das Berufsbildungsförderungsgesetz gilt für die Berufsbildung, soweit sie nicht in berufsbildenden Schulen durchgeführt wird, die den Schulgesetzen der Länder unterstehen.

Regelungsinhalte

Regelungsinhalte des Berufsbildungsförderungsgesetzes

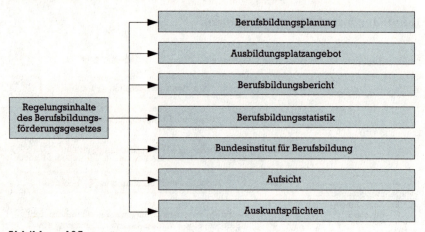

Abbildung 195

Auskunftspflicht

Alle natürlichen und juristischen Personen sowie Behörden, die Berufsbildung durchführen, sind gegenüber dem Bundesinstitut für Berufsbildung auskunftspflichtig. In diesem Rahmen müssen auch notwendige Unterlagen vorgelegt und Besichtigungen der Betriebsräume, der Betriebseinrichtungen und der Aus- und Weiterbildungsplätze gestattet werden. Die Auskünfte müssen grundsätzlich unentgeltlich gegeben werden.

4.1.3.3 Die Handwerksordnung

Die Handwerksordnung regelt als Rechtsgrundlage im wesentlichen alle wichtigen Gebiete der beruflichen Bildung, des Prüfungswesens, der Berufsausübung und des Organisationsrechts für den Wirtschaftszweig Handwerk.

Ziele der Handwerksordnung

Um die gesetzestechnische Einheit der Handwerksordnung zu wahren, sind wichtige Teile des Berufsbildungsrechts nicht im Berufsbildungsgesetz, sondern in der Handwerksordnung geregelt. Ein wichtiger Grund hierfür besteht darin, daß die Berufsausbildung im Handwerk in einem engen Zusammenhang mit dem meisterlichen Befähigungsnachweis steht, der das Kernstück der Handwerksordnung darstellt. Die Vorschriften in beiden Gesetzen stimmen jedoch in ihrem materiellen Inhalt weitgehend überein.

Geltungsbereich

Regelungsinhalte der Handwerksordnung zur Berufsbildung

Regelungsinhalte

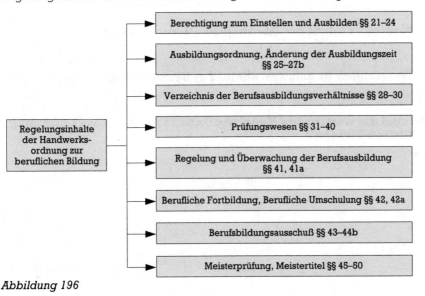

Abbildung 196

Programmierte und textlich gestaltete, offene Übungs-, Wiederholungs- und Prüfungsfragen

1. Welche Formen des Berufsbildungsrechts kennen Sie?

„Siehe Seite 225 des Textteils!"

2. Nennen Sie einige Gesetze und Verordnungen, die für die Berufsbildung wichtig sind!

„Siehe Seite 226 des Textteils!"

3. In welchen Gesetzen ist die Freiheit der Berufswahl und der Berufsbildung geregelt?
- ☐ a) Im Berufsbildungsgesetz
- ☐ b) Im Grundgesetz und in den Verfassungen der Länder
- ☐ c) Im Bürgerlichen Gesetzbuch
- ☐ d) Im Gesetz über das berufliche Schulwesen
- ☐ e) Im Jugendarbeitsschutzgesetz.

„Siehe Seite 227 des Textteils!"

4. Welche Bereiche umfaßt der Oberbegriff „Berufsbildung"?

„Siehe Seite 228 des Textteils!"

5. Nennen Sie wichtige Regelungsinhalte des Berufsbildungsgesetzes!

„Siehe Seite 229 des Textteils!"

6. Welches sind die wichtigsten Regelungsinhalte der Handwerksordnung zur beruflichen Bildung?

„Siehe Seite 231 des Textteils!"

4.2 Rechtliche Voraussetzungen zur Lehrlingsausbildung

Für die Einstellung von Lehrlingen und deren Ausbildung im Handwerksbetrieb gibt es bestimmte Voraussetzungen, die erfüllt sein müssen. Dies ist im Interesse einer qualifizierten Ausbildung notwendig.

Rechtliche Voraussetzungen zur Lehrlingsausbildung

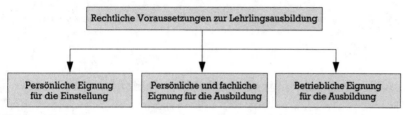

Abbildung 197

4.2.1 Berechtigung zum Einstellen und Ausbilden von Lehrlingen

4.2.1.1 Persönliche Eignung für die Einstellung

Grundsätzlich ist jeder selbständige Handwerker berechtigt, Lehrlinge einzustellen und somit dafür persönlich geeignet, sofern keine besonderen Gründe entgegenstehen, die diese Berechtigung ausschließen.

Einstellungsberechtigung

> Persönlich nicht zum Einstellen von Lehrlingen geeignet ist:
> - wer Jugendliche nicht beschäftigen darf oder
> - wer wiederholt oder schwer gegen die Handwerksordnung, das Berufsbildungsgesetz oder die aufgrund dieser Gesetze erlassenen Vorschriften und Bestimmungen verstoßen hat.

Fehlende persönliche Eignung

Beispiele für **fehlende** persönliche Eignung:
- Verurteilung wegen Unzucht mit abhängigen Personen
- Verstoß gegen Arbeitsschutzbestimmungen
- gewissenlose Ausnutzung der Arbeitskraft Jugendlicher
- Personen, die wegen eines Verbrechens zu einer Freiheitsstrafe von mindestens zwei Jahren rechtskräftig verurteilt worden sind
- Gefährdung des Ausbildungsziels durch wiederholte Beschäftigung mit ausbildungsfremden Arbeiten.

Beispiele

4.2.1.2 Fachliche Eignung für die Ausbildung

Fachliche Eignung

> Lehrlinge darf nur ausbilden, wer persönlich und fachlich geeignet ist.

Man unterscheidet zwischen fachlicher Eignung für die Ausbildung
- in Handwerksberufen und
- in nicht-handwerklichen Berufen.

Handwerksberufe
Nicht-handwerkliche Berufe

In beiden Berufsbereichen kann bei Vorliegen der entsprechenden fachlichen Eignung im Handwerksbetrieb ausgebildet werden.

Fachliche Eignung für die Ausbildung

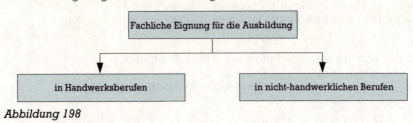

Abbildung 198

Regelungen zur fachlichen Eignung

Fachliche Eignung für die Ausbildung in Handwerksberufen

Hier kann man hinsichtlich der notwendigen Voraussetzungen in zwei Regelungsbereiche einteilen.

Fachliche Eignung in Handwerksberufen

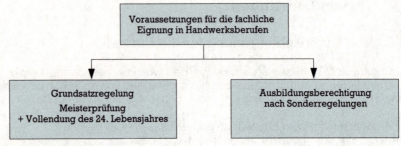

Abbildung 199

Häufigster Fall: Meisterprüfung

Der im Handwerk am häufigsten gegebene Fall der fachlichen Eignung ist die Meisterprüfung im Ausbildungsberuf, verbunden mit der Vollendung des 24. Lebensjahres. Die Vollendung des 24. Lebensjahres verlangt der Gesetzgeber, um eine gewisse Lebensreife und Lebenserfahrung im Umgang mit jungen Menschen zu gewährleisten.

Weitere Fälle

Fachlich geeignet für die Ausbildung in Handwerksberufen ist ferner:

Abschlußprüfung als Ingenieur

- wer an einer deutschen Technischen Hochschule oder an einer öffentlichen oder staatlich anerkannten deutschen Fachhochschule eine Abschlußprüfung und in dem Handwerk, das der Fachrichtung dieser Abschlußprüfung entspricht, die Gesellenprüfung oder eine entsprechende Abschlußprüfung bestanden hat. Kann er eine solche Abschlußprüfung nicht nachweisen, dann muß er mindestens vier Jahre praktisch tätig gewesen sein.

Andere Prüfungen

- wer eine anerkannte Prüfung an einer anderen Ausbildungsstätte bestanden hat, die Gesellenprüfung nachweist oder mindestens vier Jahre praktisch tätig gewesen ist. Welche Prüfungen darunter fallen, wird durch Rechtsverordnung bestimmt.

Zuerkennung der fachlichen Eignung

- wer von der zuständigen Bezirksregierung bzw. vom Regierungspräsidium die fachliche Eignung zuerkannt erhalten hat (Ausbildungsbefugnis).

- Im graphischen Gewerbe, wer die Ausbildungsmeisterprüfung der Industrie- und Handelskammer oder die handwerkliche Meisterprüfung in dem Gewerbe bestanden hat, in dem ausgebildet werden soll.

Eine besondere Regelung gilt für Handwerksbetriebe, die nach dem Tode des selbständigen Handwerkers für Rechnung des Ehegatten oder der Erben fortgeführt werden. Hier können auch Personen als fachlich geeignet angesehen werden, welche die Meisterprüfung nicht abgelegt haben. Diese Regelung gilt jedoch nur bis zum Ablauf eines Jahres nach dem Tode des Betriebsinhabers. Fristverlängerungen sind möglich.

In den neuen Bundesländern bleiben Berechtigungen zum Einstellen oder Ausbilden von Lehrlingen in Handwerksbetrieben, die vor dem Beitritt zur Bundesrepublik gegolten haben, weiter bestehen.

Randnotizen: Ausbildungsmeisterprüfung im graphischen Gewerbe; Sonderregelung für Ehegatten und Erben; Übergangsvorschrift für neue Bundesländer

Fachliche Eignung für die Ausbildung in nicht-handwerklichen Berufen

Randnotiz: Nicht-handwerkliche Berufe

> Für die Ausbildung in den nicht-handwerklichen Berufen in Handwerksbetrieben liegt die fachliche Eignung im Regelfalle vor, wenn der Betreffende die erforderlichen Fertigkeiten und Kenntnisse besitzt und die berufs- und arbeitspädagogischen Kenntnisse nachweist.

Randnotiz: Berufs- und arbeitspädagogische Kenntnisse

Nach der Ausbildereignungsverordnung ist für die Ausbildung in nicht-handwerklichen Berufen in Handwerksbetrieben berufs- und arbeitspädagogisch geeignet:
- wer eine besondere Prüfung nach der genannten Rechtsverordnung abgelegt hat, in der berufs- und arbeitspädagogische Kenntnisse nachgewiesen wurden
- wer im Handwerk die Meisterprüfung bestanden hat
- wer eine im Rahmen der beruflichen Fortbildung nach dem Berufsbildungsgesetz geregelte Meisterprüfung mit Nachweis einer berufs- und arbeitspädagogischen Eignung bestanden hat
- wer nach einer anderen aufgrund des Berufsbildungsgesetzes erlassenen Verordnung über die berufs- und arbeitspädagogische Eignung geeignet ist
- wer eine sonstige staatliche oder staatlich anerkannte oder von einer öffentlich-rechtlichen Körperschaft abgenommene Prüfung bestanden hat, deren Inhalt den Anforderungen der Ausbildereignungsverordnung entspricht.

Randnotizen: Ausbildereignungsverordnung; Besondere Prüfung; Meisterprüfung; Sonstige Prüfung

> Hierzu bedarf es jedoch eines Antrages an den zuständigen Prüfungsausschuß. Die Handwerkskammer hat hierüber eine Bescheinigung auszufertigen.

Wichtige Beispiele für die Ausbildung in nicht-handwerklichen Ausbildungsberufen sind:
- Bürokaufmann (Bürokauffrau)
- Verkäuferin in den Nahrungsmittelhandwerken
- Technische Zeichner
- Bauzeichner.

Randnotiz: Beispiele für nicht-handwerkliche Berufe

Bestellung eines Ausbilders

> Wer selbst fachlich nicht geeignet ist oder nicht selbst ausbildet, darf Lehrlinge nur einstellen, wenn er einen Ausbilder bestellt, der persönlich und fachlich für die Berufsausbildung geeignet ist. Der Ausbilder muß der Handwerkskammer namhaft gemacht werden. Die Bestellung bzw. die Beschäftigung des Ausbilders ist nachzuweisen.

Randnotiz: Bestellung eines Ausbilders

4.2.2 Betriebliche Eignung für die Ausbildung

Betriebliche Voraussetzung

Lehrlinge dürfen nur eingestellt werden, wenn die Ausbildungsstätte die in der nachstehenden Übersicht enthaltenen Voraussetzungen erfüllt.

Anforderungen an die betriebliche Ausbildungsstätte

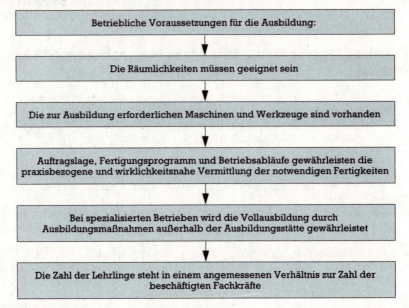

Abbildung 200

Richtlinie

Als angemessenes Verhältnis der Zahl der Auszubildenden zur Zahl der Fachkräfte gilt nach einer Empfehlung des früheren Bundesausschusses für Berufsbildung über die Eignung von Ausbildungsstätten in der Regel

- 1 – 2 Fachkräfte = 1 Auszubildender
- 3 – 5 Fachkräfte = 2 Auszubildende
- 6 – 8 Fachkräfte = 3 Auszubildende
- je weitere 3 Fachkräfte = 1 weiterer Auszubildender.

Das obige Verhältnis von Fachkräften zu Auszubildenden kann aber überschritten oder unterschritten werden, wenn dadurch die Ausbildung nicht gefährdet wird. Nach der Rechtsprechung sind Fälle bekannt, in denen die zuständigen Gerichte die Angemessenheit zwischen der Zahl der Auszubildenden und der Zahl der beschäftigten Fachkräfte verneint haben, wenn auf eine Fachkraft mehr als zwei Auszubildende kommen. Für die Beurteilung der Angemessenheit und der Abweichung von der Richtlinie ist letztlich die Ausbildungsleistung des einzelnen Betriebes im konkreten Fall entscheidend.

4.2.3 Kontrolle und Entziehung der Ausbildungs- und Einstellungsbefugnis

4.2.3.1 Maßnahmen der Handwerkskammer zur Beseitigung von Mängeln der Eignung

Der Handwerkskammer obliegt die Aufgabe zu kontrollieren, ob die persönliche und fachliche Eignung zur Einstellung und Ausbildung von Lehrlingen sowie die Eignung der Ausbildungsstätte vorliegen.

Kontrolle durch Handwerkskammer

Die möglichen Maßnahmen ergeben sich aus nachfolgender Übersicht:

Maßnahmen zur Beseitigung von Mängeln in der Ausbildung

Mögliche Maßnahmen der Handwerkskammer

Abbildung 201

4.2.3.2 Entziehung der Einstellungs- und Ausbildungsbefugnis

Für die Entziehung der Einstellungs- und Ausbildungsbefugnis ist die nach Landesrecht festgelegte Behörde (meist die Bezirksregierung) zuständig.

Zuständigkeit

Untersagungsgründe bei der Ausbildung

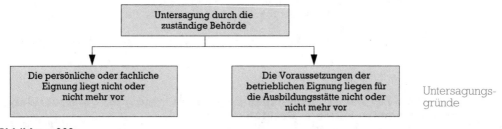

Untersagungsgründe

Abbildung 202

Vor der Untersagung durch die Behörde sind die Beteiligten und die Handwerkskammer zu hören. Dieses Anhörungsrecht gilt nicht, wenn der Betroffene eindeutig Kinder und Jugendliche nicht beschäftigen darf. Gegen den Untersagungsbescheid ist Widerspruch möglich.

Anhörung

Programmierte und textlich gestaltete, offene Übungs-, Wiederholungs- und Prüfungsfragen

1. Welches sind die rechtlichen Voraussetzungen für die Lehrlingsausbildung?

„Siehe Seite 233 des Textteils!"

2. Welche der nachfolgenden Aussagen ist <u>falsch</u>?
- ☐ a) Für die Berufsausbildung persönlich nicht geeignet ist, wer Kinder und Jugendliche nicht beschäftigen darf.
- ☐ b) Für die Berufsausbildung persönlich nicht geeignet ist, wer wiederholt gegen gesetzliche Bestimmungen und Vorschriften verstoßen hat.
- ☐ c) Für die Berufsausbildung persönlich nicht geeignet ist, wer schwer gegen gesetzliche Bestimmungen verstoßen hat.
- ☐ d) Für die Berufsausbildung persönlich nicht geeignet ist, wer wegen eines Verkehrsunfalles mit einem Bußgeld belegt wurde.
- ☐ e) Für die Berufsausbildung fachlich nicht geeignet ist, wer die Meisterprüfung in einem Handwerk nicht bestanden hat.

„Siehe Seite 233 des Textteils!"

3. Wer darf Lehrlinge ausbilden?
- ☐ a) Eine Person, die die Meisterprüfung abgelegt hat und mindestens 21 Jahre alt ist
- ☐ b) Eine Person, die die Meisterprüfung abgelegt hat und mindestens 22 Jahre alt ist
- ☐ c) Eine Person, die die Meisterprüfung abgelegt hat und mindestens 23 Jahre alt ist
- ☐ d) Wer die Abschlußprüfung einer Fachhochschule bestanden hat
- ☐ e) Wer die persönliche und fachliche Eignung für die Ausbildung besitzt.

„Siehe Seite 233 des Textteils!"

4. Wer ist fachlich geeignet für die Ausbildung in Handwerksberufen?

„Siehe Seite 234 des Textteils!"

5. Welches ist im Handwerk die am häufigsten zutreffende Voraussetzung für das Vorliegen der fachlichen Eignung?
- ☐ a) Der Nachweis des Abschlusses einer Technischen Hochschule sowie einer ausreichenden praktischen Tätigkeit
- ☐ b) Die bestandene Meisterprüfung in dem Handwerk, in dem ausgebildet werden soll und die Vollendung des 24. Lebensjahres
- ☐ c) Der Nachweis des Abschlusses einer Fachhochschule (früher Ingenieurschule) sowie einer ausreichenden praktischen Tätigkeit
- ☐ d) Die Zuerkennung der fachlichen Eignung durch die nach Landesrecht zuständige Behörde (Ausbildungsbefugnis)
- ☐ e) Die bestandene Ausbildereignungsprüfung nach der Ausbildereignungsverordnung.

„Siehe Seite 234 des Textteils!"

6. Wo ist die berufs- und arbeitspädagogische Eignung für die Ausbildung in nicht-handwerklichen Berufen geregelt?
- ☐ a) Im Industrie- und Handelskammergesetz
- ☐ b) In der Ausbildereignungsverordnung
- ☐ c) In den Berufsschulgesetzen der Länder
- ☐ d) Im Bürgerlichen Gesetzbuch
- ☐ e) In der Handwerksordnung.

„Siehe Seite 235 des Textteils!"

4.2 Rechtliche Voraussetzungen zur Lehrlingsausbildung

7. Wer selbst fachlich nicht geeignet ist oder nicht selbst ausbildet, darf trotzdem Lehrlinge einstellen, wenn er
- [ ] a) einen Ausbilder bestellt, der persönlich und fachlich für die Berufsausbildung im Ausbildungsberuf geeignet ist.
- [ ] b) einen befreundeten Meister, der die Voraussetzungen erfüllt, aber im Betrieb nicht beschäftigt ist, den Berufsausbildungsvertrag mitunterzeichnen läßt.
- [ ] c) einen Ausbilder, der persönlich und fachlich geeignet ist, mindestens zwei Stunden pro Woche im Betrieb beschäftigt.
- [ ] d) einen Ausbilder, der persönlich und fachlich geeignet ist, mindestens einen Tag pro Woche im Betrieb beschäftigt.
- [ ] e) einen Ausbilder, der persönlich und fachlich geeignet ist, mindestens zwei Tage pro Woche im Betrieb beschäftigt.

„Siehe Seite 235 des Textteils!"

8. Welche betrieblichen Voraussetzungen für die Ausbildung kennen Sie?

„Siehe Seite 236 des Textteils!"

9. Wer hat darüber zu wachen, daß die persönliche und fachliche Eignung sowie die Eignung der Ausbildungsstätte vorliegen?
- [ ] a) Das Amt für berufliche Bildung
- [ ] b) Das Arbeitsamt
- [ ] c) Das Gewerbeamt
- [ ] d) Das Gewerbeaufsichtsamt
- [ ] e) Die Handwerkskammer.

„Siehe Seite 237 des Textteils!"

10. Was hat zu geschehen, wenn festgestellte Mängel in der Berufsausbildung in einer angemessenen Frist nicht beseitigt werden?
- [ ] a) Der Betrieb muß den Lehrling sofort entlassen, um Schaden abzuwenden.
- [ ] b) Die zuständige Verwaltungsbehörde hat den Betrieb sofort zu schließen.
- [ ] c) Die Handwerkskammer hat der nach Landesrecht zuständigen Behörde Mitteilung zu machen.
- [ ] d) Das Berufsausbildungsverhältnis muß in beiderseitigem Einvernehmen der betroffenen Vertragspartner aufgelöst werden.
- [ ] e) Das Berufsausbildungsverhältnis muß verlängert werden, damit das Ausbildungsziel auf alle Fälle erreicht wird.

„Siehe Seite 237 des Textteils!"

11. Wann ist das Einstellen und Ausbilden von Lehrlingen zu untersagen?
- [ ] a) Wenn der Ausbildende krank wird und vorübergehend nicht ausbilden kann
- [ ] b) Wenn die persönliche oder fachliche oder betriebliche Eignung nicht oder nicht mehr vorliegt
- [ ] c) Wenn der Ausbildungsberater den Betrieb nicht mindestens jährlich aufsucht
- [ ] d) Wenn der Ausbildungsberater den Betrieb nicht mindestens halbjährlich aufsucht
- [ ] e) Bei jedem Verstoß gegen das Berufsbildungsgesetz oder die Handwerksordnung.

„Siehe Seite 237 des Textteils!"

4.3 Das Berufsausbildungsverhältnis (Berufsausbildungsvertrag)

> Die Berufsausbildung nach der Handwerksordnung und dem Berufsbildungsgesetz ist
> - als Vollzeitausbildung angelegt
> - muß einen geordneten Ausbildungsgang gewährleisten
> - den Erwerb der erforderlichen Fertigkeiten und Kenntnisse sowie
> - Berufserfahrungen ermöglichen.

Vollzeitausbildung

Dies hat das Bundesverwaltungsgericht ausdrücklich bestätigt.

Dies setzt eine reguläre Arbeitszeit voraus, die den Auszubildenden mit allen Betriebsabläufen, die die Ausübung des Handwerksberufs regelmäßig mit sich bringt, möglichst wirklichkeitsnah vertraut macht. Berufsausbildung kann nicht als Nebentätigkeit betrieben werden. Dementsprechend kann ein unregelmäßiges Hospitieren im Betrieb oder eine Praktikantentätigkeit nicht als geordneter Ausbildungsgang angesehen werden. Die Berufsausbildung kann auch nicht neben dem Besuch einer allgemeinbildenden Schule (zum Beispiel Gymnasium) betrieben werden. Beide Ausbildungsgänge schließen sich gegenseitig aus.

Reguläre Arbeitszeit
Berufsausbildung nicht als Nebentätigkeit

4.3.1 Der Rechtscharakter des Berufsausbildungsverhältnisses

> Zur Durchführung der Berufsausbildung muß ein Vertrag abgeschlossen werden.

Berufsausbildungsvertrag

Das Berufsausbildungsverhältnis ist ein Dauerrechtsverhältnis. Die privatrechtliche Vertragsfreiheit wird durch das Berufsbildungsgesetz, die Handwerksordnung und andere einschlägige Gesetze eingeschränkt.

Dauerrechtsverhältnis

> Primär sind auf den Berufsausbildungsvertrag, soweit sich aus seinem Wesen und Zweck und aus dem Berufsbildungsgesetz nichts anderes ergibt, die für den Arbeitsvertrag geltenden Rechtsvorschriften und Rechtsgrundsätze anzuwenden.

Arbeitsvertragliche Rechtsgrundsätze

Dennoch ist das Berufsausbildungsverhältnis kein reines Arbeitsverhältnis, sondern ein Vertragsverhältnis besonderer Art als Ausbildungs- und Erziehungsverhältnis.

Vertragsverhältnis besonderer Art

4.3.2 Vertragsabschluß, Formvorschriften, gesetzliche Mindestinhalte

4.3.2.1 Der Abschluß des Ausbildungsvertrages

Der Berufsausbildungsvertrag enthält die wichtigsten Bestimmungen für die Vertragspartner.

Vertragspartner

Vertragspartner des Ausbildungsvertrages

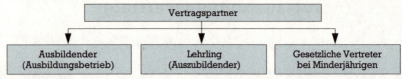

Abbildung 203

4.3.2.2 Formvorschriften

Folgende Formvorschriften sind zu beachten:

Schriftform
- Der Vertrag bedarf der Schriftform. Dabei ist der von der Handwerkskammer herausgegebene Vordruck zu verwenden.

Unterschriften
- Der Vertrag muß vom Lehrling, vom Ausbildenden und bei Minderjährigen von den gesetzlichen Vertretern unterzeichnet werden.

Abschlußfrist
- Der Berufsausbildungsvertrag muß spätestens vor Beginn der Berufsausbildung abgeschlossen werden.

Vertragsaushändigung
- Der Ausbildende muß dem Lehrling und dessen gesetzlichen Vertretern unverzüglich ein Exemplar des unterzeichneten Vertrages aushändigen.

Gesetzliche Vertreter

Bei minderjährigen Lehrlingen gelten als gesetzliche Vertreter:
- bei ehelichen Kindern die Eltern gemeinsam
- bei Geschiedenen der Elternteil, der das Sorgerecht hat
- bei Halbwaisen der lebende Elternteil
- bei Vollwaisen der Vormund nach Genehmigung durch das Vormundschaftsgericht
- bei unehelichen Kindern die Mutter.

4.3.2.3 Gesetzliche Mindestinhalte und ergänzende Regelungen

Die Mndestinhalte gehen aus folgender Übersicht hervor:

Gesetzliche Mindestinhalte des Berufsausbildungsvertrages

Mindestinhalte

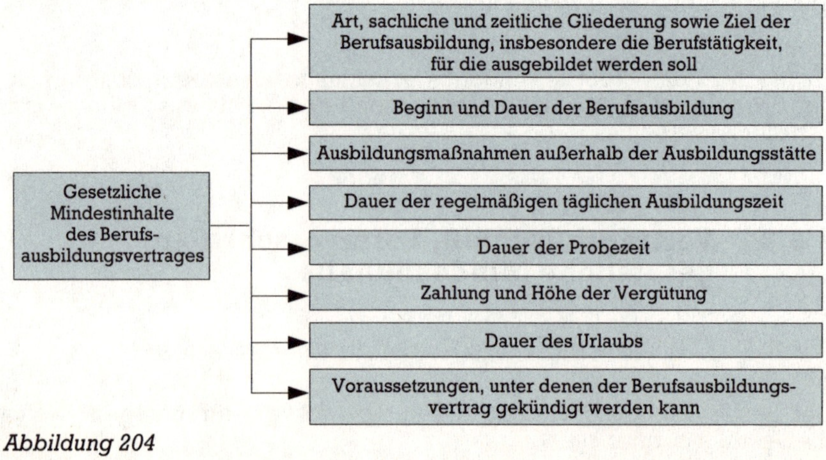

Gesetzliche Mindestinhalte des Berufsausbildungsvertrages:
- Art, sachliche und zeitliche Gliederung sowie Ziel der Berufsausbildung, insbesondere die Berufstätigkeit, für die ausgebildet werden soll
- Beginn und Dauer der Berufsausbildung
- Ausbildungsmaßnahmen außerhalb der Ausbildungsstätte
- Dauer der regelmäßigen täglichen Ausbildungszeit
- Dauer der Probezeit
- Zahlung und Höhe der Vergütung
- Dauer des Urlaubs
- Voraussetzungen, unter denen der Berufsausbildungsvertrag gekündigt werden kann

Abbildung 204

4.3 Das Berufsausbildungsverhältnis (Berufsausbildungsvertrag)

Darüber hinaus sind im Berufsausbildungsvertrag die wichtigsten Pflichten des Ausbildenden und des Lehrlings enthalten. Schließlich werden noch Angaben aufgenommen über das Zeugnis, die Regelung von Streitigkeiten aus dem Berufsausbildungsverhältnis, Schadenersatzansprüche sowie mit dem Ausbildungsverhältnis zusammenhängende Gebühren.
Die nachstehende Übersicht enthält den wesentlichen Gesamtinhalt des Berufsausbildungsvertrages (gesetzliche und vertragliche Bestandteile) im Überblick.

Weitere Vertragspflichten und Regelungen

Gesamtinhalt des Berufsausbildungsvertrags

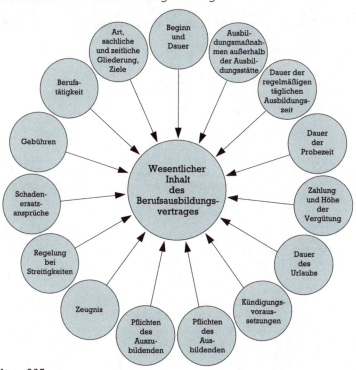

Gesamtinhalt im Überblick

Abbildung 205

In einem Berufsausbildungsvertrag sind folgende Vereinbarungen **nicht** zulässig:

Nicht zulässige Vereinbarung

Unzulässige Vereinbarungen

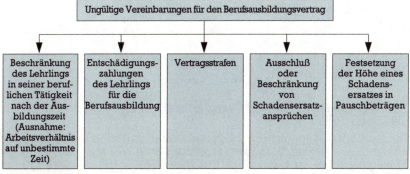

Abbildung 206

Für die genannte Beschränkung des Lehrlings in seiner beruflichen Tätigkeit nach der Ausbildungszeit gelten folgende Ausnahmen:

Ausnahmen von der Beschränkung der beruflichen Tätigkeit

- Innerhalb der letzten drei Monate vor Abschluß der Ausbildungszeit kann sich der Lehrling verpflichten, nach Beendigung der Berufsausbildung ein **Arbeitsverhältnis auf unbestimmte Zeit** einzugehen.

  Sogenannte „Weiterarbeitsklauseln" für die Zeit nach der Berufsausbildung sind nur zulässig, wenn sie innerhalb der letzten drei Monate vor Beendigung des Berufsausbildungsverhältnisses vereinbart werden. Dieser Vorschrift des Berufsbildungsgesetzes steht eine bis 1995 geltende Regelung des Beschäftigungsförderungsgesetzes entgegen, wonach auf maximal 18 Monate **befristete Arbeitsverträge** geschlossen werden können, wenn ein Auszubildender unmittelbar nach Abschluß seiner Berufsausbildung vorübergehend weiterbeschäftigt wird.

  Das Bundesministerium für Arbeit und Sozialordnung hält den Abschluß befristeter Arbeitsverträge noch während der Berufsausbildung für die Übergangszeit somit für zulässig.

- Auch ist eine Verpflichtung auf die Dauer von höchstens fünf Jahren möglich, sofern der Ausbildende Kosten für eine weitere Berufsausbildung des Lehrlings außerhalb des Betriebes, wie zum Beispiel zum Besuch einer Fachschule oder sonstigen Weiterbildungseinrichtung, übernimmt und diese Kosten in einem angemessenen Verhältnis zur Dauer der Verpflichtung stehen.

Verbot der Entschädigungszahlung

> Bei Verstoß gegen das Verbot, für die Berufsausbildung eine Entschädigung an den Ausbildenden zu zahlen, hat dieser nach der Rechtsprechung den erhaltenen Geldbetrag in voller Höhe zurückzuzahlen.

Dies gilt auch dann, wenn der Ausbildende das Verbot nicht kannte oder ihm die Entschädigung vom Auszubildenden oder Dritten (zum Beispiel Eltern) zur Erlangung des Ausbildungsplatzes angeboten wurde und der Ausbildende selbst ein solches Lehrgeld nicht gefordert hat.

4.3.2.4 Eintragung in das Verzeichnis der Berufsausbildungsverhältnisse (Lehrlingsrolle)

Lehrlingsrolle bei der Handwerkskammer

> Die Handwerkskammer hat für anerkannte Ausbildungsberufe ein Verzeichnis der Berufsausbildungsverhältnisse (Lehrlingsrolle) zu führen, in das der wesentliche Inhalt des Berufsausbildungsverhältnisses einzutragen ist.

Gebühr

Die Eintragung ist für den Lehrling gebührenfrei. Der Ausbildende hat die Gebühr zu zahlen.

Unverzügliche Eintragung bei der Handwerkskammer

Der Ausbildende hat unverzüglich nach Abschluß die Eintragung in die Lehrlingsrolle bei der Handwerkskammer unter Vorlage der Berufsausbildungsverträge zu beantragen. Entsprechendes gilt bei wesentlichen Änderungen des Vertragsinhalts.

Eintragungsvoraussetzungen für die Lehrlingsrolle

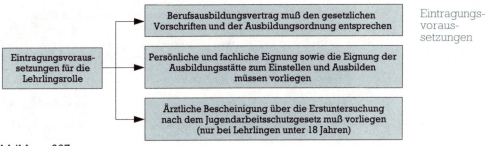

Abbildung 207

Die Handwerkskammer muß die Eintragung ablehnen oder löschen, wenn die Eintragungsvoraussetzungen nicht vorliegen oder ein Mangel in der Berufsausbildung nicht behoben wird.
Die Handwerkskammer sendet im Regelfalle aus Zweckmäßigkeitsgründen den Berufsausbildungsvertrag über die zuständige Innung an die Vertragspartner zurück.

Ablehnung
Löschung

4.3.3 Gesetzliche und vertragliche Pflichten des Ausbildenden und des Auszubildenden

4.3.3.1 Die Pflichten des Ausbildenden

Auf der Grundlage des Berufsbildungsgesetzes, des Arbeitsrechts und des Berufsausbildungsvertrages ergeben sich zahlreiche Pflichten des Ausbildenden.

Pflichten des Ausbildenden

4.3.3 Gesetzliche und vertragliche Pflichten des Ausbildenden und des Auszubildenden

Pflichten des Ausbildenden

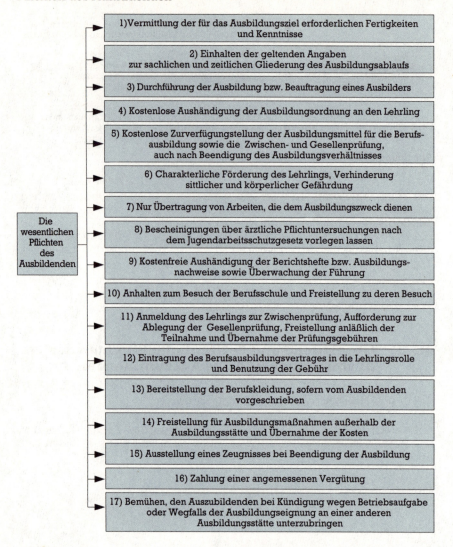

Abbildung 208

Erläuterungen zur obigen Abbildung:

- Zu Ziffer 5):

  Ausbildungsmittel

  Entspricht der Ausbildende der Pflicht nicht, dem Auszubildenden kostenlos die Ausbildungsmittel zur Verfügung zu stellen, die für die Ausbildung notwendig sind, so kann der Auszubildende nach einem Urteil des Bundesarbeitsgerichts die Ausbildungsmittel selbst kaufen und Ersatz der dafür gemachten Ausgaben vom Ausbildenden verlangen, und zwar Zug um Zug gegen Übereignung der angeschafften Ausbildungsmittel an den Ausbildenden.

- Zu Ziffer 11):

  Fahrt-, Verpflegungs- und Übernachtungskosten

  Zur Erstattung von Fahrt- und Verpflegungskosten – und gegebenenfalls Übernachtungskosten –, die im Zusammenhang mit der Ablegung

der Gesellenprüfung entstehen, ist der Ausbildende nach der Rechtsprechung nicht verpflichtet.

- Zu Ziffer 14):
Der Ausbildende genügt nach der Rechtsprechung seiner Verpflichtung zur Freistellung seiner Lehrlinge für angeordnete überbetriebliche Unterweisungsmaßnahmen nicht, wenn er ihnen die Entscheidung über die Teilnahme selbst überläßt. Er hat vielmehr in seinem Machtbereich alles Erforderliche zu veranlassen, um die Teilnahme der seinem Betrieb angehörenden Auszubildenden tatsächlich sicherzustellen.

Teilnahme an überbetrieblichen Ausbildungsmaßnahmen

Die wichtigste Pflicht des Ausbildenden ist die Ausbildungspflicht.
Nach einem Urteil des Bundesarbeitsgerichts kann die Verletzung der Ausbildungspflicht den Ausbildenden zum Schadenersatz verpflichten (zum Beispiel entgangener Verdienst). Der Auszubildende muß sich allerdings mitwirkendes Verschulden zurechnen lassen, wenn er sich nicht bemüht, das Ausbildungsziel zu erreichen. Zur Darlegung eines Mitverschuldens genügt jedoch nicht der pauschale Vorwurf der Faulheit oder Lernunwilligkeit. Der Ausbildende muß vielmehr konkret vertreten, was der Auszubildende oder dessen gesetzliche Vertreter versäumt haben.

Folgen der Verletzung der Ausbildungspflicht

4.3.3.2 Die Pflichten des Auszubildenden (Lehrlings)

Der Auszubildende hat unter Zugrundelegung der gesetzlichen Bestimmungen und des Berufsausbildungsvertrages eine Reihe von Pflichten.

Pflichten des Auszubildenden

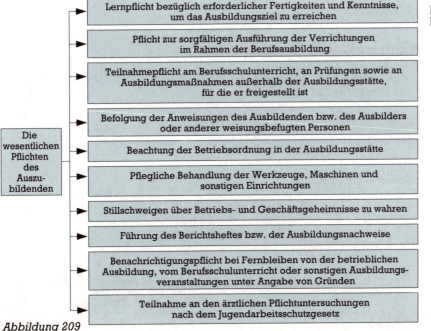

Pflichten des Lehrlings

Abbildung 209

4.3.4 Rechtliche Regelung der Ausbildungsvergütung

4.3.4.1 Vergütungsanspruch

Vergütungsanspruch

> Der Ausbildende hat dem Lehrling eine angemessene Vergütung zu gewähren.

4.3.4.2 Rechtsgrundlagen für die Höhe der Vergütung

Allgemeine Vorschrift

> Nach dem Berufsbildungsgesetz ist die Vergütung nach dem Lebensalter des Auszubildenden so zu bemessen, daß sie mit fortschreitender Berufsausbildung mindestens jährlich ansteigt.

Tarifliche und einzelvertragliche Regelungen

Die Rechtsgrundlagen für die Höhe der Vergütung in der Praxis sind Tarifverträge oder einzelvertragliche Regelungen.

Rechtsgrundlagen für die Ausbildungsvergütung

Abbildung 210

Tarifvertragliche Regelungen

Tarifvertragliche Regelungen

> Hier hat der Ausbildende dem Lehrling mindestens die tariflichen Vergütungssätze zu zahlen.

Für die Anwendung der tariflichen Vergütungssätze muß eine der folgenden Voraussetzungen gegeben sein.

Tarifliche Regelungen

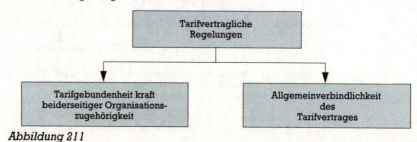

Voraussetzungen

Abbildung 211

Einzelvertragliche Regelungen

Einzelvertragliche Vergütungsregelungen

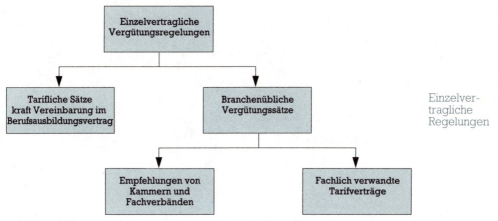

Einzelvertragliche Regelungen

Abbildung 212

Die Vergütungssätze des **einschlägigen Tarifvertrages** können, wenn die Partner des Berufsausbildungsvertrages nicht tarifgebunden sind oder der Tarifvertrag nicht für allgemeinverbindlich erklärt wurde, nach der Rechtsprechung trotzdem zum Tragen gebracht werden.

Voraussetzung ist, daß sie die im Berufsausbildungsvertrag bezifferten Sätze übersteigen und der Ausbildungsvertrag eine Klausel wie folgt enthält: „Soweit Vergütungen tariflich geregelt sind, gelten jeweils mindestens die tariflichen Sätze." Wird diese Klausel von den Vertragspartnern im Berufsausbildungsvertragsmuster gestrichen, darf die vertraglich vereinbarte Vergütung nicht um mehr als 20 % hinter den tariflichen Sätzen zurückbleiben (Urteil des BAG).

Tarifklausel im Berufsausbildungsvertrag

Gibt es in dem betreffenden Handwerkszweig keinen Tarifvertrag, richtet sich die Angemessenheit der Vergütung nach der **Branchenüblichkeit**. Hierzu können Empfehlungen der Handwerkskammern oder Fachverbände als Grundlage für die Branchenüblichkeit herangezogen werden. Diese Empfehlungssätze können selbstverständlich auch über eine Klausel im Berufsausbildungsvertrag vereinbart werden.

Branchenüblichkeit Empfehlungen Handwerkskammer oder Landesinnungsverband

Sind weder branchenbezogene Tarifverträge noch **Empfehlungen von Kammern und Fachverbänden** vorhanden, kann eine **Orientierung an fachlich verwandten Tarifverträgen** erfolgen. Die Heranziehung fachlich verwandter Tarifverträge ist aber nach der Rechtsprechung nur möglich, wenn die entsprechenden Ausbildungssituationen miteinander vergleichbar sind. Die Grenze der Angemessenheit der Vergütung ist grundsätzlich dann unterschritten, wenn sie mehr als 20 % von den branchenüblicherweise vereinbarten oder empfohlenen Vergütungssätzen abweicht.

Grenze der Angemessenheit

In den neuen Bundesländern gilt die in der ehemaligen DDR erlassene Verordnung über die Erhöhung der Entgelte der Lehrlinge vom 15. 3. 1990 so lange weiter, als für die Berufsausbildung in den Ausbildungsberufen tarifvertragliche Regelungen noch nicht getroffen sind.

4.3.4.3 Höhe der Vergütung in Sonderfällen

Folgende drei Sonderfälle sind für die Praxis von Bedeutung:

Vergütung in Sonderfällen

Sonderfälle

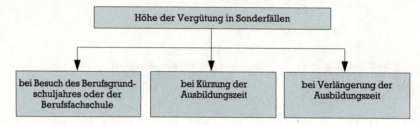

Abbildung 213

Bei Berufsgrundschuljahr oder Berufsfachschule

Bei erfolgreichem Besuch des Berufsgrundschuljahres oder der einjährigen Berufsfachschule beginnt der Auszubildende im Betrieb als Folge der Anrechnungsverpflichtung seiner fachspezifischen Vorbildung in der Regel (Ausnahme bei halbjähriger Anrechnung) das zweite Ausbildungsjahr, so daß demzufolge die Vergütung für das zweite Jahr der Ausbildung zu zahlen ist.

Bei Kürzung der Ausbildungszeit

Bei Kürzungen der Ausbildungszeit von Beginn des Ausbildungsverhältnisses an muß je nach Art der Vorbildung, aufgrund der die Kürzung erfolgt, zwischen berufsspezifischer, fachlicher Vorbildung (zum Beispiel Tätigkeit im Ausbildungsberuf ohne Ausbildungsvertrag) und allgemeiner Vorbildung (zum Beispiel mittlere Reife, Abitur) unterschieden werden.

Nach dem derzeitigen Stand der Rechtsprechung des Bundesarbeitsgerichts hat der Lehrling nur bei berufsspezifischer Vorbildung ein Recht auf vorgezogene Erhöhung der Ausbildungsvergütung zum Zeitpunkt des vorgezogenen Eintritts in das nächste Ausbildungsjahr. Bei Verkürzung der Ausbildungszeit wegen allgemeiner schulischer Vorbildung (mittlere Reife, Abitur) beginnt die Ausbildung im Betrieb mit dem ersten Ausbildungsjahr ohne fachspezifische Vorbildung. Deshalb ist auch kein Anspruch auf eine entsprechende höhere Ausbildungsvergütung wegen fortgeschrittener Ausbildung (zum Beispiel Berufsgrundschuljahr) gegeben. Anderweitige tarifvertragliche oder einzelvertragliche Regelungen oder Vereinbarungen sind möglich.

Bei Verlängerung der Ausbildungszeit

Bei Verlängerung des Ausbildungsverhältnisses zur Erreichung des Ausbildungsziels oder wegen Nichtbestehens der Gesellenprüfung ist die Vergütung für den Verlängerungszeitraum in der zuletzt gewährten Höhe (nicht jedoch in Höhe der für ein viertes Ausbildungsjahr in Frage kommenden Vergütung) fortzuzahlen. Dies gilt jedoch nur, sofern sich aus dem Tarifvertrag oder einer einzelvertraglichen Vereinbarung nichts anderes ergibt.

4.3.4.4 Anrechnung von Sachleistungen

Wenn ein Lehrling Sachleistungen (Kost und Wohnung) erhält, können diese in Höhe der gesetzlichen Sachbezugswerte angerechnet werden, jedoch nicht über 75% der Bruttovergütung hinaus. Der somit verbleibende Geldbetrag in bar in Höhe von 25% der Bruttovergütung kann sich jedoch nach herrschender Meinung um die Summen verringern, die aufgrund gesetzlicher Vorschriften vom Auszubildenden zu zahlen sind.

Anrechnung von Sachleistungen

4.3.4.5 Fälligkeit der Vergütung

Die Vergütung bemißt sich nach Monaten. Bei der Berechnung der Vergütung für einzelne Tage wird der Monat zu 30 Tagen gerechnet. Die Vergütung für den laufenden Monat muß spätestens am letzten Arbeitstag des Monats gezahlt werden. Das auf die Urlaubszeit entfallende Urlaubsentgelt muß vor Antritt des Urlaubs ausgezahlt werden.

Fälligkeit der Vergütung

4.3.4.6 Fortzahlung der Vergütung

Eine Verpflichtung zur Fortzahlung der Vergütung besteht in nachstehend aufgeführten Fällen.

Fortzahlung der Lehrlingsvergütung

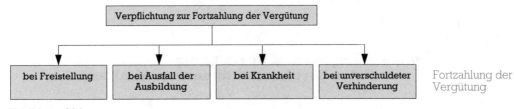

Fortzahlung der Vergütung

Abbildung 214

Freistellung

Bei einer Freistellung zum Besuch der Berufsschule, der Zwischen-, Stufenabschluß-, Berufsschul- und Gesellenprüfungen, der überbetrieblichen Unterweisungsmaßnahmen und sonstigen besonderen außerbetrieblichen Veranstaltungen, die dem Ausbildungszweck dienen, ist die Vergütung zu zahlen. Bleibt der Auszubildende dem Berufsschulunterricht, der überbetrieblichen Ausbildungsmaßnahme oder den Prüfungen **schuldhaft** fern, kann der Ausbildungsbetrieb die Fortzahlung der Vergütung verweigern bzw. die Vergütung anteilig kürzen.

Freistellung

Ausfall der Ausbildung

Bis zur Dauer von sechs Wochen ist die Vergütung fortzuzahlen, wenn sich der Lehrling für die Berufsausbildung bereithält, diese aber ausfällt.

Ausfall

Krankheit

Krankheit

Ebenfalls bis zur Dauer von sechs Wochen ist die Vergütung fortzuzahlen, wenn der Lehrling infolge unverschuldeter Krankheit nicht an der Berufsausbildung teilnehmen kann.

Unverschuldete Verhinderung

Unverschuldete Verhinderung

Schließlich ist die Vergütung bis zur Dauer von sechs Wochen fortzuzahlen, wenn der Lehrling aus einem sonstigen unverschuldeten Grund (zum Beispiel Todesfälle nächster Angehöriger) seine Pflichten aus dem Berufsausbildungsverhältnis nicht erfüllen kann.

Dagegen verpflichten zum Beispiel Verkehrsbehinderungen oder Naturkatastrophen nicht zur Fortzahlung der Vergütung.

Abgeltung von Sachleistungen

Wenn der Lehrling während der Zeit, für welche die Vergütung fortzuzahlen ist, aus berechtigtem Grunde Sachleistungen nicht abnehmen kann (zum Beispiel Teilnahme am Blockunterricht, Krankenhausaufenthalt, Urlaub), so sind diese nach den von der zuständigen Landesbehörde festgesetzten Sachbezugswerten abzugelten. Das bedeutet, daß anstelle dieser Sachleistung dem Lehrling ein nach den Sachbezugswerten zu ermittelnder Geldbetrag zu zahlen ist.

4.3.4.7 Vergütung bei zusätzlicher Arbeit

Vergütung bei zusätzlicher Arbeit

Wird der Lehrling über die vereinbarte tägliche Arbeitszeit hinaus beschäftigt, so hat er Anspruch auf eine besondere Vergütung, die neben der monatlichen Vergütung zu zahlen ist.

4.3.5 Beginn und Beendigung des Berufsausbildungsverhältnisses

4.3.5.1 Beginn des Berufsausbildungsverhältnisses und Probezeit

Ausbildungsbeginn

Beginn der Ausbildung

Der Beginn der Ausbildung ist durch einen bestimmten Kalendertag festzulegen. Die Dauer der Ausbildung wird durch einen Endzeitpunkt im Ausbildungsvertrag vereinbart.

Regelausbildungszeit

Die Regelausbildungszeit ist der Ausbildungsordnung zu entnehmen.

Probezeit

Probezeit

Jedes Berufsausbildungsverhältnis hat mit einer Probezeit zu beginnen. Sie muß mindestens einen Monat und darf höchstens drei Monate dauern.

Wichtige Regelungen zur Probezeit sind:
- Sie ist Bestandteil des Berufsausbildungsverhältnisses.   Bestandteil
- Während der Probezeit bestehen die vollen beiderseitigen Verpflich-   Verpflichtungen
  tungen der Vertragspartner.
- Die Probezeit hat den Sinn, die Eignung des Lehrlings für den zu erler-   Sinn
  nenden Beruf sorgfältig zu prüfen.
- Die gesetzlich vorgeschriebene Probezeit von höchstens drei Monaten   Dauer
  verlängert sich nicht automatisch um die Dauer der Unterbrechung.
  Die Vertragspartner des Ausbildungsvertrages können aber in Fällen
  einer bedeutsamen Unterbrechung eine Verlängerung der Probezeit   Verlängerung
  vereinbaren. Der bundeseinheitliche Mustervordruck für den Berufs-   der Probezeit
  ausbildungsvertrag enthält eine entsprechende Vereinbarung, nach   bei Unterbre-
  der sich die Probezeit um den Zeitraum der Unterbrechung verlängert,   chung der
  wenn die Ausbildung während der Probezeit um mehr als ein Drittel   Ausbildung
  dieser Zeit unterbrochen wird. Der Ausbildende kann sich auf eine solche Vereinbarung dann nicht berufen, wenn er die Unterbrechung
  selbst vertragswidrig herbeigeführt hat.

4.3.5.2 Abkürzung und Verlängerung der Ausbildungszeit, Anrechnung auf die Ausbildungszeit

Abkürzung der Ausbildungszeit

Die Handwerkskammer hat bei Vorliegen der Voraussetzungen die Aus-   Abkürzung der
bildungszeit zu kürzen.   Ausbildungszeit

Abkürzung der Ausbildungszeit

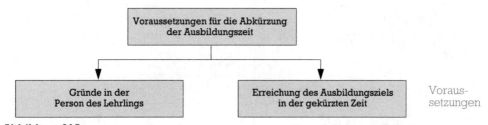

Voraussetzungen

Abbildung 215

Hinsichtlich des möglichen Zeitpunktes für Abkürzung der Ausbildungs-   Zeitpunkt
zeit gibt es zwei Möglichkeiten.

Zeitpunkt für die Abkürzung der Ausbildungszeit

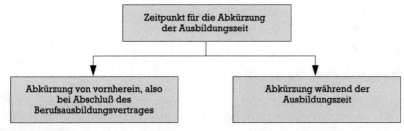

Abbildung 216

Drei wichtige Fälle
Für die Abkürzung von vornherein kommen vor allem drei wichtige Fälle in der Praxis vor.

Abkürzung von vornherein
Abkürzung der Ausbildungszeit bei Abschluß des Vertrags

Abbildung 217

Abkürzung während der Ausbildung
Die Abkürzung während des Berufsausbildungsverhältnisses kommt vor allem dann in Frage, wenn der Lehrling aufgrund seiner überdurchschnittlichen Leistungen (Beurteilung durch Betrieb und Berufsschule mit mindestens Note „gut") das Ausbildungsziel vorzeitig erreicht hat oder erreichen wird.

Hinsichtlich der Antragsberechtigung gilt:

Antragsberechtigung
Antragsberechtigung für die Abkürzung der Ausbildungszeit

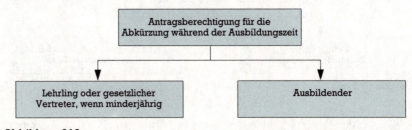

Abbildung 218

Anhörung der Beteiligten
Bevor die Handwerkskammer über den Antrag entscheidet, muß sie die Beteiligten (Ausbildende, Lehrling und gegebenenfalls gesetzliche Vertreter) hören. In der Regel wird in der Praxis auch die Berufsschule angehört.

Anrechnung auf die Ausbildungszeit

Anrechnung
Auf die Ausbildungszeit kann der Besuch einer berufsbildenden Schule oder die Berufsausbildung in einer sonstigen Einrichtung ganz oder teilweise angerechnet werden.

4.3 Das Berufsausbildungsverhältnis (Berufsausbildungsvertrag)

Die für das Handwerk wichtigsten Fälle sind:

Anrechnung auf die Ausbildungszeit

Zwei wichtige Fälle

```
                    Anrechnung auf die
                      Ausbildungzeit
                    ┌─────────┴─────────┐
                    ▼                   ▼
        Erfolgreicher Besuch eines    Erfolgreicher Besuch einer
              schulischen              mindestens einjährigen
        Berufsgrundbildungsjahres        Berufsfachschule
```

Abbildung 219

Voraussetzung für die Anrechnung ist:
- Lehrplan und
- Unterricht

entsprechen den Berufsgrundbildungsjahr- und Berufsfachschuljahr-anrechnungsverordnungen.

Über Anträge auf Anrechnung entscheidet die Handwerkskammer.

Folgende Regelungen sind zu beachten:
- Nach der Rechtsprechung des Bundesverwaltungsgerichts hat die Anrechnungsverordnung zwingenden Charakter und schließt aus, daß die Parteien eines Berufsausbildungsvertrages darauf verzichten, den erfolgreichen Besuch eines Berufsgrundschuljahres auf die Ausbildungszeit anzurechnen. Wird in einem Berufsausbildungsvertrag auf die Anrechnung verzichtet, darf die Handwerkskammer den Vertrag nicht in das Verzeichnis der Berufsausbildungsverhältnisse eintragen.
- Die Zeiten des Erziehungsurlaubs werden nicht auf die Berufsausbildungszeit angerechnet. Die Ausbildungszeit verlängert sich deshalb um die Zeit des Erziehungsurlaubs.
- Treffen eine Anrechnung einer Berufsfachschule und ein Antrag auf Kürzung der Ausbildungszeit in einem konkreten Fall zusammen, ist es nach der neuesten Rechtsprechung nicht gerechtfertigt, die dreijährige Ausbildungszeit über eine betriebliche Mindestausbildungszeit von 18 Monaten hinaus zu kürzen.

Voraussetzung für die Anrechnung

Handwerks-kammer

Anrechnung zwingend

Erziehungs-urlaub

Mindest-ausbildungszeit

Verlängerung der Ausbildungszeit

Es gibt folgende Verlängerungsmöglichkeiten der Ausbildungszeit:

Verlängerungs-möglichkeiten

Verlängerungsmöglichkeiten für die Ausbildungszeit

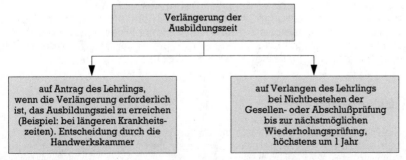

Abbildung 220

Bei Versagen des Auszubildenden in der Wiederholungsprüfung kann dieser nach der Rechtsprechung eine nochmalige Verlängerung des Ausbildungsverhältnisses bis zur zweiten Wiederholungsprüfung verlangen, aber insgesamt nicht über ein Jahr hinaus.

Beendigung der Ausbildungszeit

Es gibt vier Möglichkeiten zur Beendigung eines Berufsausbildungsverhältnisses.

Beendigungsmöglichkeiten

Beendigung der Ausbildungszeit

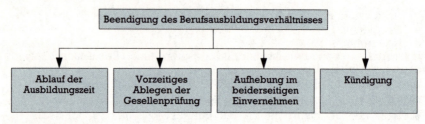

Abbildung 221

Ablauf der Ausbildungszeit

Ablauf

Das Berufsausbildungsverhältnis endet grundsätzlich mit Ablauf der Ausbildungszeit nach dem Berufsausbildungsvertrag.

Vorzeitiges Ablegen der Gesellenprüfung

Vorzeitiges Bestehen der Gesellenprüfung

Besteht der Lehrling vor Ablauf der Ausbildungszeit die Gesellenprüfung, so endet das Berufsausbildungsverhältnis mit Bestehen der Prüfung.

Kann die Feststellung des Prüfungsergebnisses nicht am Tage der letzten Prüfungsleistung getroffen werden, so hat der Prüfungsausschuß sie unverzüglich zu treffen und dem Prüfungsteilnehmer mitzuteilen. In diesen Fällen gilt eine mit Erfolg abgelegte Prüfung mit dem Zugang der Mitteilung beim Prüfungsteilnehmer als bestanden.

Aufhebungsvertrag

Beiderseitiges Einvernehmen

Eine Beendigung des Berufsausbildungsverhältnisses kann auch im beiderseitigen Einvernehmen zwischen den Vertragspartnern jederzeit erfolgen (Aufhebungsvertrag).

Muster für einen Aufhebungsvertrag

Aufhebungsvertrag

Aufhebungsvertrag

Das Ausbildungsverhältnis im _____
(Handwerk/Ausbildungsberuf)

geschlossen zwischen dem Ausbildenden (Betrieb)

_____

und dem Auszubildenden (Lehrling) _____

wird zum _____ im gegenseitigen Einvernehmen gelöst.
(Datum)

_____
Ort, Datum

_____ _____ _____
Unterschrift des Ausbildenden   des Lehrlings   der gesetzlichen
(Betrieb)   Vertreter

Abbildung 222

Kündigung

Das Berufsausbildungsverhältnis kann auch unter bestimmten Voraussetzungen durch Kündigung beendet werden.

Kündigung

Im Vergleich zu einem Arbeitsverhältnis bestehen aber wesentliche Einschränkungen, weil ein Berufsausbildungsverhältnis nach der Probezeit im Interesse der Ausbildung des Lehrlings für einen Beruf möglichst aufrechterhalten bleiben soll.

Die folgende Abbildung gibt einen Überblick über die Kündigungsmöglichkeiten.

Kündigungsmöglichkeiten

Kündigungsmöglichkeiten beim Berufsausbildungsverhältnis

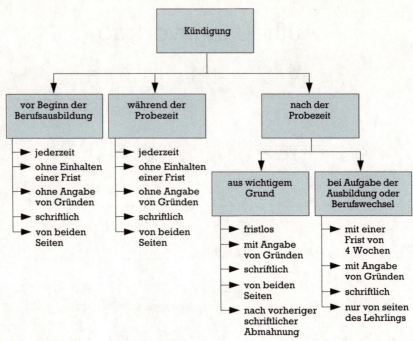

Abbildung 223

An die Kündigung aus wichtigem Grunde werden wegen der starken Bindungsvereinbarung des Berufsausbildungsverhältnisses strenge Maßstäbe angelegt.

Leitsatz für Kündigung „aus wichtigem Grund"

> Als Leitsatz für das Vorliegen eines wichtigen Grundes gilt: Ein wichtiger Grund ist dann gegeben, wenn Tatsachen vorliegen, aufgrund derer dem Kündigenden unter Berücksichtigung aller Umstände des Einzelfalles und unter Abwägung der Interessen beider Vertragsparteien die Fortsetzung des Berufsausbildungsverhältnisses nach Treu und Glauben bis zum Ablauf der Ausbildungszeit nicht zugemutet werden kann.

Für die Beurteilung, ob in der Praxis ein wichtiger Grund vorliegt, ist weitgehend die Rechtsprechung maßgebend.

Beispiele: Wichtige Gründe für den Lehrling

Nachstehende Beispiele sollen mögliche wichtige Gründe deutlich machen. Vom **Lehrling** können unter anderem als wichtige Gründe angesehen werden:
- Der Lehrling wird zur Fortsetzung der Ausbildung unfähig.
- Der Ausbildende oder dessen Vertreter oder deren Familienangehörige verleiten oder versuchen, den Lehrling zu gesetzeswidrigen oder unsittlichen Handlungen zu verleiten.
- Die Vergütung wird nicht bezahlt.
- Die Fortsetzung der Ausbildung bringt Leben und Gesundheit des Lehrlings in Gefahr.
- Der Ausbildende vernachlässigt seine Ausbildungspflicht gröblich.

Von seiten des **Ausbildenden** wären als wichtige Gründe denkbar: — Wichtige Gründe für den Ausbildenden

- Der Lehrling macht sich eines schweren Diebstahls, eines Betruges oder einer Unterschlagung schuldig.
- Der Lehrling weigert sich beharrlich, seinen vertraglichen Verpflichtungen nachzukommen, um das Ausbildungsziel zu erreichen.
- Der Lehrling verläßt wiederholt unbefugt seine Ausbildung.
- Der Lehrling gefährdet die Sicherheit des Betriebes.
- Der Lehrling läßt sich zu groben Beleidigungen oder Tätlichkeiten gegen den Ausbildenden oder dessen Vertreter oder deren Familienangehörigen hinreißen.
- Der Lehrling begeht vorsätzlich oder auch wiederholt grob fahrlässige Sachbeschädigung zum Nachteil des Ausbildenden.
- Der Lehrling wird zur Fortsetzung des Berufsausbildungsverhältnisses unfähig infolge Krankheit oder Unfall.
- Der Lehrling vernachlässigt trotz wiederholter Aufforderung dauernd den Besuch der Berufsschule.

Bei der Kündigung aus wichtigem Grunde muß beachtet werden, daß diese unwirksam ist, wenn die ihr zugrundeliegenden Tatsachen dem zur Kündigung Berechtigten länger als zwei Wochen bekannt sind. Wenn ein Schlichtungsverfahren vor einer außergerichtlichen Stelle eingeleitet ist, so wird bis zu dessen Beendigung der Lauf dieser Frist gehemmt. — Zwei-Wochen-Frist

Schadenersatz bei vorzeitiger Beendigung des Berufsausbildungsverhältnisses

Wenn ein Berufsausbildungsverhältnis nach Ablauf der Probezeit vorzeitig gelöst wird, kann der Ausbildende oder der Lehrling Ersatz des Schadens verlangen, wenn der andere Vertragspartner den Grund für die Auflösung zu vertreten hat. Dies gilt jedoch nicht im Falle der Aufgabe der Berufsausbildung durch den Lehrling oder im Falle des Berufswechsels. Der Schaden muß in jedem Falle nachgewiesen werden. — Schadenersatz Ausnahmen

Der Schadenersatzanspruch erlischt, wenn er nicht innerhalb von drei Monaten nach Beendigung des Berufsausbildungsverhältnisses geltend gemacht wird. — Erlöschen des Anspruchs

4.3.6 Form und Inhalt des Ausbildungszeugnisses

Der Ausbildende hat dem Lehrling bei Beendigung des Berufsausbildungsverhältnisses ein Zeugnis auszustellen. — Zeugnispflicht

Man unterscheidet zwei Arten von Ausbildungszeugnissen.

Zwei Arten Ausbildungszeugnis

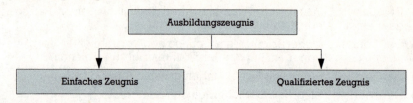

Abbildung 224

Mindestinhalte Die beiden nachstehend aufgeführten Muster enthalten die gesetzlichen Mindestinhalte der beiden Zeugnisarten.

Einfaches Ausbildungszeugnis Muster eines einfachen Ausbildungszeugnisses

Zeugnis

Herr/Frau _____
(Name des Lehrlings)

geb. am _____ in _____

wurde vom _____ bis _____

im _____
Handwerk (Ausbildungsberuf)

in meinem/unserem Betrieb ausgebildet.

Der/Die Auszubildende hat an den vorgeschriebenen überbetrieblichen Maßnahmen teilgenommen.

Ihm/Ihr wurden alle Kenntnisse und Fertigkeiten nach der Ausbildungsordnung für das

_____
Handwerk (Ausbildungsberuf)

vermittelt, so daß er/sie das Ausbildungsziel erreicht hat.

_____
Ort, Datum

_____
Unterschrift des Ausbildenden
(Betrieb)

Muster eines qualifizierten Zeugnisses

Qualifiziertes Ausbildungszeugnis

Zeugnis

Herr/Frau _____
(Name des Lehrlings)

geb. am _____ in _____

wurde vom _____ bis _____

im _____
Handwerk (Ausbildungsberuf)

in meinem/unserem Betrieb ausgebildet. Der/Die Auszubildende hat regelmäßig die Berufsschule besucht und an den vorgeschriebenen überbetrieblichen Maßnahmen teilgenommen.

Ihm/Ihr wurden alle Kenntnisse und Fertigkeiten nach der Ausbildungsordnung für das

_____
Handwerk (Ausbildungsberuf)

vermittelt, so daß er/sie das Ausbildungsziel erreicht hat. Sein/Ihr Verhalten während der gesamten Ausbildung war stets tadellos.

Den Vorgesetzten und Kollegen gegenüber verhielt er/sie sich loyal und korrekt.

Seine/Ihre Leistungen erfreuten sehr, besonderes Geschick bewies er/sie

_____
(besondere fachliche Fähigkeiten)

_____
Ort, Datum

_____
Unterschrift des Ausbildenden
(Betrieb)

Hat der Ausbildende die Berufsausbildung nicht selbst durchgeführt, so soll auch der Ausbilder das Zeugnis unterschreiben.

Unterschriften

4.3.7 Rechtliche Regelungen bei Streitigkeiten zwischen Ausbildendem und Lehrling

Regelung bei Streitigkeiten

Bei Streitigkeiten zwischen Ausbildendem und Auszubildendem (gilt nicht für Umschulungsverhältnisse) ist vor Inanspruchnahme des Arbeitsgerichts der Ausschuß zur Beilegung von Lehrlingsstreitigkeiten der örtlich zuständigen Innung anzurufen.

Ausschuß der Innung

Voraussetzung ist, daß
- bei der Innung ein Ausschuß besteht und
- es sich um einen Ausbildungsberuf im Sinne der Anlage A der Handwerksordnung (Handwerksberuf) handelt.

Die Zuständigkeit des Ausschusses entfällt, wenn das Berufsausbildungsverhältnis zur Zeit der Schlichtung der Streitigkeit nicht mehr besteht.

Der Ausschuß ist bei folgenden Streitigkeiten zwischen Ausbildenden und Lehrlingen zuständig:

Zuständigkeit

Zuständigkeit bei Lehrlingsstreitigkeiten

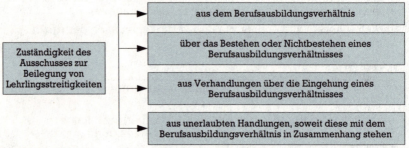

Abbildung 225

Klage beim Arbeitsgericht

Wird der ergangene Schiedsspruch nicht innerhalb einer Woche nach Zustellung oder, wenn die Zustellung unterbleibt, nach Verkündigung von beiden Beteiligten anerkannt, so kann binnen zwei Wochen nach Zustellung oder Verkündigung Klage beim zuständigen Arbeitsgericht erhoben werden.

Programmierte und textlich gestaltete, offene Übungs-, Wiederholungs- und Prüfungsfragen

1. Erläutern Sie den Rechtscharakter eines Berufsausbildungsverhältnisses!

„Siehe Seite 241 des Textteils!"

2. Welche Formvorschriften gelten für den Berufsausbildungsvertrag?

„Siehe Seite 241 des Textteils!"

3. Welche der nachfolgenden Aussagen ist richtig?
- ☐ a) Der Berufsausbildungsvertrag braucht nur vom Ausbildenden und vom Auszubildenden unterzeichnet werden.
- ☐ b) Der Berufsausbildungsvertrag ist vom Ausbildenden, vom Auszubildenden und bei Minderjährigen vom gesetzlichen Vertreter des Lehrlings zu unterzeichnen.
- ☐ c) Der Abschluß des Berufsausbildungsvertrages bedarf in jedem Falle der Genehmigung des Vormundschaftsgerichts.
- ☐ d) Der Abschluß eines Berufsausbildungsvertrages bedarf in jedem Falle der Genehmigung des Arbeitsamtes.
- ☐ e) Der Abschluß eines Berufsausbildungsvertrages bedarf in jedem Falle der Genehmigung der zuständigen Berufsschule.

„Siehe Seite 242 des Textteils!"

4. Wann muß der Berufsausbildungsvertrag abgeschlossen werden?
- ☐ a) Vor Beginn der Berufsausbildung
- ☐ b) Am ersten Tag der Berufsausbildung
- ☐ c) Einen Monat nach Beginn des Berufsausbildungsverhältnisses
- ☐ d) Zu einem beliebigen Zeitpunkt während der Probezeit
- ☐ e) Nach Ablauf der Probezeit.

„Siehe Seite 242 des Textteils!"

5. Erläutern Sie die gesetzlichen Mindestinhalte des Berufsausbildungsvertrages!

„Siehe Seite 242 des Textteils!"

6. Wann muß der Ausbildende die Eintragung des Berufsausbildungsvertrages in die Lehrlingsrolle der Handwerkskammer beantragen?
- ☐ a) Er muß sie überhaupt nicht beantragen, da dies Aufgabe des Auszubildenden ist
- ☐ b) Er muß sie überhaupt nicht beantragen, da dies Aufgabe der Eltern des Auszubildenden ist
- ☐ c) Nach Ablauf der Probezeit
- ☐ d) Binnen eines Monats nach Vertragsabschluß
- ☐ e) Unverzüglich nach Abschluß des Berufsausbildungsvertrages.

„Siehe Seite 244 des Textteils!"

7. Welcher der nachfolgenden Grundsätze ist richtig?
- ☐ a) Änderungen eines wesentlichen Inhalts des Berufsausbildungsvertrages müssen zur Eintragung in die Lehrlingsrolle bei der Handwerkskammer beantragt werden.
- ☐ b) Die unter a) genannten Vertragsänderungen können ohne Eintragung in die Lehrlingsrolle zwischen den Vertragspartnern vereinbart werden.
- ☐ c) Vertragsänderungen im obengenannten Sinne sind lediglich dem Gewerbeaufsichtsamt mitzuteilen.

☐ d) Vertragsänderungen im obengenannten Sinne sind nur der Berufsschule mitzuteilen.
☐ e) Änderungen des Berufsausbildungsvertrages sind überhaupt nicht zulässig.

„Siehe Seite 244 des Textteils!"

8. Nennen Sie die wichtigsten Pflichten des Ausbildenden!

„Siehe Seite 245 des Textteils!"

9. Nennen Sie die wichtigsten Pflichten des Auszubildenden (Lehrlings)!

„Siehe Seite 247 des Textteils!"

10. Welches sind die Rechtsgrundlagen für die Regelung der Ausbildungsvergütung!

„Siehe Seite 248 des Textteils!"

11. Welche der nachfolgenden Auswahlantworten ist richtig?
☐ a) Die Höhe der Vergütung obliegt nur der freien Vereinbarung der Vertragspartner des Berufsausbildungsverhältnisses.
☐ b) Die Vergütung muß angemessen sein und mit fortschreitender Berufsausbildung mindestens jährlich ansteigen.
☐ c) Die Höhe der Vergütung richtet sich nur nach tarifvertraglichen Regelungen des Handwerks und der Industrie.
☐ d) Die Höhe der Vergütung richtet sich nur nach Empfehlungen der Landesinnungsverbände.
☐ e) Die Höhe der Vergütung richtet sich nur nach Empfehlungen der Handwerkskammern.

„Siehe Seite 248 des Textteils!"

12. Können Sachleistungen (Kost und Wohnung) auf die Vergütung für Auszubildende angerechnet werden?
☐ a) Ja, in jedem Falle ohne Begrenzung.
☐ b) Ja, aber nicht über 50% der Bruttovergütung hinaus, mit Ausnahme gesetzlicher Abgaben.
☐ c) Ja, aber nicht über 60% der Bruttovergütung hinaus, mit Ausnahme gesetzlicher Abgaben.
☐ d) Ja, aber nicht über 75% der Bruttovergütung hinaus, mit Ausnahme gesetzlicher Abgaben.
☐ e) Nein, sie können überhaupt nicht angerechnet werden.

„Siehe Seite 251 des Textteils!"

13. In welchen Fällen muß die Vergütung an Lehrlinge fortgezahlt werden?

„Siehe Seite 251 des Textteils!"

14. Wie ist die Dauer der Probezeit geregelt?
☐ a) Sie beträgt allgemein fünf Monate, vom Beginn der Berufsausbildung an gerechnet.
☐ b) Sie beträgt allgemein vier Monate, vom Beginn der Berufsausbildung an gerechnet.
☐ c) Sie beträgt allgemein drei Monate, vom Beginn der Berufsausbildung an gerechnet.
☐ d) Sie muß mindestens zwei Monate und darf höchstens vier Monate dauern.
☐ e) Sie muß mindestens einen Monat und darf höchstens drei Monate dauern.

„Siehe Seite 252 des Textteils!"

15. Welche der nachfolgenden Aussagen ist richtig?
Die Probezeit
- ☐ a) ist in jedem Falle Bestandteil der Ausbildungsdauer.
- ☐ b) kann auf Antrag auf das Berufsausbildungsverhältnis angerechnet werden.
- ☐ c) kann angerechnet werden, wenn die Zwischenprüfung bestanden wurde.
- ☐ d) kann angerechnet werden, wenn die Zwischenprüfung mindestens mit „gut" bestanden wurde.
- ☐ e) ist niemals Bestandteil des Berufsausbildungsverhältnisses.

„Siehe Seite 253 des Textteils!"

16. Kann die Ausbildungszeit während des Ausbildungsverhältnisses gekürzt werden?
- ☐ a) Nein, weil dem Lehrling sonst wichtige Ausbildungsinhalte vorenthalten werden.
- ☐ b) Nein, weil eine Verkürzung der Ausbildung nur vor Beginn der Ausbildung möglich ist.
- ☐ c) Ja, wenn zu erwarten ist, daß der Lehrling das Ausbildungsziel wegen überdurchschnittlicher Leistungen in der gekürzten Zeit erreicht.
- ☐ d) Ja, wenn der Lehrling von der Berufsschule bestätigt bekommt, daß er überdurchschnittliche Noten hat.
- ☐ e) Ja, wenn die Berufsschule und die Berufsberatung des Arbeitsamtes einer Verkürzung zustimmen.

„Siehe Seite 254 des Textteils!"

17. Wer entscheidet über Anträge auf Abkürzung der Ausbildungszeit?
„Siehe Seite 254 des Textteils!"

18. Was kann gegebenenfalls auf die Ausbildungszeit angerechnet werden?
„Siehe Seite 254 des Textteils!"

19. In welchen Fällen ist eine Verlängerung der Ausbildungszeit möglich?
„Siehe Seite 255 des Textteils!"

20. Welche Beendigungsmöglichkeiten des Berufsausbildungsverhältnisses kennen Sie?
„Siehe Seite 256 des Textteils!"

21. Kann das Berufsausbildungsverhältnis während der Probezeit gekündigt werden?
- ☐ a) Nein, überhaupt nicht
- ☐ b) Ja, jederzeit ohne Einhaltung einer Kündigungsfrist
- ☐ c) Nur unter Einhaltung einer Kündigungsfrist von 14 Tagen
- ☐ d) Nur unter Einhaltung einer Kündigungsfrist von einem Monat
- ☐ e) Nur unter Einhaltung einer Kündigungsfrist von 6 Wochen.

„Siehe Seite 258 des Textteils!"

22. Kann ein Berufsausbildungsverhältnis nach Ablauf der Probezeit gekündigt werden?
- ☐ a) Nein, weil der ausbildende Betrieb den Lehrling als Arbeitskraft im Betriebsablauf dringend benötigt.
- ☐ b) Nein, in keinem Falle, weil der Auszubildende unbedingt für sein Fortkommen eine Berufsausbildung benötigt.
- ☐ c) Ja, bei Vorliegen eines wichtigen Grundes ohne Einhaltung einer Kündigungsfrist und mit einer Kündigungsfrist von vier Wochen, wenn der Lehrling die Berufsausbildung aufgeben oder sich für eine andere Berufstätigkeit ausbilden lassen will.

☐ d) Ja, bei Vorliegen eines wichtigen Grundes unter Einhaltung einer Kündigungsfrist von zwei Wochen und mit einer Kündigungsfrist von vier Wochen, wenn der Lehrling die Berufsausbildung aufgeben oder sich für eine andere Berufstätigkeit ausbilden lassen will.

☐ e) Ja, bei Vorliegen eines wichtigen Grundes unter Einhaltung einer Kündigungsfrist von drei Wochen und mit einer Kündigungsfrist von sechs Wochen, wenn der Lehrling die Berufsausbildung aufgeben oder sich für eine andere Berufstätigkeit ausbilden lassen will.

„Siehe Seite 258 des Textteils!"

23. Unter welcher Voraussetzung kann der Ausbildende oder der Lehrling Schadenersatz bei vorzeitiger Lösung des Ausbildungsverhältnisses nach Ablauf der Probezeit verlangen?
☐ a) Wenn der andere Vertragspartner den Grund für die Auflösung zu vertreten hat
☐ b) Wenn der Lehrling aus persönlichen Gründen die Berufsausbildung aufgibt
☐ c) Wenn sich der Lehrling für eine andere Berufstätigkeit ausbilden lassen will
☐ d) Nur wenn eine diesbezügliche schriftliche Vereinbarung getroffen wurde
☐ e) Nur wenn eine diesbezügliche mündliche Vereinbarung getroffen wurde.

„Siehe Seite 259 des Textteils!"

24. Welche der nachstehenden Aussagen ist falsch?
☐ a) Der Ausbildende ist verpflichtet, ein Zeugnis unter anderem über Art, Dauer und Ziel der Berufsausbildung auszustellen.
☐ b) Der Ausbildende ist verpflichtet, ein Zeugnis unter anderem über die erworbenen Fertigkeiten auszustellen.
☐ c) Der Ausbildende ist verpflichtet, ein Zeugnis unter anderem über die erworbenen Kenntnisse auszustellen.
☐ d) Der Ausbildende hat dem Lehrling auf Verlangen Angaben über Führung, Leistung und besondere fachliche Fähigkeiten ins Zeugnis zu schreiben.
☐ e) Der Ausbildende ist nicht verpflichtet, dem Auszubildenden ein Zeugnis über die Berufsausbildung zu erstellen.

„Siehe Seite 259 des Textteils!"

25. Welche Einrichtung ist bei Streitigkeiten zwischen Ausbildenden und Auszubildenden aus einem bestehenden Berufsausbildungsverhältnis als erste Instanz im Regelfalle zuständig?
☐ a) Das örtlich zuständige Amtsgericht
☐ b) Das örtlich zuständige Sozialgericht
☐ c) Nur das Arbeitsgericht
☐ d) Der Berufsbildungsausschuß der Handwerkskammer
☐ e) Der Ausschuß zur Beilegung von Lehrlingsstreitigkeiten der Innung.

„Siehe Seite 262 des Textteils!"

4.4 Die Ausbildungsordnung als Rechtsgrundlage für die Durchführung der Ausbildung

4.4.1 Das ordnungsrechtliche Konzept der Ausbildung in staatlich anerkannten Ausbildungsberufen

> Für einen anerkannten Ausbildungsberuf darf nur nach der Ausbildungsordnung ausgebildet werden (Ausschließlichkeitsgrundsatz)! Die anerkannten Ausbildungsberufe sind in einem Verzeichnis der anerkannten Ausbildungsberufe enthalten.

Ausbildungsordnung
Ausschließlichkeitsgrundsatz
Anerkannte Ausbildungsberufe

Anerkannte Ausbildungsberufe des Handwerks sind kraft Gesetzes alle in der Anlage A zur Handwerksordnung aufgelisteten Gewerbe (siehe Abschnitt 3.2.1.3 „Eintragung in die Handwerksrolle" im Band 2). Für diese Ausbildungsberufe ist daher keine gesonderte Anerkennung notwendig.

Auch für die Ausbildung in anerkannten nicht-handwerklichen Berufen und handwerksähnlichen Berufen gilt die jeweilige Ausbildungsordnung.

Vom Ausschließlichkeitsgrundsatz, nach dem nur nach der Ausbildungsordnung ausgebildet werden darf, gibt es Ausnahmen.

Ausnahmen von der Ausbildungsordnung

Ausnahmen von der Ausbildungsordnung

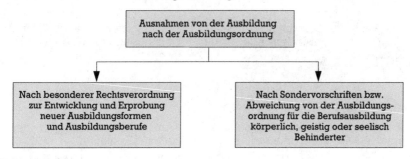

Abbildung 226

Bei körperlich, geistig oder seelisch behinderten Menschen kann also im Rahmen der Berufsausbildung von der Ausbildungsordnung abgewichen werden. Inwieweit dies möglich ist, entscheidet die Handwerkskammer. Sie kann auch besondere Vorschriften erlassen, was in verschiedenen Bereichen auch bereits erfolgte. Für den Metall-, Holz- und Bürobereich hat das Bundesinstitut für Berufsbildung entsprechende Ausbildungsregelungen empfohlen.

Abweichen von der Ausbildungsordnung

4.4.2 Zweck, Rechtscharakter, Verordnungsgeber von Ausbildungsordnungen

Rechtscharakter

> Die Ausbildungsordnung ist eine Rechtsverordnung, die für alle Beteiligten rechtsverbindlich ist. Nur staatlich anerkannte Ausbildungsberufe können Grundlage einer Ausbildungsordnung sein.

Regelungsmöglichkeiten

Die Rechtsverordnung kann regeln:
- die staatliche Anerkennung eines Ausbildungsberufes
- die Aufhebung der Anerkennung und
- die Ausbildungsordnung für den einzelnen Ausbildungsberuf.

Zweck der Ausbildungsordnung

Mit der Ausbildungsordnung wird folgender Zweck verfolgt:

Zweck der Ausbildungsordnung

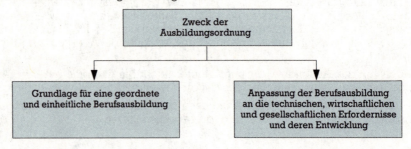

Abbildung 227

Erlaßkompetenz

> Die Ausbildungsordnung wird vom Bundesminister für Wirtschaft im Einvernehmen mit dem Bundesminister für Bildung und Wissenschaft erlassen.

Entwicklungs- und Abstimmungsverfahren

Als Unterlagen für die Entwicklung von Ausbildungsordnungen dienen verschiedene Verordnungen, Empfehlungen und Leitlinien.

Das Entwicklungs- und Abstimmungsverfahren ist langwierig und umfangreich. Unter anderem sind an dem Verfahren beteiligt:
- die Bundesinnungsverbände
- die Handwerkskammern
- der Deutsche Handwerkskammertag
- die Gewerkschaften
- Sachverständige
- das Bundesinstitut für Berufsbildung
- der Bundesminister für Wirtschaft
- der Bundesminister für Bildung und Wissenschaft.

4.4.3 Mindestinhalte einer Ausbildungsordnung (Ausbildungsberufsbezeichnung, Ausbildungsdauer, Ausbildungsberufsbild, Ausbildungsrahmenplan, Prüfungsanforderungen)

Nach der Handwerksordnung bzw. nach dem Berufsbildungsgesetz gibt es Mindestinhalte für die Ausbildungsordnung.

Gesetzliche Mindestinhalte der Ausbildungsordnung

Gesetzliche Mindestinhalte der Ausbildungsordnung

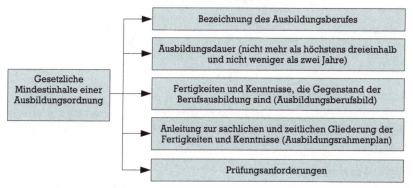

Abbildung 228

Jeder Ausbildende und Ausbilder muß sich die Ausbildungsordnung für den Beruf beschaffen, in dem er ausbildet.

Die Ausbildungsordnung kann zusätzliche Regelungen enthalten.

Zusätzliche Regelungen

Zusätzliche Regelungen der Ausbildungsordnung

Abbildung 229

4.4.4 Grundtypen von Ausbildungsordnungen

Vier Grundtypen

Es gibt folgende vier Grundtypen von Ausbildungsordnungen.

Grundtypen von Ausbildungsordnungen

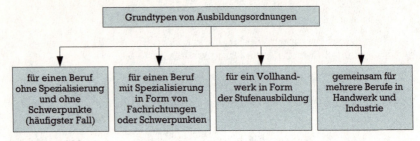

Abbildung 230

Berufe mit Spezialisierung

Beispiel für Spezialisierung

Ein Beispiel für eine Spezialisierung nach Fachrichtungen ist die Verordnung über die Berufsausbildung zum Fleischer.

Stufenausbildung

Stufenausbildung

Grundstufe

Fachstufen

Prüfungen

Bei der Stufenausbildung können sachlich und zeitlich geordnete, aufeinander aufbauende Stufen der Berufsausbildung festgelegt sein.
- In der ersten Stufe beruflicher Grundbildung sollen als breite Grundlage für die darauf aufbauende berufliche Fachbildung Grundfertigkeiten und Grundkenntnisse vermittelt sowie Verhaltensweisen geweckt werden, die einen möglichst großen Bereich von Tätigkeiten gemeinsam aufweisen.
- In einer darauf aufbauenden Stufe allgemeiner beruflicher Fachbildung kann die Berufsausbildung für mehrere Fachrichtungen oder Schwerpunkte gemeinsam fortgeführt werden.
- In weiteren Stufen der besonderen beruflichen Fachbildung können die zur Ausübung einer qualifizierten Berufstätigkeit erforderlichen praktischen und theoretischen Kenntnisse und Fertigkeiten vermittelt werden.

Die Ausbildungsordnung kann bestimmen, daß nach den einzelnen Stufen Prüfungen abgenommen werden.

Ausbildungsordnung für mehrere Berufe

Gemeinsame Ausbildungsordnung

Eine gemeinsame Ausbildungsordnung für mehrere Berufe in Handwerk und Industrie (siehe Abbildung 230) ist möglich.

Beispiele:

Beispiele

Verordnung über die Berufsausbildung in der Pelzverarbeitung in Handwerk und Industrie.
Verordnung über die Berufsausbildung in der Bauwirtschaft.

4.4.5 Die rechtliche Bedeutung von Ausbildungsberufsbild und Ausbildungsrahmenplan für die betriebliche Ausbildungsplanung

Die Anwendung des Ausbildungsberufsbildes und des Ausbildungsrahmenplanes ist für die betriebliche Ausbildungsplanung zwingend. Die im Ausbildungsberufsbild enthaltenen Fertigkeiten und Kenntnisse sind Mindestanforderungen.
Der Inhalt des Ausbildungsrahmenplanes findet Eingang in den zu erstellenden einzelbetrieblichen Ausbildungsplan.

Zwingende Vorschriften
Ausbildungsberufsbild
Ausbildungsrahmenplan

Einzelheiten zur sachlichen und zeitlichen Gliederung siehe Abschnitt 2.1.2 „Betriebliche Ausbildungsplanung" in diesem Band.

Soweit und solange für einen Beruf noch keine Ausbildungsordnung vorliegt, gelten die Fachlichen Vorschriften zur Regelung des Lehrlingswesens und der Gesellenprüfung.

Übergangsvorschriften

Sie enthalten alle näheren Regelungen zur Ausbildung und Prüfung im jeweiligen Beruf. Sie werden ergänzt durch die „Fachlichen Grundsätze" der Zentralen Fachverbände und durch die Ausbildungspläne als sachliche und zeitliche Gliederung der Berufsausbildung. Ausbildungsordnungen, Fachliche Vorschriften und Ausbildungspläne können von der zuständigen Handwerkskammer, von den Innungen, Bundesinnungsverbänden oder von den herausgebenden Verlagen bezogen werden.

Programmierte und textlich gestaltete, offene Übungs-, Wiederholungs- und Prüfungsfragen

1. Was bedeutet der Ausschließlichkeitsgrundsatz im Zusammenhang mit anerkannten Ausbildungsberufen und Ausbildungsordnungen?

„Siehe Seite 267 des Textteils!"

2. Welche Bedeutung hat die Ausbildungsordnung?
- ☐ a) Sie beinhaltet den wesentlichen Lehrstoff der Berufsschule.
- ☐ b) Sie regelt nur die Prüfungsanforderungen für einen Beruf.
- ☐ c) Sie ist für den Ausbildenden nicht verbindlich, stellt aber eine brauchbare Richtlinie dar.
- ☐ d) Sie ist für den Auszubildenden nicht verbindlich, stellt aber ein brauchbares Lernmittel dar.
- ☐ e) Sie ist eine der wichtigsten Rechtsgrundlagen für die betriebliche Ausbildung.

„Siehe Seite 268 des Textteils!"

3. Nennen Sie den Zweck der Ausbildungsordnung!

„Siehe Seite 268 des Textteils!"

4. Wer erläßt die Ausbildungsordnungen?
- ☐ a) Die zuständige Handwerkskammer
- ☐ b) Der Bundesminister für Wirtschaft
- ☐ c) Die zuständige Innung
- ☐ d) Der Landesausschuß für Berufsbildung
- ☐ e) Das Bundesinstitut für Berufsbildung.

„Siehe Seite 268 des Textteils!"

5. Nennen Sie die Regelungsinhalte einer Ausbildungsordnung!

„Siehe Seite 269 des Textteils!"

6. Was versteht man unter einem Ausbildungsberufsbild?
- ☐ a) Eine Zusammenstellung der Fertigkeiten und Kenntnisse, die Gegenstand der Berufsausbildung sind
- ☐ b) Eine Zusammenstellung der Fertigkeiten und Kenntnisse, die Gegenstand der Vorbereitung auf die Meisterprüfung sind
- ☐ c) Eine Zusammenstellung der Fertigkeiten und Kenntnisse, die für die selbständige Berufsausübung im Handwerk maßgeblich sind
- ☐ d) Das Ansehen eines bestimmten Ausbildungsberufes in der Öffentlichkeit
- ☐ e) Eine bildliche Darstellung über typische Arbeitsausführungen in einem bestimmten Beruf.

„Siehe Seite 269 des Textteils!"

7. Was versteht man unter einem Ausbildungsrahmenplan?
- ☐ a) Die Zusammenfassung des wichtigsten Lehrstoffes der Berufsschule für die Berufsausbildung
- ☐ b) Eine Anleitung zur sachlichen und zeitlichen Gliederung der Fertigkeiten und Kenntnisse für die betriebliche Ausbildung
- ☐ c) Eine Zusammenfassung des Lehrstoffes der Berufsschule und des Unterweisungsstoffes für die betriebliche Ausbildung
- ☐ d) Einen Lehrplan, der nur für die Durchführung von überbetrieblichen Unterweisungsmaßnahmen gilt

☐ e) Eine Anleitung zur Anfertigung von monatlichen Ausbildungsnachweisen über die betriebliche Ausbildung.

„Siehe Seite 269 des Textteils!"

8. Enthält die Ausbildungsordnung auch Prüfungsanforderungen für die Abschlußprüfung bzw. Gesellenprüfung?
☐ a) Nein, weil diese ausschließlich in der Gesellenprüfungsordnung geregelt sind.
☐ b) Nein, weil diese Anforderungen nur in der Prüfungsordnung für Berufsschulen geregelt sind.
☐ c) Nein, weil alle Prüfungsanforderungen in der Handwerksordnung festgelegt sind.
☐ d) Nein, weil alle Prüfungsanforderungen in der Gewerbeordnung festgelegt sind.
☐ e) Ja, weil sie in sachlichem Zusammenhang zu den Fertigkeiten und Kenntnissen stehen.

„Siehe Seite 269 des Textteils!"

9. Welche Grundtypen von Ausbildungsordnungen kennen Sie?

„Siehe Seite 270 des Textteils!"

10. Was versteht man unter Stufenausbildung?
☐ a) Daß die Ausbildungsplätze je nach Anforderungen der einzelnen Berufe stufenförmig angeordnet sind
☐ b) Daß geschlossene Ausbildungsabschnitte zwischen Ausbildungsbetrieb und Berufsschule abwechseln
☐ c) Daß geschlossene Ausbildungsabschnitte zwischen Ausbildungsbetrieb und überbetrieblicher Unterweisungsstätte abwechseln
☐ d) Daß die Gesamtausbildung nach Grundausbildung und Fachausbildungen gestuft ist
☐ e) Daß die Gesamtausbildung in betriebs- und schulgebundene Ausbildung gestuft ist.

„Siehe Seite 270 des Textteils!"

11. Welche Vorschriften zur Berufsausbildung gelten im Handwerk, solange für einen Beruf noch keine Ausbildungsordnung vorliegt?
☐ a) Das Bürgerliche Gesetzbuch
☐ b) Die Fachlichen Vorschriften zur Regelung des Lehrlingswesens
☐ c) Die Allgemeine Lehrlingsverordnung
☐ d) Die Arbeitszeitordnung
☐ e) Das Jugendarbeitsschutzgesetz.

„Siehe Seite 271 des Textteils!"

4.5 Regelung, Überwachung und Förderung der betrieblichen Berufsausbildung

4.5.1 Die Aufgaben von Handwerkskammern und Innungen

4.5.1.1 Die Aufgaben der Handwerkskammer in der Berufsausbildung

Die Handwerkskammer ist die für die Berufsausbildung in Handwerksbetrieben und handwerksähnlichen Betrieben vom Gesetzgeber festgelegte zuständige Stelle. Soweit Vorschriften nicht bestehen, hat sie die Durchführung der Berufsausbildung im Rahmen der gesetzlichen Bestimmungen zu regeln.
Die Handwerkskammer überwacht ferner die Durchführung der Berufsausbildung und fördert sie durch Beratung der Ausbildenden und der Lehrlinge. Sie hat zu diesem Zweck Ausbildungsberater zu bestellen.

Zuständige Stelle für die Berufsausbildung
Regelung
Überwachung
Förderung
Ausbildungsberatung

Die wichtigen Aufgaben der Handwerkskammer in der Berufsausbildung gehen aus nachstehender Übersicht hervor.

Wichtige Aufgaben der Handwerkskammer

Aufgaben der Handwerkskammer in der Berufsausbildung

Abbildung 231

Aufgaben in der Fortbildung

Neben der Wahrnehmung der obigen Aufgaben in der Berufsausbildung ist die Handwerkskammer im Bereich der Fortbildung unter anderem auf folgenden Gebieten tätig:

- Durchführung von Meistervorbereitungskursen und Fortbildungslehrgängen aller Art
- Betrieb von Akademien des Handwerks
- Maßnahmen zur Förderung der Unternehmensführung
- Organisatorische Durchführung von Meisterprüfungen
- Durchführung von Fortbildungsprüfungen.

Berufsbildungsausschuß

Berufsbildungsausschuß

Bei jeder Handwerkskammer ist ein Berufsbildungsausschuß errichtet. Die Zusammensetzung und die Wahl ergibt sich aus folgender Abbildung:

Berufsbildungsausschuß der Handwerkskammer

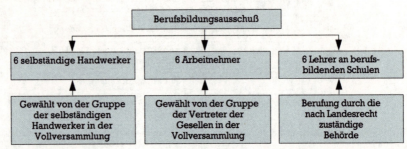

Zusammensetzung

Wahl

Abbildung 232

Die sechs Lehrer an berufsbildenden Schulen gehören dem Berufsbildungsausschuß mit beratender Stimme an.

Aufgaben

Der Berufsbildungsausschuß ist in allen wichtigen Angelegenheiten der beruflichen Bildung zu unterrichten und zu hören.

Rechte

Er hat folgende Rechte:

- Recht auf Unterrichtung
- Recht auf Anhörung
- Vorschlagsrecht.

Ausbildungsberater

Die Ausbildungsberater verrichten im Rahmen der Gesamtaufgaben der Handwerkskammer eine wichtige, hauptberufliche Arbeit. Die Hauptaufgabengebiete ergeben sich aus der folgenden Abbildung.

Ausbildungsberater Hauptaufgabengebiete

Hauptaufgabengebiete der Ausbildungsberatung

Abbildung 233

Alle Handwerksbetriebe sind verpflichtet, den Ausbildungsberatern und anderen Bediensteten der Handwerkskammer bei allen Maßnahmen, die im Rahmen der Vorschriften über die Berufsausbildung erfolgen, die erforderlichen Auskünfte zu erteilen und Unterlagen vorzulegen.

Auskunftspflicht der Betriebe

4.5.1.2 Die Aufgaben der Innung in der Berufsausbildung

Wichtige Aufgaben der Innung

Die wichtigen Aufgaben der Innung in der Berufsausbildung sind:

Aufgaben der Innung bei der Berufsausbildung

Abbildung 234

Der Lehrlingswart

Lehrlingswart

Eine wichtige Schlüsselrolle in der Berufsausbildungsarbeit der Innung nimmt der Lehrlingswart ein.
Da seine Aufgaben als Vermittler und Ansprechpartner für Ausbildungsbetriebe, Ausbilder, Lehrlinge, Eltern und Berufsschule weitgehend gleich oder ähnlich sind wie die des Ausbildungsberaters der Handwerkskammer, ist zwischen beiden eine enge Zusammenarbeit erforderlich.
Der Ausbildungsberater ist in der Regel hauptberuflich, der Lehrlingswart ehrenamtlich tätig.

Die Hauptaufgabengebiete des Lehrlingswartes der Innung sind aus der folgenden Abbildung ersichtlich.

Aufgaben des Lehrlingswartes

Abbildung 235

4.5.2 Rechtsgrundlagen für das Prüfungswesen im Handwerk

4.5.2.1 Die Zwischenprüfung

Zwischen-
prüfung

Rechtsgrundlagen für die Zwischenprüfung

Rechtsgrundlagen für die Zwischenprüfung

Rechts-
grundlagen

Abbildung 236

Ziel der Zwischenprüfung

Mindestens eine Zwischenprüfung

Während der Berufsausbildung ist zur Ermittlung des Ausbildungsstandes mindestens eine Zwischenprüfung entsprechend der Ausbildungsordnung durchzuführen.

Bei der Stufenausbildung ist eine Zwischenprüfung für jede Stufe notwendig. Die Ablegung der vorgeschriebenen Zwischenprüfungen ist Voraussetzung für die Zulassung zur Gesellenprüfung.

Zwischenprüfungsausschuß

Zusammensetzung des Prüfungsausschusses

Der Zwischenprüfungsausschuß wird bei der Handwerkskammer oder bei der Innung errichtet. Es gibt keine ausdrücklichen Vorschriften über die Zusammensetzung der Prüfungskommission. In der Praxis lehnt man sich an die Vorschriften und das Verfahren bei der Gesellenprüfung an, wobei die Handwerkskammer die Gesellenprüfungsausschüsse für die Abnahme der Zwischenprüfung für zuständig erklären kann.

Danach ergibt sich folgende Mindestzusammensetzung des Zwischenprüfungsausschusses:

Zwischenprüfungsausschuß

Abbildung 237

Vorsitzender

Der Prüfungsausschuß wählt aus seiner Mitte einen Vorsitzenden und einen Stellvertreter.

Prüfungsgegenstand

Prüfungsgegenstand Praxis und Theorie

Die Zwischenprüfung erstreckt sich auf die praktischen Fertigkeiten und Kenntnisse sowie auf den im Berufsschulunterricht entsprechend den Rahmenlehrplänen zu vermittelnden Lehrstoff, soweit dieser für die Berufsausbildung wesentlich ist.

4.5 Regelung, Überwachung und Förderung der betrieblichen Berufsausbildung

Bringt die Zwischenprüfung ein schlechtes Ergebnis, so sind die Ursachen hierfür festzustellen. Weiter muß dafür Sorge getragen werden, daß die festgestellten Ausbildungslücken in der restlichen Ausbildungszeit ausgefüllt werden können.

Dabei ist festzustellen, ob die Ausbildungsmängel auf den Lehrling oder aber auf den Ausbildungsbetrieb zurückzuführen sind.

Das Ergebnis der Zwischenprüfung hat aber keine rechtlichen Folgen für den Bestand und die Fortsetzung des Ausbildungsverhältnisses.

Prüfungsergebnis

Prüfungsgebühr

Für die Abnahme der Zwischenprüfungen können Gebühren erhoben werden. Die Höhe der Gebühr richtet sich nach der Gebührenordnung der Handwerkskammer oder nach der Beschlußfassung durch die Innungsversammlung, die jedoch durch die Handwerkskammer zu genehmigen ist.

Prüfungsgebühr

> Gebührenschuldner ist der Ausbildende. Der Lehrling darf nicht mit den Kosten der Zwischenprüfung belastet werden.

Gebührenschuldner

4.5.2.2 Die Gesellenprüfung

Gesellenprüfung

Rechtsgrundlagen für die Gesellenprüfung

Rechtsgrundlagen für die Gesellenprüfung

Rechtsgrundlagen

```
                Rechtsgrundlagen für die Gesellenprüfung
                                │
        ┌───────────────┬───────┴───────┬───────────────┐
   Handwerks-      Gesellen-       Ausbildungs-    Übergangsweise
   ordnung         prüfungs-       ordnung         fachliche
                   ordnung                         Vorschriften
```

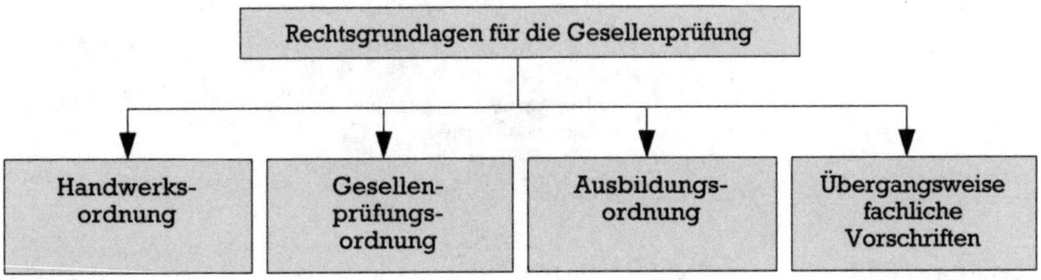

Abbildung 238

> Jede ordnungsgemäße Berufsausbildung sollte ihren Abschluß durch die Gesellenprüfung bzw. Abschlußprüfung finden. Für die Handwerksberufe ist als Abschluß die Gesellenprüfung durchzuführen. Für anerkannte nichthandwerkliche Ausbildungsberufe (zum Beispiel Bürokaufmann) gibt es die Abschlußprüfung.

Gesellenprüfung Abschlußprüfung

Ein Zwang zur Ablegung der Gesellenprüfung besteht nicht. Die Ablegung der Gesellenprüfung ist unbedingt zu empfehlen, weil deren Nachweis bei Stellenbewerbungen von ausschlaggebender Bedeutung sein kann. Die Gesellenprüfung ist außerdem Voraussetzung für die Zulassung zur Meisterprüfung.

Ziel der Gesellenprüfung

Fertigkeiten

Kenntnisse

> Durch die Gesellenprüfung ist festzustellen:
> - ob der Prüfling die erforderlichen Fertigkeiten beherrscht
> - die notwendigen praktischen und theoretischen Kenntnisse besitzt
> - mit dem ihm im Berufsschulunterricht vermittelten, für die Berufsausbildung wesentlichen Lehrstoff vertraut ist.

Gesellenprüfungsausschüsse

Kammer- und innungseigene Prüfungsausschüsse

Die Gesellenprüfung wird durch Gesellenprüfungsausschüsse abgenommen. Sie werden von der Handwerkskammer für die einzelnen Handwerke errichtet. Die Handwerkskammer kann Innungen ermächtigen, Gesellenprüfungsausschüsse zu errichten, wenn die Leistungsfähigkeit der Handwerksinnung die ordnungsgemäße Durchführung der Prüfung sicherstellt. In den meisten Handwerkskammerbezirken wird der überwiegende Teil der Prüfungen von den ermächtigten Gesellenprüfungsausschüssen der Innungen abgenommen.

Der Gesellenprüfungsausschuß besteht aus mindestens drei Mitgliedern.

Zusammensetzung

Zusammensetzung des Gesellenprüfungsausschusses

Abbildung 239

Vorsitzender
Beschlußfähigkeit

Der Prüfungsausschuß wählt aus seiner Mitte einen Vorsitzenden und dessen Stellvertreter. Der Prüfungsausschuß ist beschlußfähig, wenn zwei Drittel der Mitglieder, mindestens jedoch drei, mitwirken.

Anmeldung und Prüfungszulassung

Anmeldung zur Prüfung

> Die Anmeldung zur Prüfung ist schriftlich an die zuständige Stelle zu richten, wobei die Anmeldungs- und Prüfungstermine zu beachten sind.

Der Anmeldung zur Prüfung sind im Regelfalle verschiedene Unterlagen beizufügen.

4.5 Regelung, Überwachung und Förderung der betrieblichen Berufsausbildung

Unterlagen für die Anmeldung zur Prüfung

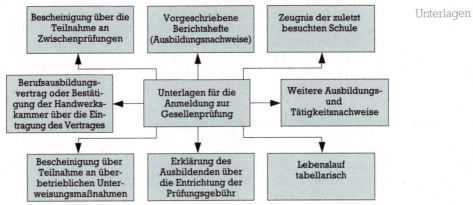

Unterlagen

Abbildung 240

Bei der Zulassung in Sonderfällen (siehe unten) sind zusätzlich Zeugnisse oder glaubhafte Nachweise über den Erwerb von Kenntnissen und Fertigkeiten oder über den Besuch einer anerkannten berufsbildenden Schule vorzulegen.

Zusätzliche Unterlagen in Sonderfällen

Zur Gesellenprüfung in Regelfällen wird zugelassen, wer die Zulassungsvoraussetzungen erfüllt.

Zulassungsvoraussetzung in Regelfällen

Zulassungsvoraussetzungen zur Gesellenprüfung

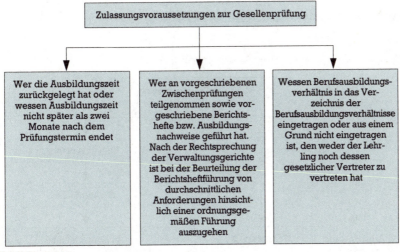

Abbildung 241

Weitere Zulassungsmöglichkeiten bestehen in folgenden Fällen:

- Der Lehrling kann nach Anhören des Ausbildenden und der Berufsschule vor Ablauf seiner Ausbildungszeit zur Gesellenprüfung zugelassen werden, wenn seine Leistungen dies rechtfertigen. Nach der Rechtsprechung müssen sowohl in den betrieblichen als auch in den schulischen (Berufsschule) berufsbezogenen Ausbildungsbereichen

Weitere Zulassungsmöglichkeiten
Vor Ablauf der Ausbildungszeit

wesentlich über dem Durchschnitt liegende Leistungen nachgewiesen werden. Eine wesentlich über dem Durchschnitt liegende Leistung ist nur gegeben, wenn mindestens die Note „gut" erreicht wird. Die Rechtsprechung unterstreicht den engen Ausnahmecharakter der vorzeitigen Zulassung zur Gesellenprüfung.

Nachweis beruflicher Tätigkeit
- Zur Gesellenprüfung ist auch zugelassen, wer nachweist, daß er mindestens das Zweifache der Zeit, die als Ausbildungszeit vorgeschrieben ist, in dem Beruf tätig gewesen ist, in dem er die Prüfung ablegen will.

Andere Nachweise
- Zur Gesellenprüfung ist auch zuzulassen, wer durch Zeugnisse oder auf andere Weise glaubhaft macht, daß er Kenntnisse und Fertigkeiten erworben hat, die die Zulassung zur Prüfung rechtfertigen. Der Prüfungsbewerber muß nachweisen, daß er auf andere Weise einen der „Normalausbildung" entsprechenden vergleichbaren Ausbildungsstand erreicht hat.

Anderweitige Ausbildung
- Zur Gesellenprüfung ist auch zuzulassen, wer in einer berufsbildenden Schule oder in einer sonstigen Einrichtung ausgebildet worden ist, wenn diese Ausbildung der Berufsausbildung in einem anerkannten Ausbildungsberuf des Handwerks entspricht.

Prüfungsgebühr

Prüfungsgebühr
Die Gesellenprüfungsgebühr hat der Ausbildende zu zahlen. Bei Sonderzulassungen sind abweichende Regelungen möglich.

Inhalt der Prüfung

Prüfungsgegenstand (Inhalt der Prüfung)

Gliederung und Inhalt der Gesellenprüfung

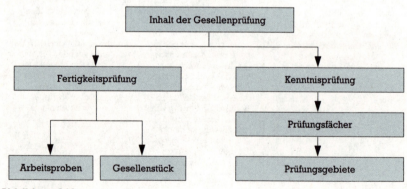

Abbildung 242

Prüfungsanforderungen
Die näheren Einzelheiten der Prüfungsanforderungen und des Prüfungsverfahrens richten sich nach der Gesellenprüfungsordnung der zuständigen Handwerkskammer und nach der Ausbildungsordnung bzw. übergangsweise nach den Fachlichen Vorschriften des jeweiligen Handwerkszweiges.

Prüfungszeugnis
Über die Prüfung erhält der Prüfungsteilnehmer ein Zeugnis. Das Prüfungszeugnis enthält unter anderem das Gesamtergebnis der Prüfung und die Ergebnisse der Prüfungsleistungen in der Fertigkeits- und Kenntnisprüfung. Eine nicht bestandene Gesellenprüfung kann zweimal wiederholt werden.

4.5.2.3 Die Meisterprüfung

Rechtsgrundlagen für die Meisterprüfung
Die Ablegung der Meisterprüfung ist freiwillig. Sie ist jedoch in der Regel Voraussetzung für die selbständige Berufsausübung im Handwerk. Die Meisterprüfung kann nur in handwerklichen Vollberufen abgelegt werden. Die handwerklichen Vollberufe richten sich nach der Anlage A zur Handwerksordnung.
Es gibt verschiedene Rechtsgrundlagen für die Meisterprüfung.

Rechtsgrundlagen für die Meisterprüfung

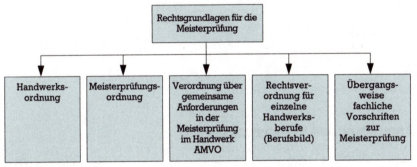

Abbildung 243

Ziel der Meisterprüfung

> Durch die Meisterprüfung ist festzustellen, ob der Prüfling befähigt ist, einen Handwerksbetrieb selbständig zu führen und Lehrlinge ordnungsgemäß auszubilden. Insbesondere hat der Prüfling nachzuweisen, ob er die in seinem Handwerk üblichen Arbeiten meisterhaft verrichten kann und die notwendigen fachtheoretischen Kenntnisse sowie die erforderlichen wirtschaftlichen, rechtlichen, berufs- und arbeitspädagogischen Kenntnisse besitzt.

Meisterprüfungsausschüsse
Die Meisterprüfung wird durch Meisterprüfungsausschüsse abgenommen. Die Meisterprüfungsausschüsse sind für die einzelnen Handwerksberufe am Sitz der Handwerkskammer errichtet. Die Meisterprüfungsausschüsse sind staatliche Prüfungsbehörden.
Die Meisterprüfungsausschüsse werden von der Höheren Verwaltungsbehörde, das ist in der Regel die zuständige Bezirksregierung bzw. das Regierungspräsidium, errichtet. Die Höhere Verwaltungsbehörde

Geschäfts-
führung
Handwerks-
kammer

ernennt die Ausschußmitglieder aufgrund der Vorschläge der Handwerkskammer für drei Jahre. Die Geschäftsführung der Meisterprüfungsausschüsse liegt bei der Handwerkskammer.
Der Meisterprüfungsausschuß besteht aus fünf Mitgliedern.

Zusammen-
setzung

Zusammensetzung des Meisterprüfungsausschusses

Abbildung 244

Mindestalter
30 Jahre

Die Mitglieder sollen das dreißigste Lebensjahr vollendet haben und müssen deutsche Staatsangehörige sein.

Anmeldung und Prüfungszulassung

Zulassungs-
gesuch
zur Prüfung

Das Zulassungsgesuch zur Prüfung ist an die zuständige Handwerkskammer zu richten.

Zuständig ist die Kammer, in deren Bezirk der Prüfungskandidat seit mindestens drei Monaten in einem Arbeitsverhältnis steht oder eine Fachschule oder Ausbildungsstätte besucht oder, sofern er nicht in einem Arbeitsverhältnis steht, seinen ersten Wohnsitz hat. Die Handwerkskammer hat einen entsprechenden Anmeldevordruck.
Dem Zulassungsgesuch sind mehrere Unterlagen beizufügen.

Anmelde-
vordruck

Unterlagen

Unterlagen für die Prüfungsanmeldung

Abbildung 245

4.5 Regelung, Überwachung und Förderung der betrieblichen Berufsausbildung

Die Handwerkskammer kann weitere Unterlagen bei der Zulassung verlangen, wenn dies erforderlich ist.

Die grundsätzlichen Zulassungsvoraussetzungen sind im Regelfalle:

Zulassungsvoraussetzungen im Regelfalle

Zulassungsvoraussetzungen zur Meisterprüfung

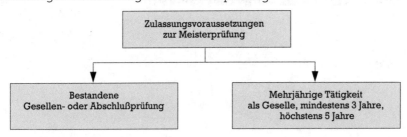

Abbildung 246

Weitere Regelungen sind zu beachten:

- Die Zeit des Grundwehrdienstes und der Wehrübungen wird auf die bei der Zulassung der Meisterprüfung nachzuweisende Gesellenzeit angerechnet, soweit eine Zeit von drei Jahren nicht unterschritten wird.

- Bei der Zulassung von Soldaten auf Zeit und ehemaligen Soldaten der Bundeswehr zur Meisterprüfung im Handwerk ist eine berufsnahe Verwendung und eine einschlägige fachliche Fortbildung in der Bundeswehr vom Meisterprüfungsausschuß auf die nachzuweisende Gesellentätigkeit anzurechnen.

- Die Anrechenbarkeit militärischer Tätigkeiten ist durch die Zuordnungsliste militärischer Tätigkeiten zu Handwerksberufen durch ein Übereinkommen zwischen dem Deutschen Handwerkskammertag, dem Bundesministerium für Verteidigung und dem Bundeswirtschaftsminister getroffen worden.

- Zur Meisterprüfung ist ferner zuzulassen, wer in dem Handwerk, in dem die Meisterprüfung abgelegt werden soll, eine Abschlußprüfung bei der Industrie- und Handelskammer abgelegt hat und im übrigen die geforderte Gesellenzeit nachweisen kann.

- Der Besuch einer Fachschule kann ganz oder teilweise, höchstens mit drei Jahren, auf die Gesellentätigkeit angerechnet werden.

- Ist der Prüfling in dem Handwerk, in dem er die Meisterprüfung ablegen will, als selbständiger Handwerker, als Werkmeister oder in ähnlicher Stellung tätig gewesen oder weist er eine der Gesellentätigkeit gleichwertige praktische Tätigkeit nach, so wird diese Zeit angerechnet.

- Die Handwerkskammer kann auf Antrag Ausnahmen von den allgemeinen Zulassungsvoraussetzungen treffen. Dazu ist jedoch der Meisterprüfungsausschuß vorher zu hören.

Weitere Regelungen

Bundeswehrzeiten

Abschlußprüfung IHK

Anrechnung des Fachschulbesuches

Andere Tätigkeiten

Ausnahmen

Normalerweise wird die Zulassung durch den Vorsitzenden des Meisterprüfungsausschusses ausgesprochen. Hält dieser jedoch die Zulassungsvoraussetzungen nicht für gegeben, so entscheidet der Prüfungsausschuß.

Prüfungsgebühr

Prüfungsgebühr

> Zur Deckung der Kosten ist eine Prüfungsgebühr an die Handwerkskammer zu entrichten.

Prüfungsgegenstand (Inhalt der Prüfung)

Inhalt der Meisterprüfung

Die Meisterprüfung gliedert sich in vier Prüfungsteile.

Gliederung und Inhalt der Meisterprüfung

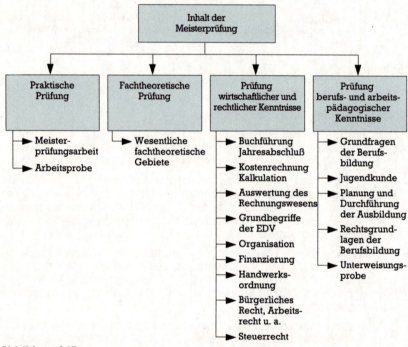

Abbildung 247

Die Unterweisungsprobe in der Meisterprüfung

Unterweisungsprobe im Prüfungsteil IV

Nach der Verordnung über gemeinsame Anforderungen in der Meisterprüfung im Handwerk (AMVO) soll im Prüfungsteil IV (berufs- und arbeitspädagogische Kenntnisse) neben der mündlichen Prüfung „eine vom Prüfling praktisch durchzuführende Unterweisung von Lehrlingen stattfinden".

Zweck

> Die Unterweisungsprobe soll zeigen, ob der Prüfling die Methoden der betrieblichen Unterweisung kennt und sie anzuwenden versteht.

Thema

Der Meisterprüfungsausschuß bestimmt das Thema der Unterweisungsprobe. Er kann auch Vorschläge berücksichtigen, wenn der Prüfling bei seiner Anmeldung angibt, welches Thema er bei der Unterweisungsprobe behandeln will.

Die Unterweisung muß praxisbezogen sein. Es ist darauf zu achten, daß der Umfang der Unterweisung sich in der vorgegebenen Zeit durchführen läßt, daß ausreichend Werkstücke und Arbeitsmöglichkeiten vorhanden sind und daß der Prüfling in der Lage ist, Arbeitsvorgänge zu erklären und die Maschinen und Arbeitsgeräte zu erläutern.

Praxisbezug
Umfang
Zeit

Außerdem ist auf die Beachtung und Einhaltung der Unfallverhütungsvorschriften zu achten.

Unfallverhütungsvorschriften

Der Meisterprüfling hat eine kurze schriftliche Planung der Unterweisungsprobe anzufertigen. Diese hat alle wesentlichen Gliederungspunkte zu enthalten.

Wesentliche Gliederungspunkte

Gliederung der Unterweisungsprobe

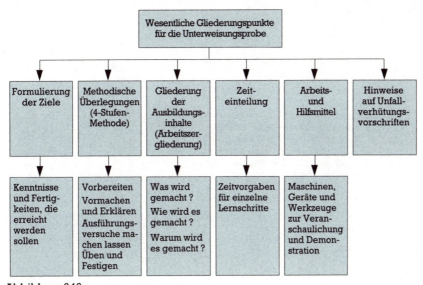

Abbildung 248

Soweit möglich, sollte die praktische Unterweisungsprobe im zeitlichen und örtlichen Zusammenhang mit der Herstellung einer Arbeitsprobe von Prüfungsteil I (praktische Prüfung) durchgeführt werden. Wenn dies aus den verschiedensten Gründen nicht bewerkstelligt werden kann, sollte die Unterweisungsprobe im Zusammenhang mit überbetrieblichen Unterweisungskursen oder Meistervorbereitungskursen abgewickelt werden. Die Entscheidung über die zu unterweisende Person trifft der Prüfungsausschuß.

Durchführungsmöglichkeiten

Die Arbeitsmittel bzw. Arbeitsmaterialien muß in der Regel der Prüfling bereitstellen. Die Abnahme der Unterweisungsprobe erfolgt durch Mitglieder des Meisterprüfungsausschusses nach Maßgabe der Meisterprüfungsordnung.

Abnahme der Unterweisungsprobe

Die Beurteilung und Bewertung der Unterweisungsprobe erfolgt nach den aufgeführten Merkmalen, für die nach einer Empfehlung des Deutschen Handwerkskammertages eine Gewichtung nach dem nachstehenden Beurteilungs- und Bewertungsbogen vorgenommen werden sollte.

Beurteilungsmerkmale

Beurteilungs- und Bewertungsbogen für die Unterweisungsprobe

Name des Prüflings: ....

Namen der Prüfer: ....

Erreichte Punktzahl: ....

Note: ....

Datum: ....

	Höchst-punktzahl	Erreichte Punkte
1. Schriftliche Planung der Unterweisungsprobe – Formulierung der Ziele – Methodische Überlegungen – Gliederung der Ausbildungsinhalte – Zeiteinteilung – Angaben zu Arbeits- und Hilfsmitteln	30	

2. Ablauf der Unterweisungsprobe
  a) Einstieg in die Unterweisungsprobe
    – Lernzielbenennung
    – Anknüpfung an praktische Erfahrungen
    – Bedeutung der gewählten Arbeit im Beruf
	10	

b) Durchführung der Unterweisungsprobe
    – Material und Werkzeuge erklären
    – Schwierigkeiten (Kernpunkte) benennen
    – Vormachen und Begründen (evtl. Berücksichtigung der Unfallverhütungsvorschriften)
	30	

c) Sicherung des Lernerfolgs erläutern	10	
3. Sinnvoller Einsatz von Arbeits- und Hilfsmitteln sowie Materialien	20	
Gesamtpunktzahl:	100	

Befreiungen von Teilprüfungen

Befreiungen von Teilprüfungen

Prüfungsbewerber, welche die Meisterprüfung in einem anderen Handwerk bereits bestanden haben, sind durch den Meisterprüfungsausschuß von der Ablegung der Prüfung in gleichartigen Prüfungsfächern oder Prüfungsteilen ganz oder teilweise zu befreien.

Das gleiche gilt für Prüflinge, die
- Diplomprüfungen und Abschlußprüfungen an deutschen Hochschulen
- Abschlußprüfungen an deutschen staatlichen oder staatlich anerkannten Technikerschulen und Fachschulen
- an deutschen staatlichen oder staatlich anerkannten Unterrichtsanstalten
- an Ausbildungseinrichtungen der Bundeswehr oder
- vor staatlichen Prüfungsausschüssen mit Erfolg abgelegt haben,

sofern bei diesen Prüfungen die gleichen Anforderungen gestellt werden wie in der Meisterprüfung.

Die aufgeführten Prüfungen sind anerkannt für Handwerkszweige, deren Arbeitsgebiet der jeweiligen Fachrichtung oder dem jeweiligen Fachgebiet entspricht. Der Bundesminister für Wirtschaft hat durch Rechtsver-

ordnungen festgelegt, welche Prüfungen den Anforderungen einer Meisterprüfung entsprechen, und wie weitgehend die Befreiung ist.
Die Rechtsverordnungen beziehen sich auf

- Absolventen der oben aufgeführten Bildungs- und Prüfungseinrichtungen sowie auf
- Personen, die die Ausbildereignungsprüfung oder die Meisterprüfung in einem anderen Wirtschaftsbereich oder
- die anerkannte Polierprüfung oder
- die anerkannte Prüfung als Industriefachwirt

bestanden haben.
Wer diesem Personenkreis angehört, sollte sich vor Beginn der Meistervorbereitung beim Meisterprüfungsreferat der zuständigen Handwerkskammer beraten lassen.

Ausmaß der Befreiung

Personenkreis

Prüfungszeugnis

Über die bestandene Prüfung hat der Prüfungsausschuß gebührenfrei ein Zeugnis auszustellen. Es ist vom Vorsitzenden und den Beisitzern zu unterzeichnen und von der Handwerkskammer zu beglaubigen. Das Prüfungszeugnis enthält die Gesamtnoten für die vier Teile der Prüfung.

Prüfungszeugnis

Wiederholungsprüfungen

Die Meisterprüfung kann zweimal wiederholt werden. Eine weitergehende Regelung (zum Beispiel dritte Wiederholungsprüfung bei Vorliegen wichtiger Gründe) kann in der Meisterprüfungsordnung der Handwerkskammer erfolgen.

Wiederholungsprüfungen

Meisterbrief und Meistertitel

Auf Antrag kann die Handwerkskammer gegen Entrichtung einer Gebühr einen Meisterbrief ausstellen. Der Meisterbrief wird meist in Schmuckblattform grafisch gestaltet und beurkundet das Prüfungsergebnis, jedoch ohne Angabe der Prüfungsnoten.

Meisterbrief

Wer die Meisterprüfung bestanden hat, ist ohne Rücksicht auf sein Alter berechtigt, den Meistertitel in Verbindung mit einem Handwerk oder in Verbindung mit einer anderen Bezeichnung, die auf eine Tätigkeit in einem Handwerk hinweist, zu führen. Der Meistertitel ist gesetzlich geschützt.

Meistertitel

Aufsicht

Die Höhere Verwaltungsbehörde führt die Aufsicht über die Meisterprüfungsausschüsse.

Aufsicht über die Prüfungsausschüsse

4.5.2.4 Die Ausbildereignungsprüfung

Wofür die Ausbildereignungsprüfung abzulegen ist (fachliche Eignung), wurde unter Abschnitt 4.2.1.2 „Fachliche Eignung für die Ausbildung" in diesem Band dargestellt.

Ausbildereignungsprüfung

Rechtsgrundlagen

Die **Rechtsgrundlagen:** Es gibt drei Rechtsgrundlagen für die Prüfung.

Rechtsgrundlagen für die Ausbildereignungsprüfung

Abbildung 249

Ziel der Ausbildereignungsprüfung ist der Erwerb berufs- und arbeitspädagogischer Kenntnisse.

Prüfungsausschuß

Zusammensetzung des Prüfungsausschusses:
Der **Prüfungsausschuß** besteht aus mindestens drei Mitgliedern:
- 1 Beauftragter der Arbeitgeber
- 1 Beauftragter der Arbeitnehmer
- 1 Lehrer an einer berufsbildenden Schule.

Prüfungsgegenstand

Prüfungsgegenstand bzw. -inhalt der Ausbilder-Eignungsverordnung sind aus der folgenden Abbildung ersichtlich:

Prüfungsgegenstand der Ausbilder-Eignungsverordnung

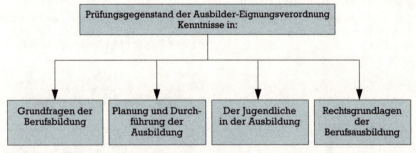

Abbildung 250

Zeugnis

Das Prüfungszeugnis gibt den Nachweis über die berufs- und arbeitspädagogischen Kenntnisse.

Fortbildungsprüfung

4.5.2.5 Die Fortbildungsprüfung

Immer mehr selbständige Handwerker und deren Mitarbeiter nehmen an Fort- und Weiterbildungsmaßnahmen teil und legen anschließend eine Fortbildungsprüfung ab.

Rechtsgrundlagen für Fortbildungsprüfungen:

Rechtsgrundlagen für Fortbildungsprüfungen

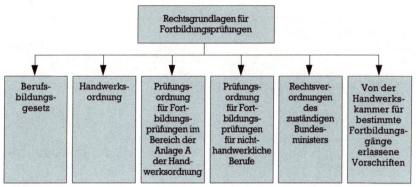

Abbildung 251

Ziel der Fortbildungsprüfungen: Zum Nachweis von Kenntnissen, Fertigkeiten und Erfahrungen, die durch die berufliche Fortbildung erworben worden sind, kann die Handwerkskammer Prüfungen durchführen.

Zusammensetzung des **Prüfungsausschusses:** je nach Einzelregelung.

Gliederung und **Inhalt der Prüfung:** jeweils nach Einzelvorschrift.

Prüfungszeugnis: Über das Bestehen der Prüfung wird ein Zeugnis ausgestellt.

Über nähere Einzelheiten erteilt die zuständige Handwerkskammer Auskunft.

Das gleiche gilt auch für von der Handwerkskammer im Anschluß an Umschulungsmaßnahmen durchgeführte Umschulungsprüfungen.

4.5.3 Der Ausbildungsnachweis (Berichtsheft) als Kontrollinstrument

Für die Führung des Berichtsheftes gibt es zwei Rechtsgrundlagen.

Rechtsgrundlagen für die Berichtsheftführung

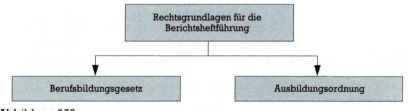

Abbildung 252

Pflichten der Beteiligten

- Der Auszubildende ist verpflichtet, das Berichtsheft in Form des Ausbildungsnachweises zu führen. Er hat die Ausbildungsnachweise dem

Ausbildenden, dem Betriebsrat, den gesetzlichen Vertretern, der Innung und der Berufsschule vorzulegen.

Ausbildender
- Der Ausbildende hat den Lehrling zum Führen der Berichtshefte anzuhalten und die Eintragungen durchzusehen.

Kontrollinstrument

> Das Berichtsheft dient der Überwachung des Ausbildungsganges gemäß der Ausbildungsordnung in den Ausbildungsbetrieben. Die vom Bundesausschuß für Berufsbildung empfohlenen und in neuen Ausbildungsordnungen vorgeschriebenen Ausbildungsnachweise sollen der Systematisierung der Ausbildung dienen und haben primär eine Kontrollfunktion über den Ausbildungsbetrieb.

Zulassungsvoraussetzung für Gesellenprüfung

Die Ausbildungsnachweise gelten bei der Zulassung zur Gesellenprüfung als Zulassungsvoraussetzung.

Eine Bewertung in der Prüfung ist nicht zulässig, weil Berichtshefte selbst nicht Gegenstand oder Teil der Prüfung sind.

Führung während der Ausbildungszeit

Nach den Ausbildungsordnungen ist dem Auszubildenden Gelegenheit zu geben, das Berichtsheft während der Ausbildungszeit zu führen. Dabei ist unerheblich, ob er das Berichtsheft im Betrieb oder bei entsprechenden Verminderungen der betrieblichen Anwesenheitszeiten außerhalb des Betriebes führt.

4.5.4 Ordnungswidrigkeiten in der betrieblichen Berufsausbildung und ihre Ahndung

Geldbußen bei Ordnungswidrigkeiten

> Damit die Vorschriften auf dem Gebiete der Berufsausbildung eingehalten werden, kann bei Vorliegen von Ordnungswidrigkeiten gegen die Ausbildungsbetriebe vorgegangen werden. Dabei sind Geldbußen bis zu 10.000,00 DM möglich.

Ordnungswidrigkeiten

Es gibt mehrere Ordnungswidrigkeiten in der betrieblichen Berufsausbildung.

Ordnungswidrigkeiten in der Berufsausbildung

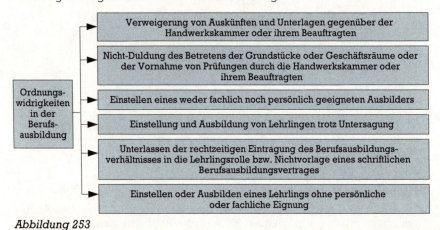

Abbildung 253

Programmierte und textlich gestaltete, offene Übungs-, Wiederholungs- und Prüfungsfragen

1. **Welches ist nach den einschlägigen gesetzlichen Vorschriften die für die Regelung und Überwachung der Berufsausbildung im Handwerk zuständige Stelle?**
   - ☐ a) Das Gewerbeaufsichtsamt
   - ☐ b) Das Arbeitsamt
   - ☐ c) Der Landesinnungsverband
   - ☐ d) Die Handwerkskammer
   - ☐ e) Das Gewerbeamt.

   „Siehe Seite 275 des Textteils!"

2. **Welche wichtigen Aufgaben hat die Handwerkskammer in der Berufsausbildung?**

   „Siehe Seite 275 des Textteils!"

3. **Welche Aufgabe hat der Berufsbildungsausschuß der Handwerkskammer?**
   - ☐ a) Er hat nur die Vollversammlung der Handwerkskammer zu beraten.
   - ☐ b) Er hat nur die Lehrlinge im Kammerbereich zu betreuen.
   - ☐ c) Er hat alle wichtigen Angelegenheiten der beruflichen Bildung zu behandeln.
   - ☐ d) Er hat die alleinige Aufsichtsfunktion über die zuständige Fachabteilung der Handwerkskammer.
   - ☐ e) Er hat nur den Vorstand der Handwerkskammer zu beraten.

   „Siehe Seite 276 des Textteils!"

4. **Wer führt die Ausbildungsberatung durch?**
   - ☐ a) Das Arbeitsamt
   - ☐ b) Das Staatliche Schulamt
   - ☐ c) Das Jugendamt
   - ☐ d) Das Amt für Ausbildungsförderung
   - ☐ e) Die Handwerkskammer.

   „Siehe Seite 277 des Textteils!"

5. **Es ist Hauptaufgabe der Ausbildungsberatung,**
   - ☐ a) die Betriebe zu überwachen und zu beraten.
   - ☐ b) die Lehrlinge zu beraten.
   - ☐ c) nur die Innungen zu beraten.
   - ☐ d) vorwiegend die Betriebe und Lehrlinge zu beraten.
   - ☐ e) nur die Berufsschulen zu beraten.

   „Siehe Seite 277 des Textteils!"

6. **Welche wichtigen Aufgaben hat die Innung in der Berufsausbildung?**

   „Siehe Seite 278 des Textteils!"

7. **Nennen Sie die Hauptaufgabengebiete des Lehrlingswarts der Innung!**

   „Siehe Seite 278 des Textteils!"

8. **Ziel der Zwischenprüfung ist,**
   - ☐ a) zu ermitteln, ob der in den Ausbildungsvorschriften vorgesehene Ausbildungsstand erreicht wurde.
   - ☐ b) daß man in erster Linie den Lernfortschritt in der Berufsschule feststellen kann.
   - ☐ c) daß man die Ausbildungsarbeit des Meisters immer wieder überprüfen kann.

☐ d) daß der Lehrling nur noch einzelne Prüfungsfächer in der Gesellenprüfung ablegen muß und den Rest erlassen bekommt.
☐ e) daß man in erster Linie das Lernergebnis der überbetrieblichen Ausbildung feststellen kann.

„Siehe Seite 280 des Textteils!"

9. Wer hat die Gebühr für die Abnahme der Zwischenprüfung zu tragen?
☐ a) Der Auszubildende
☐ b) Der gesetzliche Vertreter des Auszubildenden
☐ c) Der Ausbildende
☐ d) Ausbildender und Auszubildender je zur Hälfte
☐ e) Das Arbeitsamt.

„Siehe Seite 281 des Textteils!"

10. Welche Ziele hat die Gesellenprüfung?

„Siehe Seite 282 des Textteils!"

11. Wer nimmt die Gesellenprüfung ab?
☐ a) Die Prüfungsausschüsse der Berufsschule
☐ b) Die Prüfungsausschüsse der Berufsberatung des Arbeitsamtes
☐ c) Die Prüfungsausschüsse des Landesamtes für Berufsbildung
☐ d) Die Prüfungsausschüsse der zuständigen Bezirksregierung
☐ e) Die Prüfungsausschüsse der Handwerkskammer oder der Innung.

„Siehe Seite 282 des Textteils!"

12. Wer wird im Regelfalle zur Gesellenprüfung zugelassen?
☐ a) Wer die Ausbildungszeit zurückgelegt hat, oder wessen Ausbildungsverhältnis nicht später als zwei Monate nach dem Prüfungstermin endet
☐ b) Wer die Ausbildungszeit zurückgelegt hat, oder wessen Ausbildungsverhältnis nicht später als drei Monate nach dem Prüfungstermin endet
☐ c) Wer Zwischenprüfungen abgelegt, Berichtshefte bzw. Ausbildungsnachweise geführt und wessen Ausbildungsverhältnis in die Lehrlingsrolle eingetragen war
☐ d) Wer alle Voraussetzungen, die unter den Buchstaben a) und c) im einzelnen genannt wurden, erfüllt
☐ e) Wer einfach glaubhaft nachweist, daß er die notwendigen Fertigkeiten und Kenntnisse für die Ablegung der Prüfung besitzt.

„Siehe Seite 283 des Textteils!"

13. Wer hat die Gesellenprüfungsgebühr zu zahlen?
☐ a) Das Amt für Ausbildungsförderung
☐ b) Das Arbeitsamt
☐ c) Der Ausbildende
☐ d) Der Auszubildende
☐ e) Ausbildender und Auszubildender je zur Hälfte.

„Siehe Seite 284 des Textteils!"

14. Was ist Gegenstand der Gesellenprüfung?
☐ a) Eine Fertigkeits- und Kenntnisprüfung
☐ b) Nur die Arbeitsprobe
☐ c) Nur das Gesellenstück
☐ d) In erster Linie der Unterrichtsstoff der Berufsschule
☐ e) Der Inhalt der überbetrieblichen Unterweisung.

„Siehe Seite 284 des Textteils!"

15. Das Zeugnis über die Gesellenprüfung enthält
☐ a) eine allgemeine charakterliche Beurteilung des Geprüften.
☐ b) eine Beurteilung über das Arbeitsverhalten des Geprüften.
☐ c) die Noten aller Prüfungsfächer, die Prüfungsgegenstand sind.
☐ d) das Gesamtergebnis aller Prüfungsleistungen in einer Note.
☐ e) das Gesamtergebnis und die Ergebnisse der Kenntnis- und Fertigkeitsprüfung.

„Siehe Seite 285 des Textteils!"

16. Die Ablegung der Meisterprüfung im Handwerk ist
☐ a) für jeden Handwerker nach dem Arbeitsförderungsgesetz vorgeschrieben.
☐ b) für jeden Handwerker nach der Handwerksordnung vorgeschrieben.
☐ c) für jeden Handwerker nach der Gewerbeordnung vorgeschrieben.
☐ d) für jeden Handwerker nach dem Berufsbildungsgesetz vorgeschrieben.
☐ e) für jeden Handwerker eine freiwillige Entscheidung.

„Siehe Seite 285 des Textteils!"

17. Welches sind die wichtigsten Rechtsgrundlagen für die Meisterprüfung?

„Siehe Seite 285 des Textteils!"

18. Welches Hauptziel hat die Meisterprüfung?

„Siehe Seite 285 des Textteils!"

19. Wer nimmt die Meisterprüfung ab?
☐ a) Meisterprüfungsausschüsse der zuständigen Handwerksinnung
☐ b) Bei Bewerbern, die die Meisterschule besucht haben, nur die Lehrer der Schule
☐ c) Das staatliche Prüfungsamt bei der zuständigen Gemeinde- oder Stadtverwaltung
☐ d) Der Berufsbildungsausschuß der Handwerkskammer
☐ e) Meisterprüfungsausschüsse, die durch die Höhere Verwaltungsbehörde errichtet sind.

„Siehe Seite 285 des Textteils!"

20. Welches sind die Regelzulassungsvoraussetzungen zur Meisterprüfung?
☐ a) Der Nachweis der Gesellenprüfung in dem Handwerk, in dem die Meisterprüfung abgelegt wird
☐ b) Der Nachweis des Besuchs eines Meistervorbereitungskurses oder einer Meisterschule
☐ c) Der Nachweis einer bestandenen Gesellenprüfung und einer drei- bis fünfjährigen Gesellenzeit
☐ d) Gesellenprüfung, Gesellenzeit und der zusätzliche Nachweis über die Vollendung des 24. Lebensjahres
☐ e) Gesellenprüfung, Gesellenzeit und der zusätzliche Nachweis über die Vollendung des 25. Lebensjahres.

„Siehe Seite 287 des Textteils!"

21. Die Meisterprüfung besteht aus vier Teilen, und zwar
der praktischen Prüfung
der Prüfung der fachtheoretischen Kenntnisse
der Prüfung der wirtschaftlichen und rechtlichen Kenntnisse.

Bitte kreuzen Sie den noch fehlenden Prüfungsteil aus den nachfolgenden Auswahlantworten an!
☐ a) Prüfung der volkswirtschaftlichen Kenntnisse
☐ b) Prüfung der berufs- und arbeitspädagogischen Kenntnisse
☐ c) Prüfung der Grundfragen der handwerklichen Selbstverwaltung
☐ d) Prüfung der staatsbürgerlichen Kenntnisse und der politischen Bildung

☐ e) Prüfung der Grundfragen der Betriebs- und Geschäftsgründung.

„Siehe Seite 288 des Textteils!"

22. Nennen Sie wesentliche Gliederungspunkte für die Unterweisungsprobe in Teil IV der Meisterprüfung!

„Siehe Seite 289 des Textteils!"

23. Das Prüfungszeugnis über die Meisterprüfung enthält
☐ a) überhaupt keine Noten.
☐ b) die Noten aller Prüfungsfächer.
☐ c) nur eine Gesamtnote für alle Prüfungsleistungen.
☐ d) nur Gesamtnoten für die vier Prüfungsteile.
☐ e) die Bezeichnung des Meistertitels.

„Siehe Seite 291 des Textteils!"

24. Was versteht man unter Meisterbrief?
☐ a) Das Prüfungszeugnis über die bestandene Meisterprüfung ohne Notenangabe
☐ b) Das Prüfungszeugnis über die bestandene Meisterprüfung mit Notenangabe
☐ c) Die schriftliche Mitteilung des Prüfungsausschusses über die bestandene Meisterprüfung
☐ d) Eine Urkunde in Schmuckblattform über die bestandene Prüfung
☐ e) Eine Urkunde, die zur Führung des Titels „Diplom-Meister" berechtigt.

„Siehe Seite 291 des Textteils!"

25. Wer darf den Meistertitel führen?
☐ a) Wer die Meisterprüfung bestanden hat, unabhängig von seinem Alter
☐ b) Wer die Meisterprüfung bestanden und das 24. Lebensjahr vollendet hat
☐ c) Wer Mitglied der zuständigen Innung ist
☐ d) Wer Mitglied der zuständigen Handwerkskammer ist
☐ e) Wer von der zuständigen Bezirksregierung die Genehmigung erhalten hat.

„Siehe Seite 291 des Textteils!"

26. Was ist Prüfungsgegenstand der Ausbildereignungsverordnung?

„Siehe Seite 292 des Textteils!"

27. Welches Ziel haben die Fortbildungsprüfungen und von wem werden sie im Handwerk abgenommen?

„Siehe Seite 293 des Textteils!"

28. Kann sich der Umschüler nach Abschluß der Umschulungsmaßnahme auch einer Prüfung unterziehen?
☐ a) Nein, weil für die neue Beschäftigung der Nachweis über die Umschulungsmaßnahme genügt.
☐ b) Ja, die Prüfung wird durch das Arbeitsamt abgenommen, das finanzielle Hilfe gewährt hat.
☐ c) Ja, die Prüfung wird durch das Landesamt für Berufsbildung abgenommen.
☐ d) Ja, die Prüfung wird durch das zuständige Kultusministerium abgenommen.
☐ e) Ja, die zuständige Handwerkskammer kann besondere Umschulungsprüfungen abnehmen.

„Siehe Seite 293 des Textteils!"

29. Welche Hauptaufgabe haben Ausbildungsnachweise?
☐ a) Sie dienen der Kontrolle über den Ausbildungsbetrieb.
☐ b) Sie sollen nur den Lehrling in seinem Arbeitsablauf kontrollieren.

☐ c) Sie dienen der Verarbeitung der in der Ausbildung erlernten Fertigkeiten und Verhaltensweisen.
☐ d) Sie dienen der Vertiefung der in der betrieblichen Ausbildung erlernten Kenntnisse.
☐ e) Ohne Vorlage der Ausbildungsnachweise darf der Betrieb die Vergütung nicht ausbezahlen.

„Siehe Seite 293 des Textteils!"

30. Welchen Pflichten haben die an der Berufsausbildung Beteiligten bei der Berichtsheftführung nachzukommen?

„Siehe Seite 293 des Textteils!"

31. Wann ist das Berichtsheft vom Auszubildenden zu führen?
☐ a) Während des Berufsschulunterrichts
☐ b) Nur während einer überbetrieblichen Ausbildungsmaßnahme
☐ c) Während der betrieblichen Arbeitszeit
☐ d) Während der betrieblichen Arbeitspausen
☐ e) In der Freizeit, also außerhalb der Arbeitszeit.

„Siehe Seite 294 des Textteils!"

32. Nennen Sie die Ordnungswidrigkeiten, die in der betrieblichen Berufsausbildung mit Geldbußen belegt werden können!

„Siehe Seite 294 des Textteils!"

33. Bis zu welchem Höchstbetrag kann gegen einen Ausbildungsbetrieb bei Vorliegen einer Ordnungswidrigkeit in bestimmten Fällen eine Geldbuße verhängt werden?
☐ a) Bis zu   1.000,00 DM
☐ b) Bis zu   5.000,00 DM
☐ c) Bis zu   8.000,00 DM
☐ d) Bis zu 10.000,00 DM
☐ e) Bis zu 15.000,00 DM.

„Siehe Seite 294 des Textteils!"

4.6 Vorschriften des Arbeits- und Sozialrechts für die Berufsausbildung

4.6.1 Einschlägige Vorschriften aus dem Arbeitsvertrags-, Tarifvertrags- und Betriebsverfassungsrecht

4.6.2 Jugendarbeitsschutz- und Unfallschutzrecht

Zu den wichtigen Rechtsgrundlagen für die berufliche Bildung gehören auch einschlägige Vorschriften aus dem Bereich des Arbeits- und Sozialrechts.

Vorschriften des Arbeits- und Sozialrechts für die Ausbildung

Wichtige Vorschriften

Abbildung 254

Das Arbeits- und Sozialrecht ist auch Prüfungsgegenstand von Teil III der Meisterprüfung. Alle einschlägigen Stoffgebiete sind in den Abschnitten 3.3 „Das Arbeitsrecht" und 3.4 „Sozialversicherungsrecht" in Band 2 dargestellt. Auf die diesbezüglichen Ausführungen darf verwiesen werden.

4.6.3 Rechtliche Bestimmungen zur finanziellen Förderung in der Berufsbildung (Arbeitsförderungsrecht und Ausbildungsförderungsrecht)

Die wichtigsten Gesetze zur finanziellen Förderung der Berufsbildung sind:

Finanzielle Förderung

Gesetze zur Förderung der Berufsbildung

Wichtige Gesetze

Abbildung 255

Das Arbeitsförderungsgesetz

Regelungs-
bereiche AFG

Das Arbeitsförderungsgesetz (AFG) ist primär ein Instrument der Arbeitsmarktpolitik, in dem alle einschlägigen Aufgaben der Arbeitsverwaltung (zum Beispiel Arbeitsvermittlung, Finanzierung der Arbeitslosigkeit, Arbeitsmarktstatistik) geregelt sind.

Das Gesetz enthält aber auch Regelungen zur finanziellen Förderung der Berufsausbildung, der Umschulung und der beruflichen Fortbildung.

Das Bundesausbildungsförderungsgesetz

BAföG

Das Bundesausbildungsförderungsgesetz (BAföG) regelt im wesentlichen die finanzielle Förderung beim Besuch von Schulen, auch von berufsbildenden Schulen.

4.6.3.1 Finanzielle Förderungsmaßnahmen für Auszubildende

Zuwendungen
für Lehrlinge

Bei Vorliegen bestimmter Voraussetzungen kann der Lehrling durch finanzielle Zuwendungen gefördert werden.

Finanzielle Zuwendungen an Lehrlinge

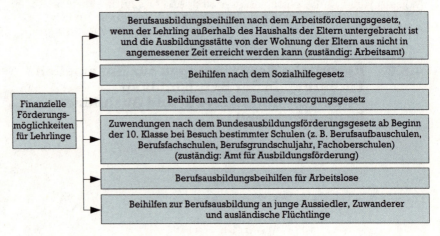

Abbildung 256

In den neuen Bundesländern gelten teilweise vorübergehend andere Bedarfssätze, so beispielsweise beim Bundesausbildungsförderungsgesetz. Ferner gibt es dort eine besondere Benachteiligtenförderung für Jugendliche, die nach der 8. Klasse oder früher die Schule verlassen haben.

4.6.3.2 Finanzielle Förderung der Umschulung

Die berufliche Umschulung wird nach dem Arbeitsförderungsgesetz finanziell gefördert. — Förderungen bei der Umschulung

Wenn die Voraussetzungen vorliegen, werden die notwendigen Kosten, die durch die Umschulungsmaßnahme unmittelbar entstehen, ganz oder teilweise durch die Arbeitsverwaltung getragen.

Die förderfähigen Kosten ergeben sich aus folgender Abbildung: — Förderfähige Kosten

Förderung der Umschulung

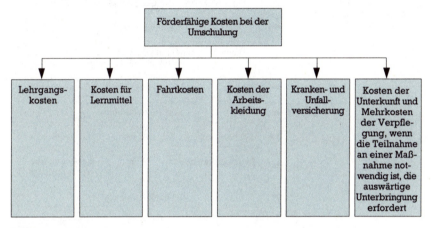

Abbildung 257

Die Antragstellung ist vor Beginn der Umschulung beim zuständigen Arbeitsamt notwendig. — Antragstellung

Die Höhe der Leistungen richtet sich nach den näheren Vorschriften der Bundesanstalt für Arbeit. Spezielle Förderungsmaßnahmen zur Umschulung bestehen für die neuen Bundesländer, für junge Aussiedler, Zuwanderer und Flüchtlinge. — Höhe der Leistungen

4.6.3.3 Finanzielle Förderung der Fort- und Weiterbildung

Die permanente berufliche Weiterbildung ist für jeden Handwerksmeister und jeden Mitarbeiter eine unabdingbare Notwendigkeit für die Zukunft. Von der Bereitschaft zur Fort- und Weiterbildung wird die Zukunft einer Reihe von Handwerksberufen abhängen. — Notwendigkeit der Fort- und Weiterbildung

Es gibt zahlreiche Fort- und Weiterbildungsmöglichkeiten für Handwerker.

Fortbildungsmöglichkeiten

Fort- und Weiterbildungsmöglichkeiten

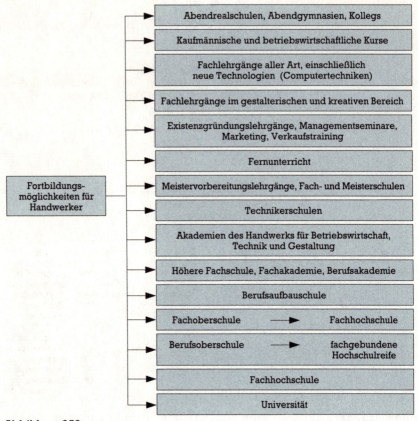

Abbildung 258

Förderung

Fortbildungsträger

Fortbildungsteilnehmer

Hauptzuwendungsgeber

Aufgrund der großen Bedeutung der Fort- und Weiterbildung für Wirtschaft und Gesellschaft gibt es Fördermittel für:
- institutionelle Förderung bzw. Projektförderung durch finanzielle Zuwendungen an Fortbildungsträger im investiven Bereich (zum Beispiel Berufsbildungs- und Technologiezentren der Handwerkskammer) und im Maßnahmenbereich (zum Beispiel bestimmte Lehrgänge)
- finanzielle Zuwendungen an die Teilnehmer an Fort- und Weiterbildungsmaßnahmen unter bestimmten Voraussetzungen.

Die drei wichtigsten Hauptzuwendungsgeber sind:

Zuwendungsgeber für die berufliche Weiterbildung

Abbildung 259

4.6 Vorschriften des Arbeits- und Sozialrechts für die Berufsausbildung

Über die wichtigsten Förderungsgesetze und Förderungsprogramme gibt die folgende Abbildung einen Überblick.

Übersicht über Gesetze und Programme

Förderungsgesetze und Programme zur Weiterbildung

Abbildung 260

Förderung nach dem Arbeitsförderungsgesetz (AFG)

Die Arbeitsverwaltung kann (Kannförderung) für den Teilnehmer unter bestimmten Voraussetzungen ganz oder teilweise die notwendigen Kosten tragen, die durch die Fortbildungsmaßnahmen unmittelbar entstehen.

AFG-Förderung für Teilnehmer

Die förderfähigen Kosten sind:

Förderfähige Kosten nach AFG

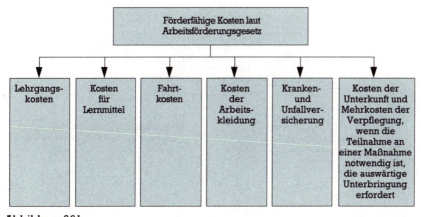

Abbildung 261

Die Bundesanstalt für Arbeit bestimmt im Wege der Anordnung, welche Personengruppen, welche Bildungsmaßnahmen und welche Kosten ganz oder teilweise gefördert werden.

Umfang der Kosten

Die finanziellen Zuwendungen müssen vor Beginn der Fortbildungsmaßnahme beim zuständigen Arbeitsamt beantragt werden. Das Arbeitsamt gibt Auskünfte und berät die Interessenten.

Antragstellung

4.6.3 Rechtliche Bestimmungen zur finanziellen Förderung in der Berufsbildung

Beratung

In den neuen Bundesländern gelten vorübergehend teilweise andere Förderungsvoraussetzungen, so daß eine intensive Beratung empfohlen wird.

Förderung nach dem Bundesausbildungsförderungsgesetz

Besuch von Schulen

Gefördert wird unter bestimmten Voraussetzungen der Besuch von bestimmten Schulen und Hochschulen durch Zuwendungen an Teilnehmer.

Antragstellung

Für die Beratung und Antragstellung ist das Amt für Ausbildungsförderung bei der Stadt oder beim Landkreis zuständig.

Ausbildungsförderungsgesetze der Länder

Förderung durch die Länder

Nach den Ausbildungsförderungsgesetzen bzw. den Ausbildungsförderungsprogrammen der Länder werden unter bestimmten Voraussetzungen Zuwendungen an Besucher berufsbildender Schulen gewährt.

Begabtenförderung „berufliche Bildung" des Bundesministers für Bildung und Wissenschaft

Nach diesem Programm können junge Handwerker bei Teilnahme an Maßnahmen zum Erwerb beruflicher Qualifikation gefördert werden. Die Zuwendungen betragen in der Regel bis zu 3.000,00 DM jährlich.

Die Fördervoraussetzungen sind:

Fördervoraussetzungen

Fördervoraussetzungen für das Begabtenprogramm „berufliche Bildung"

Abbildung 262

Information Beratung

Information und Beratung erfolgen durch die zuständige Handwerkskammer, wo auch der Förderungsantrag zu stellen ist.

Wichtiger Hinweis

Gründliche Beratung vor Teilnahme

Bei allen finanziellen Förderungsmöglichkeiten der Aus- und Fortbildung empfiehlt es sich, sich vor Teilnahme an der einzelnen Maßnahme bei den oben jeweils genannten zuständigen Stellen gründlich beraten zu lassen. Die oben dargestellten finanziellen Förderungsmaßnahmen stehen unter dem absoluten Vorbehalt, daß ständig Änderungen der Förderbedingungen eintreten können.

Programmierte und textlich gestaltete, offene Übungs-, Wiederholungs- und Prüfungsfragen

1. Nennen Sie wichtige finanzielle Förderungsmöglichkeiten für Lehrlinge!

„Siehe Seite 302 des Textteils!"

2. Welche Kosten sind bei Umschulungsmaßnahmen förderfähig?

„Siehe Seite 303 des Textteils!"

3. Wer sind die Hauptzuwendungsgeber für die berufliche Fort- und Weiterbildung im Handwerk?

„Siehe Seite 304 des Textteils!"

4. Nennen Sie wichtige Fördergesetze und Förderprogramme zur beruflichen Weiterbildung!

„Siehe Seite 305 des Textteils!"

5. In welcher Weise kann ein Fortbildungswilliger unter bestimmten Voraussetzungen im Rahmen des Arbeitsförderungsgesetzes gefördert werden?
- ☐ a) Nur durch Zuwendungen zum Lebensunterhalt während der Maßnahmen
- ☐ b) In erster Linie durch Kostenersatz für Lernmittel
- ☐ c) Durch eine pauschale Zuwendung für alle Ausgaben in Höhe des letzten Lohnes oder Gehaltes
- ☐ d) Unter anderem durch Zuwendungen zu Lehrgangsgebühren, Lernmittel, Unterhaltsgeld und Fahrtkosten
- ☐ e) Nur durch Zuwendungen zu den Fahrtkosten.

„Siehe Seite 305 des Textteils!"

6. Wer ist für die finanzielle Förderung der beruflichen Fortbildung nach dem Arbeitsförderungsgesetz zuständig?
- ☐ a) Die Handwerkskammer
- ☐ b) Das Gewerbeamt
- ☐ c) Das Arbeitsamt
- ☐ d) Die zuständige Stadt- oder Gemeindeverwaltung
- ☐ e) Das Sozialhilfeamt.

„Siehe Seite 305 des Textteils!"

7. Durch das Bundesausbildungsförderungsgesetz wird insbesondere gefördert:
- ☐ a) Der Besuch von bestimmten Schulen und Hochschulen
- ☐ b) Der Besuch von Abendkursen, die der beruflichen Fortbildung dienen
- ☐ c) Der Besuch von Ganztageskursen, sofern sie nicht mehr als sechs Wochen dauern
- ☐ d) Der Besuch von Ganztageskursen, sofern sie nicht mehr als vier Wochen dauern
- ☐ e) Der Besuch von Kursen, sofern sie mindestens drei Monate dauern.

„Siehe Seite 306 des Textteils!"

8. Wer ist für die finanzielle Förderung nach dem Bundesausbildungsförderungsgesetz zuständig?
- ☐ a) Die Berufsberatung beim Arbeitsamt
- ☐ b) Das Amt für Ausbildungsförderung
- ☐ c) Die Handwerkskammer

☐ d) Das Sozialhilfeamt
☐ e) Der Berufsbildungsausschuß der Handwerkskammer.

„Siehe Seite 306 des Textteils!"

9. Wer erhält Zuwendungen nach den Ausbildungsförderungsgesetzen bzw. den Ausbildungsförderungsprogrammen der Länder?

„Siehe Seite 306 des Textteils!"

10. Welche Fördervoraussetzungen muß ein junger Handwerker erfüllen, damit er nach dem Begabtenförderungsprogramm „berufliche Bildung" des Bundesministers für Bildung und Wissenschaft gefördert werden kann?

„Siehe Seite 306 des Textteils!"

Lösungen

zu den programmierten Übungs-, Wiederholungs- und Prüfungsfragen

1 Grundfragen der Berufsbildung

1.1 Berufsbildung im Bildungssystem

1. e) 3. a) 5. – 7. – 8. – 9. – 10. d)
2. –   4. b) 6. –

1.2 Das duale System der Berufsausbildung

1. d)	6. c)	11. d)	16. e)	21. –	26. –	31. e)
2. a)	7. –	12. –	17. c)	22. c)	27. –	32. –
3. –	8. c)	13. c)	18. b)	23. c)	28. c)	33. –
4. –	9. –	14. b)	19. e)	24. –	29. d)	
5. b)	10. e)	15. a)	20. –	25. e)	30. –	

1.3 Der Ausbilder im Handwerksbetrieb

1. a)	4. –	7. c)	10. –	13. –	16. –	19. e)
2. e)	5. –	8. e)	11. a)	14. –	17. –	20. –
3. b)	6. d)	9. –	12. b)	15. e)	18. –	

2 Planung und Durchführung der Ausbildung

2.1 Planung und Organisation der Ausbildung

1. d)	6. –	11. a)	16. d)	21. c)	24. –	27. –
2. c)	7. b)	12. –	17. e)	22. c)	25. b)	28. –
3. a)	8. d)	13. c)	18. –	23. –	26. d)	29. –
4. –	9. b)	14. e)	19. –			
5. b)	10. –	15. a)	20. –			

2.2 Lerntheoretische Grundlagen der Ausbildung

1. e)	4. –	6. b)	8. c)	10. d)	12. b)	14. d)
2. –	5. a)	7. –	9. –	11. –	13. –	15. –
3. –						

2.3 Die Lehrtätigkeit des Ausbilders

1. –	6. a)	11. c)	16. d)	21. e)	26. e)	31. –
2. e)	7. b)	12. e)	17. e)	22. e)	27. –	32. –
3. a)	8. –	13. –	18. –	23. –	28. a)	33. b)
4. –	9. –	14. c)	19. b)	24. –	29. b)	34. c)
5. d)	10. –	15. –	20. c)	25. a)	30. d)	

2.4 Ausbildungserfolgskontrolle

1. –	3. c)	5. –	7. –	8. e)	9. –	10. d)
2. –	4. d)	6. c)				

3 Der Jugendliche in der Ausbildung

3.1 Entwicklungs- und Lebenssituation der Lehrlinge

1. e)	7. c)	13. b)	19. a)	25. d)	31. –	37. d)
2. c)	8. e)	14. c)	20. e)	26. c)	32. d)	38. a)
3. b)	9. –	15. c)	21. c)	27. e)	33. a)	39. –
4. a)	10. b)	16. c)	22. b)	28. b)	34. b)	40. e)
5. d)	11. c)	17. e)	23. –	29. b)	35. a)	41. e)
6. –	12. b)	18. e)	24. –	30. c)	36. a)	

3.2 Sozial- und Führungsverhalten des Ausbilders

1. b)   2. e)   3. c)   4. a)   5. –   6. b)   7. d)
8. a)

3.3 Sozial-kommunikative Grundlagen der Menschenführung

1. –	3. –	5. d)	7. a)	8. –	9. –	10. a)
2. b)	4. e)	6. e)				

4 Rechtsgrundlagen der Berufsbildung

4.1 Orientierungsrahmen

1. –   2. –   3. b)   4. –   5. –   6. –

4.2 Rechtliche Voraussetzungen zur Lehrlingsausbildung

1. –	3. e)	5. b)	7. a)	9. e)	10. c)	11. b)
2. d)	4. –	6. b)	8. –			

4.3 Das Berufsausbildungsverhältnis (Berufsausbildungsvertrag)

1. –	5. –	9. –	13. –	17. –	20. –	23. a)
2. –	6. e)	10. –	14. e)	18. –	21. b)	24. e)
3. b)	7. a)	11. b)	15. a)	19. –	22. c)	25. e)
4. a)	8. –	12. d)	16. c)			

4.4 Die Ausbildungsordnung als Rechtsgrundlage für Planung und Durchführung der Ausbildung

1. –	3. –	5. –	7. b)	9. –	10. d)	11. b)
2. e)	4. b)	6. a)	8. e)			

4.5 Regelung, Überwachung und Förderung der betrieblichen Berufsausbildung

1. d)	6. –	11. e)	16. e)	21. b)	26. –	31. c)
2. –	7. –	12. d)	17. –	22. –	27. –	32. –
3. c)	8. a)	13. c)	18. –	23. d)	28. e)	33. d)
4. e)	9. c)	14. a)	19. e)	24. d)	29. a)	
5. d)	10. –	15. e)	20. c)	25. a)	30. –	

4.6 Vorschriften des Arbeits- und Sozialrechts für die Berufsausbildung

1. –	3. –	5. d)	7. a)	9. –
2. –	4. –	6. c)	8. b)	10. –

Stichwortverzeichnis 311

A

Abgeltung von Sachleistungen 252
Abiturienten 181, 182
Abkürzung der Ausbildungszeit 253
Abkürzung der Ausbildungszeit von vornherein 254
Abkürzung der Ausbildungszeit während der Ausbildung 254
Ablauf der Ausbildungszeit 256
Abschlußfrist 242
Abschlußprüfung als Ingenieur 234
Abschlußprüfungsordnung 226
Abstimmung 30
Abstimmungsgespräch 208
Abweichen von der Ausbildungsordnung 267
Adoleszenz 164, 171
Affektive Lernziele 111
AFG 302
Aggressionen 219
Aktionsformen 118, 168
Aktives Lernen 101
Aktivitätsförderung 122
Aktualmotivation 106
Akzeleration 170
Allgemeinbildung 6
Allgemeine Führungsmittel 198
Altersgerechtheit 121
Anerkannte Ausbildungsberufe 267
Anerkennung 200
Anforderungsprofil 87
Angebot an beruflichen Ausbildungsplätzen 25
Angemessenheit der Vergütung 249
Anhörung 254
Anlage A zur Handwerksordnung 267
Anmeldung 282, 286
Anpassungsfortbildung 229
Anrechnung auf die Ausbildungszeit 254
Anrechnung des Fachschulbesuches 287
Anrechnung von Sachleistungen 251
Antragsberechtigung für die Abkürzung der Ausbildungszeit 254
Antragstellung finanzielle Förderung 303, 306
Anweisung 198
Anwendungsauftrag 75
Arbeits- und Ausbildungsbedingungen des Ausbilders 50
Arbeitsaufgaben 73
Arbeitsaufgabenanalyse 131
Arbeitsblätter 136
Arbeitsförderungsgesetz 227, 301, 305
Arbeitsmarktpolitik 10
Arbeitsmittel 135
Arbeitsplan 126
Arbeitsproben 146
Arbeitssicherheit 58
Arbeitsstrukturierung 214
Arbeitsverhältnis auf unbestimmte Zeit 244
Arbeitsvertragsrecht 301
Arbeitszergliederung 131
Assoziationslernen 102
Aufbau des beruflichen Schulwesens 20
Aufbau und Ablauf der Ausbildung 76
Aufgaben der Handwerkskammer in der Berufsausbildung 275
Aufgaben der Innung in der Berufsausbildung 278
Aufgabenorientierter Führungsstil 193
Aufgabenschwerpunkte der Berufsschule 29
Aufgabenschwerpunkte des Ausbildungsbetriebes 27
Aufgabenschwerpunkte überbetrieblicher Ausbildungsstätten 28
Aufgabentiefe 73
Aufgebendes Lehrverfahren 120
Aufhebungsvertrag 256
Aufsicht 3, 291
Aufstiegsfortbildung 229
Auftragsabwicklung 71
Auftragsmethode 119
Auftragsorientierte Ausbildung 72, 119
Auftragsorientierte Lernsituation 134
Auftragsorientiertes Lernen und Lehren 71
Auftragsstrukturanalyse 131
Aufwertung der beruflichen Bildung 5
Ausbildender 39, 50
Ausbilder 39, 50
Ausbilder als Fachmann 48
Ausbilder als Organisator 48
Ausbilder als Psychologe 48
Ausbilder als Vertreter des Auszubildenden 49
Ausbilder als Vorgesetzter 49
Ausbilder im Spannungsfeld 51
Ausbilder in seiner Verwaltungstätigkeit 49
Ausbildereignungsprüfung 291
Ausbildereignungsverordnung 235
Ausbildereignungsverordnungen 226
Ausbildung 7, 229
Ausbildungs- und Führungsstile 192
Ausbildungsabbruch 90
Ausbildungsbeauftragter 40
Ausbildungsbegleitkarte 150
Ausbildungsberater 81, 277
Ausbildungsberechtigung 234
Ausbildungsberufsbezeichnung 269
Ausbildungsberufsbild 16, 69, 269, 271
Ausbildungsbetrieb 15

Ausbildungsdauer 269
Ausbildungsdidaktische Aufgabenschwerpunkte 27
Ausbildungserfolgskontrollen 43, 145
Ausbildungsförderungsgesetze der Länder 306
Ausbildungsfremde Arbeiten 32
Ausbildungshilfskraft 39, 40, 50
Ausbildungsleiter 40
Ausbildungsmeister 51
Ausbildungsmeisterprüfung im graphischen Gewerbe 235
Ausbildungsmittel 135, 168, 246
Ausbildungsnachweis 43, 293
Ausbildungsordnungen 25, 68, 226, 267
Ausbildungspflicht 15, 247
Ausbildungspläne 70
Ausbildungspläne der Betriebe 53
Ausbildungsplanung 271
Ausbildungsprozeß 43
Ausbildungsqualität 32
Ausbildungsrahmenplan 16, 53, 69, 269, 271
Ausbildungsstoff 30
Ausbildungsvergütung 248
Ausfall 251
Ausführungsversuche 124
Auskunftspflicht 25, 26, 230, 277
Ausländer 179, 182
Auslösung des Gesprächs 209
Ausnahmen von der Ausbildungsordnung 267
Ausschließlichkeitsgrundsatz 267
Außerbetriebliche Erfolgskontrollen 158
Austausch der Argumente 210
Auswahl von Lehrlingen 87
Ausweich- und Fluchtreaktionen 219
Auswertungsgespräch 208
Autoritärer Führungsstil 193
Autorität 178, 191

B
BAföG 302
Beanstandung 201
Beaufsichtigung 200
Beauftragung 198
Bedeutung der Berufsbildung 7
Bedienungsanleitungen 136
Bedürfnisse 165
Beendigung der Ausbildungszeit 256
Beendigung der Berufsschulpflicht 17
Befragung 209
Befreiungen von Teilprüfungen 290
Befristete Arbeitsverträge 244
Begabtenförderung „berufliche Bildung" des Bundesministers für Bildung und Wissenschaft 306

Begabung 165
Beginn der Berufsschulpflicht 17
Beginn des Berufsausbildungsverhältnisses 252
Begriffslernen 102
Behaltensfähigkeit 110
Behinderte 180, 181
Behinderungen 181
Beilegung von Lehrlingsstreitigkeiten 262
Beispiel für ein Berufsbild 69
Beispiel für einen einfachen Versetzungsplan 85
Beraten 43
Beratung 200, 306
Beratungsbereiche des Ausbilders 44
Berechtigung zum Einstellen und Ausbilden von Lehrlingen 233
Berichtsheft 158, 200
Berichtsheftführung 293
Berufliche Handlungsanforderungen 31
Berufliche Handlungskompetenz 64
Berufliche Leistungsfähigkeit 9
Berufliche Schulen 19
Berufs- und arbeitspädagogische Kenntnisse 235
Berufsaufbauschulen 20
Berufsausbildung im dualen System 15
Berufsausbildung in überbetrieblichen Ausbildungsstätten 21
Berufsausbildungsverhältnis 241
Berufsausbildungsvertrag 90, 241
Berufsberatung 57, 87, 92, 166
Berufsbezogener Unterricht 30
Berufsbildung 6
Berufsbildungsausschuß 276
Berufsbildungsbericht 25
Berufsbildungsförderungsgesetz 226, 230
Berufsbildungsforschung 25
Berufsbildungsgesetz 226, 228
Berufsbildungsrecht 225
Berufsbildungsstatistik 26
Berufsbildungsvorschriften 226
Berufseignung 165
Berufsentscheidung 167
Berufserfahrung 48
Berufsethos 168
Berufsfachschule 20, 55, 250
Berufsfeldbezogene Ausbildungsinhalte 28
Berufsfeldschwerpunkt 19
Berufsfindung 166
Berufsgrundbildung in kooperativ-dualer Form 28
Berufsgrundbildungsjahr 19
Berufsgrundschuljahr 19, 55, 250
Berufskundliche Ausstellungen 87
Berufslenkung 227

Berufsoberschulen 20
Berufspraktika 165
Berufsschulberechtigung 18
Berufsschule 15, 17, 92, 117
Berufsschulpflicht 17
Berufswahl 165
Berufswahlreife 166
Berufswahlverhalten von Frauen 180
Berufswechsel 18
Beschaffung von Lehrlingen 85
Beschränkung der beruflichen Tätigkeit 244
Bestellung eines Ausbilders 235
Betriebliche Ausbildung 226
Betriebliche Ausbildungsplanung 67
Betriebliche Eignung für die Ausbildung 236
Betriebsbesichtigungen 87
Betriebsgebundene Ausbildung 16
Betriebsgemeinschaft 28
Betriebsklima 192
Betriebspraktika 87
Betriebsverfassungsrecht 301
Beurlaubung vom Berufsschulunterricht 21
Beurteilen 43, 153
Beurteilung und Bewertung der Unterweisungsprobe 289
Beurteilungsbogen 147, 200
Beurteilungsfehler 156
Beurteilungsgespräch 146, 157, 208
Beurteilungskategorien 154
Beurteilungsmerkmale 154
Bewerbungsunterlagen 88
Bewerten 43, 153
Bewertungs- und Beurteilungsgebiete 43
Bewertungsbogen 147
Bewertungsmaßstäbe 155
Bewertungssysteme 154
Bewußtes Lernen 101
Beziehungsaspekt 207
Bildungspolitik 5
Bildungsrelevante Gesetze 226
Blockunterricht 18, 54
Branchenüblichkeit 249
Brutto-Ausbildungskosten 22
Bundesanstalt für Arbeit 304
Bundesausbildungsförderungsgesetz 227, 301, 306
Bundesinstitut für Berufsbildung 25
Bundesrecht 225
Bundesregelungen für die Ausbildungsbetriebe 24
Bund-Länderkommission für Bildungsplanung 1

D

Darbietendes Lehrverfahren 119
Dauerrechtsverhältnis 241
Debatte 209
Demokratischer Führungsstil 193
Demonstration 128
Didaktische Prinzipien 121
Didaktisches Regulationssystem 72
Didaktisch-methodische Vorteile 29
Differenzierung 5, 168, 181
Direktes Lernen 102
Diskussion 209
Drei-Stufen-Methode 124
Drei-Stufen-Modell 103
Drogen 176
Duales System der Berufsausbildung 15
Durchlässigkeit des Bildungswesens 4

E

Eignung 40
Eignungstest 89
Einfaches Ausbildungszeugnis 260
Einführung in den Betrieb 77, 90
Eingrenzung des Gesprächsgegenstandes 209
Einsichtiges Lernen 101
Einstellung zur Arbeit 154
Einstellung zur Umwelt 154
Einstellungsberechtigung 233
Eintragungsvoraussetzungen für die Lehrlingsrolle 245
Einzelarbeit 120
Einzelausbildung 130
Einzelbetrieblicher Ausbildungsplan 78
Einzelgespräch 127
Einzelvertragliche Regelungen 248, 249
Einzelvertragliche Vereinbarungen 51
Elementarbereich 2
Empfangsgerät 206
Entscheidung des Gesprächs 210
Entscheidungs- und Zielkonflikte 217
Entwicklung 163
Entwicklungs- und Abstimmungsverfahren 268
Entwicklungsbedingte Schwierigkeiten 178
Entwicklungsgemäße Ausbildung 169
Entziehung der Einstellungs- und Ausbildungsbefugnis 237
Erarbeitendes Lehrverfahren 120
Erbanlagen 164
Erfolgssicherung 122
Ergänzung der betrieblichen Ausbildung 55
Ergänzung des Lernortes Betrieb 29
Erholung 173

Erkenntnisgespräch 208
Erkundungsauftrag 75
Erwachsenenalter 164
Erziehen 42
Erziehungsschwierigkeiten 182
Erziehungsurlaub 255
Europäische Gemeinschaft 27
Extreme Jugendgruppen 176

F
Fachausbildung 229
Fachbildung 270
Fachkompetenz 64, 65
Fachliche Eignung für die Ausbildung 40, 48, 233, 235
Fachliche Eignung in nicht-handwerklichen Berufen 235
Fachliche Qualifikation 48
Fachliche Tests 89
Fachliche Vorschriften zur Berufsausbildung 70, 227
Fachoberschulen 20
Fachrichtungen 270
Fachstufen 270
Fachzeitschriften 136
Fähigkeiten 165
Fahrtkosten 246
Fälligkeit der Vergütung 251
Familie 177
Faßlichkeit 122
Feedback 202, 206
Fehlende persönliche Eignung 233
Fehler der Zentraltendenz 157
Feinziele 112
Fernlehrgänge 25
Fertigkeiten 28, 42, 165
Finanzielle Förderung der Fort- und Weiterbildung 303
Finanzielle Förderung der Umschulung 303
Finanzielle Förderung in der Berufsbildung 301
Finanzielle Förderungsmaßnahmen für Auszubildende 302
Finanzierung der überbetrieblichen Unterweisung 23
Finanzierung im dualen Berufsausbildungssystem 21
Flexibilitätsklausel 71
Förderung der betrieblichen Berufsausbildung 275
Förderung der Motivation 134
Förderung nach dem Arbeitsförderungsgesetz 305
Förderung nach dem Bundesausbildungsförderungsgesetz 306
Formen des Berufsbildungsrechts 225

Formen des Berufsschulunterrichts 18
Formvorschriften 242
Fortbildung 229
Fortbildungsmöglichkeiten für Handwerker 304
Fortbildungsprüfung 292
Fortbildungsträger 304
Fortzahlung der Vergütung 251
Frauen in „Männerberufen" 180, 182
Freiheit der Berufswahl und Ausbildung 227
Freistellung 251
Fremdbestimmtes Lernen 100
Freundeskreise 177
Frontalunterricht 120
Frustration 218
Führung 191, 192
Führungskraft 49
Führungsmerkmale 213
Führungsstile 193, 213
Funktionen des Ausbilders im Handwerksbetrieb 48
Funktionen von Ausbildungsmitteln 137

G
Gebote 199
Gebühr 244
Gebührenschuldner 281
Gedächtnis 109
Geldbußen 294
Gemeinsame Ausbildungsordnung 270
Generationenkonflikte 217
Geplantes Lernen 100
Gesamtinhalt des Berufsausbildungsvertrages 243
Geschlechtsreifung 170
Geselle 50
Gesellenprüfung 158, 281
Gesellenprüfungsausschüsse 282
Gesellenprüfungsordnung 226
Gesetzliche Vertreter 242
Gesprächsanlässe 207
Gesprächsarten 207
Gesprächsaufbau 209
Gesprächsführung 210
Gesprächsklima 207
Gesprächsregeln 210
Gesprächsverhalten 210
Gewohnheiten 165
Gleichgültigkeitsstil 193
Gleichwertigkeit von Berufsbildung und Allgemeinbildung 5
Graphiken 136
Grenzen der Planbarkeit 68
Grobziele beim Lernen 112
Grundausbildung 21, 229
Grundformen des Lernens 100

Grundfragen der Berufsbildung 1
Grundgesetz 227
Grundlagen des programmierten Lernens und Lehrens 128
Grundregeln für den Ausbilder 177
Grundsätze für den Einsatz von Ausbildungsmitteln 138
Grundsätze für die Durchführung der Unterweisung 123
Grundstruktur des Bildungswesens 1
Grundstufe 270
Grundtypen von Ausbildungsordnungen 270
Gruppe 210
Gruppenarbeit 120
Gruppenausbildung 126, 130
Gruppenbeziehungen 212
Gruppenbeziehungsorientierter Führungsstil 193
Gruppenbildung 211
Gruppendynamik 212
Gruppeneigenschaften 210
Gruppenformen 211
Gruppenführer 213
Gruppenführung 210
Gruppengespräch 127, 209
Gruppenidentität 218
Gutachtliche Beschreibung 155

H
Habituelle Motivation 106
Habituelle Personeneigenschaften 164
Handeln 163
Handlungskompetenz 66
Handwerkskammer 24, 56
Handwerksordnung 226, 231
Handwerkspolitische Bedeutung der Berufsbildung 11
Hauptberuflicher Ausbilder 50
Hauptpause 173
Hauptsysteme der beruflichen Ausbildung in der Europäischen Gemeinschaft 27
Hauptziele der Erziehung 42
Hochschulreife 20
Höhe der Leistungen 303
Höhe der Vergütung 248
Höhe der Vergütung in Sonderfällen 250
Humankapital 9

I
Image des Betriebes 87
Indirektes Lernen 102
Individualisierung 5, 168, 181
Individualkommunikation 205
Individuelles Lernen 102
Individuum 163

Industrie- und Handelskammern 24
Information 202
Informations- und Werbematerialien für die Nachwuchswerbung 86
Informelle Gruppe 211
Innerbetriebliche Ausbildungserfolgskontrolle 146
Innovationsaufgaben des Ausbilders 45
Innovieren 44
Innung 24, 56
Intelligenz 175
Interaktion 205
Interessenvertretung für Lehrlinge 49
Interpersonaler Konflikt 216
Intrapersonaler Konflikt 216

J
Jugendalter 170
Jugendarbeitsschutz 58
Jugendarbeitsschutzrecht 301
Jugendgruppen 177, 212

K
Kenntnisse 28, 42
Kernpunkte 132
Kettenlernen 102
Klage beim Arbeitsgericht 262
Klischeevorstellungen 169
Kognitive Lernziele 111
Kombination von Führungsstilen 195
Kommunikation 205
Kommunikationsaspekte 207
Kommunikationskanal 206
Kommunikationsmodell 206
Konferenz der Kultusminister 1
Konflikt 216
Konfliktarten 217
Konfliktbewältigung 221
Konfliktbewertung 217
Konfliktgespräch 208
Konfliktlösung 218, 219
Konfliktlösungsstrategien 220
Konfliktursachen 216
Kontakte des Ausbilders 53
Kontrastfehler 157
Kontrollbogen 126
Kontrolle 200
Kontrolle der Ausbildungs- und Einstellungsbefugnis 237
Kooperation des Ausbilders 53
Kooperation zwischen den Lernorten 30
Kooperativ-duale Form 19
Kooperativ-duales Berufsgrundbildungsjahr 19, 55
Korrekturfehler 157
Kosten der Berufsschule 22
Kosten des Ausbildungsbetriebes 22

Kostenträger im dualen System der Berufsausbildung 22
Krankheit 252
Kundenauftrag 71
Kündigung 257
Kündigungsmöglichkeiten 257
Kurzpausen 173
Kürzung der Ausbildungszeit 250
Kurzzeitgedächtnis 109

L
Länderregelungen für die Berufsschulen 24
Landesrecht 225
Landesverfassungen 227
Langzeitgedächtnis 109
Latente Konflikte 217
Lebende Werkstätten 87
Lebenslauf 88
Lebenssituation von Lehrlingen 169
Lehr- und Fachbücher 135
Lehr- und Lernformen 118, 168
Lehr- und Lernorte 117
Lehren 42, 117
Lehrfilme 136
Lehrgangsmethode 119
Lehrgangsorientierte Ausbildung 119
Lehrgespräch 127, 208
Lehrgesprächsskizzen 134
Lehrlingsbetreuungsgebühr 23
Lehrlingsrolle 244
Lehrlingswart 278
Lehrmittel 136
Lehrpläne der Berufsschule 53
Lehrtätigkeit des Ausbilders 117
Lehrverfahren 119, 168
Leistungskurve 173
Leistungsprofil im Ablauf des Lebens 174
Leistungsprofil im Tagesablauf 172
Leistungsprofil im Wochenablauf 174
Leistungswettbewerb der Handwerksjugend 87
Leitfragen 126
Leittexte 125
Leittextmethode 125
Lernabschnitte 132
Lernanforderungen 104
Lernarten 101
Lernauftrag 75, 128
Lernbeeinträchtigte 179, 181
Lernbegriff 99
Lernberatungsgespräch 75
Lernbereitschaft 104
Lerndreieck 99
Lernen am Arbeitsplatz 75
Lerngegenstand 99
Lernhilfen 74, 105, 122
Lernkurve 108
Lernmittel 135
Lernmotivation 106
Lernprozeß 103
Lernschwierigkeiten 104
Lernsituation 99
Lerntheoretische Grundlagen 99
Lerntransfer 108
Lerntypen 102
Lernzielbereiche 110
Lernzielbeschreibung 113
Lernziele 110
Lernzielniveau 112
Lernzielstufen 112
Lösungshilfen 105
Lösungskompetenz 218
Logikfehler 157

M
Management by Delegation 197
Management by Exception 197
Management by Motivation 198
Management by Objectives 197
Management by Results 197
Management by System 197
Managementkonzepte 196
Massenkommunikation 205
Massenmedien 177
Medieneinsatz 135
Meisterbrief 291
Meisterprüfung 234, 285
Meisterprüfungsausschüsse 285
Meisterprüfungsordnung 226
Meistertitel 291
Menschliche Eigenschaften des Ausbilders 45
Mentales Training 125
Methodenkompetenz 64
Methodenkonzeptionen 118
Methodensysteme 118
Mildefehler 157
Mindestausbildungszeit 255
Mindestinhalte der Ausbildungsordnung 269
Mindestinhalte des Berufsausbildungsvertrages 242
Mitarbeiterführung in der Berufsbildung 163
Mitarbeitergespräch 209
Modeberufe 167
Motivation 178
Motivationsförderung 135
Motivationshilfen 105
Motive 165
Muster eines einfachen Ausbildungszeugnisses 260

Muster eines qualifizierten Zeugnisses 261

N
Nebenberuflicher Unterweiser 50
Netto-Ausbildungskosten 22
Nicht zulässige Vereinbarung 243
Nicht-handwerkliche Berufe 233, 235
Non-verbale Kommunikation 205
Notenskala 155

O
Objektivität 145
Öffentliche Verantwortung 3, 24
Öffentliches Recht 226
Offenheit des dualen Systems 6
Operationalisierung 113
Ordnung des Gesprächs 210
Ordnungswidrigkeiten 294
Ordnungswidrigkeiten in der betrieblichen Berufsausbildung 294
Organisationsentwicklung 213
Orientierungsgespräch 75
Orientierungsrahmen 225

P
Passives Lernen 101
Pausen 173
Personalentwicklungsmaßnahmen 214
Persönliche Begrüßung 77
Persönliche Eignung 233
Persönlichkeitsentwicklung 28
Persönlichkeitskompetenz 65
Pflichten des Ausbildenden 245
Pflichten des Auszubildenden 247
Pflichtschule 18
Planmäßige Berufsausbildung 67
Planung der beruflichen Bildung 25
Planung und Durchführung der Ausbildung 63
Planung und Organisation der Ausbildung 63
Planungs- und Vorbereitungsinstrumente 130
Planungsbedarf 68
Podiumsgespräch 209
Praktische Fähigkeiten 154
Praktisches Lernen 101
Praxis 15
Praxisnähe 122
Primarbereich 3
Primäre Motive 107
Primärgruppe 211
Primitives Lernen 101
Privatrecht 226
Probezeit 78, 92, 252
Problemaufgaben 73

Problemgespräch 75
Problemlösenlernen 103
Problemlösungen 52
Produktives Lernen 102
Produktqualität 32
Programme für das programmierte Lernen und Lehren 129
Programmierte Prüfung 130
Programmiertes Lernen 128
Projektarbeit 215
Projektmethode 119
Projektorientierte Ausbildung 119
Prüfung und Steuerung des Ausbildungsprozesses 43
Prüfungen 270
Prüfungsanforderungen in der Ausbildungsordnung 269
Prüfungsausschuß 280, 282, 285, 292, 293
Prüfungsgebühr 281, 284, 288
Prüfungsgegenstand 280, 284, 288, 292, 293
Prüfungsgespräch 208
Prüfungswesen im Handwerk 279
Prüfungszeugnis 285, 291, 292, 293
Prüfungszulassung 282, 286
Psychologische Tests 89
Psychomotorische Lernziele 111
Pubertät 164, 170
Punkte-System 155

Q
Qualifikationsprofil des Ausbilders 40
Qualifiziertes Ausbildungszeugnis 261
Qualitätszirkel 215

R
Rechtliche Voraussetzungen zur Lehrlingsausbildung 233
Rechtsbeziehungen 225
Rechtscharakter des Berufsausbildungsverhältnisses 241
Rechtscharakter von Ausbildungsordnungen 268
Rechtsgrundlagen der Berufsbildung 225
Rechtsgrundlagen für das Prüfungswesen 279
Rechtsordnung 225
Reflexionsgespräch 75
Regelausbildungszeit 252
Regeleinsatz 125
Regellernen 103
Regelung 275
Regression 219
Reifung 99, 164
Reifungsprozeß 169
Reizeinflüsse 176

Reorganisation 112
Reproduktion 112
Reproduktives Lernen 102
Resignation 219
Richtziele 112
Rollenkonflikte 213, 217
Rollenspiele 195

S

Sachliche und zeitliche Gliederung 67, 79
Schadenersatz 259
Schaukästen 136
Schlüsselqualifikationen 64
Schlüsselstellung des Ausbilders 46
Schöpferische Neuleistung 113
Schriftliche Erfolgskontrollen 146
Schulaufsicht 3
Schulische Ausbildung 226
Schulpflichtgesetz 17
Schulwegekosten 19
Schulzeugnisse 88
Schwachstellen des dualen Systems 32
Schwerpunktwechsel 19
Sekundarbereich I 3
Sekundarbereich II 3
Sekundäre Motive 107
Sekundärgruppe 211
Selbständiges Durchführen 67
Selbständiges Kontrollieren 67
Selbständiges Planen 67
Selbstgesteuertes Lernen 100
Selbstverständnis des Ausbilders 53
Selbstverwaltungseinrichtungen der Wirtschaft 24
Sendegerät 206
Sender 206
Signale 206
Situationsangepaßte Verhaltensänderungen 195
Situative Anpassung 195
Sonderformen des betrieblichen Lernens 74
Sonderregelung für Ehegatten und Erben 235
Soziale Gefährdungen 176
Soziales Lernen 102
Sozialformen 120, 168
Sozialkompetenz 65
Sozialpolitik 11
Sozialverhalten 191, 192
Soziogramm 212
Spezialisierung 270
Spezielle Gruppe 211
Spezielle Lernhilfen 106
„Spielregeln" der Arbeitswelt 28
Standardaufgaben 73
Standardisierte Fragen 147

Stellung der Berufsbildung im Rechtssystem 225
Stellung des Ausbilders 46
Stille Lenker 213
Streitgespräch 208
Streitigkeiten zwischen Ausbildendem und Lehrling 262
Strengefehler 157
Stufenausbildung 270
Systematische Arbeitsunterweisung 122

T

Tafel 136
Tageslichtprojektor 136
Tagesrhythmus 173
Tarifklausel im Berufsausbildungsvertrag 249
Tarifverträge 248
Tarifvertragliche Finanzierungsregelungen 23
Tarifvertragliche Regelungen 248
Tarifvertragsrecht 301
Tätigkeitsspektrum 73
Teamarbeit 215
Teambildung 215
Technische Entwicklung 21
Teillernziele 112
Teilnahme an überbetrieblichen Ausbildungsmaßnahmen 21, 247
Tendenz zur Mitte 157
Tertiärer Bereich 3
Textfragen 147
Theoretische Fähigkeiten 154
Theorie 15
Transparenz 4, 145

U

Üben 108
Üben und Festigen 124
Überbetriebliche Unterweisung 15
Überbetriebliche Unterweisungslehrgänge 21
Übernachtungskosten 246
Überstrahlungsfehler 157
Übertragung 113
Überwachung der Ausbildung 43, 275
Überwachungsaufgabe des Ausbilders 43
Übungsarbeiten 146
Übungshilfen 106
Ultrakurzzeitgedächtnis 109
Umlage der Handwerkskammer 23
Umschulung 229
Umschulungsprüfungen 293
Umwelt 163
Umwelteinflüsse 164, 176
Unbewußtes Lernen 101
Unfallschutzrecht 301

Unterkunfts- und Verpflegungskosten 19
Unterlagen für die Anmeldung zur Meisterprüfung 286
Unternehmerische Kompetenz 66
Untersagungsgründe 237
Unterscheidungslernen 102
Unterweiser 39, 40
Unterweiser als Ausbildungsbeauftragter 40
Unterweisungsauftrag 77
Unterweisungsentwürfe 134
Unterweisungsfehler 126
Unterweisungslehre 122
Unterweisungsprobe 134
Unterweisungsprobe in der Meisterprüfung 288
Unterweisungstraining 134
Unverschuldete Verhinderung 252

V
Validität 145
Verantwortungsbereiche des Ausbilders 47
Verbale Kommunikation 205
Verbot der Entschädigungszahlung 244
Verbote 199
Verdrängung 219
Vergessenskurve 109
Vergütung – Berufsausbildung 248
Vergütung bei zusätzlicher Arbeit 252
Vergütungsanspruch 248
Verhalten 163
Verhaltensauffälligkeiten 182
Verhaltensbeurteilung 147
Verhaltensformen 42
Verhaltenstraining 196
Verlängerung der Ausbildungszeit 250, 255
Verlängerung der Berufsschulpflicht 17, 21
Verlängerung der Probezeit 253
Verlaufplanung 113
Verletzung der Ausbildungspflicht 247
Verpflegungskosten 246
Versetzungsplan 84
Vertragsaushändigung 242
Vertragspflichten 243
Verzeichnis der Ausbildungsberufe 25
Verzeichnis der Berufsausbildungsverhältnisse 244
Videoaufzeichnung 136
Videokamera 137
Vier-Stufen-Methode 75, 123
Vollausbildung 21
Vollzeitausbildung 241
Vollzeitschulische Berufsausbildung 27
Vorbereitung des Auszubildenden 124

Vorbild 178
Vorbildfunktion des Ausbilders 45
Vormachen und Erklären 124
Vorpubertät 170
Vorschriften des Arbeits- und Sozialrechts für die Berufsausbildung 301
Vorstellung des Ausbildungsbetriebes 77
Vorstellungsgespräch 88, 208
Vorteile der betriebsgebundenen Ausbildung 16
Vorteile der systematischen Arbeitsunterweisung 123
Vorteile des dualen Systems 31
Vorzeitige Beendigung der Berufsschulpflicht 17
Vorzeitiges Bestehen der Gesellenprüfung 256

W
Weiterbildung 3, 7, 8
Weitere Ausbildungsmeister und Gesellen 51
Werbeveranstaltungen 87
Wertmaßstäbe 45
Wiederholungsprüfung 256, 291
Wirtschaftspolitische Bedeutung der Berufsbildung 9

Z
Zeitablauf 30
Zeitrahmen 70
Zeitrichtwerte 70
Zeugnis 259, 260, 261
Ziel der Fortbildungsprüfungen 293
Ziel der Meisterprüfung 285
Ziele der Berufsausbildung 67
Zielgruppen der Nachwuchswerbung 86
Zielklarheit 121
Zuerkennung der fachlichen Eignung 234
Zufälliges Lernen 100
Zulassungsvoraussetzungen zur Gesellenprüfung 283
Zulassungsvoraussetzungen zur Meisterprüfung 286, 287
Zusammenarbeit mit dem Gewerbeaufsichtsamt 58
Zusammenarbeit mit den Eltern des Lehrlings 58
Zusammenarbeit mit der Arbeitsverwaltung 57
Zusammenarbeit mit der Berufsschule 53
Zusammenarbeit mit der Handwerkskammer 56
Zusammenarbeit mit der Innung 56
Zusammenarbeit mit der überbetrieblichen Unterweisungsstätte 55
Zusammenfassung des Gesprächs 210

Zuschüsse 23
Zuständige Stelle für die Berufsbildung 56, 275
Zuständigkeit für die Ausbildungsträger 24, 237
Zuweisung des Ausbildungs- bzw. Arbeitsplatzes 77
Zuwendungen 302
Zweck der Ausbildungsordnung 268
Zwiegespräch 209
Zwischenbetriebliche Finanzierungsregelungen 23
Zwischenprüfung 158, 279
Zwischenprüfungsausschuß 280